大專
用書

陸民仁 著

經濟學概論

三民書局印行

國家圖書館出版品預行編目資料

經濟學概論／陸民仁著.－－增訂三版五刷.－－臺
北市；三民，2003
　　面；　　公分
ISBN 957－14－0392－X　（平裝）

　　1.經濟

550　　　　　　　　　　　　　　　　　81004381

網路書店位址　http：// www. sanmin. com. tw

Ⓒ　經　濟　學　概　論

著作人　陸民仁
發行人　劉振強
著作財
產權人　三民書局股份有限公司
　　　　臺北市復興北路386號
發行所　三民書局股份有限公司
　　　　地址／臺北市復興北路386號
　　　　電話／(02)25006600
　　　　郵撥／0009998－5
印刷所　三民書局股份有限公司
門市部　復北店／臺北市復興北路386號
　　　　重南店／臺北市重慶南路一段61號
初版一刷　1987年8月
初版五刷　1991年8月
修訂二版一刷　1992年8月
增訂三版一刷　1993年8月
增訂三版五刷　2003年7月
編　　號　S 55005－0
基本定價　捌　元
行政院新聞局登記證局版臺業字第○二○○號

ISBN　957－14－0392－X　（平裝）

編 輯 大 意

　　本書主要為介紹經濟學基本概念、理論及分析方法，使學生對經濟現象具有一般性之了解；在分析各種基本概念時，除以文字敍述外，並儘可能採用數字、幾何圖形及數學公式，分別說明，務期讀者讀後，能有一清晰的概念。同時也介紹經濟學研究方法及分析工具，培養對個體經濟及總體經濟觀察、分析與判斷能力，在個體理論中，對獨占寡占及獨占競爭市場的分析，分別予以介紹。在總體理論中，更將IS線及LM線的分析法，加以說明。對初學者言，容或略有困難，但由經濟學發展之趨勢言，這些皆是必須具備的概念，希望讀者能徹底了解並加應用。

　　本書個體理論，以價格分析為中心，總體理論，以所得分析為中心，而將一切有關概念，貫串成一完整的體系；凡與此體系無直接關係的概念，概行從略。因此有關政府財政及國際貿易理論，除與所得水準之決定有直接關聯的部份，為吾人所必須知道者以外，凡無直接關聯，而在財政學及國際貿易理論中均有說明之理論，概不列入，以節省篇幅。

　　本書寫作，前後共費時十六個月，因平時工作較忙，教課亦多，全靠晚間執筆，書中錯誤之處必多，請讀者及採用為教科書的諸先進，隨時賜告，俾便於再版時改正。

經濟學概論　目次

編輯大意

第一章　緒　　論

第二章　市場結構與價格機能

第三章　需求、供給與價格

第四章　效用與消費行為

第五章　無異曲線的分析法

第六章　生產理論概述

第七章　成本結構

第八章　市場類型及生產者的收益

第九章　完全競爭市場價格及產量的決定

第十章　獨占者產量及價格的決定

第十一章　寡占市場個別生產者產量及價格的決定

第十二章　獨占競爭市場個別生產者產量及價格的決定

第十三章　生產因素的價格與所得的分配

第十四章　生產因素的需求與供給

第十五章　工資理論

第十六章　地租理論

第二十章　　所得水準的決定

第二十一章　　消費函數與乘數原理

第二十五章　貨幣因素的考慮──貨幣的需求

第二十六章　貨幣的供給

第二十七章　經濟循環

第二十八章 物價膨脹理論

第二十九章 經濟成長理論

第三十章 低度開發國家與經濟發展

第三十一章　經濟政策

第三十二章　滙率與國際收支

索　引

第一章　緒　　論

一、經濟問題的發生與經濟學的定義

　　經濟學是研究現代社會中所發生的經濟問題的科學，因此要瞭解經濟學的內容，先要知道什麼是現代社會所遭遇的經濟問題。

　　二十世紀九十年代的世界，是一個非常進步而複雜的世界，我們生活在這樣複雜的世界中，為了達到生活以及生存的目的，必然會產生多種慾望，為了滿足這些慾望，乃產生了各種社會活動；例如為了滿足政治的慾望，而有政治的活動；為了滿足宗教的慾望，而有宗教的活動；為了滿足愛美的慾望，而有各種藝術的活動；然而這些都與經濟學無關。經濟學所關心的，是人類生活中的物質慾望。人類為了維持生命並綿延種族，不得不取用各種物質財貨與勞務；換言之，為了滿足物質慾望，不得不有各種工具；滿足物質慾望是目的，而工具則是手段。目的與手段之間的關係便形成了各種經濟活動。

　　人類物質慾望的種類很多，而且不易澈底滿足。例如有飲食的慾望、有穿衣的慾望、有住房子的慾望、有看電影的慾望等等。而且對於每一種慾望，都希望滿足得更好。不僅希望吃得飽，更希望吃得好，白飯蔬菜，雖能充飢，究不如山珍海味來得適口。布衣粗服，雖能禦寒，究不如絲葛皮毛來得舒適。茅屋瓦舍，雖能蔽風雨，究不如洋樓別墅來得滿足。假如滿足慾望的手段很多，每個人的慾望，不但都能滿足，而且都能滿足得很好，自然最爲理想。然而問題是能滿足物質慾望的各種手段，却不是取之不盡用之不竭的，並不能讓每一個人能毫無代價而且不用費一點力氣便能取得。相反的，相對於無窮多的慾望而言，滿足的手段，無寧是稀少的。"大地有泉皆化酒，長林無樹不搖錢。樹上結麵包，河中流牛奶"的境界，只有幻想中才能存在，實際世界中一切滿足物質慾望的手段皆是有限的。這些手段包含兩大類：一類可稱之爲人力資源，爲人類天賦所具有的勞動能力；一類可稱之爲物質資源，爲人身以外的自然界物質或能力，爲天然存在者，或人類以勞動改變自然物而形成者。就人力資源言，其數量受人口數量及每人每日所能勞動的時數等因素所限制，不能無限使用。就物質資源言，則受自然的限制，無法隨人類的需要而增加。因而相對於人類無限多的物質慾望言，這些手段便顯得稀少了。

以有限的手段要去滿足無限多的物質慾望，"選擇"問題隨之產生。各種慾望旣不能同時滿足，便不得不決定滿足的優先次序，那種慾望應先滿足，那種慾望可延後滿足，那種慾望可暫不滿足。同時手段旣是稀少的，在使用時不得不作最有效的使用，以之滿足最迫切的慾望。因此在人類生活中便產生了這項經濟問題，即如何將稀少的手段，分配於各種目的之間，使能得到最大的滿足。而經濟學的內容即研究如何將稀少性的手段，分配於各種目的之間，使能達到最大效果的科學也。

二、現代經濟社會的特質

以上所說經濟學是研究現代社會所發生的經濟問題的科學，然則什麼是現代社會？現代社會具備那些特質？無疑在魯賓遜式的孤獨社會中，在古代原始社會或中古封建社會中，亦發生上述手段與目的間不一致的問題，但經濟學不以這種社會為對象。就多項因素觀察，現代社會具有下列五項特質：

（一）**承認私有財產制**　法律上的私有財產制承認個人對財產所具的所有權，他人不得侵犯，個人不但能保有其財產，並且在法律所規定的範圍內，亦得自由使用並處分其財產。此處所謂財產，不但包含一般的消費財，卽直接能滿足慾望的財貨，如食物、衣服、家具等，亦包含生產財，如土地、機器、資本設備等。因為個人能保有並享用私有財產，才能產生誘因，促使個人參加各項經濟活動，提高人羣的經濟福利。十九世紀，以馬克思為代表的一羣社會主義學者，目擊當時英國及西歐各國貧富階級之懸殊，及勞動階級之困苦，認為這是有產階級對勞動者從事剝削的結果，而這種剝削制度之能夠成立，完全由於人類承認私有財產制，因此要消滅這種社會的不公平，唯有取消私有財產制。故馬克思等這批社會主義學者便主張將生產工具收歸國有，取消私有財產制，以為能這樣，社會才能平等。其實馬克思等人的這種看法完全錯了，造成社會貧富不均及人剝削人的現象的是對私有財產運用不當的結果，而不是因為私有財產制的本身不當。猶之以刀殺人是對刀運用的不當而不是刀本身的不當。如運用得當，對人類不但無害，而且有益，因此對私有財產制如果管理得當，運用得宜，不但不會產生社會弊害，且能造福人羣，鑑於世界上大多數經濟自由國家經濟上的成就可為證明，因此吾人認爲承認私有財產制是現代經濟社會的一大特色。

（二）**尊重就業自由**　在不違背公衆福利的原則下，個人願將其勞力或其所保有的財產運用於任何經濟活動，不受任何限制。因爲“人”本身就是目的，不是工具，對於自己的勞力，應能自由支配，對於自己的利益了解得最清楚，所以他自己願將自己的勞力運用於何種事業，何種地區，換言之，他願意選擇何種職業，在何處就業，應尊重其自我意志，旁人不得代庖。同時由上段所述對於私有財產制的承認包含對財產的處分權在內，故個人願將自己的財產爲從事生產活動，如何使用，亦有完全的決定權，不受他人的干涉。此種特質，即是就業自由的尊重。與此相反的，即不承認個人意志的獨立，視人爲工具，不承認私有財產制，個人無財產可支配，則此時政府即可視人民爲爲狗，任意支配其工作，個人對職業及工作地區便毫無選擇的餘地。哲學家可以命之種田，音樂家可以當店員，今天若干極權國家，對就業的支配便屬如此。現代社會所以尊重就業自由者，蓋各人先天的秉賦，後天的訓練，個人的氣質與興趣，均不相同，若任令個人自由選擇，個人便能擇其個性最適宜、能力最相當的工作去做，因而能發揮最大的效果；不僅個人可獲最大的收穫，社會福利亦將能獲得最大的增進，此所以現代經濟社會尊重就業自由也。

（三）**重視分工與交換**　現代是經濟高度進步、生活水準相當提高的時代，爲了維持個人的生活與生存，所需要消費的財貨種類相當多，因此個人不可能過自給自足的生活，即一切生活所需全由自己生產，提供自己消費，而僅能在衆多的經濟活動中，選擇自己能力最擅長的生產活動，作爲自己的專業，而以所獲得的報酬去購買自己所需要的各種財貨，此即一方面有分業與分工，另一方面則有交換行爲。所謂分業即是個人選擇專精的職業，有人願意從事農業，有人願意經營工業與商業，也有人願意從事自由職業，如律師、會計師、教員等。至於個人如何選擇其職業，則依據其先天的智慧，後天的教育與訓練，按照比較利益法則去加以選擇。例如某人可以做農民，亦可經營小商店，同樣的也可以到大學做教授，比較之下，以做教授最適合，則他必選擇做教授作他的專業。至於分工則屬技術層面的生產過程的劃分，任何生產活動均可分為若干步驟，而每一步驟由專人負責完成。因此在現代不論是工廠的勞動者、辦公室裏的職員、大學的教授，他所完成的工作祇是全部工作中的一小部分，生產線上的勞動者也許僅負責裝上一特定零件，辦公室的職員僅負責填寫傳票，某一教授祇專門教物理學、電磁學等皆是。

　　因為有分業與分工，因此各種產品必須在市場交換，故現代經濟亦可稱為交換經濟。當然此所謂交換並非是財貨與財貨直接交換，而是透過貨幣間接交換，即個人提供勞力參與生產活動，可獲得報酬，這就是他的所得，現代均是以貨幣支付。他再以所獲得的貨幣在市場交換他所需要的財貨。因為以貨幣為交換的媒介，故現代經濟亦可稱為貨幣經濟。由於貨幣的使用，也產生了若干經濟問題，此亦為經濟學所要研究的內容。

　　（四）**資本的大量使用與生產技術的不斷進步**　現代經濟社會與過去所不同者，不僅在私有財產與就業自由這兩個靜態因素方面，而尤表現在動態因素方面。現代經濟社會是一不斷進步不斷變化的社會，促成這種進步與變化的原動力，主要是資本的大量使用與生產技術的不斷進步；而這兩項又是互為因果的。因為能大量使用資本，所以生產技術才能不斷進步，因為生產技術不斷進步，更需要大量使用資本。生產技術不斷進步的極限便是生產完全自動化，由機器操縱機器，人僅是管理或設計機器而已。所謂資本，即是人類勞動與自然資源結合的成果，不是供直接消費之用，而是用來幫助生產充當生產工具之用者。對於這種大

量使用資本與生產技術不斷進步的社會，學者之間對其有各種不同的名
稱，有稱之爲資本主義的經濟者，有稱之爲混合經濟者，有稱之爲人民
資本主義者，有稱之爲私營企業經濟者，更有稱之爲自由經濟者。稱之
爲資本主義，已不十分妥當，不僅因爲現代經濟制度已完全與十九世紀
的所謂資本主義經濟不一樣，而且也因爲資本主義原含有譴責的意味在
內，故已不足以說明現代經濟制度。稱之爲混合經濟，乃重視政府公經
濟的活動與人民私經濟的活動，同樣重要。稱之爲人民資本主義，乃針
對共產國家妄用人民一詞而起。稱之爲私營企業的經濟者，是強調私營
企業的重要性。而稱之爲自由經濟者，乃針對共產經濟的統制而言。這
些不同的名稱，事實上均說明現代經濟社會的一面，而未能表示其全面
的特質。實際上　國父民生主義的經濟一詞，差可近之。

（五）政府經濟職能的增加　現代經濟社會的另一大特色是政府經
濟職能的不斷增加。經濟學之父亞丹斯密及其嫡裔古典學派諸學者在十
八九世紀曾認爲最好的政府是干涉最少的政府；主張政府對個人的經濟
活動，應自由放任，不應多所干涉，政府除幾項必不可少的活動外，其
職務應愈少愈好，讓冥冥中那隻不可見的手去管制社會經濟活動，以達
到個人私利與公衆福利的和諧。但與亞氏等古典派學者料想相反的，現
代政府的經濟職能不但未減少，而且不斷增加，同時這種趨勢以後也不
會停止。仔細分析現代各國政府所從事的經濟活動，不外兩種性質：一
種是提供一良好的經濟環境，俾私的經濟活動能夠順利展開並推動，屬
於這一類的政府職能如建立法律制度，維持治安，保障契約的執行，維
持健全的貨幣信用制度，建立並維持完備的交通通信制度，提供合理劃
一的度量衡制等皆是。凡此種種因素，均爲個人經濟活動能順利進行並
推動的必要條件，除政府外沒有其他機構能夠提供這種良好的經濟環境
與服務。政府經濟職能的另一方面，是政府直接從事若干與民生福利有

關的經濟活動；　此種經濟活動或則需時太久，　收益太低，　私人不願經營而與人民福利却大有關係者，如大規模植林、水土保持工作。或則所需資金太大爲私人所無法辦理者，如多目標的水利工程，核子動力的規劃，港灣、機場、道路的興築，郵電等是。或則具有獨占性，不宜由私人經營者，如武器彈藥之生產是。這種政府經濟職能不斷增加的現象，連一切經濟活動以私營爲主的國家如美國，對這種趨勢亦不能免。這種變化不僅不會妨碍私經濟的發展，相反的，在現代極端複雜的經濟社會中，政府經濟職能的擴張却爲私營企業能順利發展的必要條件。因而構成現代經濟社會的一大特色。

三、現代社會所要解決的基本經濟問題

以上已提出，現代經濟問題的發生是由於人類的物質慾望無限，而滿足慾望的手段，卽經濟資源相對的稀少，因而產生了選擇問題，卽是如何將稀少的資源，分配在各種目的之間，以達到最大的效果。於此，吾人進一步要問，在這種選擇中，現代社會所要解決的基本問題，究竟有那幾項？吾人略加思考，不難發現社會所須解決的經濟問題不外下列諸項：

（一）生產何種財貨？

（二）以何種方法生產？

（三）生產多少數量？

（四）生產出來的財貨如何分配？

（五）如何能維持經濟的安定？

（六）如何促進經濟成長提高生活水準？

先就第一個問題分析，爲滿足物質慾望，必須靠消費各種財貨與勞

務，而各種財貨與勞務則必須靠生產始能供給。然而人類所需的財貨與勞務，種類很多，站在個別生產者的立場，究竟生產何種財貨與勞務，才能爲消費者所需要？站在整個社會的立場，如何能使各個生產者生產不同的財貨與勞務，才不致發生有的財貨生產過多，而另一些財貨則生產不足的現象？如果這一問題解決，即已經決定生產何種產品，次一問題，即要決定採用何種方法生產。在現代社會，爲生產某一特定財貨，生產的方法常不止一種。就生產因素結合的觀點言，有些生產方法多用資本少用勞力，而另一種生產方法則少用資本多用勞力，可能還有第三第四種方法，其所使用資本與勞動的數量與前兩者又不同，然而究竟使用那種生產方法才是最好？生產的財貨已決定，生產的方法亦決定，下一問題，即爲生產多少數量的問題。如生產得不足，因而供不應求，固然消費者的慾望不能全部滿足，生產者的最大利益亦無法得到。反之，若生產得太多，則供過於求，消費者的慾望固能全部滿足，但生產者則因財貨銷不出去，必須賠本。因此既經決定生產，便須決定一適當的生產量。生產量既經決定，下一個問題，便是所生產的財貨，究竟應由誰獲得？換言之，應如何分配？每個人應分配多少？因爲生產本身不是目的，消費才是一切經濟活動的目的，要能消費，必須社會所生產的財貨在社會各成員之間先行分配，而如何分配？誰該多得？誰該少得？便又形成一基本的經濟問題。

以上四個問題若已全部解決，尚不能稱爲全部經濟問題的解決，因爲很可能就長遠的觀點，某一時期生產的財貨多，每人所能享受的財貨也多，社會上每個人都能滿足；而在另一時期，則由於某種原因，生產的財貨減少，而每人所能享用的財貨也少，生活上便發生困難。當然誰也不希望經濟上發生這種不穩定的現象，而希望生產分配等經濟活動能平穩而順利的進行下去，這就是經濟安定的問題。不僅如此，人人都希望自己的生活水準能不斷提高，享受能夠不斷改善，如果年年都是過一樣的生活，沒有改進，沒有變化，也是會感覺得很單調的。因此而產生經濟成長問題，如何才能使所得水準以及生活水準能不斷提高。

以上六個問題，可以說是現代經濟社會中最基本的問題，然則現代社會又是如何解決這些問題呢？

四、現代社會如何解決此基本經濟問題

現代社會是一極複雜社會，所需生產財貨的種類旣屬無限多，而生產的方法亦復不少，要決定每一種的生產數量並決定應如何分配，這決不是任何個人，任何少數人，或任何多數人所組織的機構所能解決的。人類的智慧再高，能力再強，對這些複雜的事項，要主動加以控制，實屬無能爲力。卽在理論上的社會主義國家，一切經濟活動由中央設計機構集中安排，亦無法做得美滿完備。蓋人的智慧決不能一無遺漏的顧慮得面面俱到。這些基本問題，旣不能由人力予以解決，然則現代社會是如何解決這些問題的？無他，是透過市場組織，由價格機能予以解決的。價格機能是一個不具人格而超出於個人影響以外的力量，而透過這種力量便解決了現代經濟生活上的基本問題。

先就生產何種財貨言。生產者要從事生產活動，必須生產能被消費者接受的財貨或勞務。但如何才知道某種財貨是消費者所願意接受的呢？這要看消費者是否願出高價而能使生產者賺錢而定。假使消費者所願出的價格超過生產者爲生產此財貨所支出的成本，則生產者便能賺錢，因而便願意生產此種財貨了。因此如果其他情形不變，凡是能賣得高價的財貨，卽是消費者所需要的財貨，也是生產者能夠生產的財貨。價格便幫助了解決此一生產何種財貨的問題。

其次，要決定採取何種生產方法。生產者當然希望採取生產成本最

低的那種方法，但何種生產方法才能使生產成本最低呢？顯然如果在生產過程中多用價格低廉的生產因素而少用價格昂貴的生產因素，便能使生產成本降低。而生產因素之價格所以低廉，則由於社會中此種生產因素數量豐富，不虞缺乏。相反的，其價格之所以昂貴，則由於社會中此種生產因素相當稀少，因此價高。例如我國，在民國四十及五十年代，勞動數量很豐富，資本則相對缺乏，因此工資較廉，利息則較高。相反的在美國，資本則很豐富，而勞力則相對稀少，因此利息較低，而工資率則較高。到民國八十及九十年代，由於我國工業發達，所得提高，勞動力相對稀少，而資本量則大幅增加，因此工資上漲，利率下跌。因此生產同一種財貨，在開發中國家可能宜於多用勞動而少用資本，在美國與目前的我國則宜於多用資本而少用勞動。在不同社會所以採取不同的生產方法，顯然是由於生產因素價格的差異所造成，故價格機能亦解決了生產方法的選擇問題。

產品的種類決定了，生產的方法也已決定，次一問題，卽是生產量多少的問題。不但個別生產者要決定其產量以達到其賺取利潤的目的，而全體生產者更要決定其總產量以滿足消費者的需要。旣不能生產得太多，超過了消費者的需要，亦不能生產得太少，使市場有供不應求而消費者無法滿足的現象。要解決這一問題，一方面要看成本的結構，另一方面則要看市場價格的高低，而成本結構復決定於生產因素價格的高低，故歸根結底，這一問題的解決，仍須依賴價格機能。

生產本身並非是目的，消費才是最後的目的，社會中所生產的各項財貨與勞務，最後必須由各消費者予以消費，才能達到當初生產的目的。但產品在生產以後如何能在各消費者之間分配？每一消費者究應分得多少？何以有的人分得多，而另一些人則分得少？實際上所生產的各項產品與勞務，並未直接分配於消費者，而是各消費者以生產者一分子的身分。在生產過程中獲得一分貨幣所得，再以此貨幣所得，在市場中購買其所需的各種財貨與勞務。因此所得多的人，其所能購買的亦多，所得少的人所能購買的便少。所得的高低便直接決定了個人所能分享各種財貨的數量。但個人所得的高低又是如何決定的？個人所得的高低一方面決定於個人所控制的生產資源的數量，如勞動、土地、資本等，另一方面則決定於各生產因素所提供之勞務的市場價格。若個人所控制的生產資源的數量爲已知，則其勞務的市場價格的高低，卽直接決定了其所得的高低，而亦間接決定了其在社會總生產中所能獲得的財貨與勞務的數量。故綜合言之，決定財貨之分配的，亦是市場價格機能。

　　透過市場價格機能，上述四項基本問題均能順利解決，但是有沒有一項機能能順利解決經濟安定與經濟成長問題？直到目前爲止，吾人尚未發現有一項自動調節的因素，能像價格機能一樣自動解決經濟安定與經濟成長問題的。在歷史上吾人常發生有經濟不穩定的現象，卽所謂經濟循環者是也。最大一次經濟循環則是發生於一九二九年以後的世界性的經濟大恐慌。在歷史上吾人也發現若干國家長期遭受經濟發展停滯的痛苦；經濟落後，人民的生活困難，因此經濟若不能安定，不能發展，經濟上的基本問題仍未解決。旣無一項自動調節的機能能解決此二大問題，則必須依賴人類的力量，利用各項經濟政策，來主動達成經濟安定及經濟成長的目的。但要制定正確而合理的政策，必須對經濟活動的本質有所了解始可。不僅對價格機能在指導社會生活從事生產流通分配消費各方面，應有透澈了解，而對影響整個經濟安定、均衡、成長、進步諸因素，更應有深入的觀察。而此諸種因素，則爲生產力、總生產量、就業水準、物價水準、所得水準等的結構及其變化。若吾人能把握此數種因素的了解，則吾人卽可制定正確而合理的政策，解決經濟安定與經濟成長的二大基本問題了。

五、當前深受關切的重大經濟問題

除了上述六項基本經濟問題以外，當前世界各國還有幾項受到普遍重視，而與每一個人均有切身關係的問題存在，這些問題包括：

（一） 物價膨脹問題。

（二） 嚴重失業問題。

（三） 對外貿易失衡問題。

（四） 財政赤字問題。

（五） 公害與環保問題。

（六） 社會福利問題。

所謂物價膨脹問題，即物價水準長期間持續上漲。物價水準是依據一定方法，包括多種物價在內，所計算出的一種指標，簡稱物價指數。由於使用的目的不同，其中所包含的財貨類別不同，物價指數亦有多種，如躉售物價指數，零售物價指數，消費者物價指數等皆是。尤其消費者物價指數，長期觀察常有不斷上漲的現象，某些時期上漲的幅度較小，另有一些時期則上漲的幅度較大。在戰爭時期，不少國家更有惡性物價上漲的現象，如中日戰爭期間的我國，二次世界大戰期間的南斯拉夫等皆是。在承平時期，某些國家亦有惡性物價膨脹的現象，如南美洲的巴西、阿根廷等。一九七三年由於中東以埃戰爭，石油輸出國家組織（OPEC）發動了石油禁運與漲價，一時石油價格上漲了五倍以上，於是引起了世界性的物價膨脹現象，各國消費者物價指數每年的上漲率曾達到兩位數字。經過二三年之後始趨於緩和。一九七九年由於伊拉克與伊朗發生戰爭，影響了波斯灣石油的生產與運輸，石油價格又大幅上漲，帶動各國物價水準又呈兩位數字的上漲。因為物價水準的上漲，但個人的所得未能同樣增加，則個人的生活便會遭遇困難。究竟物價水準何以長期間會持續上漲？有沒有方法能消除此一物價膨脹的現象？乃成爲目前各國迫切希望能予解決的問題。

　　所謂失業，對個人講是有工作能力，有工作意願，亦願接受當時的工資水準，但卻找不到就業的機會。未能就業，就沒有收入，除非他有財產或過去有儲蓄，否則生活便發生問題。就社會講，如果一社會失業的人口太多，或失業率高，則社會便會出現不安定，而產生其他的社會問題，因此不但個人不能長期失業，社會的失業率亦不能太高。但在兩次世界性的石油危機期間，不少國家的失業率都達到兩位數字。在一九三○年代世界大恐慌時期，英美兩國的失業率當一九三三年時竟高達百分之二十五，由於失業率偏高，導致社會的不安。個人何以會失業？社會的失業率何以有時會偏高？亦爲目前每人所深切關心的問題。

　　隨社會的發展及經濟的進步，不同國家間的貿易亦日漸拓展，任何一國不但會由他國輸入各種貨物與勞務，亦會將本國的貨物與勞務輸向他國。國與國之間何以會發生貿易關係？這在本書中將有所說明。但國與國之間的貿易很少會達到輸入價值等於輸出價值的平衡狀態，不是輸出值大於輸入值，便是輸入值大於輸出值，如果每年兩者之差額不大，尚不至發生嚴重的問題。但如果兩者之間的差額甚大，而且是長期的輸入值大於輸出值，即產生了貿易逆差，或長期的輸出值大於輸入值，即產生了貿易順差，對一國經濟可能產生不利的影響。如美國自一九七五年以後，對外貿易即每年出現逆差，且逆差數字逐年增大，成爲美國經濟上的嚴重問題。再如我國在一九七一年以前，對外貿易長期處於逆差情勢，但自該年以後即轉爲長期順差，而順差數字亦曾逐年增大。美國由於長期貿易逆差，導致了國內貿易保護主義的興起，我國則由於長期貿易順差，導致了新臺幣對美元的持續升值。從而國際貿易不平衡的問題，亦成爲各國所關心的焦點，並影響國與國之間的政治及外交關係。

政府為推行公務， 常需支出一定的費用， 此即一般所稱的財政支出。為支應這些財政支出，政府又常透過向人民徵稅等手段，取得財政收入。當政府的職能不多時，財政收入常可足夠支應財政支出之用，因而財政能保持平衡，甚而還可能有少量的剩餘。但當政府的職能不斷擴大時，財政支出便隨之擴大，例如戰時的戰費支出，平時為了國防的安全，有國防支出，隨科技的進步，此類支出便有不斷增加的趨勢。再如現代各國均重視國民的經濟福利及社會安全，因而像失業救濟、醫療保險、養老濟貧等的社會福利支出也隨之不斷增加。如果財政收入不能同時增加，財政上即會出現赤字，即財政收入不足以支應財政支出。財政赤字一旦出現，政府即會負債。一般的政府多不能利用市場機能，以生產財貨出售以獲取利潤，政府的債務即成為人民的債務。政府的債務如果過份沉重，會影響一國經濟的正常發展。例如美國自第二次世界大戰以後，一方面為了維持世界的和平，反對共產主義的擴張，不得不斷的增加國防支出。 另一方面為了擴大社會福利， 不得不增加社會福利支出，於是在財政上乃出現長期的赤字，而且這種赤字亦逐年增加，與貿易逆差成為美國經濟上的兩大嚴重問題，不但受到美國本身的關心，由於美國是世界經濟大國，也受到其他國家的關切。再如我國自民國八十年起，積極推動國家建設六年計畫，由於建設的項目甚多，規模亦巨，所需要的經費甚為龐大，不可能由每年經常性的財政收入來支應，因此有人擔心，我國可能出現嚴重的財政赤字。究竟財政赤字何以會發生？對一國經濟可能產生什麼影響？成為現在人人所關心的問題。

經濟愈進步則工業愈發展，工業愈發展，不但對天然資源的消耗量增加，而且亦會產生若干公害，破壞人類的生活環境。例如現代的工業生產須大量使用能源中的石油、各種礦產，而這種石油及礦產多不具再生性，多使用一噸，地球上的儲藏量亦減少一噸，現代人多使用一噸，則後世子孫便不得不少用一噸。而在工業生產的過程中，往往又會排出有害的液體、氣體，有害人類的健康，污染了人類的生存環境。例如工廠中所排出的二氧化碳，使空氣污染，由於全球的數量過巨，現在已經產生溫室效應，不但使地球表面的溫度增高，也破壞了地球的臭氧層，目前南極洲的上空已破了一個大洞，無法再隔離太陽的輻射線，對地球上的生物可能造成很大的傷害。工廠中所排出的廢水，則嚴重的污染水源，使水中的貴金屬含量增加，增加了處理的費用。再如農藥的大量使用，使土壤變質，赤道地區熱帶雨林的大量被砍伐，不僅使水土流失，亦改變了地球的氣候，使水旱災不斷發生。現代生活中的大量消費，又製造了大量的廢棄物及垃圾，垃圾的處理成為社會上受重視的大事。汽車、機車的大量使用，不僅使空氣中充滿了有毒的廢氣，也使都市中充滿了噪音。凡此均形成現代社會嚴重的公害問題。而如何防治這種公害，保護生活環境，便成為現代社會日漸受到重視的課題。公害如何防治？環境如何保護？政府有無適當的政策可以採行？不僅成為當前重要的經濟問題，甚至也成為重要的政治問題。

如前所述，現代各國都非常重視社會福利問題，因而政府的社會福利支出不斷增加。但社會福利支出的增加，雖使得社會上某些弱勢團體，生活獲得保障，但如實施不當，也會產生不利的副作用，諸如會增加一般納稅人的負擔，養成某些人對社會的依賴心理，甚至降低了勞動及儲蓄的誘因等。社會福利措施如何始得謂之適當？有無一定的準則可資依據？如何能使其副作用為最小？亦成為目前社會及政府普遍關心的問題。在我國，不僅已實施了公務人員保險、勞工保險、農民保險，今後亦將推動全民保險，這些均為社會福利政策，值得吾人重視。

為了瞭解並妥善解決上述六項當前普遍受關注的具體問題，吾人唯有從研究一般的經濟原理原則著手，瞭解了經濟學原理，才能找到確切的解決這些問題的辦法。

六、 各國為解決經濟問題所建立的經濟制度

無論為解決基本的經濟問題，或追求理想的經濟目標，不同國家均建立了不同的經濟制度，二十世紀到目前為止，曾被各國採行的經濟制度，有市場經濟、統制經濟與混合經濟三種，我國所實施的民生主義經濟制度，則近似於混合經濟的類型。這三種經濟制度主要的性質如下：

（一） 市場經濟

市場經濟亦可稱為私營企業經濟、自由經濟，亦有稱其為資本主義經濟制度者。此為歐美各經濟已開發國家在完成產業革命後所出現的一種制度，目前已為大多數國家所採行。此一經濟制度具有下列特色：(1)承認個人的自利心，認為個人皆了解自己的利益，亦全力追求自己的利益，這種自利心是一切經濟活動的原動力。(2)尊重私有財產，認為個人經濟活動的成果，應完全為個人所有，個人可以完全享用，處理並支配。不但供直接消費用的財貨應為個人私有，即幫助生產使用的生產工具，如土地、資本等亦應歸私人所有，如此個人才能加以最有效的利用。(3)強調自由競爭，認為唯有透過自由競爭，個人的聰明才智，才能充分發揮，政府不應加以不必要的干預。透過自由競爭，個人不但可以自由消費，也可自由就業，自由創業。(4)重視市場機能。認為個人由自利心從事自由競爭，以謀取個人的利益，並不會損害他人的利益，相反的，唯有透過自由競爭，公眾的利益才能得到和諧，因為社會上有一隻看不見的手在那裏調節，這隻看不見的手即是市場機能，一切個人的經濟活動透過市場機能，才能各盡所能，各取所值。(5)以私營企業為主。一切生產、交換、流通等經濟活動，原則上均以私營企業為

主。透過價格機能，所有的經濟活動均能順利運作。(6)原則上政府應減少對經濟活動不必要的干預，僅需透過政府的財政政策及貨幣政策，對市場加以必要的調節。

市場經濟制度有其正面的貢獻，他使個人的才能及創造力能獲得充分的發揮，有助於生產力的提高，及生活水準的改善，也促成了工業的迅速發展，因此採行這一經濟制度的國家，都逐漸成爲已開發國家，如今日的北美、西歐、北歐等各國皆是。但此一制度亦有其缺點，因過分強調自利心及自由競爭，加以市場機能並非十全十美，競爭的結果，往往造成大企業的壟斷與獨占，從而操縱市場，影響一般消費者的經濟權益。同時競爭的結果，弱勢團體由於缺少競爭能力，從而造成社會財富的集中及貧富不均的現象。另外，過分強調市場機能，亦容易導致經濟的不穩定，形成周期性的經濟波動的現象，經濟繁榮與經濟衰退交替出現，造成資源及人力的浪費，因此目前採行市場經濟的國家，多已進行了若干必要的調整。

(二)　統制經濟

統制經濟亦可稱爲計畫經濟、社會主義或共產主義的經濟制度。這一制度具有下列特色：(1)認爲縱容人類的自利心，容易造成經濟剝削的現象，卽社會某一階層的人剝削另一階層的人，甚而認爲一部人類發展史，卽是一部經濟剝削史，古代奴隸主剝削奴隸，中古時期封建領主剝削農民，現代則爲資產階級剝削無產階級。(2)認爲剝削制度能存在，乃是由於生產工具爲少數人所私有，利用其作爲剝削的工具，因而基本上反對私有財產制，主張除部分消費財外，一切生產工具，包括土地、資本、銀行、鐵路、房屋等，均應收歸公有。(3)不重視市場機能，主張一切經濟活動均由政府控制，政府制定一定的經濟計畫，按計畫從事生產，流通及分配。以行政手段代替市場機能。(4)不容許私營企業存

在，人民亦無消費及創業就業的自由，一切均由政府支配，市場交易行
爲減至微不足道，在極端情況下，人民生活所需全憑票證配給，如大陸
中共過去所實施的糧票、布票制度皆是。(5)實施國營或公營制度，在
農業生產上亦實施國營農場或集體農場制度，或成立所謂人民公社，農
民則從事集體勞動，形同奴工。(6)強調各盡所能，各取所需的經濟目
標，表面上顯示公平，實際上形成各種特權階級。

　　這種統制經濟制度，首先實施於一九一七年共產黨取得政權的蘇聯。
第二次大戰後，因蘇聯的武力擴張，又強制實施於東歐各共產或社會主
義國家、中國大陸、北韓、越南、美洲的古巴，及非洲的少數國家。但
自一九八九年以後，由於共產主義在上述國家的先後解體，這種經濟制
度也逐漸被上述國家所拋棄，目前僅中國大陸、古巴、北韓等少數國家
仍在堅持不變，但是在世界及歷史潮流的壓力下，這些國家也不得不進
行經濟改革。

　　統制經濟制度因爲一切控制於政府之手，個人的才能及創造力完全
受到壓制，參與經濟活動的誘因亦完全喪失，因此經濟上所表現的是無
效率，生產力停滯，整個社會陷於貧窮落後的狀態，人民生活貧困，與
採取市場經濟制度國家之間，差距乃愈來愈大。也正因爲這項原因，才
導致前述採取這種經濟制度的國家，先後放棄這種制度，轉而採取市場
經濟制度。

　　(三)　混合經濟

　　由於市場經濟制度及統制經濟制度各有其缺點，經過不斷的試驗與
調整，乃出現一種混合經濟制度，這種制度亦可稱爲現代資本主義。這
一制度包含下列特色：(1)仍然重視市場機能，但由於市場機能並非十
全十美，故必要時亦由政府加以管制，例如政府可以管制各種公用事業
的費率，可以制定各種法令保障消費者的權益，可以依據反獨占法，取

締獨占者及獨占行爲。(2)仍以私營企業爲主，但與國民經濟有密切關係的企業，則由國家經營，如航空太空科學、鐵路、民用航空等。具有自然獨占性的企業亦由國家經營。如英國於第二次世界大戰後，卽實施國有化運動，將若干基本產業收歸國營，目前雖然已將一部分國營事業又轉移民營，但仍保留國營的產業尚多。法國於社會黨執政後，亦將金融業、汽車製造業等收歸國營。美國公營事業較少，但田納西河流管理局（TVA），卽是三十年代首先由政府經營的事業。(3)仍然主張私有財產，重視就業及創業的自由，但政府爲了協助國民就業，往往採取一定的政策，提高國民就業水準。如英國、美國等於二次世界大戰後，均制定就業法案，以爲政策依據，用以促進國內的充分就業。(4)不僅重視個人的自利行爲，強調利潤動機，同樣重視社會福利，並推行各項社會安全制度或社會保險制度，使個人由出生到死亡，都能獲得安全的保障。社會福利制度多透過政府的力量實施。同時爲促進社會財富及所得分配的平均，政府更實施各種財稅政策，以累進所得稅的方式，所得高的人納稅亦多，所得低的人則納稅較少，甚或不必納稅，並可獲得政府的津貼，以保障每個人的基本生活，而其實施的目標，卽希望成爲福利國家。

目前世界上高度開發的國家，差不多都是採行混合經濟制度，一方面具有市場經濟的特質，另一方面亦能達成社會主義的理想。正由於這種混合經濟制度的發展，才迫使統制經濟制度日漸解體並向混合經濟制度轉變。

我國目前所實行的經濟制度，雖是依據國父民生主義來推動經濟建設，可稱之爲民生主義的經濟制度，實際上也是混合經濟制度。國父的民生主義目標在促進中國經濟的現代化，建立一富而且均的經濟社會，要將實業革命與社會革命一次完成，因此其目標有二，一是發展經濟以求富，一是促進所得與財富更合理的分配以求均。在發展經濟方面，認為我國發展實業的途徑有二，一是政府經營，一是獎勵民間經營，而以法律保護之，公營事業與民營事業同時存在，而公營事業則有其一定的範圍，此一主張，即是混合經濟制度的精神。四十年來我國經濟建設的成果，即完全向此一方向努力。如今我國不僅已成為世界新興工業國之一，亞洲四小龍之首，開發中國家的楷模，而且成為世界貿易大國，新臺幣亦成為世界強勢貨幣之一，這種成就已受到全世界的重視。其實這種民生主義的混合經濟制度，不僅在我國能實施有成效，對一般開發中國家亦能適用，值得發展中國家效法。

七、經濟學的範圍及本書的結構

知道了現代社會的基本經濟問題及如何解決這些問題以後，吾人不難知道現代經濟學所研究的範圍。現代經濟學通常分為兩大部分，一部分稱為個體經濟學 (Microeconomics) 或價格理論，是就構成經濟體系的經濟個體，如消費者、家計單位、個別生產者或廠商，以及產業等，分析其各自的行為法則，亦即研究消費理論、生產理論與分配理論。由前節說明知道指導各種經濟活動的是價格機能，故這部分理論實際是以價格現象為中心，研究個別財貨或生產因素的勞務，如何透過市場供需關係，決定其價格。亦即是研究個別價格決定的法則。第二部分則稱為總體經濟學(Macroeconomics)或所得理論。是就經濟體系全體為對象，研究其經濟活動的法則。因全部經濟活動的運作，表現於就業水準或所得水準的變動，因此以所得概念為中心而研究所得的構成變化與成長。總體理論與個體理論為現代經濟學的兩大部門，相輔相成，兩者之間之關係，猶如樹木與森林之關係一樣。個體經濟學之內容，猶如對森林中個別樹木性質之研究，在分析時不考慮森林本身之性質及變化，或假定其不變。而總體經濟學之研究，則猶如以整個森林爲對象，研究其性質、構成及變化，而對個別樹木則不考慮。要對森林有透澈的了解，此兩種研究缺一不可，不明個體，無以知全體，同樣，不明全體亦無以知個體。對經濟問題之了解，個體與總體兩者，不能偏廢。但吾人須注意者，總體並非是個體之和，因此總體理論亦不是個體理論之綜合，此一點閱讀本書以後，自會明瞭。

因此，本書之內容，亦分爲兩大部分，第一部分由第二章到第十八章爲個體理論部分，而由第十九章到第三十一章，則爲總體理論部分。在講授次序方面，有人以先講總體理論部分爲宜，本書則將個體理論放在前面，在次序上似乎較爲方便。

八、經濟學研究的困難及研究時應注意的事項

經濟學所研究的問題，雖與吾人日常生活有密切關係，但由於下述諸原因，經濟學並不是一門容易研究的科學。若干學生，抱了很大的興趣與希望來研究經濟學，但經過了相當時間的研究以後，往往仍然感覺得很困惑，不了解經濟學的內容究竟是什麼？因而喪失了繼續研究的興趣。經濟學所以不易學習的原因，細析之不外下列三種：

第一，因爲經濟學所研究的內容，大多數都是吾人日常生活中所遭遇到的切身問題，對於這些問題，每個人因爲經常接觸的關係，常不知不覺的形成一種印象、看法，甚至一種判斷；然而這些印象或看法，是未經過科學分析的一種成見，甚或是一種偏見。而經濟學中的各種法則或理論，却是經過科學方法分析，綜合以後而獲得之結論。吾人在研究經濟學時，常因爲預先有了這種無形的成見或偏見，且不願放棄，因

此便不能虛心而客觀的接受科學方法的分析，而妨碍了對正確理論的了解，因此不管如何努力，自然難獲得預期的效果。

第二，經濟學中所使用的術語，常常就是吾人在日常生活中所常用的術語；例如需求、供給、消費、生產、通貨膨脹等皆是。但是在經濟學中這些術語却有特殊的專門的意義，這種意義與日常用語中的這些術語所代表的意義並不相同。吾人往往因為習慣於這些術語日常的意義而疏忽了這些術語在經濟學中的特殊意義，因而阻碍了對經濟理論作深入而客觀的了解。

第三，經濟學中的若干法則或原則，常非絕對的，而是相對的，或條件的；往往某種法則在這一情況下是正確的，而在另一情況下便不正確。最常見的這種不一致之處，產生於個體理論與總體理論之間。若干理論在個體分析中是正確的，而在總體中便不正確，同樣在總體分析中是正確的，在個體分析中便不正確了。最顯明的例子如，若個人手中所有的貨幣增加，則此個人必更富有，但是就總體情況看，如果一社會所有的貨幣數量皆增加，此社會未必是更富有，可能反而更窮。因為否則政府只要印鈔票便能解決一切問題了，事實上絕不如此。學習經濟學的人，若不能了解這種理論適用範圍的相對性，便無法讀好經濟學了。這也是研究經濟學所以困難的原因之一。

因為研究經濟學有這許多困難，故吾人必須注意下列幾點：

（一）應充分了解每一名詞、定義，及經濟法則的意義，避免含混、籠統、模稜兩可的概念。能夠把握每一基本概念的正確內容，才能希望進一步作深入的研究。

（二）撇開一切原有的成見或偏見，打開你的心靈，客觀的接受經濟學所指示的科學分析法。否則不正確的成見與偏見，僅能阻碍你對經濟學的了解，而無法幫助你了解。

（三）經濟現象是極端複雜的，不可能同時全部考慮到，因此在分析時僅能就其重要的幾個因素或一兩個因素，予以分析，其他的因素暫不考慮，或假定其不變，這僅是爲理論分析方便起見，並非眞的不變。因此吾人在了解每一基本概念時必須了解所考慮的是那些因素，未考慮或假定其不變的是那些因素，如此才能了解理論的適用範圍及限制。

（四）不但要熟記每一基本觀念的內容，對總體理論或個體理論的全部系統，亦卽理論結構，應有全盤的了解。譬如遊園，吾人不僅對園中一花一木、一山一水應有印象，而尤其對於全園設計、結構、配置等應有一全盤概念，然後始能知何以此處種一花，彼處栽一石，此處鑿一泉，而彼處植一木也。此決非隨意安排，而必有一套道理在也。經濟學亦屬如此，書中之每章每節，並非隨意安排，其先後次序，亦有其道理在也。吾人能了解此中之道理，則對經濟學之了解，雖不中亦不遠矣。

九、摘　　要

經濟學是社會科學之一，其內容是研究如何將稀少性的手段，分配於各種目的之間，使能達到最大效果，產生最大的經濟福利。

現代經濟社會一般的具有下列幾項特質：卽(1)承認私有財產制，(2)尊重就業自由，(3)重視分工與交換，(4)大量使用資本因此生產技術不斷進步，(5)政府的經濟職能不斷增加。

現代經濟社會所要解決的經濟問題，主要的有下列幾種，卽(1)生產何種財貨？(2)以何種方法生產？(3)生產多少數量？(4)生產出來的財貨如何分配？(5)如何能維持經濟的安定？(6)如何促進經濟成長提高生活水準？現代社會爲解決這些經濟問題多透過價格機能，配合以政府的經濟政策。

目前世界各國還有幾項深受關切的重大問題,即(1)物價膨脹問題; (2)失業問題; (3)貿易失衡問題; (4)財政赤字問題; (5)公害與環保問題; (6)社會福利問題。爲解決這些問題, 必須研究經濟學。

各國爲解決經濟問題建立了不同的經濟制度, 主要的制度有三, 即(1)市場經濟; (2)統制經濟; (3)混合經濟。

經濟學所研究的範圍, 通常分爲兩大部分, 一部分稱爲個體經濟學, 以構成經濟體系的經濟個體爲對象, 如消費者, 生產者等, 研究其經濟行爲, 以及個別價格之決定法則。另一部分稱爲總體經濟學, 以整個經濟體系爲對象, 研究其經濟活動的法則。

經濟學的本質是提供一套分析經濟現象的工具, 爲能充分理解及應用這套工具, 吾人在研究經濟學時必須要虛心, 排除成見與偏見, 仔細懂得每一個名詞、定義及有關法則的意義, 並瞭解整個的理論系統。

重要概念與名詞

經濟問題	經濟模型
價格機能	經濟安定
個體經濟學	經濟成長
總體經濟學	經濟個體

第二章　市場結構與價格機能

一、經濟活動的周流

在上一章中已說明過，現代經濟社會，全靠價格機能，解決其基本的經濟問題。價格機能就像一隻不可見的手，在操縱社會的各項經濟活動，使能順利的向前進行，並使個人的經濟慾望，皆能得到適當的滿足。但是我們進一步要問，這一價格機能，是如何表現出來的？價格如何形成並且變化？變化的價格，又如何影響各人的經濟活動？要明瞭這一問題，先須說明什麼是經濟活動的周流。

前已說過，經濟活動的最終目的是消費，一切經濟活動，包括生產、分配，僅是爲達成消費的手段。但爲了進行生產，須使用各種生產資源，而各項生產資源，多是屬於消費者所有的，故消費者同時亦是生產因素的所有者。生產者爲進行生產，不得不向生產因素的所有者購買各項生產因素的勞務，因此消費者一方面以生產因素所有者的身分，提供各種生產因素的勞務以供生產，另一方面則以消費者的身分購買各項產品以供消費，如此由消費到提供各項勞務以供生產，再由生產的成果

以供消費，如此周而復始便構成一循環的周流。此一循環的周流可由圖
2-1 表示之。

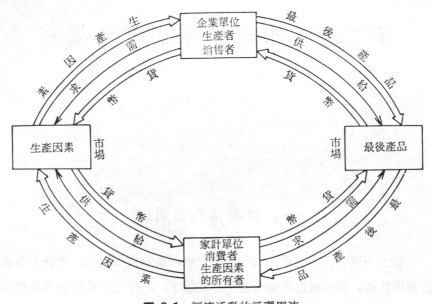

圖 2-1 經濟活動的循環周流

　　為了便於說明起見，吾人暫不考慮政府及國外因素所發生的影響。
事實上政府及國外因素的活動，分析到最後，亦不過是由生產、消費所
構成的循環的周流的一部分而已。此圖中吾人將一切從事經濟活動的人
分為兩大類：一類為企業單位，生產者或銷售者，代表生產活動的一
面。一類為家計單位，消費者，亦是生產因素的所有者，代表消費的一
面。企業單位與家計單位在此圖形中透過兩個市場而發生關係。

二、產品市場及產品價格的決定

　　第一個市場為最後產品及勞務的市場，由圖形中右一半所表示。在

這一市場，生產者將所生產的最後產品與勞務，提供銷售，形成供給的一面；而消費者則購買此種最後產品與勞務，以供消費，形成需求的一面；透過市場上供需關係，而最後產品與勞務的價格得以決定。由圖形中可看出中間箭頭所指的方向均指向市場，表示供給與需求的形成，而最外面的箭頭所指，則表示最後產品與勞務，由生產部門流向此一市場，再透過交換過程，流向消費者。與此實物流量方向相反，尚有內層所表示的貨幣流量。消費者為購買最後產品，須支出貨幣，此貨幣便透過此一市場流向生產者；此一流量在方向上與實物流量相反，而大小相同。此一流量就消費者言，為消費支出，就生產者言則為貨幣收益。透過此一市場，生產者可以決定生產何種產品，生產多少，同時也決定了各項產品的價格。

　　但是在整個經濟中僅有此一市場，並不能形成經濟活動的整體，必須另有一生產因素的市場相配合。

三、生產因素市場及生產因素價格的決定

　　圖 2-1 中左邊所表示的，則為生產因素的市場。在此一市場，生產因素的所有者（亦即是消費者）將生產因素的勞務提供銷售，因而形成生產因素供給的一面。而生產者則購買此種生產因素的勞務，以便進行生產，因而構成生產因素需求的一面。透過這種供給與需求的關係，生產因素的價格便因此決定。圖形中中間的箭頭即所以表示供需關係，而外層的箭頭則表示生產因素流動的方向，由生產因素的所有者，透過此一市場流向生產者；與此一流量方向相反而大小相同的，則為內層的貨幣流量，生產者為購買生產因素而支出貨幣，因而生產因素的所有者，則因出售生產因素的勞務，而獲得貨幣。此一貨幣就生產者言，為生產

成本，就生產因素的所有者言，則爲所得。因此透過這一市場，不但決定了生產因素的價格，也同時決定了生產者以何種方法從事生產，以及產品如何分配等問題。

如果吾人將此二市場合併觀察，則可顯然看出經濟活動循環周流的情況，就如同血液由心臟而動脈而靜脈而肺而心臟周而復始的循環一樣。由最外層觀察，可看出生產因素由生產因素的所有者透過生產因素市場流向生產者，經過生產過程，變成產品及勞務，再透過產品市場又流向消費者以供消費或儲蓄；消費者再以其生產因素供生產，如此循環不已，經濟活動也永遠繼續進行。不過此一循環周流與血液循環不同的，即是尚有一方向相反的循環，即貨幣流量的循環。家計單位由於出售生產因素而獲得所得，此爲其消費支出的來源；家計單位便以之在產品市場購買最後產品，因此貨幣又以消費支出形態流向生產者；生產者再以其購買生產因素，於是又以成本支出的形態，流回家計單位。如此周而復始，循環不已，整個經濟活動便在這兩大循環中不斷的向前進展。

不過此一循環流量是否能維持一定的大小，或能不斷增大，使社會一般的消費水準獲得改善？此問題則非此兩市場本身的活動所能解決，而要了解其變化，則需靠總體分析了。

四、自由競爭

當然要使得產品市場及生產因素市場能充分發揮其作用，以指導生產與消費，必須每個人能不受限制的追求其經濟活動的目標，亦即必須假定自由競爭的存在。所謂自由競爭，就是消費者能不受限制決定購買還是不購買。如果決定購買，則能向任何生產者，或任何市場購買，沒有任何人爲的阻碍存在。而生產者能不受限制的參加或退出任何生產事業。如果從事生產，則能購買任何種類的生產因素，採取彼所認為最有利的一種生產方法，並生產一定的數量，以提供市場銷售。因為有自由競爭的存在，市場價格若過高，則必有消費者退出市場不再購買，使需求量減少，另一方面必有新生產者參加生產，而使供給量增加，如此供需關係發生變化，價格必將下跌。反之，如果價格太低，則消費者的需要量增加，而同時必有一部分生產者退出市場，如此需求量增加而供給量減少，價格必將上漲。因為自由競爭的存在，才能使不具人格的價格機能，充分發揮其調配生產因素並指導生產的功能。反之，如果沒有自由競爭，則大部分經濟活動必然會受到少數人操縱，而各項人為的障礙必定產生，經濟的順利發展，必將被妨害。

為自由競爭能夠實現，對於各經濟個體從事經濟活動的動機，必然當作是固定的。經濟學中對於從事經濟活動的各經濟單位，均假定其有一定的經濟動機；對於消費者是假定其動機是為了求得最大的經濟滿足，或在一定消費支出下，求最大之滿足。對於生產者則假定其動機是為了求得最高利潤。消費者與生產者的動機雖不相同，但透過市場機構，雙方皆能滿足其動機。即當交易行為發生時，一方面消費者求最大滿足之動機，獲得滿足，另一方面，生產者獲得最大利潤之動機，亦獲得滿足。

五、消費者主權

在現代經濟生活中，一般都認為消費者是一切經濟活動的決定者，因為一切經濟活動的最後目的是為了消費，生產僅是為獲得消費的手段。生產者為求能獲取利潤，不得不視消費者的需要而生產，亦不得不視消費者的購買力而決定其產量，其他一切交換與流通等過程，亦不過是生產與消費中間之階段而已。這種以消費者的愛好為基礎的經濟體系，一般均稱之為消費者主權，就如在民主政治中，人民是最後的主權者一樣，在經濟社會中，消費者即是最後的主權者。但是在政治上，主權的表現是來之於選票，主權者的意志可以透過選票而表示。選票多者即表示能受到選民之歡迎，選票少者必將為選民所遺棄。然而在經濟上這種消費者的主權是如何表示的呢？顯然這種消費者的主權，是由消費者的貨幣購買力所表示的。這種購買力即相當於選票，假如對某種財貨，消費者所願支付的購買力多，即表示消費者需要這種財貨，生產者如果從事生產，一定會獲利，因而生產者目擊這種情況，必將增加生產。反之，如果某種財貨，消費者願意支付的購買力少，即表示消費者對這種財貨的需求並不迫切，因而生產者所能獲得之利益便少，若干生產者便將退出市場。所以生產者對於產品的選擇是透過購買力的多少而表現的。這種特質，可稱之為消費者主權。

當然在現代社會中，由於政府經濟功能的不斷增加，消費者的主權也不是絕對的，多少須受到若干限制。最顯著的限制，是由國家財政活動所表現的。國家向人民課稅，即直接減少個人的購買力，尤其在實施累進所得稅的國家，消費者的主權已大大受到削減。同時財政支出，日漸龐大，此種由財政支出所構成的購買力，也足以影響市場經濟活動，構成不算小的一部分權力。不過雖然如此，政府財政活動不過補個人經濟活動之不足而已，本質上並未改變個人經濟活動的本質，故最後，經濟上的主權者，仍是擁有購買力的消費者。

六、幾個基本概念

本書中有幾個常常使用的基本概念，需要在此處加以說明：

（一）**財貨**　凡能滿足人類慾望的物質或勞務，均得稱之爲財貨。如衣服、房屋、證券、理髮師的服務、陽光、空氣等均屬之。

（二）**經濟財**　一種財貨或勞務，吾人須支付代價或勞力，始能取得者，則稱爲經濟財。如吾人大部分能在市場購買的財貨，均爲經濟財，因爲這種財貨，是相對的稀少，故吾人取得時必須支付代價或勞力。

（三）**自由財**　凡一種財貨或勞務，因爲數量充裕，取得時不須支付代價或勞力者，稱爲自由財。如正常情況下的陽光與空氣是。

（四）**消費財或消費者財**　凡能直接供消費者使用以滿足其慾望的財貨，稱爲消費財或消費者財，如消費者所穿的衣服、食用的食物等皆是。

（五）**生產財或生產者財**　非用以供直接消費，而爲生產者用以幫助生產的財貨，稱爲生產財或生產者財。消費者財與生產者財在形式上可能沒有分別，僅能就其使用的目的上予以區分，例如家庭中取暖用之煤炭爲消費者財，而工廠爲發動機器所燒的煤炭則爲生產者財。

（六）**市場**　市場乃一種組織，買賣雙方能互相接觸並憑以決定財貨之價格者。市場的範圍，有大有小，有地方性的，有全國性的，亦有世界性的。視財貨的性質而定。例如新鮮蔬菜的市場是地方性的。而砂糖的市場、小麥的市場，則是世界性的。市場可以是一具體的地點，如臺北市中央菜市場，亦可能僅是一抽象的觀念，如砂糖的國際市場，僅是全世界對糖的供需關係，而砂糖價格由以決定的制度而已。

（七）**商品**　凡有一定品質、特性，而爲生產者所生產能以一定價格在市場銷售的，稱爲商品。

（八）**廠商**　結合各種因素，以生產商品爲目的的經濟組織，在經營上自成一獨立單位者稱爲廠商。廠商的範圍可能很大，如美國通用汽車公司、臺灣糖業公司是，亦可能很小，例如巷口的雜貨店、對門的理髮店是。

（九）**產業** 凡生產同一種商品之全部廠商之總合，稱爲產業。如生產農產品之農業、生產鋼鐵之鋼鐵業、生產各種紗線之紡紗業是。一個產業可能包含若干個廠商，如農業、漁業是，一個產業亦可能僅包含幾個廠商，或僅有一個廠商。後一情況卽爲寡占或獨占之現象，如臺灣水泥業、糖業是。

七、摘　要

現代經濟活動的周流，由兩類經濟單位，卽生產單位的廠商與家計單位的消費者，透過財貨市場及生產因素市場而完成。在財貨市場，透過廠商對財貨的供給及消費者對財貨的需求，決定財貨的價格與交易量，並決定廠商的收益及消費者的支出。在生產因素市場，則透過家計單位對生產因素的供給，及廠商對生產因素的需求，決定生產因素的價格及交易量。並決定廠商的成本及家計單位的所得。此兩個市場的存在，使整個經濟活動的周流，能循環不已，生生不息。

在現代經濟生活中，要使得經濟活動的周流能充分發揮其作用，則一方面要靠自由競爭，一方面則要靠消費者主權。所謂自由競爭，卽一切經濟個體，在不侵犯他人的經濟權益之前提下，可自由從事各項經濟活動，追求其經濟目標，不受任何干預。所謂消費者主權，卽消費者是一切經濟活動的最後決定者，消費者的愛好與選擇，決定經濟活動的方向。

重 要 概 念 與 名 詞

自由競爭	廠商
消費者主權	市場
經濟活動的周流	消費財
家計單位	生產財

第三章　需求、供給與價格

由日常經驗中，吾人知道若一物供不應求，則其價格必將上漲，若供過於求，則其價格必將下跌，顯然，供給與需求將影響並決定一物之價格。因此本章將討論何謂需求？何謂供給？以及供給與需求如何決定一物之價格。

一、個別需求

需求可由個別消費者的立場，或由某種財貨全體消費者的立場而分析，前者稱為個別需求，後者則稱為市場需求。茲先說明個別需求的意義。

個別需求，乃假定其他情況不變，在一定單位時間內，個別消費者對某一特定財貨，在不同價格下，所願意購買的數量。

由上述定義，知個別需求是表示財貨的各種價格與其購買量之間的關係。因影響消費者對某一財貨購買的因素頗多，為了解價格與購買量之間的關係，常假定其他情況不變，則在不同的價格下其購買量亦不同。而所謂一定單位的時間，則或為一日，或為一月，或為一年，視財貨的性質及問題的內容而定。所謂其他情況不變，乃假定第一，消費者個人的偏好不變；第二，消費者個人的貨幣所得不變；第三，其他有關財貨的價格不變；第四，對未來所得及價格的預期不變；第五，此財貨非低級財貨或爲賴高價顯示其虛榮性的財貨。當這些情況變動時，對需求的影響如何？將於以後討論。

消費者對某一財貨，在不同的價格下，其購買量亦不同，爲表示此種需求關係，吾人常可將各種可能的價格與各個價格下的購買量列成一表，此表稱爲需求表 (demand schedule)。例如某人每月對猪肉的需求，若猪肉的價格爲每斤五十元，則每月僅購買二斤，若價格爲四十元，則每月購買五斤，同樣若價格爲三十元，則每月購買九斤，若價格爲二十元，則每月購買十五斤，此種價格與購買量之間的關係，吾人可列表如下(表 3-1)，此表卽稱爲需求表。

表 **3-1** 對猪肉的需求表

價 格 p	購 買 量 q
50	2
40	5
30	9
20	15
10	22

上述之需求，除了可用表的方法表示以外，亦可以圖形的方法表示之。若吾人在一平面座標中，以縱座標表示價格，橫座標表示購買量，則上述需求表中的每一組數，在圖形中均可畫爲一點，則共得五點。在表中吾人僅列出五種可能的價格及其購買量，若價格的變化不止這五種

可能，　而是能以很小的數量變動，　理論上購買量亦將以很小的數量變動，則除上述五點外，吾人可獲得更多的點，將這許多點連結起來，卽形成一根曲線，如圖 3-1 所示，此曲線稱爲需求曲線（demand curve）。

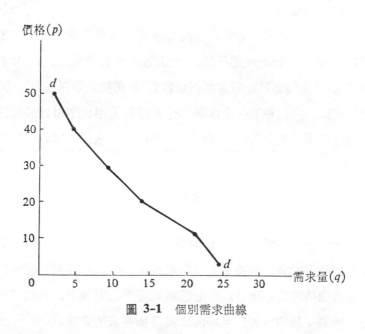

圖 3-1　個別需求曲線

在需求曲線中，將價格表示在橫座標之上，還是在縱座標之上？兩種表示法均無不可。在馬夏爾（A. Marshall）以前的經濟學者，多用橫座標表示價格，縱座標表示數量，但馬夏爾則用縱座標表示價格，橫座標表示數量。自從馬夏爾這樣表示以後，現在在習慣上都如此做了，因此本書中也按照習慣將價格以縱座標表示之。

學過高等代數或解析幾何的人皆知道，平面上任何一條曲線皆可以用一個函數來表示它，同樣任何一個含兩個變數的函數，在平面上亦可畫出一條曲線。因此上節中的需求曲線，吾人亦可用一函數表示之。設以 q^D 表需求量，p 表價格，則需求量可看作是價格的函數，亦卽

$$q^D = f(p) \tag{3-1}$$

此函數稱爲需求函數 (demand function)，而任何函數亦可用反函數表出之，上述之需求函數當然亦可表爲

$$p = g(q^D) \tag{3-2}$$

以上三種表示需求的方法，無論那一種，其意義皆相同，以表表示的方法最具體，但分析較爲不便，以圖形表示最清楚醒目，分析亦方便，但其缺點是同時只能考慮兩個變數，用函數表示最簡單，同時能考慮幾個變數，所以在進一步作深入分析時最適用。本書對於這三種方法，將同時採用，視分析時的需要，每次採取一種或多種。

二、市場需求

影響並決定市場價格的，是市場需求，非個別需求。所謂市場需求，即是以特定財貨的全體需求者爲對象，表示其各種可能的價格，與全體需求者間購買量的關係。在上述個別需求的定義中，只要將個別消費者五字改爲全體消費者五字，即成爲市場需求的定義。

市場需求與個別需求一樣，可以用三種不同的方法表示之，即需求表、需求曲線與需求函數。因爲每一消費者均有一需求表或需求曲線，每一消費者的需求表或需求曲線原則上與其他的消費者均不一樣，爲求市場需求表，吾人只要在每一價格下，求各消費者購買量的總和，即爲該價格下的市場總購買量，或總需求量。將各種可能價格下的總購買量均求出，與價格列成一表，即市場需求表。同樣將各消費者的需求曲線，在縱座標上代表某一價格的某一點，將個別曲線的橫座標相加，而畫入一新的曲線，則此新的曲線即是市場需求曲線。以下試以包含三個消費者的情況，分別以表及曲線說明之。

表 3-2　對豬肉之市場需求表

價　　格 (p)	甲之需求量 (q_a)	乙之需求量 (q_b)	丙之需求量 (q_c)	市場需求量 (q_d)
50	2	0	3	5
40	5	2	5	12
30	9	4	8	21
20	15	7	12	34
10	22	12	15	49

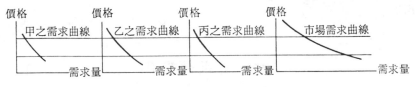

圖 3-2　個別需求曲線與市場需求曲線

同樣，吾人將個別需求函數綜合之，即可列出市場之需求函數爲

$$Q^D = F(p) \tag{3-3}$$

$$或 \quad P = G(Q^D) \tag{3-4}$$

三、需求法則

在一般情況下，需求曲線是一由左上方向右下方傾斜的曲線，價格的變化與購買量的變化成相反的方向，因此，吾人可提出一需求法則。

在一般情況下，若一物之價格下跌，則消費者之購買量將增加，反之，若其價格上漲，則消費者的購買量將減少。

這種購買量隨價格作相反方向的變化，吾人由經驗中亦可看出，當豬肉的價格下跌時，如仍購買原來的數量，所花的代價將減少，則消費者可以用省下來的錢多購豬肉，另一方面因豬肉跌價，若其他食物的價格不變，則消費者可多購買豬肉以代替羊肉、牛肉等的消費。故對豬肉的購買量將增加。豬肉漲價時的情形則相反，可以類推。

惟吾人須注意者，在需求表或需求曲線中，僅有一組數或僅有一點是能實際出現的，不同的數或點之間的關係，是一種在同一時間單位內非此即彼的關係，並不是都能同時出現的。其次吾人須注意者，知道了需求表或需求曲線，並不能知道實際的市場價格與購買量，市場實際的價格如何，尚須視市場供給關係如何？而同時考慮需求與供給的關係才能決定。

四、需求的變化

在表示對某一財貨的需求時，吾人是假定其他的條件不變的。其他的條件如上所述，包含消費者個人的偏好；消費者的貨幣所得；其他財貨的價格；對未來價格及所得的預期；此一財貨非低級財貨或誇示性的財貨等。但是當這些因素發生變化，則對需求的影響將如何？例如，若個人的偏好由於受了廣告或朋友的影響，對某一財貨變得更為偏愛；或貨幣所得比前增多；或其他財貨的價格上漲；或預期此一財貨的價格未來將上漲等。顯然縱然此一財貨的價格不變，則購買者對此財貨的需求量可能增加。換言之，在原來各種可能的價格下，此一購買者的購買量均提高。仍以表 3-3 為例，若由於上述諸原因，某甲之需求表變得如此之形態；則吾人稱某甲對豬肉之需求增加。如果由於某甲之偏好降低，或貨幣所得減少，或其他有關之財貨跌價，很可能在原來的各種不同的價格下，某甲的需求量均減少，對此情形，吾人稱為需求之減少。以需

求曲線表示之，若將新的價格與需求量的關係，畫成曲線，則表示整條
曲線的上移或下移，前者即爲需求的增加，如由 dd' 上移至 d_1d_1'，後
者即爲需求之減少，如由 dd' 左移至 d_2d_2' 是。

表 3-3　需求之增加

價　格	原需求量	新需求量
50	2	4
40	5	9
30	9	15
20	15	22
10	22	30

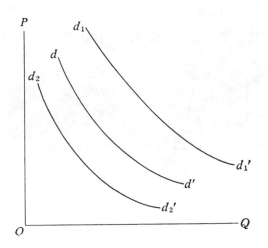

圖 3-3　需求的變化

五、需求與需求量

由上述需求變化的意義， 吾人須分辨清楚需求的變化與需求量 (quantity demanded) 的變化，意義不同。需求的變化，已如上述是整條需求曲線的移動，其變化的原因，則是由於消費者的所得發生變化，消費者的偏好改變， 或其他有關財貨的價格發生變化等。至於需求量的變化則是同一根曲線上，點的移動，如圖 3-4 中，dd 為需求曲線，若價格與購買量的組合由 A 點移至 B 點，即表示價格由 P_1 跌落至 P_2 時，則購買量由 OQ_1 增加至 OQ_2， 這種由 A 點向 B 點的移動， 即稱為需求量的變化。顯然吾人可看出引起需求量變化的原因，是該物的價格發生變化，而其他條件未變。若干人士， 甚至不少經濟學人因為未能認清此兩者之間的不同，因而在觀念上產生了若干混淆，例如吾人常聽到這種說法，某物之價格上漲，故需求減少。其實正確的說法，應是需求量減

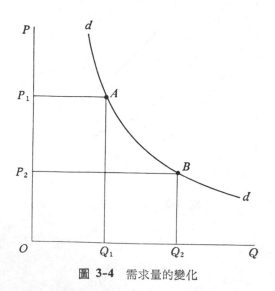

圖 **3-4** 需求量的變化

少。因此吾人研究經濟學時，應予分辨清楚。

六、需求彈性——其意義及彈性係數之計算

由需求法則，吾人知道若一物之價格上漲，則需求量減少，反之，若價格下跌，則需求量將增加，需求量隨價格的變化而變化。可是不同財貨之間，這種需求量隨價格變化而變化的敏感程度並不一樣。有若干種財貨，不論價格如何變化，需求量變化的幅度不大，亦即價格縱然上漲甚多，需求量不致減少，或減少得有限，價格縱然下跌，需求量亦增加得很少，如火柴、食鹽、食米等財貨均如此。而另外若干財貨情形則相反，價格略有變動，需求量的變動往往很大，如日常生活中所用的便利品，及部份奢侈品均有這種現象。這種需求量變化對價格變化的敏感性，經濟學上稱之爲需求彈性。而一物彈性之大小，對消費者經濟福利之關係頗爲密切。

爲測定需求彈性之高低，常可計算出一數字，以表示之，此數字稱爲彈性係數。需求彈性的彈性係數計算之公式如下：

$$彈性係數 = \frac{需求量變化的百分比}{價格變化的百分比} = \frac{\dfrac{需求量的增量}{原需求量}}{\dfrac{價格的增量}{原價格}}$$

若以符號表示之，設以 P 表價格，Q 表需求量，ΔP 表價格的增量，ΔQ 表需求量之增量，而以 E 表彈性係數，則

$$E = \frac{\dfrac{\Delta Q}{Q}}{\dfrac{\Delta P}{P}} = \frac{\Delta Q}{\Delta P} \cdot \frac{P}{Q} \tag{3-5}$$

因爲彈性係數的計算係以價格的百分比爲單位，其數值卽表示價格每變

化百分之一時，需求量變化的百分比。又因爲價格變化與需求量變化的
方向相反，當價格下跌時，需求量增加，而價格上漲時，需求量減少，
故彈性係數之符號在一般情況下爲負，爲避免負號的應用，吾人僅利用
其絕對值。而馬夏爾則採取在彈性係數前加一負號，將原來之負號抵
銷。惟不論採什麼方法，吾人所重視者僅爲其數值，而非符號。

　　試應用此一公式計算對猪肉之需求彈性，取 3-2 表中之數字，重新
列表如下：

表 3-4

價　　格 p	價 格 之 增 量 (Δp)	市 場 需 求 量 (Q)	需 求 量 之 增 量 (ΔQ)
50		5	
	-10		7
40		12	
	-10		9
30		21	
	-10		13
20		34	
	-10		15
10		49	

　　若求價格由50下跌至40時之彈性係數，則將有關數字代入上式，得

$$E_1 = \frac{7}{-10} \cdot \frac{50}{5} = -7$$

同樣依次求價格由 40 下跌至 30，由 30 下跌至 20，及10時之彈性係數：

$$E_2 = \frac{9}{-10} \cdot \frac{40}{12} = -3$$

$$E_3 = \frac{13}{-10} \cdot \frac{30}{21} = -1\frac{6}{7}$$

$$E_4 = \frac{15}{-10} \cdot \frac{20}{34} = \frac{-15}{17}$$

由以上之計算，　彈性係數隨價格之下跌而其絕對值亦遞減，　由 7 降至 15/17。在一般情況下，　彈性係數之數值，　可由負無窮大變化到零，並可分爲五種類型：

（一）彈性係數爲無限大，即 $|E| \to \infty$，此即價格略有下跌，需求量增至無窮大，價格略有上漲，需求量減少至零，此種需求稱爲絕對彈性的需求，其特殊意義，在以後各章，將予說明。

（二）$|E| > 1$，彈性係數大於一，即需求量變動的百分比大於價格變化的百分比，對這種需求可稱爲高彈性需求。

（三）$|E| = 1$，彈性係數等於一，即需求量變動的百分比等於價格變化的百分比。這種彈性係數可稱爲單一彈性 (unitary elasticity)。此種需求，是特殊形態的需求。

（四）$|E| < 1$，彈性係數小於一，即需求量變動的百分比小於價格變化的百分比，這種需求可稱爲低彈性需求。

（五）$|E| \to 0$，彈性係數等於零，即不論價格如何變動，需求量始終不變，故可稱爲絕對無彈性需求。

由前述計算之例及以上彈性係數之五種類型，吾人可看出對任何一種財貨，在一般情形下，彈性係數是隨價格的變化而變化的，除特殊情形外，彈性係數並不固定。

以上述之公式計算彈性係數，雖甚便利，然有一很大缺點，即吾人如計算價格上漲時的彈性係數，其結果常不一樣，設仍以表 3-4 的數字爲例，重新列表如下：

表 3-5　彈性係數之計算

價　　格 (p)	價格之增量 (Δp)	市場需求量 (Q)	需求量增量 (ΔQ)
↑　50		5	
	10		− 7
40		12	
	10		− 9
30		21	
	10		−13
20		34	
	10		−15
10		49	

試計算價格由 40 上漲至 50 之彈性係數

$$E_1' = \frac{-7}{10} \cdot \frac{40}{12} = -2\frac{1}{3}$$

顯然不等於價格由 50 下跌至 40 時之彈性係數 − 7，其他三個彈性係數，可同樣計算如下：

$$E_2' = \frac{-9}{10} \cdot \frac{30}{21} = -\frac{9}{7}$$

$$E_3' = \frac{-13}{10} \cdot \frac{20}{34} = -\frac{13}{17}$$

$$E_4' = \frac{-15}{10} \cdot \frac{10}{49} = -\frac{15}{49}$$

均與價格下跌時之彈性係數不同。分析其原因，完全由於公式中所取原來之價格及需求量不同， 故其結果亦異。 因爲上述公式是弧彈性的公式，在價格上漲與價格下跌時所取以計算的點一在弧之上端，一在弧之下端，其結果當然不一樣。爲使得能一致起見，必須取弧的平均彈性，作爲弧彈性的近似值， 亦卽取弧中點的彈性係數， 作爲弧彈性的代表值。如此修正後，則上述公式可修正如下。*P* 及 *Q* 仍然分別代表價格與

需求量，以附字 0 與 1 分別代表變化前及變化後之數量，則

$$E = \frac{Q_1 - Q_0}{\left(\dfrac{Q_1 + Q_0}{2}\right)} \bigg/ \frac{P_1 - P_0}{\left(\dfrac{P_1 + P_0}{2}\right)}$$

$$= \frac{Q_1 - Q_0}{P_1 - P_0} \cdot \frac{P_1 + P_0}{Q_1 + Q_0} \tag{3-6}$$

依據此一公式，不論由價格下跌或由價格上漲計算，其結果均屬一樣。仍以表 3-4 之數字爲例，設計算價格由 40 上漲至 50 之彈性係數，則

$$E_1 = \frac{5 - 12}{50 - 40} \cdot \frac{50 + 40}{5 + 12} = \frac{-7}{10} \cdot \frac{90}{17} = -\frac{63}{17} = -3\frac{12}{17}$$

如計算價格由 50 下跌至 40 時之彈性係數，則

$$E_1 = \frac{12 - 5}{40 - 50} \cdot \frac{40 + 50}{12 + 5} = -3\frac{12}{17}$$

其結果相同，比前一公式合用多矣。

七、由消費者總支出的變化估計彈性係數

除上述用代數的方法估計彈性係數外，尚可由消費者爲購買此財貨其總支出的變化而估計彈性係數。若價格下跌時，消費者的總支出增加，則其彈性係數必大於一。若消費者的總支出不變，則其彈性係數等於一。若消費者的總支出減少，其彈性係數小於一。因爲消費者的總支出等於價格與需求量的相乘積，若價格下跌，則需求量增加，價格與需求量對總支出的影響剛好相反。現在消費者的總支出若因價格的下跌而增加，顯見得價格下跌後，需求量所增加的比例大於價格下跌的比例，因而使總支出增加，故其彈性係數必大於一。反之，若價格下跌後，總支出減少，則顯然需求量增加的比例小於價格下跌的比例，故彈性係數

小於一。若價格下跌後，總支出不變，則需求量增加的比例等於價格下跌的比例，故兩者的影響互相抵銷，因而彈性係數等於一。

由消費者總支出的變化估計彈性係數的大小，可用下列方式證明。設 P 及 Q 分別表原來的價格及需求量，ΔP 及 ΔQ 表價格及需求量的增量，如此則原來的總支出為 PQ，價格下跌後的總支出即為 $(P-\Delta P)(Q+\Delta Q)$。若消費者的總支出增加，即：

$$(P-\Delta P)(Q+\Delta Q)-PQ>0$$

即　　　　$P \cdot \Delta Q - Q \cdot \Delta P - \Delta P \cdot \Delta Q > 0$

因 ΔP 及 ΔQ 均為很小的數值，其乘積當然更小，吾人若不考慮此項的存在，不至於有很大的誤差，故可寫作

$$P \cdot \Delta Q > Q \cdot \Delta P$$

即　　　　$\dfrac{\Delta Q}{\Delta P} \cdot \dfrac{P}{Q} > 1$

顯然此不等式之左端，即彈性係數之公式，亦即總支出增加時，其彈性係數必大於一也。總支出減少，彈性係數小於一，總支出不變，彈性係數等於一之情形，可同樣證明。

若以幾何的方法表示總支出的變化以估計彈性係數的大小，可如上

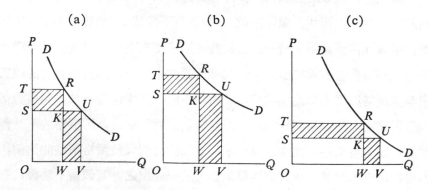

圖 **3-5**　由總支出的變化估計彈性係數

圖所示。圖 3-5(a) 中，原來之價格爲 OT，需求量爲 OW，其總支出爲 $OTRW$，若價格下跌至 OS，則需求量增加爲 OV，總支出則爲 $OSUV$，此二長方形除共同部份 $OSKW$ 之外，其不同部份爲二有陰影之長方形，一爲 $STRK$，一爲 $KUVW$。顯然若 $KUVW$ 之面積等於 $STRK$，則價格下跌後之總支出未變，故彈性係數爲一。但在 (b) 圖中 $KUVW$ 大於 $STRK$，則價格下跌後之總支出大於原來之總支出，故彈性係數大於一。同樣 (c) 圖中 $KUVW$ 小於 $STRK$，故彈性係數小於一。

　　價格若上漲，其情況亦可推得之，若價格上漲後，總支出減少，則彈性係數大於一；，總支出不變，則彈性係數等於一；總支出增加，則彈性係數小於一。其理由很簡單，價格上漲總支出減少即價格下跌總支出增加也，故彈性係數當然大於一。其餘情形，讀者可自行說明之。

八、所得效果與替換效果
(income effect and substitution effect)

　　在需求的意義中，吾人假定消費者的貨幣所得，其他財貨的價格均不變，則財貨的價格下跌時，消費者的需求量將增加。現在吾人將進一步研究，如果消費者的貨幣所得發生變化，或其他財貨的價格發生變動，則消費者對某一特定財貨的需求量將會發生何種變化。

　　首先研究這一情況，若某一財貨其價格未變，其他財貨的價格亦未變，消費者的偏好不變，而消費者的個人所得發生變化，設個人的所得增加。在一般正常情形下，若消費者個人所得增加，即表示其購買力增加，在沒有任何人爲的干涉之下，對各種財貨的需求量都是會增加的，因其更有能力購買各種財貨也，對特定財貨之需求量當然亦會增加。反之，若所得減少，對財貨之需求量必將減少。這種因所得變化所引起之

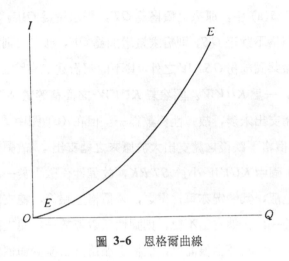

圖 3-6　恩格爾曲線

對財貨需求量之變化，吾人可稱之為所得效果。以圖形表示之可如圖
3-6 中，縱座標表所得，橫座標表示對某一特定財貨之購買量，*EE* 曲
線表示隨所得之增加，購買量亦增加之曲線，此曲線一般的由左下方向
右上方延伸，表示隨所得的增加，對財貨的購買量也是增加的。此曲線
通常稱為恩格爾曲線 (Engel's curve)，因德國經濟學家 Engel 而得名，
因彼首先研究此種現象也。

但各種財貨由於其性質之不同，消費者因所得變化，其需求量之變
化亦不同。如圖 3-7 中，曲線 (1) 表示需求量隨所得之增加而增加，其
增加的數量沒有任何限制。曲線 (2) 則顯然當所得甚少時，隨所得之增
加而增加，然而有一極限，當接近到這一極限時，不論所得如何增加，
需求量不再增。本圖中其極限即為 *OX*。曲線 (3) 則表示當所得甚低時，
需求量隨所得之增加而增加，但當所得水準等於 *OY* 時，需求量最高為
LY，但當所得超過 *OY* 時，對此財貨之需求不但不增，反而減少。凡
有此種現象之財貨，一般稱之為劣等財貨或低級財貨 (inferior goods)，
因此種財貨多為貧窮的人所使用，一旦所得水準提高，則以他種較高級

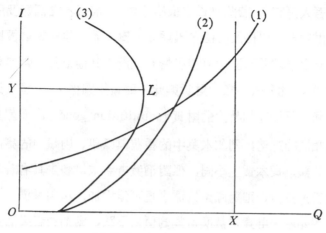

圖 3-7　不同的恩格爾曲線

之財貨代替，而減少此種財貨之購買。此種財貨如西方國家之麵包、馬鈴薯，我國之甘藷等均屬之。

　　用以表示並測定需求量變化對所得變化之反應程度，吾人亦可用所得彈性及其彈性係數分別表示之。所得彈性係數之計算與前述價格彈性之方法同；吾人只要將前述求彈性係數之公式中，將價格換為所得，所求出者即為所得彈性之彈性係數。如應用點彈性之公式，則

$$E_I = \frac{dQ}{dI} \cdot \frac{I}{Q} \qquad I \text{ 表所得} \tag{3-7}$$

　　所得彈性之符號，一般情況下均為正，如為劣等財貨則所得高達某一水準後，其符號即為負。所得彈性的數值，可能大於一，亦可能小於一，一般的若數值甚低，即表示彈性較低，需求量不因所得之增加而比例增加，一般生活必需品多有這種性質，亦即圖 3-7 中曲線 (2) 之情形。若所得彈性的數值大於一，即表示所得彈性高，需求量增加之比例大於所得增加之比例，圖 3-7 中曲線 (1) 之情況即屬如此。而一般生活中對住屋之支出，及對便利品、奢侈品等多有此種性質。

其次吾人研究，若此財貨之價格不變，消費者之偏好及所得亦不變，對此財貨未來價格及所得之預期亦不變，而其他財貨之價格變化，則對此財貨之需求量將發生何種影響？此所謂其他財貨，當然包括各式各樣的財貨。此各式各樣的財貨與此一財貨的關係，大體可以分為三類：第一類是可以互相替換的財貨 (substitution goods)，亦卽此類財貨均能滿足相同的慾望，例如水菓中的香蕉與鳳梨、肉類中的猪肉與牛肉是。雖然此類財貨本質上不同，但對消費者看來，多少具有若干替換性的，因此香蕉漲價，則對鳳梨的需求量可能增加，猪肉減價，則人們少吃牛肉。因此若一財貨之替換財貨的價格下跌，則消費者必將多購價格下跌的替換財貨，而對原來財貨的需求量卽減少。反之，若其替換財貨的價格上漲，則消費者必多購此財貨而減少替換財貨的購買，此情況可以圖 3-8(a) 表示之。縱座標表 x 財貨的價格，橫座標表 y 財貨的需求量，則兩種財貨若具有替換關係，則 D_yD_y 曲線卽表示 x 財貨價格變動後對 y 財貨的需求曲線。此種因替換財貨價格的變動所引起的對此一財貨需求量的影響，稱為替換效果 (substitution effect)。第二類財貨可稱為輔助性的財貨 (complementary goods)。此類財貨與吾人所研究的財貨之間必須共同使用，才能發生更大的效用，如信封與信紙、墨水與鋼筆、汽車與汽油等皆是。此種輔助性財貨的價格若下跌，則其需要量增加，連帶對共同使用之財貨之需求量亦必增加。反之，若輔助性財貨之價格上漲，則其需求量減少，連帶對共同使用之財貨之需求量亦減少。此所以很可能因汽車之漲價，對汽油之需要量亦為之減少也。此種情形如圖 3-8(b) 曲線所示，隨 x 價格之下跌，對 y 財貨之需求量是增加的。第三類財貨可稱為無關係之財貨 (independent goods)，其與吾人所研究之財貨之間，旣無替換性，亦無輔助性，例如食鹽與火柴是。故其價格之任何變化，對此特定財貨之需求量不發生任何影響。此可如圖

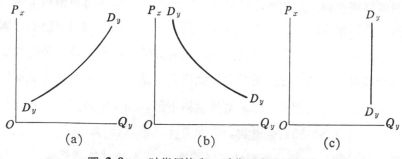

圖 3-8　x 財貨價格與 y 財貨需求量的關係

3-8(c) 所示，不論 P_x 如何變化，對 y 之需求量卻固定不變。不過嚴格說來，任何兩種財貨之間，透過消費者的所得固定此一關係，多少是有一點替換性的，因爲消費者的所得固定，在某種財貨上由於價格變動而支出增加，必然影響對其他財貨的支出減少。故就消費者的所得固定一點言，任何兩種財貨間都是具有替換性的。

　　爲表示並測定其他財貨價格的變動對特定財貨需求量變動的敏感性，吾人亦可以偏彈性說明之。偏彈性（partial elasticity）亦可稱爲交互彈性（cross-elasticity）。偏彈性係數之計算，同於常彈性（ordinary elasticity），吾人只須將常彈性係數公式中（相對於偏彈性，前所述之彈性可稱爲常彈性）之價格表爲他種財貨之價格，而需求量則表爲此一財貨之需求量卽可。其形式如下：

$$E_{yPx} = \frac{\Delta Q_x}{\Delta P_y} \cdot \frac{P_x}{Q_y} \tag{3-8}$$

或
$$E_{yPx} = \frac{Q_{y1} - Q_{y0}}{P_{x1} - P_{x0}} \cdot \frac{P_{x1} + P_{x0}}{Q_{y1} + Q_{y0}} \tag{3-9}$$

或
$$E_{yPx} = \frac{\partial Q_y}{\partial P_x} \cdot \frac{P_x}{Q_y} \tag{3-10}$$

E_{yPx} 卽表示當 x 價格變動時，y 財貨之偏彈性係數也。

　　偏彈性係數之符號，可爲正，亦可爲負，若其符號爲正，卽表示 x

財貨價格變化與 y 財貨需求量變化之方向相同，卽 x 財貨價格下跌時，y 財貨之需求量減少。反之，若 x 財貨之價格上漲，則對 y 財貨之需求量增加，顯然此二財貨有替換關係。故偏彈性係數爲正時，則此二財貨必爲替換財貨。若偏彈性係數之符號爲負，則 x 財貨價格變化與 y 財貨需求量變化之方向相反。卽 x 財貨價格下跌，則 y 財貨之需求量增加，顯然此二財貨必爲輔助性財貨。故偏彈性係數爲負時，卽表示此二財貨爲輔助性財貨。 最後若偏彈性係數爲零， 或不論其符號爲何， 其絕對值甚小，卽表示此二財貨間沒有任何顯著的關係，因此必爲獨立性的財貨。

由所得效果及替換效果，吾人可進一步研究何以前述需求法則中，說明在一般情況下一物之價格若下跌，則其需求量將增加。此種現象可由所得效果及替換效果說明之。若一物之價格下跌，而其他情況不變，顯然消費者除仍能購買原來之數量外，其購買力必有剩餘，此不啻與所得增加，而財貨之價格不變所造成之結果相同，因所得旣有增加，則對此財貨之需求量必增加，此卽所得效果也。其次因爲此一財貨之價格下跌，其替換財貨價格卽相對的上漲，故消費者將多購此一財貨而代替其替換財貨使用，故其需求量亦將增加，此卽替換效果。價格下跌後，由於能產生此所得效果及替換效果，故其需求量必增加，反之，若價格上漲，其需求量必減少。因而所謂需求法則亦因此而得成立。

九、個別供給

以上係分析需求及需求法則， 玆再討論供給及供給法則。 供給 (supply) 亦可由個別生產者或廠商以及全體生產者或產業的立場予以分析。 若由個別生產者或廠商的立場分析， 則稱爲個別供給 (individual supply)， 若由全體生產者或產業的立場分析， 則稱爲市場供給。 先論個別供給。

　　個別供給者，乃假定其他情況不變時，在一定時間內，個別生產者或廠商對某一特定財貨，在不同的價格下所願意提供市場銷售的數量。

表 3-6　豬肉的個別供給表

價　格 P	供　給　量 Q
50	1,200
40	800
30	500
20	300
10	150

　　由此定義可知，供給與需求一樣，是表示財貨的價格與其銷售量或供給量之間的關係。因生產者供給量的多少，常受時間因素的影響，故爲表示供給，常須確定一定的時間單位，經濟學中常將供給分爲長期供給與短期供給兩種，其意義吾人在以後將予說明。同時影響供給量之因素甚多，爲確定價格與供給量之間的關係，故假定其他情況不變，此其他情況包含：第一、生產技術不變，第二、生產因素的市場價格不變，第三、政府財政尤其租稅政策不變，第四、生產者本身的偏好不變。此種其他情況變化時，對供給之影響如何？亦將於以後討論之。

　　價格與供給量之間的關係，亦可以用表的形態表示之，若生產者某甲飼養猪隻，提供市場銷售，若市場猪肉價格每斤爲 50 元時，則每月某甲願提供銷售 1200 斤，若市場價格爲每斤 40 元，則某甲願提供銷售 800 斤，餘類推，此表稱爲供給表。由供給表中卽可知某甲在不同價格下所願意提供的銷售量。

　　與需求相似，供給亦可以圖形表示之。在一平面圖中，若以縱座標表價格，橫座標表供給量，則供給表中的每一組數，均可畫成一點。若價格能以更小的單位而變化，則供給量亦將以很小的單位在變動，因而吾人可以找出若干點，若將此若干點連結起來，即形成一條曲線，如圖3-9 所示，此曲線即稱為供給曲線。其一般形態大致為由左下方向右上方延伸的曲線。

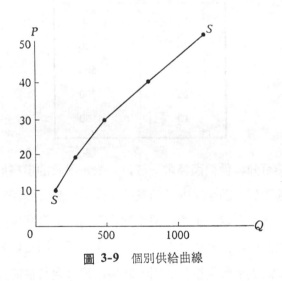

圖 3-9 個別供給曲線

　　供給亦可以函數表示之，若以 q^s 表供給量，p 表價格，則供給量可看作是價格的函數，因而寫作

$$q^s = f(p) \tag{3-11}$$

此函數即稱為供給函數 (supply function)。若寫成其反函數形態，即價格為供給量之函數，則

$$p = g(q^s) \tag{3-12}$$

十、市場供給

影響並決定市場價格的爲市場供給，非個別供給。所謂市場供給，即特定財貨的全體生產者，或產業界，在各種不同的價格下，所願意提供銷售的數量。亦卽在各種不同的價格下，將個別供給者的供給量相加，卽得市場供給量。市場供給，亦可以三種不同的方法表示之，卽供給表、供給曲線與供給函數。其供給曲線之形態，如圖 3-10 所示，爲一由左下方向右上方延伸的平滑的曲線。線上任何一點表示一定價格與一定供給量的關係。市場供給若以函數表示之，則爲

$$Q^s = F(P) \tag{3-13}$$

或　　　$$P = G(Q^s) \tag{3-14}$$

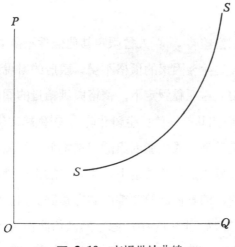

圖 3-10　市場供給曲線

十一、供給法則

在一般情況下，供給曲線是一條由左下方向右上方延伸的曲線，表示價格的變化與供給量變化的方向相同， 因此吾人可得一供給法則，即：

在一般情況下，若一物之價格上漲，則供給量將增加，反之，若價格下跌，則供給量將減少。

此種供給量能隨價格上漲而增加的原因，是由於價格上漲後，生產者能獲得更多的利潤，故願增加成本以增加供給量，此一問題，吾人在以後將詳予討論。

十二、供給的變化

在說明供給的意義時， 吾人曾假定其他條件不變， 此其他條件包含：生產技術不變、生產因素的價格不變、政府的財稅政策不變，以及生產者的偏好不變。在這種假定下，價格與供給量的關係可以一供給曲線表示之。 但是假如其他條件發生變化時， 對供給之影響將如何？ 例如， 假定生產技術改進，或生產因素的價格降低，則顯然生產者的成本可以降低，於是在原來的各種價格下，生產者的供給量均將增加。此以圖形的意義表示之，即整個供給曲線向右方移動。對於這種移動，吾人稱之爲供給的增加。如圖 3-11 中，原來的供給曲線爲 S_1S_1，而由於生產技術的改進，及生產因素價格的降低，新的供給移至 S_2S_2，因此當價格爲 OP_1 時，原來的供給量爲 OQ_1，而供給增加後，價格如仍爲 OP_1，則供給量增爲 OQ_2。換言之，如仍然使供給量爲 OQ_1，價格爲 OP_2 即

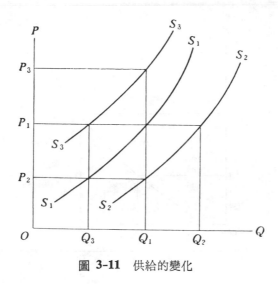

圖 **3-11**　供給的變化

可。 同理， 若政府對生產者徵課一新的租稅， 或生產者生產的興趣降低，則在原來價格下的供給量，均將減少，此即曲線向左移動，此稱爲供給之減少。如圖 3-11 中， 供給曲線由 S_1S_1 移至 S_3S_3 是。如果原來價格爲 OP_1 時，供給量爲 OQ_1，則現在價格如仍爲 OP_1，供給量將減少至 OQ_3 了。如仍希望維持原來的供給量，價格非上漲至 OP_3 不可。無論是供給之增加或減少，均可稱爲供給的變化。

　　供給之增加或減少與供給量之增加或減少，在意義上亦不相同。如前所述，供給之增加或減少，是整條供給曲線之移動，其發生的原因是其他條件改變。而供給量之增加或減少，則是在同一根供給曲線上某一點之移動。如圖 3-12 中，SS 爲供給曲線，A、B 爲兩點，若由 A 點移至 B 點，則供給量將由 OQ_1 增至 OQ_2。其所以如此之原因，乃是由於價格由 OP_1 上漲至 OP_2 故也，而其他條件，並沒有變化。此種由 A 點向 B 點之移動，即稱爲供給量之增加，反之，由 B 點向 A 點移動，即供給量之減少。

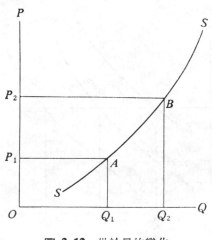

圖 3-12　供給量的變化

十三、供給彈性

由供給法則，知一物之價格若上漲，則供給量將增加，反之，若其價格下跌，則其供給量將減少。但不同財貨之間，供給量變化對價格變化的敏感性，亦有差異。有些財貨，價格雖有變動，而供給量不變或其變化甚為有限，例如若干藝術品即是。而另有些財貨，價格變動後，供給量之變動很大，因生產者能透過生產之增加而增加其供給量也。此種供給量變化對價格變化之敏感性，亦可用供給彈性的意義說明之。供給彈性與需求彈性的意義相似，其彈性係數亦可用公式求出；吾人只須將需求彈性的彈性係數公式中需求量改為供給量，則其所求出之數字，即供給彈性的彈性係數。一般的供給彈性的彈性係數的符號為正，因供給量的變化與價格變化的方向相同之故。若彈性係數大於一，即表示供給彈性高，若小於一，即表示供給彈性低，若等於一，即為單一彈性。在極端情況下，若趨近於無限大，即表示是完全彈性的供給。反之，若趨近於零，即表示爲完全無彈性的供給。

十四、市場價格之決定法則——均衡價格
　與均衡交易量

　　由以上對需求及供給之分析中，吾人均可看出，僅由需求或僅由供給觀察，均不能知道市場價格究竟決定於那一點，因需求與供給僅僅表示不同價格與不同數量間之關係而已。然而所謂需求供給決定價格又是怎樣決定的呢？如果吾人已完全知道市場需求，亦同時知道市場供給，而將供給表與需求表放在一處觀察，則市場價格即可決定。例如臺北市每月對豬肉的需求及對豬肉的供給，假定如表 3-7 所示，由此表中，吾人可看出在不同的價格下，市場需求量及供給量的情形。而由此表吾人亦可確定市場價格必然會決定於每斤 25 元。因爲唯有在這一價格下，需求量與供給量相等，均爲 3,000,000 斤，買賣雙方，皆能滿足。如果市場價格爲每斤30元，則由此表知市場需求量爲 2,600,000 斤，而市場

表 3-7　臺北市每月平均對豬肉之需求與供給

價　　格　 p	需　求　量　 q^d	供　給　量　 q^s
每斤　40	2,000,000	5,000,000
35	2,300,000	4,500,000
30	2,600,000	3,800,000
25	3,000,000	3,000,000
20	3,500,000	1,800,000
15	4,500,000	500,000

供給量則爲 3, 800, 000 斤，供過於求，銷售者中必有若干人無法脫售其產品。爲了能使其產品銷售起見，銷售者之間必將互相競爭而削價求售，因此市場價格不能穩定於每斤 30 元，必將下跌。在價格下跌的過程中，一方面需求量增加，一方面供給量減少。當價格跌至每斤 25 元時，市場需求量等於供給量，銷售者不再減價，價格可能穩定於此點。反之，若市場價格爲每斤 20 元，則市場需求量爲 3, 500, 000 斤，而市場供給量僅有 1, 800, 000 斤，供不應求。購買者間必有不能達成其購買的慾望者，故購買者爲了避免空手而回，必將增付價格以期獲得購買，如此則豬肉的價格必將上漲。在上漲的過程中，需求量減少，而供給量增加，待價格漲至每斤 25 元時，需求量等於供給量，價格又告穩定。由此一分析，可知所謂供需關係決定價格者，其意即爲一物之市場價格決定於其市場需求量與其市場供給量相等的一點是也。

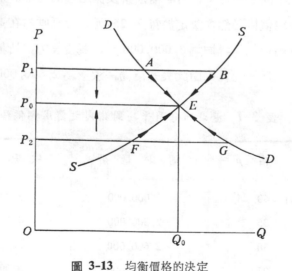

圖 3-13　均衡價格的決定

此種價格決定的法則，亦可以幾何的方法說明之。設如圖 3-13 所示，吾人將市場需求曲線與市場供給曲線畫於同一個圖形內，因市場需求曲線是由左上方向右下方延伸的曲線，而市場供給曲線則是由左下方向右上方延伸的曲線，故此二曲線常能相交，其交點 E 所表示的價格爲 P_0，數量爲 Q_0，而此 P_0 卽供需關係所決定之市場價格。因爲唯有在這一價格下，市場需求量與供給量相等也。如果市場價格爲 P_1，此時需求量爲 P_1A，而供給量爲 P_1B，供過於求，市場價格由於銷售者間之競爭，必將下跌而等於 P_0。反之，若市場價格爲 P_2，則此時需求量爲 P_2G，而供給量僅爲 P_2F，供不應求，由於購買者之間的競爭，價格必將上漲，價格上漲後需求量減少，而供給量增加，最後價格漲至 P_0，需求量與供給量相等，價格不再變化。這種由需求曲線與供給曲線的交點所決定之價格，吾人稱爲均衡價格；而在此一價格下之數量 Q_0，吾人稱爲均衡交易量。因爲唯有在這一價格下，價格與交易量方能保持均衡也。

但是市場實際價格是否卽等於市場均衡價格？在理論上市場實際價格是不斷向均衡價格接近的，猶如實際的水平面是向理論的水平面接近。但是因爲影響價格的因素很多，由於種種干擾，實際價格是常常變動的，不一定等於均衡價格；猶如實際的水平面，因不斷受外力的干擾，並不保持一理想的水平面。不過雖然實際的價格不一定等於均衡價格，但總是不斷向均衡價格接近的，這是吾人對價格決定法則所應了解者。

十五、需求與供給的變化對價格與交易量的影響

以上係假定需求或供給的本身不變，如何由供需關係決定市場價格。如果需求或供給任何一方或雙方皆發生變化，則對價格與交易量所發生的影響將如何？茲分爲三種情況來研究。

首先分析供給不變而需求發生變化對價格及交易量的影響。假定由

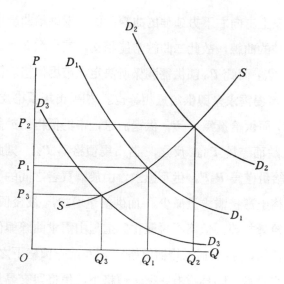

圖 3-14 供給不變需求變化對市場均衡的影響

於消費者的偏好提高，或貨幣所得增加，或其他有關的財貨，例如替換財貨的價格上漲，則市場需求將增加，若供給未變，則由圖 3-14 中，SS 爲原來的供給曲線，$D_1 D_1$ 爲原來的需求曲線，均衡價格爲 OP_1，而均衡交易量則爲 OQ_1，現在需求曲線由 $D_1 D_1$ 上移至 $D_2 D_2$ 的位置，表示需求之增加，則由 $D_2 D_2$ 與 SS 所決定之新的均衡價格爲 OP_2，較原來之均衡價格爲高，而新的均衡交易量爲 OQ_2，亦較原來的均衡交易量爲大。反之，若消費者的偏好降低，或貨幣所得減少，或替換財貨的價格下跌，則需求將減少；需求曲線將向左移動至 $D_3 D_3$，而其與供給曲線 SS 所決定的新均衡價格爲 OP_3，較 OP_1 爲低，新均衡交易量爲 OQ_3，亦較 OQ_1 爲小。故由此一分析，吾人可得一結論：若供給不變，而需求增加時，則均衡價格將上漲，均衡交易量將增加，反之，若需求減少，則均衡價格將下跌，而均衡交易量將減少。

其次分析需求不變而供給發生變化對價格及交易量所生的影響。低

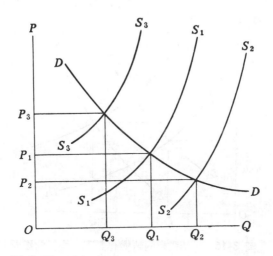

圖 3-15　需求不變供給變化對市場均衡的影響

定由於生產技術進步，或生產因素的價格下跌，或政府支付生產津貼，則供給必將增加，如圖 3-15 所示，原來的供給曲線為 S_1S_1，與需求曲線所決定之市場均衡價格為 OP_1，均衡交易量為 OQ_1；由於供給的增加，供給曲線由 S_1S_1 右移至 S_2S_2 的位置，此時與需求曲線所決定之均衡價格為 OP_2，較 OP_1 為低，而均衡交易量 OQ_2，則較原來的均衡交易量 OQ_1 為大。反之，若生產因素的價格上漲，或政府徵課租稅，則供給必將減少，供給曲線向左移至 S_3S_3 的位置，此時與需求曲線所決定的均衡價格為 OP_3，較 OP_1 為高，而均衡交易量 OQ_3，則較 OQ_1 為小。故吾人可獲得結論：若需求不變，而供給增加時，則均衡價格將下跌，而均衡交易量則將增加，反之，若供給減少，則均衡價格將上漲，而均衡交易量則減少。

　　最後吾人分析供給與需求雙方皆發生變化，對價格及交易量所生的影響。因為雙方均發生變化時，可能的情況很多；可能兩者皆增加，亦可能兩者皆減少，亦可能一個增加而另一個則減少；因為若能了解一種

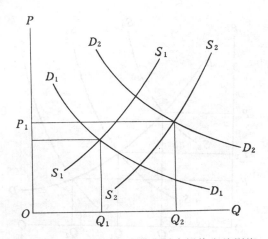

圖 **3-16** 供給需求同時變化對市場均衡的影響

情況， 其他情況均可依此類推， 故吾人僅討論需求與供給皆增加的情況。由圖 3-16，設原來之需求曲線為 D_1D_1，而原來之供給曲線為 S_1S_1，均衡價格為 OP_1， 而均衡交易量則為 OQ_1； 現在由於需求與供給均增加，需求曲線上移至 D_2D_2 的位置，而供給曲線右移至 S_2S_2 的位置，由 S_2S_2 與 D_2D_2 之交點，可看出新的均衡交易量 OQ_2 較原來的交易量 OQ_1 增加甚多； 此一現象的原因很簡單，因供給不變，而需求增加時，交易量將增加，而需求不變，供給增加時，交易量亦將增加，今需求與供給均增加，則交易量必然更為增加，因此交易量增加的作用更大。至於均衡價格，則不易決定，可能上漲，亦可能下跌；因供給不變，需求增加時，價格將上漲；而需求不變，供給增加時，價格將下跌；今兩者均增加，則價格上漲與價格下跌的影響必互相牽制，最後究竟是上漲抑是下跌，須視兩種影響抵消後的結果而定；若價格上漲因素的力量大，則新的均衡價格將略為上漲；若價格下跌因素的力量大，則新的均衡價格將略為下跌。不過有一點須切記者，最後無論價格是上漲抑下跌，必較任何一方單獨變化時對價格所生之影響來得小。因此吾人可得結論：

若需求供給均增加，則交易量必然大量增加，而均衡價格則不定，須視兩者個別對價格影響之大小而定。

若供給需求同時減少，或一增加一減少之情況如何，讀者不難根據以上之分析，依此類推，茲不贅述。

十六、供需法則的應用

以上係對供需法則作理論的說明，以下吾人試將此一法則作一簡單之應用，來分析實際的經濟情況。

在戰爭時期，由於生產結構的改變，若干財貨的供給減少，政府為避免其價格的上漲影響其他物價，往往採取限價政策，釘死其價格使不得上漲。同時為顧及消費者均能獲得此種財貨，保持機會均等起見，往往同時採取配給政策。吾人也許會問，何以限價政策必須與配給政策同時實施？若限價而不實施配給政策將產生何種結果？關於這一點吾人

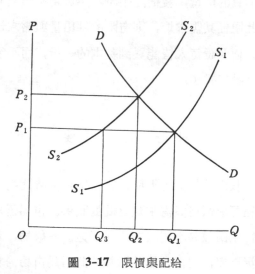

圖 3-17 限價與配給

可用圖形說明如下。在圖 3-17 中，原來的需求曲線爲 DD，原來的供給曲線爲 S_1S_1，由供需關係所決定的均衡價格爲 OP_1，均衡交易量爲 OQ_1。現在由於戰爭關係，生產結構發生變化，生產者減少，故供給減少，供給曲線向左移至 S_2S_2 之位置，此時如信賴市場價格機能去決定市場均衡，則均衡價格必將上漲至 OP_2，而市場交易量減少至 OQ_2；然而由於政府不願因爲此種財貨的價格上漲，因而影響一般物價水準，使戰時財政更爲困難，故實施限價政策，規定其價格爲 OP_1，不得上漲；價格既經法律規定於 OP_1，在此價格下需求量仍爲 OQ_1，然而供給量僅有 OQ_3，供不應求，其不足數爲 Q_1Q_3，若政府不予任何管制，市場上將發生搶購而缺貨的現象；或者生產者將財貨藏起而不公開出賣，僅供應其熟悉的顧客；或者生產者將有限的供給量採先來先賣的方式，賣完爲止，後來者必將向隅；或者生產者將其流入黑市，以高的黑市價格出售；這些現象在戰時均能發生。爲免除這種不公平的現象，並使購買者不論貧富，機會均等起見，政府往往採用配給政策，視可能的供給量，規定每人所能購買的數量，發給配給證，購買時不僅須有貨幣，仍須交出配給證。如此限制其需求量，則有限的供給量與需求量之間，即能保持人爲的相等，而保證每人皆能買到基本的一份，而不須求之於黑市，或浪費精力於排隊等候了。

十七、摘　要

市場需求乃假定其他情況不變，在一定單位時間內，購買者對某一特定財貨，各種可能價格與需求量之間的關係。市場需求可以需求表、需求曲線，及需求函數等不同的方式表示之。一般的，若一物的價格下跌，而其他情況不變，則需求量將增加，此稱爲市場需求法則。

　　爲測定需求量變動對價格變動的敏感性，可用需求的價格彈性說明之。所謂彈性係數卽價格變動百分之一時，需求量變動的百分比。需求除價格彈性外，尚有價格的偏彈性及所得彈性。價格的偏彈性爲 X 財貨的價格發生變動，對 Y 財貨需求量變動的敏感性。所得彈性爲購買者的所得發生變動，對需求量變動的敏感性。偏彈性及所得彈性均可計算彈性係數。

　　市場供給乃假定其他情況不變，在一定單位時間內，銷售者對某一特定財貨，各種可能價格與供給量之間的關係。市場供給亦可以用供給表、供給曲線，及供給函數的方式表示之。一般的，若一物的價格上漲，而其他情況不變，則供給量將增加，此稱爲市場供給法則。

　　爲測定供給量變動對價格變動的敏感性，亦可用供給彈性說明之。供給彈性的彈性係數卽價格變動百分之一時，供給量變動的百分比。

　　由市場需求及市場供給，可決定一物之價格，凡能使市場需求量等於市場供給量的價格，稱爲均衡價格，在此一均衡價格之下的交易量，稱爲均衡交易量。

　　如果市場需求或市場供給任何一方發生變動，或兩者均發生變動時，則必將同時影響市場均衡價格及均衡交易量。其影響之相對程度，則視供給需求變化之幅度，及有關需求彈性及供給彈性而定。

重要概念與名詞

市場需求　　　　　　　價格彈性與所得彈性

需求函數　　　　　　　市場供給

需求曲線　　　　　　　供給函數

需求法則　　　　　　　供給曲線

需求彈性　　　　　　　供給法則

均衡價格　　　　　　　供給彈性

恩格爾曲線　　　　　　均衡交易量

　　　　　　　　　　　低級財貨

第四章　效用與消費行為

在上一章分析需求時，吾人已知需求曲線是一根由左上方向右下方延伸的曲線，這表示如果其他情況不變，當價格下跌時，需求量將增加，反之，當價格上漲時，則需求量將減少。這種現象，即吾人所稱的需求法則。但是何以需求曲線是這樣一種形態而不是其他的形態呢？這由吾人的經驗及直覺，知道其確屬如此，不過直覺與經驗有的時候並不可靠，因此本章將進一步分析需求曲線如何產生，以及連帶的有關消費者行為的一般法則。

一、效用 (utility) 的意義

要研究消費者的行為，首先要研究消費者對某一特定財貨何以有需要？要答覆這個問題，似乎很簡單，即該財貨能滿足該消費者的慾望，或該財貨具有效用。但什麼是效用？所謂財貨的效用就是消費者在購買或使用該財貨時所感覺到的滿足程度。如吾人在購買食物或享用食物時，心理上必感覺到一種滿足的程度，這種滿足的程度就是效用；如果滿足的程度大，就是效用大，滿足的程度小，就是效用小，如果毫不感

到滿足，就是毫無效用。因此效用純然是一種主觀的心理狀態，因此同一財貨不但在不同的人之間，因為滿足程度的差異，而有不同的效用，即在同一消費者，由於不同時間及情況的關係，其效用亦有差異。

過去及目前曾有若干學者，認為效用是財貨所具有的滿足慾望的能力。這種觀點，並不太正確。因為這種觀點，似乎把效用看成是財貨所具有的客觀的屬性，而實際却並不如此，它純然是消費者主觀上的感覺。

於此有一點須要說明者，效用並不具有道德或倫理的屬性，因此在效用的觀念中，並無價值判斷。吸煙飲酒的人，認為煙酒對其具有效用，因為煙酒能使他感覺滿足。但承認煙酒對此消費者具有效用，並不含有承認吸煙飲酒是正當或高尚行為之意。同樣對吸毒者言，鴉片具有效用，因為能使其滿足，但這並沒有承認鴉片是正當財貨之意。由其他的立場，吾人應該禁止吸食鴉片。

二、總效用與邊際效用
(total utility and marginal utility)

效用雖是消費者主觀上的一種感覺，但在經濟學上為了便於分析起見，過去若干學者均假定效用是可以測度的，因此也是可以計算或比較的。依據效用可以測度的假定，吾人將分別兩種不同的效用意義。

在一般情形下，當消費者所購買或使用的財貨增加時，其所感覺到的滿足程度，也是增加的。換言之，其從全部財貨中所獲得的效用是增加的。這種隨財貨的增加而增加的效用，吾人可稱之為總效用，即消費者從全部財貨中所獲效用之總和。試設例以說明之，設某消費者購買或使用茶葉時，其茶葉數量與由茶葉所獲得之總效用可如下表所示。效用

茶 葉 數 量	1斤	2斤	3斤	4斤	5斤	6斤	7斤
總 效 用	50	95	135	171	203	232	258
邊 際 效 用	50	45	40	36	32	29	26

單位由消費者自行擇定。總效用隨茶葉增加的現象，吾人可畫一圖形表示之。圖 4-1 中，橫座標表財貨數量，縱座標表總效用，則總效用的變化可以直方圖的繼續增高表示之。連接各直方圖頂點的中點，可獲得一近於平滑的曲線，此曲線可稱為總效用曲線。

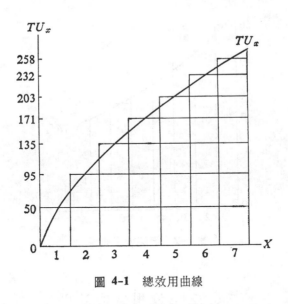

圖 4-1　總效用曲線

由財貨的總效用，吾人可進一步計算其邊際效用。所謂邊際效用，即財貨的數量增加一單位時，總效用的增量。如上表中，若已有四斤茶葉時，其總效用為 171 單位，若茶葉增為五斤時，則總效用為 203 單位，故茶葉增加一斤時，總效用增加 32 單位，此 32 單位的效用，即使用到五斤茶葉時的邊際效用。因為每斤茶葉品質都是一樣的，因此此 32 單位的邊際效用，即消費者有五斤茶葉時每斤茶葉的邊際效用。同理，若消費者購買到六斤茶葉時，總效用的增量為 29 單位，即六斤茶葉時每斤茶葉的邊際效用為 29 單位也。

　　邊際效用的變化，亦可以圖形表示之。如圖 4-2 中，橫座標表示茶葉的數量，縱座標表邊際效用，隨茶葉的增加，邊際效用的變化，畫成如圖形中的直方圖。若將直方圖頂點的中點相連接，即可得一平滑的曲線，此曲線可稱之為邊際效用曲線。

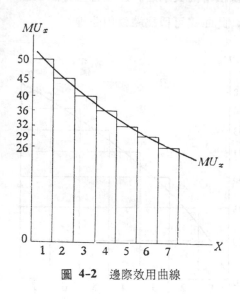

圖 4-2　邊際效用曲線

三、邊際效用遞減法則

　　由邊際效用的意義及變化，吾人可獲得一經濟學上甚為重要的法則，即邊際效用遞減法則 (Law of diminishing marginal utility)。此法則可簡述如下：

當其他情況不變，在一定時間內消費者對某一特定財貨，其購買或使用的數量繼續增加時，總效用雖然繼續增加，但其邊際效用則有逐漸遞減的傾向。

這種邊際效用隨財貨數量的增加而遞減的現象，吾人由經驗中知道其正確，但吾人仍須分析何以會有這種現象。

促成財貨的邊際效用遞減的，有兩個因素。一個因素來自於人類慾望的本身。人類的慾望雖多，但每一個慾望，雖不能絕對的完全滿足，却可以相對的獲得部分滿足。而由於財貨的使用，其慾望獲得部分滿足後，其慾望的強度卽降低，因而財貨的數量再增加，其所感覺到的滿足程度卽減少，卽其邊際效用降低，因消費者此時可能更迫切的需要滿足其他的慾望了。促成財貨邊際效用遞減的另一個原因，則為每種財貨可能均有若干種不同的用途。當其數量甚少時，消費者以之滿足最重要的慾望，因之所感到的滿足程度高，卽邊際效用高。但當財貨的數量增加後，消費者卽逐漸以之滿足次要的或不重要的慾望，於是其增加的滿足程度便小，卽邊際效用遞減。例如當吾人僅有很少量的水，如在旱災或沙漠中所可能遭遇者，則吾人必以之飲用，以維持生命，其總效用極大而邊際效用亦大。若水量較多，飲用已無問題，則吾人可以多餘之水洗臉，其重要性已較小，吾人由水所獲之總效用雖增，而邊際效用則減少。若水量更多，則吾人不但可用之洗臉，甚而可用以洗澡洗衣矣，水之總效用更大，然而邊際效用則更小。又若水量已不虞匱乏，則吾人不但可以用來洗衣，亦可以之澆花、洗地，則水之總效用愈大，而其邊際效用亦愈小矣。故財貨有不同的用途，其重要性有大小，亦為造成財貨邊際效用遞減的原因。

若干學者為說明邊際效用遞減的現象，常以連續喝水為例，喝第一杯可解渴，喝第二杯仍舒服，喝第三杯已滿足，喝第四杯有脹的感覺，喝第五杯有痛苦，因而說明邊際效用的遞減。但吾人須說明者，此種說明不太正確，水不僅能解渴，尚有其他用途，而消費者有消費的自由，亦絕無人能強迫其連續喝水也，此種說明，吾人應予避免。

四、消費者對財貨的購買

效用旣是消費者主觀上所感覺到的滿足程度，則如何能由效用的性質，引申出消費者對財貨的需求？要分析此一問題，吾人須提出兩項假定：一是假定財貨的價格爲已知，且不因此一消費者之購買而影響其價格；其次是假定消費者的貨幣所得固定，因此其貨幣的邊際效用亦爲固定。依據此二假定，吾人可進行分析此消費者對財貨如何購買。

因爲任何購買行爲均是一種交換行爲，消費者以貨幣交換其所需要的財貨，在交換過程中，其所支出的貨幣，必有一定的邊際效用，而其購得的財貨，亦有一定的邊際效用。在交換中，若消費者認爲其所支付的邊際效用低於其購得的財貨所具有的邊際效用，則必將繼續交換。隨交換之繼續進行，其財貨的邊際效用必逐漸下降，直到此一現象的出現，卽消費者認爲此時已到交換之邊緣，卽其所支付的邊際效用等於購得的邊際效用，如再繼續交換卽感不利，消費者卽將停止交換。因此消費者在到達此邊緣而停止交換時，其所支付的每一元的邊際效用必須等於其由財貨中所收回的每一元的邊際效用。以公式表示之，可寫爲

$$\frac{財貨的邊際效用}{該財貨的價格} = \frac{貨幣的邊際效用}{貨幣的價格}$$

因貨幣的價格爲一，設以 MU_x 表 X 財貨的邊際效用，P_x 表 X 財貨的價格，MU_m 表貨幣的邊際效用，則上項公式可寫爲

$$\frac{MU_x}{P_x} = \frac{MU_m}{1} = MU_m \quad 或 \quad MU_x = P_x MU_m \qquad (4\text{-}1)$$

左式左端表示所支付的每一元所收囘的邊際效用，右端表示支出一元的
邊際效用，兩者相等，交換卽停止。

五、需求曲線的引申

　　由上述消費者對 X 財貨購買的決定，吾人可引申出消費者對 X 財貨
的需求曲線。因吾人假設貨幣的邊際效用爲固定，則由上述公式，若 X
財貨的價格發生變動時，消費者對 X 財貨的購買量如何決定？在圖 4-3
中，MU_x 爲 X 財貨的邊際效用曲線。設對於一定的價格 P_{x_1}，則 $P_{x_1} \cdot$
MU_m 必爲一常數，吾人將此常數畫一平行於橫座標之平行線，如圖中
所示，則其與橫座標之間的距離，卽等於 $P_{x_1}MU_m$。其與 MU_x 的交點，
卽表示當其購買量爲 OX_1 時，則此財貨的邊際效用等於 $P_{x_1}MU_m$。故
價格若爲 P_{x_1}，其購買量或需求量必爲 OX_1。同理，若價格跌至 P_{x_2}，
而 $P_{x_2} < P_{x_1}$，則 $P_{x_2} \cdot MU_m$ 爲另一常數，吾人亦可畫另一平行於橫座

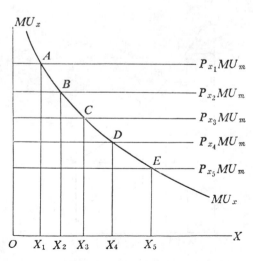

圖 4-3　需求曲線的引申

標之直線。如圖中所示，其與 MU_x 曲線交於 B 點，即表示若購買量爲 OX_2 時，則 $MU_x = P_{x_2} \cdot MU_m$。故價格若爲 P_{x_2}，消費者之需求量必爲 OX_2。其餘依此類推，若價格分別爲 P_{x_3}、P_{x_4}、P_{x_5}，而 $P_{x_3} > P_{x_4} > P_{x_5}$，由所畫平行線與 MU_x 曲線之交點，可知其需求量將分別爲 OX_3、OX_4、OX_5 等。但圖 4-3 中縱座標表邊際效用，非表示 X 財貨的價格，故由此圖形無法表示對 X 財貨的需求。但吾人可將此圖形中所獲得之結果，移轉到另一圖形中去，如圖 4-4，橫座標仍表示 X 的數量，縱座標即表示 X 的價格，當價格爲 P_{x_1} 時，由圖 4-3 知需求量爲 OX_1，吾人由 P_{x_1} 點，量出 $P_{x_1}A$，使等於圖 4-3 中 OX_1，而得 A 點。同樣當價格降低至 P_{x_2} 時，由圖 4-3 中知消費者的需求量爲 OX_2，吾人由 P_{x_2} 之一點畫 $P_{x_2}B$，使其等於 OX_2，而獲得 B 點。其餘依此類推，當價格爲 P_{x_3}、P_{x_4} 及 P_{x_5} 時，吾人在圖 4-4 中獲得 C、D、E 諸點。當吾人以相同方法獲得甚多點時，將各點連結，即可得一平滑的曲線。此曲線即消費者對 X 的需求曲線。此即由效用觀念所引申出的需求曲線。

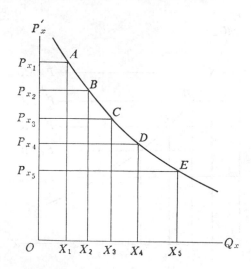

圖 **4-4**　所引申的需求曲線

六、消費者的均衡

在一般情況下，消費者不僅需要一種財貨，而是需要多種財貨，因為消費者的物質慾望很多。但是消費者為了獲得最大的滿足，如何將其消費支出分配於各種財貨之間？為分析此一問題，吾人假定，消費者對各種財貨的偏好不變，消費者的貨幣所得不變，故其貨幣的邊際效用固定，而各種財貨的市場價格亦固定，即不因此一消費者之購買而有所漲跌。因此，根據吾人在本章前面的分析，消費者對某一種財貨的購買，必使達到所支付的每一貨幣單位所購買的財貨的邊際效用等於貨幣的邊際效用，亦即須滿足下列等式

$$\frac{MU_x}{P_x} = MU_m$$

當然若消費者同時要購買 Y、Z 等財貨，則對 Y、Z 財貨之購買，亦必須分別滿足下列二等式，即

$$\frac{MU_y}{P_y} = MU_m \qquad \frac{MU_z}{P_z} = MU_m$$

式中 MU_y 及 MU_z 分別表 Y 財貨及 Z 財貨的邊際效用，而 P_y 及 P_z 則分別表示其價格，MU_m 表示貨幣的邊際效用。依據以上三等式，而消費者如尚須購買其他財貨，則消費者為獲得最大滿足，必須滿足下列之條件，即

$$\frac{MU_x}{P_x} = \frac{MU_y}{P_y} = \frac{MU_z}{P_z} = \cdots\cdots = MU_m \qquad (4\text{-}2)$$

此即支用於各種財貨間平均每一貨幣單位所購得之各種財貨之邊際效用，均須相等，而且同時必須等於貨幣的邊際效用。

試以一數字舉例如下，若某一消費者的貨幣的邊際效用為五個效用

單位，而襯衣的價格爲每件一百元，襪子的價格爲每雙二十元，今此消
費者對襯衫與襪子的邊際效用之變化如下：

表 4-1 襯衫的邊際效用   表 4-2 襪子的邊際效用

襯衫的件數	邊 際 效 用
1	600
2	500
3	400
4	300
5	200

襪子的雙數	邊 際 效 用
1	220
2	200
3	180
4	160
5	140
6	120
7	100

設此消費者購買三件襯衫、兩雙襪子，則襯衫之邊際效用爲 400 效用單
位，襪子的邊際效用爲 200 效用單位，依據上述公式，設以 X 表襯衫，
Y 表襪子，則

$$\frac{MU_x}{P_x} = \frac{400}{100} \qquad \frac{MU_y}{P_y} = \frac{200}{20}$$

顯然 $\frac{400}{100} < \frac{200}{20}$ 兩式不等，而同時此兩式亦不等於貨幣的邊際效用。

此時消費者若少買一件襯衫，則可少支出一百元，而以此一百元去購買
五雙襪子，則因爲襯衫少了一件，其邊際效用提高到 500 效用單位，而
襯衫的總效用減少了 400 效用單位。因爲襪子增加了五雙，其總效用增
加了 700 效用單位，而襪子的邊際效用則降低到 100 單位，此時

$$\frac{MU_x}{P_x} = \frac{500}{100} \qquad \frac{MU_y}{P_y} = \frac{100}{20}$$

而 $\qquad \frac{500}{100} = \frac{100}{20} = 5$

因此合乎吾人上述的條件，　故消費者能獲得最大的滿足。　由上述之計算，可知消費者在襯衫中減少了 400 效用單位，而在襪子中則增加了 700 效用單位，由於改變其購買的結構，總效用增加了 300 單位。假如消費者再減少襯衫的購買而增加襪子的數量，則總效用不但不再增加，反而會減少了。因此唯有合乎上述條件時，才能使消費者獲得最大之滿足。消費者能達到此條件時，吾人稱爲消費者均衡。

七、消費者剩餘 (consumer's surplus)

由上章需求的分析及本章效用的分析，吾人知道由於各種財貨邊際效用遞減的現象，消費者對不同數量的財貨，常願支付不同的價格，如以上節中消費者對襪子的購買爲例，設其需求表如下。（見表 4-3）

表 4-3　對襪子的需求表

價　　格	購 買 量
44	1
40	2
36	3
32	4
28	5
24	6
20	7
16	8

此表表示在不同價格下，消費者所願意購買的數量，亦卽消費者對

於不同的數量所願出的需求價格。假設此襪子的銷售者是一獨占者，而且能看透消費者對襪子的需求價格，則此獨占者可以為不同的數量訂出不同的價格。即購買一雙時，價格 44 元，購買兩雙時，第一雙價格 44 元，第二雙價格 40 元，兩雙合計，總價 84 元。如購買三雙，則第一雙 44 元，第二雙 40 元，第三雙 36 元，三雙合計，總價 120 元。如此時消費者購買七雙，則其所支付的總支出為 224 元。但是如果襪子的銷售者不是一完全獨占者，而是有競爭性的市場，則襪子的價格僅有一個，設為每雙 20 元。此時若消費者購買七雙，僅須支付 140 元，比完全獨占在差別取價的方式下支付 224 元者，少支付了 84 元，此 84 元即消費者剩餘。故消費者剩餘即消費者所願意支付的需求價格與實際所支付的價格之間的差額。消費者剩餘原為消費者心理上所感覺到的一種利得，但為了能具體說明起見，常以貨幣的形態表示之。

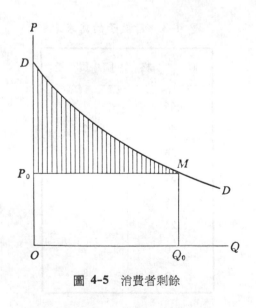

圖 4-5 消費者剩餘

以幾何的意義言，圖 4-5 中 *DD* 線為需求曲線，假定其與縱座標相交於一點，P_0 爲市場價格，OQ_0 爲購買量，則消費者實際所支付的總支出爲 OP_0MQ_0，而其所願意支付的最大支出爲 $ODMQ_0$，故兩者之間的差額，即 DMP_0 的面積，即表示消費者的剩餘。

八、摘　　要

　　財貨的效用是消費者在購買或使用該項財貨時，心理上所感覺到的滿足程度，故效用爲一主觀的心理因素。消費者由某一財貨所獲得的全部效用，稱爲總效用，總效用常隨財貨數量的增加而增加。當財貨的數量增加一單位時，消費者由該財貨所獲得的總效用的增加量，稱爲該財貨的邊際效用。因爲任何一財貨常有幾種不同的用途，而個人的慾望，隨滿足而減弱，因此隨財貨的增加，其邊際效用常有遞減的趨勢，此稱爲邊際效用遞減法則。

　　消費者以一定的消費支出，購買各種財貨時，爲希望能獲得最大的滿足，必須使每一財貨的邊際效用對其價格之比率，在各種財貨間均能保持相等，或其所用於每一財貨的最後一元所收回的邊際效用，在各財貨間均相等，而且亦等於貨幣本身的邊際效用。此一情況稱爲消費者均衡。

　　如果吾人假定消費者其貨幣的邊際效用固定不變，則由邊際效用遞減法則，吾人可引申出消費者對某一特定財貨的需求曲線。

　　在購買某一財貨時，消費者所願意支付的最大支出，與實際支出之差額，稱爲消費者剩餘。

重要概念與名詞

效用、總效用與邊際效用　　　　消費者剩餘

邊際效用遞減法則

消費者均衡

第五章　無異曲線的分析法

由效用的意義及性質，雖能說明消費者的行為法則，並從而獲得消費者的需求；但效用理論有一很大缺點，即因效用為消費者心理上主觀的感受，而價格則是市場上客觀的現象，將主觀的感受與客觀的現象相聯繫而分析需求，在邏輯上難於成立。因而現代多應用消費者的選擇理論，以分析消費者行為。將消費者的選擇理論在最簡單的假設下以幾何的方式表示之，即為無異曲線 (indifference curve) 的分析法，本章簡單說明無異曲線分析法的內容。

一、幾項基本的假定

為能合理分析消費者的行為法則，對消費者的行為，吾人有幾項基本的假定：

第一，消費者的行為皆是合理的，其行為的目標在求得最大的滿足。

第二，對於任何兩種財貨的組合，消費者有一定的偏好尺度。亦即若吾人分別稱此二種組合為甲組合與乙組合，消費者對甲之偏好或高於乙，或低於乙，或與乙沒有任何差異。唯在同一時間內，此三種可能，僅有一種能成立。

第三，若消費者對甲組合的偏好高於乙，對乙組合的偏好高於丙，則對甲組合的偏好必高於丙。同樣，若甲組合與乙組合無所差異，乙組合與丙組合亦無所差異，則甲組合與丙組合亦無所差異。

第四，一般的，若任何一財貨的數量增加，而其他財貨的數量不變，則消費者的偏好將提高。

這幾項假定為研究消費者的行為所必須，因為如果消費者的行為與這些假定不合，則消費者的行為即無理性可言，而無理性的行為是一種衝動的行為，這種行為是無法合理的予以分析的。

二、無異曲線的意義

根據以上的假定，如果吾人對消費者提供一項包含兩種財貨的組合，此二種財貨吾人可分別稱之為 X 及 Y。若此一組合包含 3 個單位的 X，50 單位的 Y，則對於這一組合，消費者必定感到一定的偏好。假定吾人改變此組合中兩種財貨的數量，而使此消費者的偏好不變，則吾人若增加 X 時，必須減少 Y 的數量。因為 Y 的數量若不減少，而 X 的數量增加，由上述假定，其偏好必增加。設 X 由 3 個單位增加到 4 個單位，而 Y 減少為 46 個單位，消費者的偏好並未改變，即消費者對於 3 單位 X 與 50 單位 Y 的組合，與 4 單位 X 與 46 單位 Y 的組合兩者之間並無差異。依同樣方法，若吾人再增加 X 的數量而減少 Y 的數量，自可得到其他的組合而具有同樣偏好。此各種可能的組合，可如下表所示：

X	3	4	5	6	7 ……… 25	28	33……
Y	50	46	42.5	39.5	37 ……… 8	7	6……

在平面圖形中，如以橫座標表 X 財貨的數量，縱座標表 Y 財貨的數量，而將上列各組合描繪於圖形上，吾人可獲得若干點。假定此二種財貨可用非常小的單位分割，理論上吾人可找到無限多的組合而具有同一偏好，亦卽在圖形中可以找到無限多的點。將這許多點聯結起來，可能形成一條像圖 5-1 中的曲線 II，此曲線卽稱爲消費者的無異曲線。因此，無異曲線是維持消費者的偏好不變，兩種財貨間各種可能組合的軌跡。

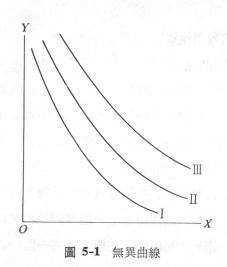

圖 **5-1**　無異曲線

當然吾人若由比上述組合有較高偏好或較低偏好的另一組合開始，例如 3 單位 X 與 80 單位 Y，或 3 單位 X 與 30 單位 Y。3 單位 X 與 80 單位 Y 的組合，其偏好顯然較 3 單位 X 與 50 單位 Y 的組合的偏好爲高。吾人保持此一偏好不變，而變更此二財貨的數量，可得若干種不同的組合，將所得各組合繪於圖形上，可得一有較高偏好的無異曲線，如圖 5-1 中曲線 III 是。同理 3 單位 X 與 30 單位 Y 的組合，其偏好較 3 單位 X 與 50 單位 Y 的組合的偏好爲低，保持此一偏好不變，而變更此二財貨的數量，亦可得若干不同的組合。將所得各組合繪於圖形上，則可得一有較低偏好的無異曲線，如圖 5-1 中曲線Ⅰ是。理論上，具有不同偏好的無異曲線，有無限多條，此全部無異曲線，即構成無異曲線圖 (indifference map)。此圖即表示消費者對 x、y 財貨的偏好尺度(scale of preference)。

三、無異曲線的性質

無異曲線具有幾項性質：

第一，無異曲線的數量很多，但沒有任何兩根是可以相交的。因為如果相交，一定會產生與吾人假設相矛盾的結果。例如在圖 5-2 中有兩根無異曲線Ⅰ及Ⅱ，假設Ⅱ之偏好高於Ⅰ。如果此二曲線相交於 A，則一定產生矛盾的結果。因為其交點 A 所代表的組合，其偏好有兩個，亦即 A 點的偏好，大於它本身的偏好，因為它在曲線Ⅱ上，其偏好較高，同時又在曲線Ⅰ上，其偏好較低，故 A 點有兩種不同的偏好。當然這是不可能的。同樣，若吾人由曲線Ⅱ上一點 B 開始，保持 y 的數量不變，而增加 x 的數量，則最後必將到達曲線Ⅰ上的一點 C。因為 C 在曲線Ⅰ

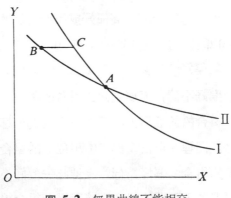

圖 **5-2** 無異曲線不能相交

上，故其偏好較 B 點為低，是則，Y 的數量不變，X 的數量增加以後，反而使偏好降低，顯然又與吾人的假定不合。因此沒有任何兩條無異曲線是會相交的。

　　第二，無異曲線是由左上方向右下方延伸的曲線，並且在一般情況下，是向原點凹進的。無異曲線是由左上方向右下方延伸的理由，已如前述。因為要保持消費者的偏好不變，增加一種財貨的數量時，則另一種財貨的數量，必須減少，如此所畫出之曲線，便是由左上方向右下方延伸。至於曲線向原點凹進的原因，一般的解釋如下：X 財貨與 Y 財貨之間的關係，不是能互相替換，具有競爭性，便是互為補足的財貨。若 X 與 Y 為具有替換性的財貨，而且能完全替換，即一定的單位的 X 能替換一定單位的 Y，則在消費者心目中，其無異曲線的形態，必為一根直線，如圖 5-3 所示。因直線的斜率固定，能表示一定量的 X 財貨能替換一定量的 Y 財貨也。反之，若 X 與 Y 為互為補足的財貨，而且一定量的 X 必須與一定量的 Y 相互配合，才能使用，則消費者對 X 與 Y 財貨的無異曲線，必為相交成直角的折線，如圖 5-4 所示。A 與 B 兩點表示此兩種財貨固定的比例，故能發生效用。但如在 A 點所代表的組合中，Y 的

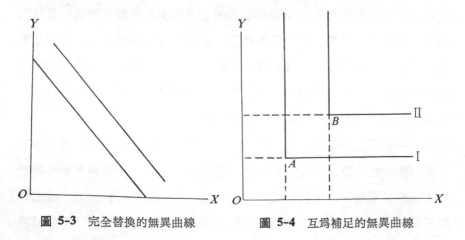

圖 5-3　完全替換的無異曲線　　　　**圖 5-4**　互為補足的無異曲線

數量不變，而增加 X 財貨，則因爲多餘的 X 毫無用處，故消費者的偏好不變。同樣如 X 的數量不變，而增加 Y 財貨的數量，因爲多餘的 Y 也毫無用處，故消費者的偏好亦不變。因而此無異曲線便在 A 點形成一直角而成爲折線。B 點的情形相同。然而在日常生活中，任何兩種財貨爲完全替換財貨，或爲完全補足財貨的機會並不多。或則具有相當的替換性，或則具有相當的補足性，因此其無異曲線的形態必介於上述兩種曲線之間。若其替換性較高，則近乎直線，即曲線的曲率較小。若補足性較高，則近於後一曲線形態，在某一點附近，其曲率較大。而介乎此二種形態之間的曲線，即爲一向原點凹進的曲線。

　　不過上面這種解釋，理論上未必能成立。因爲如果兩種財貨之間具有完全的替換性，消費者願意以一定單位的 X 交換一定單位的 Y，則此兩種財貨根本便是一種財貨而不是兩種財貨。如一般所常用作例證的，同一商標的奶粉，五磅罐與一磅罐的情形是。事實上不論五磅裝也好，一磅裝也好，不過是同一財貨的不同包裝而已，不能看作是兩種不同的財貨。其次，若兩種財貨之間具有完全的補足性，一定量的 X 必須與一定量的 Y 共同使用，才能發生效用，則此兩種財貨本質上是一種財貨，市場上決不會分開銷售，如慣常舉例的左手套與右手套，左脚的鞋子與右脚的鞋子是。手套、鞋子必須成對，才能稱爲是一種財貨，也才能銷售。因此上述兩種極端形態的無異曲線，即一爲直線形態一爲折線形態的無異曲線，根本是不能存在的。如此，則根據此二極端情況推論一般無異曲線是向原點凹進的曲線，當然也不能成立了。

　　上一解釋旣不能成立，然則吾人如何說明無異曲線向原點凹進的現象呢？關於這一點，吾人認爲無異曲線向原點凹進，是消費者能獲得穩定均衡的必要條件，其他形態的無異曲線，如由原點向外凸出，或部分向原點凹進，部分凸出，如圖 5-5 所示者，理論上皆屬可能。不過這種

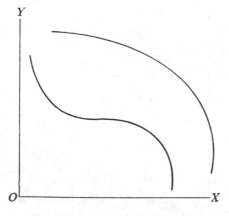

圖 5-5　不太可能的無異曲線

形態的無異曲線，消費者不可能獲得穩定均衡。由於客觀上消費者獲得穩定均衡的事實較爲普遍，因而吾人可以推斷無異曲線一般的必是向原點凹進的形態。 至於詳細的說明， 以本書的水準， 尚無此必要，故從略。

四、 邊際替換率及邊際替換遞減法則

如果吾人由某一無異曲線上一點 A，如圖 5-6 中所示，移動至另一點 B，其意義卽表示，消費者由 A 點所代表的 X 與 Y 財貨的組合，變爲由 B 點所代表的組合，而其偏好不變。然而此一變動吾人由圖形可以看出，消費者增加了 X 的數量 HB，亦卽 ΔX，而爲了抵銷由於 X 的增加所獲得的滿足，Y 必須減少 AH 單位，亦卽減少了 ΔY。吾人可將爲了補償 X 的增加而減少的 Y 財貨的數量對 X 所增加的數量的比值，稱爲 X 對 Y 的邊際替換率，亦卽

$$MRS_{XY} = \frac{AH}{HB} = \frac{\Delta X}{\Delta Y} \tag{5-1}$$

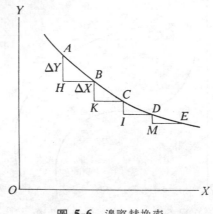

圖 5-6   邊際替換率

由圖 5-6 中，吾人若繼續以一定的單位，增加 X 的數量，亦即 $HB=KC$ $=ID=ME$，吾人可看出爲補償此 X 財貨的連續增加， Y 財貨所須減少 的數量則不斷降低。亦即

$$AH>BK>CI>DM$$

而由此二數量所表示之邊際替換率亦不斷降低，即

$$\frac{AH}{HB}>\frac{BK}{KC}>\frac{CI}{IM}>\frac{DM}{ME}$$

此一現象，吾人稱爲邊際替換遞減法則。

至於 X 對 Y 的邊際替換率，何以隨 X 的不斷增加而遞減，其理由吾 人不難看出。由於消費者所保有的 X 財貨的數量，不斷增加，則 X 財貨 對他的重要性將不斷降低。反之，由於 Y 財貨的數量，不斷減少，故 Y 財貨對他的重要性不斷增加，因此如果再讓他增加一定單位的 X 數量， 除非他能減少對於 Y 財貨捨棄的數量，否則他不再願意繼續進行交換。 由於這一原因， X 對 Y 的邊際替換率逐漸隨 X 財貨的增加而降低。

利用無異曲線分析消費者行爲，本來不須要應用效用的概念，不過 爲證明無異曲線分析法與效用分析法能獲得相同的結論，吾人亦不妨在此引用效用的概念。在圖 5-6 中吾人曾說明，A 與 B 兩點所代表的偏好相同，換言之，由於 X 財貨的數量增加，所增加的效用，必然等於 Y 財貨減少所損失的效用。但 X 財貨增加所增加的效用，等於 X 財貨的增量乘 X 財貨的邊際效用，即

$$MU_X \cdot \Delta X$$

而 Y 財貨減少所損失的效用，則等於 Y 財貨的增量（為負）乘 Y 財貨的邊際效用，即 $MU_Y \cdot \Delta Y$，為保持消費者的偏好不變，此兩者必須相等，即

$$MU_X \cdot \Delta_X = MU_Y \cdot \Delta Y$$

兩端同除以 $MU_Y \cdot \Delta X$，則

$$\frac{MU_X}{MU_Y} = \frac{\Delta Y}{\Delta X} = MRS_{XY} \tag{5-2}$$

亦即若不考慮符號的正負，X 財貨對 Y 財貨的邊際替換率必等於 X 財貨的邊際效用對 Y 財貨邊際效用的比率。

五、價格線或購買可能線

無異曲線僅表示消費者主觀的偏好尺度，根據無異曲線尚不能獲知消費者如何選擇此兩種財貨的組合。消費者從事選擇時，尚必須知道其他條件。此其他條件，即消費者的消費支出與此兩種財貨的價格。

吾人假定消費者的總支出為固定，設為 M，而此兩種財貨的價格亦為固定，設分別為 P_X 及 P_Y，而且不受此消費者購買的影響而會有所變更，同時假定消費者將其消費支出，僅購買此兩種財貨，而不買其他財貨。設此消費者將全部消費支出用於購買 X 財貨，則可以購得 $\dfrac{M}{P_X}$ 個單

位的 X，吾人可以圖 5-7 橫座標上一點 N 表示之，卽 ON 等於 $\dfrac{M}{P_X}$ 單位的 X。同樣若此消費者將其全部消費支出用於購買 Y 財貨，則可以購得 $\dfrac{M}{P_Y}$ 單位的 Y，在圖 5-7 中可以縱座標上一點 M 表示之，卽 OM 等於 $\dfrac{M}{P_Y}$ 單位的 Y。但是因爲此兩種財貨的市場價格固定，在市場上一定單位的 X 可交換一定單位的 Y。若消費者同時購買 X 與 Y，則其各種可能的組合，可以 MN 直線表示之。卽 MN 直線上任一點如 A，卽表示消費者以其消費支出 M，可購買 OB 單位的 X 及 OC 單位的 Y。其他各點的意義，可依此類推。此 MN 線卽稱爲價格線，或購買可能線 (price line 或 purchase possibility curve)。不過如果此兩種財貨的價格，因爲此一消費者購買量的變化而變動，卽對 X 的購買量愈多，X 的價格愈漲，而 Y 價格則跌，反之，對 Y 的購買量愈多，Y 的價格愈漲，而 X 的價格則跌，則價格線將變爲由原點向外凸出的曲線，而不再是一根直線。不過這種情形，在競爭市場不致出現，故吾人暫不討論。

因 MN 爲一直線，線上任何一點之斜率均是相等的，而此直線上每

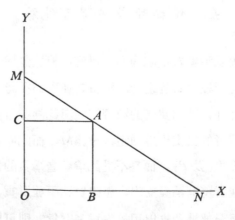

圖 5-7　價　格　線

一點的斜率即等於 OM/ON，即

$$MN \text{ 的斜率}=OM/ON=M/P_Y/M/P_X=P_X/P_Y \quad (5\text{-}3)$$

亦即此直線的斜率等於此二種財貨價格之比。

六、消費者的均衡

　　價格線僅能依據市場價格的結構，表示出消費者客觀的對此兩種財貨購買的可能性。消費者究竟如何分配其消費支出於此二種財貨，尚須視消費者的偏好而定。如果吾人將消費者的無異曲線與價格線同畫於一個圖形內，如圖 5-8 所示，吾人即可決定消費者以其一定的消費支出，對此兩種財貨的購買量。在此圖形中，價格線與無異曲線的關係有三種可能；它可能和若干無異曲線相交於兩點，亦可能與某一根無異曲線相切於一點，　而有若干無異曲線，　則根本無法與之相交。　不能相交的曲線，如曲線 Ⅲ，即表示消費者以其 MN 線所表示的消費支出及此兩種

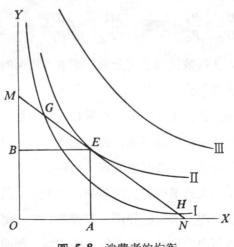

圖 5-8　消費者的均衡

財貨的市場價格，消費者無法達到此無異曲線所代表的偏好。相交於兩點或相切於一點的無異曲線，如曲線 I 及曲線 II，則表示消費者能達到這些曲線所代表的偏好。不過在這些曲線中，有一條所代表的偏好為最高，此即與價格線相切的一條，如曲線 II 是。其切點 E 即表示消費者的消費均衡點。因為 E 點在 MN 線上，同時亦在無異曲線 II 上，即表示以其全部消費支出能獲得曲線 II 所表示的最大滿足。由 E 點可決定消費者對 X 的購買量為 OA，而對 Y 的購買量則為 OB。同時在 E 點，無異曲線之斜率必等於價格線之斜率，亦即

$$MRS_{XY} = \frac{P_X}{P_Y} = 價之斜率 \qquad (5-4)$$

無異曲線之斜率表示對此二種財貨，消費者主觀上的交換率，而價格線的斜率，則表示此二種財貨，在市場上的客觀交換率，故消費均衡點 E，即價格線與無異曲線相切的一點，即消費者主觀的評價與客觀評價相等的一點。由邊際替換率的意義，吾人知 $MRS_{XY} = \frac{MU_X}{MU_Y}$，因此連同前式，則

$$\frac{MU_X}{MU_Y} = \frac{P_X}{P_Y} \quad 亦即 \quad \frac{MU_X}{P_X} = \frac{MU_Y}{P_Y} \qquad (5-5)$$

此與上一章中吾人依據效用觀念所分析的消費者均衡的條件相同。故無異曲線的分析法與效用分析法其結論是相同的。

在圖 5-8 中無異曲線 I 亦能與價格線相交於兩點 G 及 H，此兩點是否亦為消費者的均衡點？顯然不是，因為由這兩點，消費者雖然支出其全部消費支出，却未能達到最高的偏好。同時由 G 吾人可看出，在這一點無異曲線上之斜率大於價格線上之斜率，即表示消費者對此二種財貨主觀上之評價大於市場上客觀的評價，消費者對於一定單位的 X 財貨，願意以比市場價格所決定的較多的 Y 財貨來交換。例如消費者對一單位

的 X 財貨，願以 5 單位的 Y 來交換，而在市場上以 3 單位的 Y 即能交換到， 故消費者必定願意支付 Y 財貨以交換 X 財貨。因爲每交換一單位 X，其滿足程度必將提高也，故由 G 點向右下移動，消費者必將能達到更高的無異曲線，最後必能到達 E。但到達 E，消費者將停止交換，因此時消費者主觀的評價已與客觀的評價相等，若再繼續交換，其滿足的程度，反而會減少。同樣在 H 點其情況相反。消費者由於 X 財貨已經很多，對一定單位 X 財貨，僅願以比市場價格所決定的較少的 Y 財貨來交換。反過來說，對一定單位的 Y，則願意以比市場價格所決定的較多的 X 財貨來交換，因此如由 H 向左上移動，消費者的偏好可提高，最後必將到達 E 點。如果到 E 點後，再繼續向 G 點移動，消費者的滿足又將降低，故 E 點是消費者的消費均衡點。

七、所得效果與所得消費曲線

如果此兩種財貨的市場價格不變，消費者的偏好不變，而消費者的所得增加，因而其消費支出增加，則消費者對此二種財貨的需求將有何種變化？ 如圖 5-9 中，原來的價格線爲 MN，現在由於消費支出增加，而此兩種財貨的價格不變，故新價格線 $M'N'$ 向右上方平行移動。原來的價格線與無異曲線 I 相切於 E 點，故對 X 的需求量爲 OA，對 Y 的需求量爲 OB。新的價格線 $M'N'$ 則與無異曲線 II 相切於 E'，由 E' 點則消費者對 X 的需求量爲 OA'，而對 Y 的需求量則爲 OB'。一般的，當消費支出增加時，對財貨的需求量亦將增加。如圖 5-9 中由 E 向 E' 的移動，吾人可稱之爲所得效果。同理，如果消費支出減少，則價格線向左下方平行移動，如設 E' 爲原來的均衡點，則 E 爲新的均衡點，由新均衡點，則對財貨的需求量將減少。

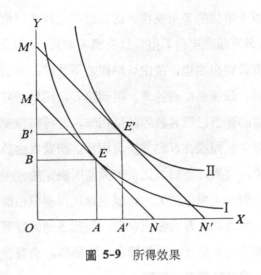

圖 5-9   所得效果

在一般情形下，若消費支出增加，對財貨的需求量將增加；但有些財貨，當所得增加時，消費者之需求量，不但不增加，反而減少。如圖 5-10 中，原來的均衡點為 E，表示對 X 的需求量為 OA，對 Y 的需求量

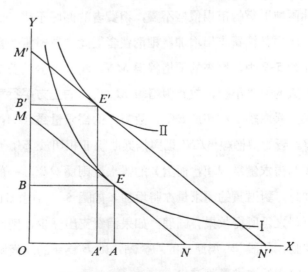

圖 5-10 X 為劣等財貨的所得效果

則爲 OB，價格線向右上移動後，新的均衡點爲 E'，由 E' 知對 Y 的需求量雖增加爲 OB'，而對 X 的需求量却減少爲 OA'。這種所得增加後，其需求量反而減少的財貨，吾人稱爲劣等財貨 (inferior goods)。因爲僅有當所得水準甚低時，消費者對其產生需求，而當所得水準提高時，消費者均轉而消費品質較高的財貨，對這種劣等財貨的需求量反而減少。例如在我國農村中的甘藷、雜糧，西方國家的馬鈴薯均是。當所得水準很低時，農民常以甘藷雜糧爲主食，不能經常食用食米與麵粉，但所得水準提高後，則可改食食米與麵粉，而對甘藷與雜糧的需求量反而減少了。

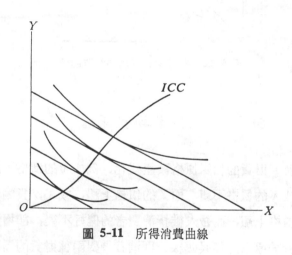

圖 5-11　所得消費曲線

如果消費者的消費支出因所得水準之提高而繼續增加，則價格線將不斷向右上方移動，每一條價格線將分別與一條無異曲線相切，吾人若將所有切點連起來，可形成一曲線。此曲線由原點開始，向右上方延伸，表示隨消費支出之增加，對兩種財貨之需求量亦將隨之增加，此曲線稱爲所得消費曲線 (income-consumption curve)，如圖 5-11。如果所得消費曲線向橫座標或縱座標回彎過來，如圖 5-12 所示，則爲劣等

財貨的情形。若曲線向 X 軸回彎，卽表示 Y 財貨為劣等財貨，如曲線向
Y 軸回彎，卽表示 X 財貨為劣等財貨。

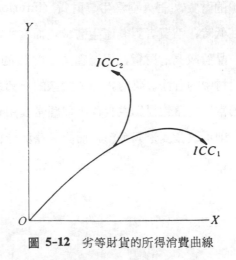

圖 **5-12** 劣等財貨的所得消費曲線

八、替換效果

　　如果 X 及 Y 財貨的相對價格發生變化，例如 X 的價格下跌，而 Y 的
價格不變，或 X 的價格不變，而 Y 的價格上漲，或 X 財貨的價格下跌，
而 Y 財貨的價格上漲，而吾人維持消費者的偏好不變，卽增減其消費支
出仍使其維持於原來的無異曲線，則消費者對兩種財貨的需求將發生何
種變化？如圖 5-13 中，吾人假定 X 的相對價格下跌，而消費者仍保持
原來的偏好，價格線由 MN 變為 $M'N'$ 的位置。在原來的相對價格下，
均衡點為 E，對 X 的需求量為 OA，對 Y 的需求量則為 OB，而在新的
相對價格下，均衡點則為 E'，由 E' 對 X 的需求量為 OA'，較 OA 增
加，而對 Y 的需求量則為 OB'，比原來的 OB 為減少。由此可看出由於
X 相對價格的低落，均衡點由 E 向 E' 點的移動，消費者以相對價格較

低的財貨替換相對價格較高的財貨。這種由於相對價格的變化在同一無異曲線上的移動，而以相對價格低的財貨替換相對價格較高的財貨的現象，吾人稱為替換效果。

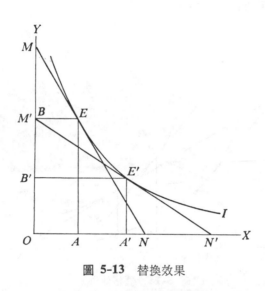

圖 **5-13**　替換效果

九、價格效果與價格消費曲線

如果消費者的偏好不變，消費支出不變，除一種財貨外，其他財貨的價格均不變，則當此一種財貨的價格發生變動時，對消費者將發生何種影響？在圖 5-14 中，原來的價格線為 MN，均衡點為 E，故消費者對 X 的購買量為 OA，而對 Y 之購買量，則為 OB；今假設 Y 之價格不變，而 X 之價格下跌，則消費者以其原來的消費支出，所能購得的 Y 財貨的數量不變，但所能購得的 X 的數量將增加，設由 ON 增至 ON'，故新的價格線反時鐘方向移動至 MN' 的位置，此新價格線與一較高的無異曲線相切於 Q 點，Q 點即為新的均衡點。由 Q 點知消費者對 X 財貨的

購買量必將增加，這種由於 X 財貨價格的下跌，而使均衡點由原來的 E
點移動至一有較高偏好的另一無異曲線上 Q 點的現象，吾人稱為價格效
果 (price effect)。 由於價格效果的作用，消費者對此一跌價的財貨的
購買量，常會增加。

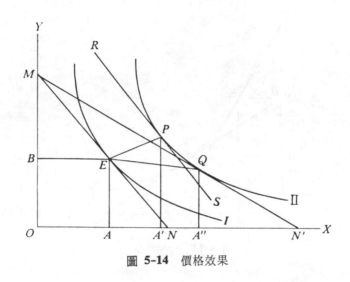

圖 5-14　價格效果

對於圖 5-14 中所表現的由 E 向 Q 點移動的價格效果，吾人常可將
其分為兩個階段，第一階段為由 E 點到 P 點，此即若維持原來的 X 與 Y
財貨的相對價格不變，吾人欲消費者能昇高到第二根無異曲線所代表的
偏好，必須增加消費者的貨幣所得。即使得原來的價格線平行向上移動
到 RS 的位置，此時 RS 線與曲線 Ⅱ 相切於 P 點。即貨幣所得增加後而
價格不變，消費者的新均衡點將為 P，由 P 點可看出消費者對 X、Y 兩
種財貨的購買量皆將增加，這種現象，由前節所述，吾人知道為所得增
加所產生的所得效果。消費者既達 P 點以後，吾人可以想像，X 財貨的
相對價格下跌，而仍然維持消費者於第二根無異曲線上，則 RS 線將反
時鐘方向旋轉，最後轉到 MN' 的位置，而與曲線 Ⅱ 相切於 Q 點，即消

費者新的均衡點。這種由 P 向 Q 的移動，吾人知道是替換效果，由於 X 財貨價格相對跌落而維持消費者偏好不變，消費者以相對價格較低的財貨替換相對價格較高的財貨。在替換過程中，X 的購買量增加，而 Y 的購買量減少。因此由 E 到 Q 點的變化，即可看成是由 E 到 P 的變化及由 P 到 Q 變化之總和，亦即價格效果等於所得效果與替換效果之和。由前節的分析，知一物之價格下跌時，其所得效果爲正，即各種財貨的購買量可能均增加，但替換效果則不同，跌價的那種財貨，其購買量必增加，而價格未變的那種財貨，其相對價格提高，因而消費者對它的購買量必將減少。在本例中由於 X 財貨的價格下跌，無論就所得效果及替換效果言，購買量均爲增加，如圖 5-14 中，均衡點由 E 到 P 時，對 X 的購買量由 OA 增至 OA'，AA' 即爲所得效果的影響。由 P 至 Q，爲替換效果，購買量由 OA' 增至 OA''，$A'A''$ 即爲替換效果的影響。而由 E 移動到 Q 點，對 X 的購買量由 OA 增至 OA''，AA'' 即表示由價格效果所產生的影響，顯然 AA'' 等於 AA' 加 $A'A''$。至於對 Y 財貨的影響，則所得效果爲正，即 X 的價格下跌後，對 Y 的需求量將增加，而替換效果則爲負，因 X 的價格下跌，對 Y 的需求量將減少，至於最後對 Y 的購買量是增加抑是減少，全視此二效果的絕對值的大小而定。若所得效果的絕對值大，則對 Y 財貨的購買量將增加，如果替換效果的絕對值大，則對 Y 財貨的購買量將減少。如果此兩種效果絕對值的大小相等，則對 Y 財貨的購買量不變。

　　如果 Y 財貨的價格不變，而 X 財貨的價格連續降低，則價格線將以縱座標上一點爲軸反時鐘方向旋轉。如圖 5-15 中，以 M 爲軸而旋轉，隨 X 財貨價格的降低，價格線將分別爲 MN_1、MN_2、MN_3…… 等，而每一價格線皆與一無異曲線相切，其切點在圖 5-15 中，分別爲 E_1、E_2、E_3 ……等，若將此諸切點連結起來，將形成一條曲線，此曲線稱爲價格消

費曲線 (price consumption curve)，表示隨 X 價格的跌落，消費者對此
兩種財貨購買量的變化。一般情況下，價格消費線爲一 U 字形的曲線，
先向右下方延伸至一最低點後再向右上方延伸。

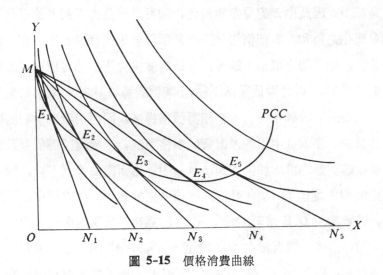

圖 5-15　價格消費曲線

　　由價格消費曲線亦可測度出消費者對 X 財貨需求彈性的大小。如圖
5-16 爲一價格消費曲線，其上任何一點 E，表示在某一相對價格下，消
費者對 X 的購買量爲 OA，而對 Y 的購買量爲 OB。因爲 Y 的價格不變，
而消費者將其全部消費支出用來購買 Y 時，可以購得 OM 單位的 Y。因
此在 E 點亦可這樣解釋，消費者保留 OB 單位的 Y 財貨，而以 MB 單
位的 Y 交換 OA 單位的 X 財貨，MB 即是以 B 財貨所表示的爲購買 OA
單位 X 財貨的總支出。今設價格消費線爲 PCC 爲一 U 字形曲線，G 爲
其最低點，則吾人可看出在 M 點到 G 點這一線段，對 X 的需求彈性是大
於一的，因爲由 M 點向 G 點移動時，表示當 X 的價格下跌時，X 的購買
量增加，而同時以 Y 財貨所表示的對 X 的總支出亦增加，故 X 財貨的需
求彈性大於一。到 G 點時，其需求彈性卽等於一，而在 G 點以後，則其

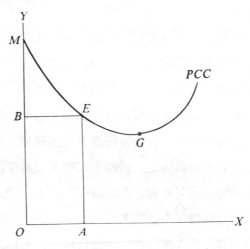

圖 **5-16**　由價格消費曲線估測需求彈性

需求彈性又小於一了。因爲在 G 點以後，隨 X 財貨價格的下跌，X 的購買量雖增加，而以 Y 財貨所表示的對 X 的總支出反而減少了，因此其彈性係數乃小於一。當然如果價格消費曲線是其他的形態，其彈性係數卽是其他的情況。例如若價格消費線是一根平行於橫座標的直線，則在任何價格下，對 X 的需求彈性其係數均等於一。若價格消費線爲一連續向右下方延伸的曲線，則在任何價格下，X 的彈性係數均大於一，餘可類推。

十、需求曲線的引申

由價格消費曲線可看出，消費者對 X 財貨在不同的價格下，有不同的需求量。但是在價格消費曲線中，X 的價格並未明白的表示出來，僅是由價格線不同的斜率表示不同的價格，因此價格消費線不就是 X 的需求曲線。不過吾人依據價格消費線的意義及畫法可引申出消費者對 X 財貨的需求曲線。

　　首先，到目前爲止，吾人僅假定消費者購買兩種財貨即 X 與 Y，但實際上消費者所購買者不止兩種財貨。爲研究消費者對 X 財貨的需求，吾人可將一切財貨分爲兩類，即 X 財貨與 X 以外的其他財貨。如此消費者亦只有兩種選擇，即購買 X 財貨，或不購買 X 財貨而購買其他財貨。若不購買 X 財貨，即表示他將保留貨幣購買力的形態，以便購買其他財貨。若消費者的消費支出爲固定，此時吾人即可用縱座標表示消費者的消費支出，而不是特定的 Y 財貨。如圖 5-17(a) 中，用 OM 表示消費者全部消費支出，即消費者不購買 X 時所能保留的全部貨幣購買力，而對於一定的 X 的價格，吾人即可畫出一條價格線，例如對於不同的 X 的價格 P_1、P_2、P_3、P_4 等，而 $P_1 > P_2 > P_3 > P_4$……吾人即可畫出不同的價格線 MN_1、MN_2、MN_3、MN_4……等。若價格爲 P_1，即價格線爲 MN_1 時，均衡點爲 E_1，即表示消費者對 X 的需求量爲 OA_1，若價格爲 P_2，即價格線爲 MN_2 時，均衡點爲 E_2，即表示消費者對 X 的需求量爲 OA_2，若價格爲 P_3、P_4……均衡點爲 E_3、E_4……等，可畫出一價格消費曲線 PCC，因爲這不是需求曲線，但吾人可將此曲線所能表示的意義，轉換到另一個圖形中去。如圖 5-17(b)，橫座標的意義及單位與圖 5-17(a)同，縱座標則表示 X 的價格。由(a)知價格線爲 MN_1，即價格爲 P_1 時，對 X 的需求量爲 OA_1，吾人在 (b) 圖中，即可在縱座標找出適當的能代表價格 P_1 的一點，而在橫座標則找出代表需求量 OA_1 的一點，如此而決定了 (b) 圖中 A_1 的一點。同理，由 (a) 知價格線爲 MN_2，即價格爲 P_2 時，對 X 的需求量爲 OA_2，吾人在 (b) 圖中，在縱座標找出適當的表示 P_2 的一點，而在橫座標則找出代表需求量 OA_2 的一點 A_2。依此類推，同樣找出價格爲 P_3、P_4……時，需求量爲 OA_3、OA_4……的點 A_3 及 A_4……。最後將畫出之各點連結起來，即成爲對 X 的需求曲線了。此曲線爲個別消費者的需求曲線，知道了每一個別消費者的需求曲線，則不難獲得市場需求曲線。

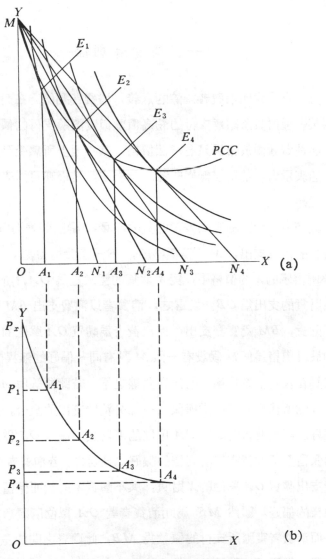

圖 **5-17**　由價格消費曲線引申需求曲線

如果消費者的所得增加， 或其他財貨的價格發生變化， 顯然由圖 5-17 中， 吾人可畫出另一條價格消費線， 當然也可畫出另一條需求曲線， 此即表示需求發生變化。詳細情形， 可比照得之， 茲不贅述。

十一、 消費者剩餘

在上一章曾說明消費者剩餘的意義，消費者剩餘為在競爭市場，消費者對某一種財貨所願意支付的最高價款與實際所支付的價款之間的差額，亦即消費者由於市場只有一個價格，其心理上所感受到的利得而以貨幣形態表示者。然則以無異曲線的分析法，是否亦可以表示出消費者剩餘的意義？

在圖 5-18 中，橫座標表 X 財貨的數量， 縱座標表消費支出，*OM* 為消費者的消費支出， *MN* 為價格線， *E* 為消費均衡點， 故消費者在 *MN* 線所表示的 X 的價格下，對 X 財貨的需求量為 *OA*，所保留用以購買其他財貨的支出為 *OB*， 換言之，消費者以消費支出 *BM* 購買 *OA* 單位的 X 財貨，*BM* 為實際支出。但消費者為購買 *OA* 單位的 X，所願意支付的最高價格為何？ 假設有一與 M 點有同一偏好的無異曲線 *M* II，此曲線必在決定消費均衡點的無異曲線之下。若此曲線與 *AE* 線相交於 *R*，則 *R* 點所代表的 X 財貨與保留一部分消費支出的組合，與 M 點有同樣的偏好。即消費者若購買 *OA* 單位的 X 財貨而保留 *OS* 數量的消費支出，與保留全部消費支出有同樣的偏好。換言之，若消費者以 *MS* 數量的消費支出購買 *OA* 單位的 X 財貨，與不購買 X 財貨而保留全部消費支出有同樣的偏好。顯然 *MS* 為此消費者對 *OA* 單位所願意支付的最高價款，而消費者實際所支付的價款為 *MB*，此兩者之間的差額即 *BS*，即為消費者購買 *OA* 數量 X 財貨時的消費者剩餘。

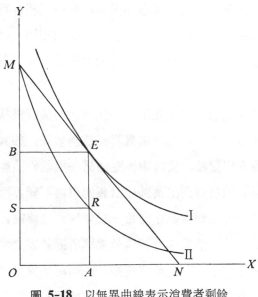

圖 5-18 以無異曲線表示消費者剩餘

十二、摘 要

無異曲線是對消費者有同一偏好的兩種財貨間各種可能組合所形成的曲線。一般的，無異曲線具有下列幾種特性：(1) 無異曲線的數量有無限多。(2) 沒有任何兩根無異曲線可以相交。(3) 無異曲線由左上方向右下方延伸，以兩個座標爲漸近線，且向原點凹進。

爲維持消費者的偏好不變，若 X 財貨的數量增加，則 Y 財貨的數量可予減少，後者的變動量對前者的變動量之比稱爲 X 財貨對 Y 財貨的邊際替換率。一般隨 X 財貨數量的不斷增加，此邊際替換率有繼續遞減的趨勢。

如消費者的消費支出固定，財貨的價格固定，則可畫出一價格線，此價格線代表以固定的消費支出所能購買的此兩種財貨各種可能的組合。隨消費支出的變化，此價格線亦變動，惟將互相平行。對於一定的消費支出，此固定的價格線必與某一根無異曲線相切，此切點所代表的兩種財貨的數量，卽代表消費者能獲得最大滿足的購買量，此切點卽消費者的均衡點。

兩種財貨的相對價格發生變動，而消費者的偏好維持不變，其均衡點在同一無異曲線上移動，此種影響稱爲替換效果。如其他條件不變，而消費者的消費支出變動，使其均衡點向另一根無異曲線移動，此一影響稱爲所得效果。如消費支出及其他財貨的價格不變，而僅有一種財貨的價格發生變動，使其均衡點亦向另一根無異曲線移動，此一影響則稱爲價格效果。價格效果通常等於替換效果與所得效果之和。

由所得效果能引申出所得消費曲線，由價格效果則能引申出價格消費曲線。將價格消費曲線所表示的意義，轉換到另一圖形，則可獲得消費者對某一特定財貨的需求曲線。

重 要 概 念 與 名 詞

無異曲線	替換效果
邊際替換率及邊際	價格效果
替換遞減法則	價格消費曲線
價格線	所得消費曲線
所得效果	消費者均衡

第六章 生產理論概述

第四第五兩章，吾人已將決定需求的消費者行為法則，分別以效用觀念及無異曲線的分析法，加以進一步的說明。由本章開始，吾人將對決定供給的生產者或銷售者的行為法則，加以進一步的說明。

一、生產者的動機與其所需解決的問題

生產者或銷售者何以要從事生產或銷售活動，自亦有其動機或目的存在。生產者的動機，主要是為了賺取利潤，而且是為了賺取最大的利潤。當然生產者除了賺取利潤之外，還有其他的動機存在，例如為了滿足創造或領導的慾望；為了利他服務人羣的動機等。然而一個生產者如不能獲取利潤，或從不考慮獲取利潤，則其生產事業決不能維持長久，其他的動機亦無法達成。同時利潤以外的各種動機，往往不能予以數量化而作客觀的分析。反之，若生產者在基本上能達到獲取利潤的目的，原則上與其他動機，並無顯然的牴觸，其他動機仍能相當的達到。因此雖然假定生產者生產的目的是為了賺取利潤，未免把問題看得太單純，太缺少人情味，但這却能使經濟理論的分析更方便。因此在經濟理論中

均暫且假定生產者從事生產各種財貨提供市場銷售，其動機是爲了賺取最大利潤。

生產者爲了賺取利潤，在生產過程中，究須解決些什麼問題？一般說來，生產者無論從事何種生產皆須解決這三個基本的問題。

第一，在各種可能的生產方法之中，採取那一種方法，才能使生產成本爲最低？換言之，在已知的條件下，如何僱用各種生產因素，才能達到最低成本的配合？在現代社會吾人知道爲生產某種產品，生產的方法可能有多種，也就是生產因素可能有多種不同的配合法，均能達到同樣的生產的目的。例如爲製造皮鞋，可以多用人工，少用機器，亦可以多用機器，少用人工。但是適合於甲社會的生產方法，在乙社會未必適用。由機械的或工程的技術的觀點言，最有效的生產方法，未必是經濟上最有利的生產方法。因此生產者在從事生產以前，必須先決定爲獲得最高利潤，生產一定量的財貨時，如何才能做到最低成本的配合？

第二，對一定的產量已決定如何才能做到生產因素的最低成本配合，次一要解決的問題，卽對於不同的產量，在不同的時間觀點下，生產成本的結構爲如何？因成本是隨產量的變化而變化的，對於不同的產量，生產者必須知道其成本，才能決定利潤之多少。

第三，成本結構已決定，則生產者最後所須解決的問題，卽依據一定的市場需求情況，考慮本身的成本結構，究竟生產多少數量，並如何決定價格，才能使利潤爲最高？因爲若市場的需求爲一定，生產得太少，雖能提高價格，但因爲產量太少，未必能獲取利潤。若生產得太多，由於供過於求，必使價格下跌，甚而不能收回成本，因而遭致損失。因此如何決定一最適度的生產量，則是生產者所須解決的最根本的問題。本章分析第一個問題，卽如何求生產因素的最低成本組合，第二第三個問題則由下章起，分別逐項討論。

二、生產的意義與生產因素

　　為分析生產理論，首先吾人要問，何謂生產？所謂生產，依據經濟學的觀點，凡是能增加或創造效用的人類的活動均謂之生產。所謂效用，吾人在第四章中已解釋過，是持有或消費財貨時消費者所感覺到的滿足程度。吾人所持有或消費的各種財貨，往往不是天然生成的，縱然是天然生成的，因為自然所產生的各種財貨，往往由於實質、形態，或所存在的空間，不適於吾人之使用，因而吾人所感到的滿足程度甚低，必待經過人類的處理以後，吾人使用時才能增加滿足的程度。例如樹木長在山上，吾人無從使用它而增加滿足的程度，必也經過伐木的人把它斫下，運到山下，再由運輸工具運送到鋸木廠，由鋸木廠鋸成各種木料，再由木匠製成各種傢俱，油漆匠予以油漆，再由傢俱商賣給消費者，這樣，才能使消費者感到更大的滿足。這種由伐木工人開始到傢俱店的伙友為止的一連串的人類的活動都能增加或創造效用，故得稱為是一種生產活動。

　　由上述生產的意義，更進一步可以看出，生產活動，不僅指有形的財貨而言，亦指無形勞務的提供。若干種人類的勞務，亦會使吾人感到滿足，例如醫生診療的勞務、教師教書的勞務、理髮師理髮的勞務，這些勞務皆能使接受勞務的人感到滿足。因此雖然沒有具體的財貨提出來，仍然是一種生產活動。十八九世紀若干經濟學者因為過分重視有形財貨的重要，而認為凡能增加有形財貨的才是生產活動，而提供無形的勞務者不是生產活動。然而他們亦不得不承認，若干勞務對社會是有很大貢獻的，例如上述醫生、教師、理髮師是，其他如公務員、軍人、警察、音樂家對社會亦有貢獻，而不能抹煞，故不得已，若干經濟學家稱這些勞務雖是不生產的 (unproductive)，但却是有用的 (useful)。這種觀點，由吾人現代的眼光，實不足取。

生產的意義旣明，然而現代的生產，不是單憑人類的兩隻手便能從事的。由第一章吾人已知道現代的生產是一種間接的生產，在生產過程中，必須應用各種生產因素。而所謂生產因素，卽生產過程中能幫助生產的各種手段，這種生產因素，大體上可分爲三大類，卽勞動、土地與資本。

所謂勞動，卽是人類爲生產的目的，或爲了賺取所得所提供的勞務。因此勞動是一種勞務，但並非人類所有的勞務皆得稱爲勞動，必須其目的是爲了生產，或是爲了賺取所得所提供的勞務，才是勞動。農人種地，是爲了收穫農產品，工人做工，是爲了賺取工資，皆是勞動。但農人在耕種之餘，工人在放工以後，去打一場籃球，雖也支出勞務，然而這不是勞動，這是運動，因其目的，僅是爲了運動的本身，而不是爲了生產什麼，或是賺取所得。但職業籃球隊的隊員打籃球出售門票，卽是一種生產活動，因其目的是爲了賺取所得。其次，勞動不僅指體力的勞動言，亦包含心智的勞動。農民、工人運用體力以從事生產，固然是一種勞動，律師、作家運用心智以從事辯護或創作，亦是一種勞動。不過吾人應注意者，勞動僅指勞動者所提供的勞務，而非指勞動者本人，勞動能在市場出售，有其一定的價格，但勞動者本人却不能出售，因吾人不是一奴隸社會。

經濟學上所指之土地，是指廣義的土地，不僅單指地面言，實卽自然資源的同意語，故土地包含地面、地層、天空、雨量、日照、河川、森林，凡一切自然存在的資源均屬之。土地因屬自然所提供，故有三種基本的屬性，卽不增性，土地的供給是固定的，不因人力而能增減之。次一屬性卽不能移動性，土地的位置不能因人力而移動。最後土地具有生長力及載力，因爲具有生長力，故能用以生長各種作物，因有載力，故能充作房屋鐵路等各種地基，因此人類對土地的勞務乃有所需要，土地便構成生產因素之一。

勞動與土地亦稱爲基本的生產因素，因此兩者均本然存在，不因經濟的因素而能變更其數量。由前所述知土地是自然存在的資源，不是人類活動的結果。同時由現代的人口理論，吾人知道決定人口現象，因而直接決定勞動數量的，除經濟的因素外，尚有社會學的、文化的、人類學的因素存在，因此在經濟分析中常將土地甚至勞動作爲外生變數處理，亦即看作基本的生產因素處理。

第三種生產因素爲資本。所謂資本，是指能供生產使用的各項生產設備，即資本財而言，如機器、廠房、道路、倉庫等，而不是指貨幣。因爲貨幣由個別生產者的觀點，有了貨幣資金後即能購買資本財進行生產，因此資本財與貨幣沒有加以分別的必要，但就社會觀點僅有具體的資本財（當然這裏也包括無形的商標權、專利權在內）才能增加生產，而僅有貨幣或貨幣數量大量增加（除非是外滙）並不能增加生產能量。資本與土地及勞動不同，能由人力予以增加，即可透過生產的過程而增加。因此資本亦稱爲中間性的生產因素，因爲它是由結合勞動與土地所生產的。

三、生產函數

生產任何一種產品或勞務，皆須利用各種生產因素，產出的出產量的多少，自然須視所利用的生產因素的數量而定。但生產技術不變，在產品的出產量與所用生產因素的數量間，常有一定的技術關係存在。吾人將這種生產量與生產因素數量之間的關係，以一函數形態表示之，即爲生產函數。例如，設 x 表 X 財貨出產量，而 a , b , c 等分別表生產因素 A , B , C 等的數量，生產函數可寫爲下列形態：

$$x = f(a, b, c\cdots\cdots) \qquad\qquad (6\text{-}1)$$

函數中 a , b , c 等爲自變數， x 爲因變數，若 a , b , c 等之數值一定，則 x 的數值即可確定。當然一特定的生產函數，僅表示一固定的生產技術，如果生產技術變化，生產函數的形態也隨之變化。

一般的，生產函數常具有這幾項性質：第一，若各種生產因素的數量增加，出產量也會隨之增加，故 x 是各生產因素的增函數。第二，各生產因素之間，可能有相當的替換性，卽一種生產因素在適當範圍內，可代替其他生產因素使用，例如以勞動代替資本、以資本代替土地是，因此對於一定的出產量，常能以生產因素各種不同的組合方式而生產之。第三，各種生產因素之間亦有相當的輔助性，卽某一生產因素，常須與其他生產因素的一最低數量相合作，才能發揮其效能。否則爲滿足吾人的經濟慾望，只要有一種生產因素就夠了，事實上這是辦不到的。

四、報酬遞減法則

現在吾人研究有關生產函數的一項重要法則，卽生產因素的報酬遞減法則。在生產函數中若生產技術不變，並且除一種生產因素外，其他的生產因素的數量亦保持不變，而變動此一生產因素的數量，則出產量的變化將如何？爲便於說明起見，吾人假定在一定面積的土地上，使用一定的資本量，而所使用的勞動量可予變動，若吾人以不同的勞動量與此一定面積的土地與一定數量的資本相結合，其產量的變化可如下表第一欄所示：

表 6-1

勞動量	(1) 總 生 產 量 (TPP)	(2) 邊際實物生產量 (MPP)	(3) 平均實物生產量 (APP)
1	20	20	20
2	50	30	25
3	87	37	29
4	132	45	33
5	182	50	36.2
6	228	46	38
7	268	40	38.3
8	304	36	38
9	336	32	37.3
10	364	28	36.4
11	386	22	35.1
12	404	18	33.8
13	418	14	32.1
14	426	8	30.4
15	430	4	28.7
16	430	0	27

　　由上表可看出，當土地與資本的數量不變時，隨勞動量的增加，總產量亦增加。不過總產量最初增加得很快，等勞動量使用到五個單位以後，總產量增加的速度便減慢。

　　爲說明總產量增加速度的變化，吾人可以邊際實物生產量(marginal physical product) 一概念說明之。所謂邊際實物生產量即勞動量每增加一單位時，總產量的增量。例如由上表中，當勞動量爲一單位時，總產量爲 20 單位，吾人可相信勞動量爲零時，總產量必然爲零，故勞動量由零增加到一個單位，總產量由零增加到 20 單位，故使用一個勞動單位時，其邊際實物生產量爲20。當勞動量增加到兩個單位時，總產量爲 50 單位，比勞動量爲一單位時的總產量增加了 30 單位，故使用兩個單位的勞動時，其邊際生產量爲 30。當勞動使用量繼續增加時，邊際實物生產量的變化，如表 6-1 中第二欄所示。由此一欄可看出邊際實物生產量最初是遞增的。當勞動使用到五個單位時，邊際實物生產量最高，達到 50 單位。但勞動量若繼續增加，邊際實物生產量便又降低，到使用到第十六個單位時，勞動的邊際實物生產量便降低爲零，換言之，總產量此時爲最大而無法再予增加。

由總產量的變化，吾人亦可求勞動的平均實物生產量(average physical product)，卽平均每一勞動單位所能生產的數量。在表 6-1 中卽以總產量除以勞動量卽得。例如勞動量爲一時，總產量爲 20，故平均實物生產量亦爲 20。勞動量爲二時，總產量爲 50，故平均實物生產量爲 25，餘類推。平均實物生產量的變化，列於表 6-1 的第三欄，由這一欄可看出，平均實物生產量最初也是增加的，當勞動量使用到第七個單位時，平均實物生產量爲最高，達到 38.3 單位，此後若勞動的使用再增加，平均實物生產量便又減少了。

關於表 6-1 中總產量的變化，吾人亦可用圖形表示之。圖 6-1 中

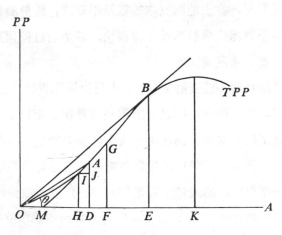

圖 6-1 總實物生產量曲線

橫座標表示生產因素 A 的數量，即勞動量 a，縱座標表實物生產量。表 6-1 中各量的變化為非連續的，圖形中為了方便起見，吾人均將其表示為連續的數量，因而可以用平滑的曲線表示之。由圖 6-1 可看出隨 a 的增加，總產量是增加的，不過最初增加的速度很快，過 F 點以後，逐漸減慢，而到 K 點時，則已到達最高點，無法再行增加，在 K 點以後，總產量反而減少了。

由圖形中亦可表示平均實物生產量與邊際實物生產量的意義。如在圖 6-1 中，吾人若求勞動的使用量為 OD 時，其平均實物生產量的數量，吾人可由 D 點畫一垂線，與 TPP 線交於 A，平均實物生產量即等於 AD/OD。此平均實物生產量吾人可畫於另一圖形中，如圖 6-2，其橫座標與縱座標的意義與圖 6-1 相同，吾人將勞動的使用量為 OD 時的平均實物生產量表示為 DR。同樣在圖 6-1 中當勞動的使用量為 OE 時，其平均實物生產量為 BE/OE，其數值可畫於圖 6-2 中之 ET。其他各點的平均實物生產量均可依次求得，而在圖 6-2 中即可畫成一 APP 的曲線。

同樣由圖 6-1 中，吾人亦可計算不同勞動量被使用時的邊際實物生產量。例如要計算勞動量為 OD 時的邊際實物生產量，等於由 OD 時的總產量減去勞動量少用一單位時的總產量。在圖形中若比 OD 少一單位時的勞動量為 OH，其總產量為 HI，則勞動量為 OD 時的邊際實物生產量即等於 AD 減去 IH，亦即 AD 減 JD 後的差額 AJ，除以一單位的勞動量，即 $MPP = AJ/IJ = AJ$。在經濟理論中為便於處理起見，若勞動的增加可以無限小的單位進行，此 D 點的邊際實物生產量，即可以總產量曲線上一點 A 的斜率表示之。將此數值畫於圖 6-2 中即 DN，同樣吾人可求出 F 點時的邊際實物生產量 FS，E 點時的邊際實物生產量 ET。有關各點求出後，吾人即可畫出一條 MPP 曲線。

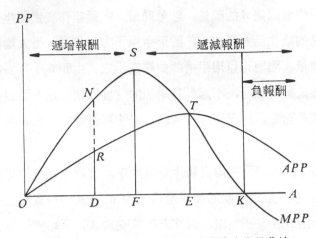

圖 **6-2** 邊際實物生產量與平均實物生產量曲線

由圖 6-2 可看出，*APP* 與 *MPP* 曲線均為先增加，逐漸到達一最
高點，而後減少，而成倒U字形的圖形。並且 *MPP* 曲線先到達最高
點，然後減少而與 *APP* 的最高點相交。*MPP* 曲線與 *APP* 最高點相
交的性質，吾人由圖形的幾何意義可以看出。因為在圖 6-1 中為求 *E*
點的平均實物生產量，自原點畫到總產量曲線上一點 *B* 的連線，剛好也
是總產曲線 *B* 點的切線，因此 *BE* 除以 *OE* 的商數，即等於 *B* 點的斜
率。前者為平均實物生產量而後者為邊際實物生產量，兩者在此點相
等。其次吾人尚可用下述方法說明，即凡邊際量大於平均量者，平均量
必增加，邊際量小於平均量者，平均量必減少。例如吾人若求一班學生
之平均體重，按體重之次序進入室內，先以體重最輕之學生進入室內，
當僅進入一人時，室內學生之平均體重即為該生之體重。當進入第二人
時，第二人之體重即為邊際體重，因為第二人之體重高於第一人，即
邊際量大於平均量，將其與第一人之體重相加再平均之，而得二人之平
均體重，而此二人之平均體重較一人之平均體重為增加矣。如此繼續進
行，當進入第三人時，因第三人之體重較前二人為尤重，故加入並予平

均後，平均體重又增加。由此可見邊際量大於平均量時，平均量必是增加的。反之，若吾人進入室內之次序相反，先由體重最重之學生進入，而繼續以體重較輕之學生逐次進入教室計算，此時則邊際量小於平均量，於是計算結果，平均量必逐漸減少。同理，若進入室內學生之體重，與室內學生之平均體重相等，則平均體重不增亦不減，則此時平均體重必爲到達最低或最高時也。因此由圖 6-2 吾人可看出，在 OE 點以前，$MPP > APP$，可知 APP 是增加的，在 E 點以後 $MPP < APP$，故 APP 是遞減的，而在 E 點，APP 不增亦不減，必是已到達最高點，而 MPP 曲線亦在此點與之相交矣。

由以上之分析吾人可說明報酬遞減法則如下：在一定的生產技術之下，若與之配合的其他生產因素的數量不變，而僅變動一種生產因素的數量，則在此生產因素使用到某一數量以後，其邊際實物生產量將逐漸減少。如圖 6-2 所示，勞動的數量使用到 OF 以後，邊際實物生產量即逐漸減少。

由報酬遞減法則，吾人須注意下列兩點：第一，吾人假定生產技術不變，若生產技術改變，縱然不致於改變報酬遞減現象的本質，至少可能延緩報酬遞減階段的出現；第二，報酬遞減法則並不否認報酬遞增現象的存在，而承認在最初，即所使用的變動的生產因素的數量甚少時，其邊際實物生產量是遞增的，唯有此生產因素使用到一定數量以後，遞減現象才會出現。例如在圖 6-2 中，由 O 到 F 這一範圍是報酬遞增的，而 F 點以後則是遞減報酬，事實上在 K 點以後，不僅是遞減報酬，而且是負報酬了。同時，在特定情況下，由報酬遞增到報酬遞減的過程中，可能經過一固定報酬的階段，即邊際實物生產量隨可變動的生產因素的增加，不增亦不減而保持固定。

何以在生產過程中會有報酬遞增或遞減的現象？此一原因，吾人可以這樣解釋：在這一可變動的生產因素使用量甚少時，不變的那些生產因素，因爲沒有適當的可變因素與之配合，故其效能無法發揮；而隨此一變動因素數量之增加，其效能遂能逐漸發揮，表現於生產量的，便是可變動的生產因素的邊際實物生產量的增加。至於可變動的生產因素使用到一定數量以後，那些固定的生產因素數量又嫌不足，因此可變動的生產因素的數量增加時，即無足夠的其他生產因素與之配合，於是其效能亦降低，表現於生產量的，便是邊際實物生產量的遞減。而且很可能，當其數量超過某一限度後，其增加的數量不但不能幫助生產，反而因爲太多而妨碍生產，此時，其邊際實物生產量便變爲負數了。

五、最小成本組合

生產因素在生產過程中旣有報酬遞減的現象，生產者對各種生產因素的僱用究應合乎何種條件，才能使其成本爲最低？換言之，各種生產因素之間，其僱用數量應如何配合，才是最小成本的組合？要分析此一問題，僅了解技術性的報酬遞減現象，仍不能解決，因爲這是一個經濟性的問題，所以必須進一步知道爲購買各種生產因素，生產者所必須支付的價格。爲說明簡單起見，吾人先假定生產者在生產因素的市場是一完全競爭的購買者，即此生產者對生產因素的購買量在總購買量中微不足道，因此其購買行爲不會影響該生產因素的價格。就此一生產者言，生產因素的價格是由生產因素的市場供需關係所決定的，可認爲固定不變。在這一由市場所決定的價格下，他可以購買任何數量。設吾人假定如上例中，生產因素 A 及 B 的價格分別以 P_a 及 P_b 表示之，研究在一定的 P_a 及 P_b 之下，生產者如何決定對此二生產因素的僱用量。

設吾人先假定 A 爲自由財，不須支付任何代價，而與其合作的生產

因素 B，如土地，則爲經濟財，須要支付代價，則此時對 A 之僱用量將僱用到什麼數量？圖 6-3 中之 APP 及 MPP 之意義與圖 6-2 相同，橫座標表 A 之數量，由圖 6-3 吾人可看出若 A 爲自由財不須支付代價，則對 A 之僱用量將達到 OL，亦卽僱用到使 A 之邊際生產力等於零的時候爲止。因爲旣然 A 爲自由財，不須支付代價，B 爲經濟財，須要支付代價，生產者當然希望儘量利用生產因素 A 而能獲得最大生產量爲止，此卽使 A 的邊際生產量達到零的一點。如生產者對 A 的使用量大於 OL，則此時 A 的邊際生產力爲負，總產量反而減少，如果對 A 的僱用量低於 OL，則總產量未達到最大，均不合算，故自宜以僱用到 OL 爲最合理。

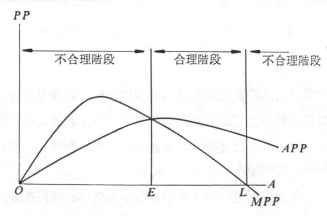

圖 6-3　生產因素的合理使用範圍

　　其次吾人假定 A 爲經濟財，須要支付代價，而 B 爲自由財，不須支付代價，則此時對 A 的僱用量將爲若干？由圖 6-3 吾人知其必將僱用到 OE 爲止，亦卽 A 之平均生產力爲最高的數量。因爲此時其他生產因素旣不須要花代價，生產者花在 A 上的代價不論其爲若干，必然希望能由 A 獲得最大的收穫爲止，亦卽 A 的平均生產力最高爲止。反之，唯有使用到此一數量，成本才能最低，因爲此時平均成本爲固定，而平均產量爲最高也。若生產者對 A 的僱用量大於或小於 OE，平均生產力均不爲最高，故均不合理。

但事實上， A 及 B 均不可能爲自由財，因此皆必須支付代價。若 A 及 B 皆須支付代價，則生產者對 A 將僱用到何種數量？此情況界於上述兩種極端情況之間。顯然對 A 的僱用量，必將大於 OE，而小於 OL，因此吾人可將圖形中 OE 至 OL 的一段，稱爲合理階段，表示生產者對 A 的合理的僱用量必在此階段以內。而將 OE 左方及 OL 之右方稱爲不合理階段，表示生產者不可能將 A 的僱用量決定在這一階段之內。

可是在合理階段之內，生產者對 A 的僱用量究竟將決定於何種數量？此時不僅須視 A 的價格而定，尚須視 B 的價格而定，一般的說，其對 A 及 B 的僱用量須合乎下面的條件，才是最小成本的組合，卽

$$\frac{MPP_A}{P_A} = \frac{MPP_B}{P_B} \qquad (6-2)$$

此卽生產因素 A 的邊際實物生產量與其價格之比，等於 B 的邊際實物生產量與其價格之比。此二比值實際也就是在每一生產因素中平均所花的每一貨幣單位，所收回的邊際實物生產量須相等。合乎此一條件，卽是最低成本組合，否則便不是最低成本組合。

試以數字舉例說明之。設 A 的價格爲每單位 30 元，而 B 的價格爲每單位 50 元，若生產者對此二種生產因素的使用量，在生產過程中，A 的邊際實物生產量爲 120 單位，而 B 的邊際實物生產量爲 200 單位，此時對此二生產因素卽是最佳的配合。因爲在每種生產因素上平均每花一元所收回的邊際實物產量均爲四單位也。但是如價格未變，而在生產過程中，A 的邊際實物生產量爲 150 單位，B 的邊際實物生產量亦爲 150 單位，顯然生產者對此二生產因素未能作最合理的配合，因爲

$$\frac{MPP_A}{P_A} = \frac{150}{30} > \frac{150}{50} = \frac{MPP_B}{P_B}$$

對 A 的使用量顯然太少，故其邊際生產力高，對 B 的使用量則太多，故其邊際生產力低。因為此二比值不等，即在 A 因素中平均每花一元，所收回之邊際實物生產量有五單位，而在 B 因素中平均每花一元，僅能收回邊際實物生產量三個單位也。若生產者少購買 B 因素，而以所節省的成本多買 A 因素，則在 B 因素中每少花一元所犧牲者不過三單位的邊際實物生產量，而將其購買 A 時，則每一元所能購買者為五單位的邊際實物生產量，故此一轉移之間，總成本不增，而每一貨幣單位的移轉總產量將增加兩個單位，故對生產者是有利的。經過這種移轉後，A 的使用量增多，則其邊際實物生產量將減少，而 B 的使用量減少，故其邊際實物生產量將增加，如果最後 A 之邊際實物生產量降低至 120，而 B 之邊際實物生產量增加到 200，此時 MPP_A/P_A 再度等於 MPP_B/P_B，故生產因素使用量的變化告停止，亦即達到最低成本之組合。

六、等產量曲線 (isoquant)

以上的分析係假定在生產函數中，除一種生產因素以外，其餘的生產因素均保持不變，而研究此一種生產因素發生變化時，其與產量之間的關係。由這一分析，吾人獲得報酬遞減法則。以下吾人將進一步研究，若生產函數中除兩種生產因素外，其他生產因素的數量均保持不變，而產量亦假定不變，則此兩種生產因素的數量之間將具有何種關係？此時此一生產函數可寫為此一形態

$$x = f(a, b) \tag{6-3}$$

a，b 表生產因素 A，B 的數量，x 表產量，因為其他生產因素的數量均保持不變，故得將之視為常數，不包括在變數之內，生產函數即成為兩個變數的函數。

在本章之初研究生產函數時，吾人卽提出在相當範圍內，任何兩種生產因素，均多少具有若干替換的關係。對 A 與 B 兩種生產因素，當亦如此。因此爲保持產量 x 不變，吾人對 A 的使用量若減少時，必須增加 B 的使用量，否則產量無法維持不變。反之若吾人增加 A 的使用量，B 的使用量則可能予以減少。爲保持產量 x 爲固定設爲 150 單位，吾人假定 A 及 B 的各種可能的組合如下表所示：

表 6-2

A	20,	25,	30,	35,	40,	45,	50,	—	—
B	65,	45,	30,	20,	15,	12,	10,	—	—

在圖形中，以橫座標表 A 的數量，縱座標表 B 的數量，將表 6-2 的數字，畫成圖形，卽得圖 6-4 中的曲線 Ⅱ，此曲線稱爲等產量曲線。亦卽爲維持產量不變，生產因素 A 與 B 各種可能組合的軌跡。

等產量曲線的形態與無異曲線甚爲相似，其性質亦同，唯有一點不同者，無異曲線的兩端，若無限延伸，則逐漸與兩座標接近，以數學的術語說，無異曲線在常態下，是以二座標爲漸近線。但等產量曲線則並不如此。因任何二生產因素不可能完全替換，在一定範圍內雖能替換，但超過此範圍之外，卽不能替換。例如在圖 6-4 中曲線 Ⅱ，在 GH 之間，曲線由左上方向右下方延伸，而在 G 點及 H 點之外，曲線便向右上方延伸。換言之，若吾人自 G 點畫曲線之切線，其切線垂直於橫座標，若自 H 點畫曲線之切線，則切線平行於橫座標。此種情形之原因可這樣解釋。在 GH 之間爲維持產量不變，若 A 的使用量增加，則 B 的使用量可減少，卽可用 A 以代替 B 的使用。但當 A 的使用量增加到 H 點所表示的數量，亦卽 OE 個單位時，此時 B 的使用量已減至 EH，可能這一數

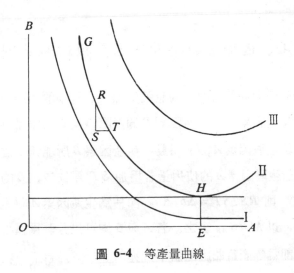

圖 6-4　等產量曲線

量是生產 150 單位產品必不可少的最低使用量。另一方面，*A* 的使用量
已用到飽和點，如果吾人企圖再減少 *B* 的使用量而增加 *A* 的使用量以保
持產量不變，甚而僅增加 *A* 的使用量而 *B* 的使用量維持不變亦不能維持
產量於不變，因此時多餘的 *A*，不但不能幫助生產，反而妨碍生產。換
言之，在 *H* 點 *A* 的邊際實物生產量已等於零，在 *H* 點之右，*A* 的邊際實
物生產量將為負數。當然除非此時連 *B* 的使用量也增加，始可望產量保
持不變，此卽曲線由 *H* 向右上方延伸之原因也。在 *G* 點情形相同，不過
此時 *A* 的使用量為必不可少的最低量，而 *B* 的使用量已用到飽和點，其
邊際實物生產量已等於零，　故過 *G* 點以後，　除非 *A* 與 *B* 均能增加，　產
量已無法維持不變，故曲線由 *G* 點向右上方延伸。因此就等產量曲線 Ⅱ
言，*GH* 之間為合理階段，而 *G*、*H* 兩點以外則為不合理的使用階段。

　　如果吾人所計劃的產量較大或較低，則吾人可畫出其他的等產量曲
線。如圖 6-4 中曲線 Ⅰ 為表示產量為 100 單位的等產量曲線；曲線Ⅲ則
為表示產量為 200 單位的等產量曲線，理論上，等產量曲線有無限多。

七、邊際替換率及邊際替換遞減法則

等產量曲線中邊際替換率的意義與無異曲線中的邊際替換率的意義甚爲相似。生產因素 A 對生產因素 B 的邊際替換率卽爲保持產量不變，若增加一單位生產因素 A 的使用量，生產因素 B 所能減少的數量，在圖6-4 中，亦卽生產因素 A 的使用量若增加 ST 單位時，B 的使用量可減少 RS 單位，則 $RS/ST = \Delta b/\Delta a$，卽稱爲生產因素 A 對生產因素 B 的邊際替換率，以 MRS_{AB} 表之。若 A 與 B 均可以分割爲很小的單位，則邊際替換率卽爲等產量曲線的斜率，亦卽 $MRS_{AB} = \dfrac{db}{da}$。由圖6-4 中吾人並可看出，當 A 的使用量不斷增加而 B 的使用量不斷減少時，則每增加一定單位 A 的使用量，所能減少 B 的使用量有逐漸減少的趨勢。這種現象，卽生產因素 A 對生產因素 B 的邊際替換率隨 A 的使用量的增加而遞減，稱爲邊際替換遞減法則。這種現象之所以會發生，乃是由於 A 的使用量增加以後，A 的邊際生產力逐漸減少，而 B 的使用量減少後，B 的邊際生產力已告增加，因此要補償少用 B 所造成的對產量的損失，對於減少的每一單位 B 必須不斷提高 A 的數量。換言之，所繼續增加的 A 的每一單位，僅能代替不斷減少的 B 的功能，因此邊際替換遞減現象乃告出現。

八、等成本線 (iso-cost line)

生產者依據等產量曲線，並不能由其決定如何僱用此兩種生產因素，以從事生產一定的產量。因爲等產量曲線僅能表示兩種生產因素間技術性的特性，而不能表示其經濟性質。生產者若須決定爲生產一定產量，如何僱用此兩種生產因素，才能使成本為最低，尚須知道此兩種生產因素的價格。吾人假定生產因素的市場為完全競爭的市場，因此其價格由市場供需關係決定，個別生產者無法影響其價格，則對個別生產者言，價格為一固定之常數。在吾人之例中，吾人假定 A 與 B 之價格，分別為 P_A 及 P_B，則對於生產者一定的貨幣支出，可以購買一定量的 A，或一定量的 B，或 A 與 B 的一定的組合。在圖 6-5 中，橫座標仍表 A 的數量，縱座標仍表 B 的數量，若生產者的貨幣支出為 C_1，則以之全部購買 A 而不購買 B，則可以購得 C_1/P_A 單位，即 ON 單位的 A。同樣若全部以之購買 B，則可以購得 C_1/P_B 單位，或 OM 單位的 B。又因此兩種生產因素的市場價格為固定，則一定量的 B 可交換一定量的 A，故生產者亦可購得 MN 線上任何一點所表示的此兩種生產因素的組合，而 MN 即為貨幣成本為 C_1 時的等成本線，其上任何一點均表示以成本 C_1 所能購得的 A 與 B 的數量。當然等成本線不止一根，若貨幣支出少，則對於生產因素的購買量少，等成本線必向左下移動，如圖 6-5 中之

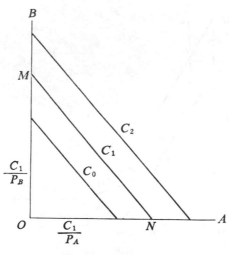

圖 6-5　等成本線

C_0。若貨幣支出多，則等成本線向右上方移動，如圖 6-5 中之 C_2。因為等成本線在生產因素爲完全競爭市場時是一條直線，故其斜率固定，如以圖 6-5 中 C_1 線而言

$$MN \text{ 的斜率} = OM/ON = \frac{C_1}{P_B} \Big/ \frac{C_1}{P_A} = \frac{P_A}{P_B} \qquad (6\text{-}4)$$

即等產量曲線的斜率等於此二生產因素價格之比。

九、最低成本組合

依據等產量曲線及等成本線，生產者如計劃生產一定的產量，即可決定對此兩種生產因素如何使用，才能使生產成本爲最低。在圖 6-6 中，設曲線 II 表示生產者的等產量曲線，在同一圖形中吾人畫出若干條等成本線，其中 $M'N'$ 線並不與等產量曲線相交，而 MN 線與等產量曲

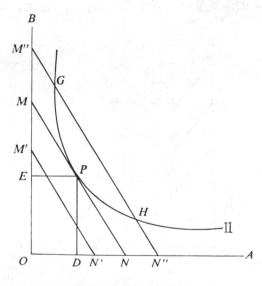

圖 6-6 最低成本組合

線切於一點 P，$M''N''$ 線則與等產量曲線相交於兩點 G 及 H。不能與等產量曲線相交的等成本線，表示以該等成本線所代表的成本無法從事此產量的生產。相切於一點或相交於兩點的等成本線則表示以其所代表的成本，能從事此一產量的生產。不過在若干條相交的等成本線中，仍有一條表示成本為最低，此即與之相切於一點的那一條。而能相交於兩點的等成本線必定在切於一點的等成本線的右上方，因此其所代表的成本，當然比切於一點的那條等成本線來得高。生產者從事生產時，如能以低成本生產則決不會以更高的成本去生產。與等產量曲線相切的那條等成本線，其切點即表示為完成此一產量兩種生產因素所必須僱用的數量。如圖 6-6 中的 P 點即是。因 P 點在等產量曲線上，表示其能生產此一產量，同時因其也在等成本線上，表示他能以此成本線所代表的成本從事生產。由 P 點可知為生產出曲線 II 所表示的產量，必須僱用生產因素 A 為 OD 單位，生產因素 B 為 OE 單位。同時因 P 點在等產量曲線上，其斜率等於邊際替換率，又在等成本線上，其斜率等於此兩種生產因素價格之比，因此最小成本組合必須合乎下面的條件，即

$$MRS_{AB} = \frac{P_A}{P_B} \tag{6-5}$$

但由於在同一等產量曲線上，由於生產因素 A 的增加所造成的實物生產量的增加，必然等於生產因素 B 的減少所引起的實物生產量的減少，亦即

$$db \times MPP_B = da \times MPP_A$$

移項後　　$$\frac{db}{da} = \frac{MPP_A}{MPP_B}$$

代入前式則　　$$\frac{MPP_A}{MPP_B} = \frac{P_A}{P_B}$$

或 $$\frac{MPP_A}{P_A} = \frac{MPP_B}{P_B}$$ (6-6)

此等式卽表示當最低成本組合時，兩種生產因素，其邊際實物生產量與其價格之比必須相等。此與吾人在分析報酬遞減法則時所獲得之結果一樣。

十、生產計劃線 (scale line)

若由於市場的擴張，生產者的產量不斷增加，則生產者的成本，及對於此兩種生產因素的使用量將如何變化？ 在圖 6-7 中，有若干條等產量曲線，代表不同的產量，而 I＜II＜III＜IV，亦有若干根不同的等成本線，吾人假定此兩種生產因素的價格不變，則此諸等成本線必互相平行，而 $L_1 < L_2 < L_3 < L_4$。每一根等產量曲線必與某一根等成本線相切，

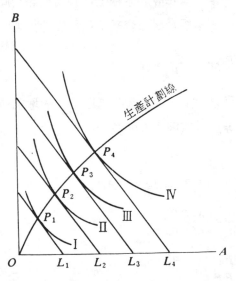

圖 6-7 生產計劃線

在圖 6-7 中，其切點分別為 P_1, P_2, P_3, P_4……等，吾人將此諸切點，連成一條曲線，此曲線必由原點引出，因若產量為零時，不僅成本支出為零，而對此兩種生產因素的僱用量亦均必為零也。其次此曲線必向右上方延伸，表示隨產量的增加，對成本的支出須增加，而對此兩種生產因素的使用量亦必逐漸增加也，此一曲線可稱為生產計劃線 (scale line or planning curve)。

十一、替換效果

上節吾人係假定生產因素的價格不變，而產量改變所發生的影響。現在進一步若生產者的產量不變，而某一生產因素的價格發生變化，則生產者對生產因素的僱用量將發生何種影響？如圖 6-8 中，設固定之等產量曲線為 I，原來之等成本線為 MN，均衡點為 P，故生產者為生產曲線 I 所代表的產量，須僱用 OD 單位的 A 及 OE 單位的 B。今設 B 的

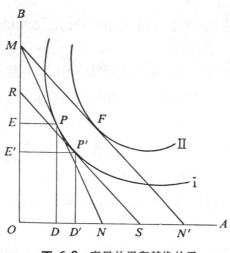

圖 6-8 產量效果與替換效果

價格不變，而A的價格降低，則生產者如仍然支出原來的成本，對B的購買量雖不變，對A的購買量則由 ON 增至 ON'，換言之，等成本線反時鐘方向旋轉，不再與曲線I切於一點，而為相交於兩點，可能與另一更高的等產量曲線II相切於一點。換言之，以原來的貨幣支出，生產者此時可生產更多的數量，這一結果，吾人可稱為產量效果（output effect）。但上面吾人假定，生產者的產量不變，仍將生產曲線I所代表的產量。顯然由於A的價格下跌，生產者已不須支出原來的成本，而可以降低成本。此時吾人可想像等成本線 MN' 向左下方平行移動，移動到 RS 的位置，此時再度與曲線I相切，其切點 P' 可決定生產因素相對價格變化後對此兩種生產因素的僱用量。由 P' 點可看出，A的僱用量由 OD 增至 OD'，而B的僱用量則由 OE 減至 OE'，換言之，由於A的相對價格下跌，故對A的僱用量增加，B的相對價格上漲，故對B的僱用量減少。此種以跌價的生產因素代替未跌價的生產因素，可稱為替換效果（substitution effect）。

十二、生產轉換曲線 (product transformation curve)

在等產量曲線的分析中，係假定兩種生產因素，生產一種產品，由此一分析，可求出生產某一特定產量時的最小成本組合。茲再分析另一可能情況，即假定只有一種生產因素，而可以生產兩種產品。例如任何一國家，在短期間其可能使用的經濟資源的數量可視為固定，但此項資源可用來生產消費財，亦可用來生產資本財，如果生產的消費財多，則所能生產的資本財便少。此一情況的生產函數可寫為下列形態：

$$a = f(X_1, X_2) \tag{6-7}$$

a 表示生產因素的數量，X_1 及 X_2 分別表示兩種產品的數量。如果 a 固

定，則在生產過程中，若 X_1 的數量增加，則 X_2 的數量必將減少，反
之若 X_1 的數量減少，則 X_2 的數量可望增加。此一生產函數的關係，
吾人亦可用圖形表示如下：在圖 6-9 中，橫座標表 X_1，縱座標表 X_2，
曲線 MN 即表示此一函數關係，此一曲線稱爲生產轉換曲線，或稱爲生
產可能曲線 (production possibility curve)，ON 表示將全部生產因素
不用於生產 X_2，而全部用來生產 X_1 所能生產的數量，OM 則表示全部
生產因素不用於生產 X_1，而全部用於生產 X_2 所能生產的數量。曲線上
的 A 點，則表示同時生產兩種產品。X_1 的產量爲 OF，而 X_2 的產量爲
OE，曲線上其他的各點，則表示各種可能的產量組合。

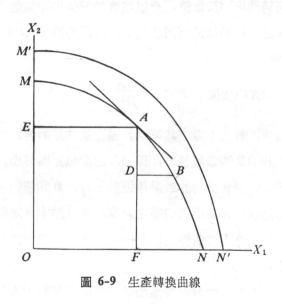

圖 6-9　生產轉換曲線

此一生產轉換曲線，亦具有若干種特性，如果生產技術不變，而生
產因素的數量增加，或生產因素的數量雖未增加，但生產技術進步，則
曲線將向外移動，如 $M'N'$，原則上，生產轉換曲線有無限多根數。其
次生產轉換曲線雖有無限多根數，但沒有任何兩根生產轉換曲線可以相

交，因爲如果相交的話，則可能表示兩種意義，第一，其交點表示在同一技術水準下，不同的生產因素數量，生產同一數量的兩種產品。第二，其交點亦可能表示，在不同技術水準下，同一生產因素的數量，生產同一數量的兩種產品，顯然這兩種情況，都有內在的矛盾，因此生產轉換曲線不可能相交。

由生產轉換曲線，如果增加某一種財貨生產的數量，則另一種財貨的生產量必然會減少。例如在圖 6-9 中，若原來產量的組合點爲 A，卽 X_1 的生產量爲 OF 單位，而 X_2 的生產量爲 OE 單位，今增加第一種財貨的生產量，如由 A 點移向 B 點，則其產量增加 DB 單位，同時第二種財貨的產量則將減少 AD 單位，今以後者的減少量除以前者的增加量而求其比值，則此一比值稱爲此兩種財貨的邊際轉換率（marginal rate of transformation），亦卽

$$MRT（邊際轉換率）= \frac{AD}{DB} \qquad (6-8)$$

對此邊際轉換率，吾人不考慮其符號，僅注意其絕對值。由圖 6-9，吾人並可看出，若 DB 的數值甚小，則 AD 的數值亦將甚小，換言之 B 點將向 A 點移動，當兩者變動的數量趨近於零時，B 點卽與 A 點重合，而邊際轉換率卽趨近於 A 點所畫切線之斜率，或 A 點本身之斜率。因此爲分析的方便起見，吾人將曲線上任何一點之斜率，當作該一產量組合點的邊際轉換率。

在圖形中，吾人若由 M 點逐漸沿著曲線向下移動，亦卽吾人若繼續增加第一種財貨的產量，由曲線的形態可以看出，邊際轉換率有不斷增加的趨勢，此一現象吾人稱爲邊際轉換遞增法則，亦卽若生產資源或生產因素的數量不變，在所生產的兩種財貨中，若吾人增加其中一種財貨的生產量，則此一財貨對另一財貨的邊際轉換率，有逐漸增加的趨勢。

十三、等收益線 (iso-revenue line)

　　僅由生產轉換曲線，生產者並不能決定其最有利的生產組合點。要
解決此一問題，必須進一步能知道此兩種財貨的市場價格。今設此兩種
財貨的市場價格分別為 p_1 及 p_2，並且假定此生產者在財貨市場為一完
全競爭的銷售者，其銷售量的大小不會影響市場價格，市場價格由市場
供需關係所決定，因此對於此一銷售者言，為一固定常數。根據此固定
的市場價格，吾人即可決定對於一定的銷售量，此生產者所能獲得的總
收益，以公式表示之，此生產者的總收益函數如下：

$$R = p_1 x_1 + p_2 x_2 \qquad\qquad (6\text{-}9)$$

x_1 及 x_2 分別代表此兩種財貨的銷售量，$p_1 x_1$ 及 $p_2 x_2$ 則分別代表由此兩
種財貨所獲得之收益，而 R 則代表總收益。因 p_1 及 p_2 為固定常數，顯
然如果 x_1 或 x_2，或兩者皆增加，則此生產者的總收益必然增加。現在
若吾人假定生產者希望獲得某一固定的總收益 R^0，則總收益函數便為

$$R^0 = p_1 x_1 + p_2 x_2$$

此函數為 x_1 及 x_2 的一次函數，吾人若以幾何圖形表示之，便是圖 6-10
中的 ST 直線，此直線與價格線的形態及性質頗為相似，此直線吾人稱
為等收益線，　因線上各點所代表的兩種財貨的組合量，　銷售後均能獲
得相同之總收益也。等收益線的斜率亦等於此兩種財貨價格比率的絕對
值，亦即

$$等收益線的斜率 = \frac{p_1}{p_2} \qquad\qquad (6\text{-}10)$$

　　等收益線不止一根，如想獲得較大的收益，則必須增加銷售量，等
收益線必然會向右上方移動，相反的對於較低的收益，等收益線必向左

下方移動。由於此兩種財貨的價格固定不變，因此所有不同的等收益線必互相平行。在圖 6-10 中，吾人畫出了三條等收益線，分別代表三種不同的收益 $R^0, R^1, \underline{R^2}$ 而 $R^0 < R^1 < R^2$。

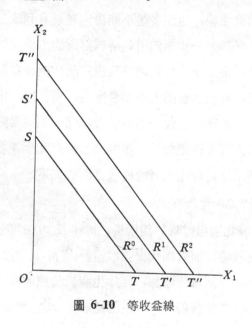

圖 **6-10** 等收益線

十四、最大總收益生產組合點

生產者在生產資源固定的條件下，為決定其最大總收益的生產組合點，必須合生產轉換曲線及等收益線而共同考慮之。在圖 6-11 中，設生產者的生產轉換曲線為 MN，在同一圖形上，吾人同時畫出三條等收益線 R^0, R^1, R^2，而 $R^0 < R^1 < R^2$。其中 R^2 線不與生產轉換曲線相交，表示以生產者所持有的生產資源的數量，無法生產出足夠的財貨數量，而獲得 R^2 的總收益。等收益線 R^0 則位於生產轉換線之左，或至少會與生產轉換線相交於兩點，表示生產者能夠生產出足夠的財貨，而獲得

R^0 的總收益，但顯然此總收益不是最大。生產者爲增加其總收益，等收益線還可以向右移動。而等收益線 R^1 則剛好與生產轉換曲線相切於

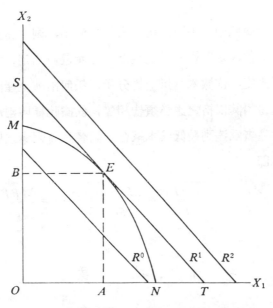

圖 **6-11**　最大總收益生產組合點

一點 E，顯然此一收益爲生產者所能獲得之最大總收益。因生產者若以 E 點所代表的財貨生產量，卽 OA 單位的 x_1 財貨，與 OB 單位的 x_2 財貨，出售於市場，卽能獲得 R^1 的總收益也。由 E 點吾人可以決定最大總收益生產組合點的均衡條件。因 E 點在生產轉換線上，故其斜率代表邊際轉換率，同時 E 點亦在等收益線上，其斜率則等於此兩種財貨價格之比。因此在 E 點，此二斜率必須相等，亦卽

$$MRT = \frac{p_1}{p_2} \qquad\qquad (6\text{-}11)$$

表示此兩種財貨，在生產過程中的技術轉換率，等於市場上的交換比也。

十五、多種生產因素的情況

如果在生產函數中，各種生產因素均可變動，則生產者對各種生產因素的僱用量如何決定？吾人假定生產者之產量為固定，而各種生產因素的價格亦為固定，依據本章以上的分析，任何兩種生產因素之間，其邊際實物生產量對其價格之比必須皆相等，依據此種兩兩相等的關係，吾人可獲得生產者為達到最低成本組合，對各生產因素之僱用必須合於下面的條件，即

$$\frac{MPP_a}{p_a} = \frac{MPP_b}{p_b} = \frac{MPP_c}{p_c} = \cdots\cdots = \frac{MPP_n}{p_n} \quad (6\text{--}12)$$

十六、摘　　要

凡能增加或創造效用的人類活動謂之生產。在生產過程中能幫助生產的各種手段，稱為生產因素，主要的生產因素有三，即勞動、土地與資本。

產品的出產量與所使用的生產因素的數量之間，常有一定的技術關係存在，將此種關係以函數的形態表示之，即稱為生產函數。生產函數常具有三種基本的性質：(1) 產量是生產因素的增函數。(2) 各生產因素之間，在適當範圍內，可能有相當的替換性。(3) 各種生產因素之間亦有相當的輔助性或合作性。

若生產技術不變，並且除一種生產因素外，其他的生產因素的數量亦保持不變，則當變動的生產因素的使用量達到某一水準後，其邊際實物生產量隨生產因素使用量的增加有逐漸遞減的趨勢，此一現象稱為生

產因素的報酬遞減法則。

　　若變動兩種生產因素的使用量，而產量保持不變，則此兩種生產因素各種可能組合所形成的曲線稱爲等產量曲線。等產量曲線的性質大體上與無異曲線非常相似。由等產量曲線與等成本線，可決定爲生產某一特定產量，生產因素的最低成本組合。

　　若生產因素的數量固定，而可以生產兩種不同的產品，則此兩種產品各種可能出產量的組合所形成的曲線，稱爲生產轉換曲線，或生產可能曲線。在生產可能曲線上若增加一種產品的出產量，則另一種產品的出產量必然會減少，則後者變動的數量對前者變動量的比值，稱爲邊際轉換率，一般的若某一產品的數量繼續增加時，其對另一種產品的邊際轉換率有遞增的趨勢，此現象稱爲邊際轉換率遞增法則。

　　由生產轉換曲線及生產者的等收益線，可決定生產者爲獲得最大收益，此兩種產品的最適組合量。亦卽等收益線與生產轉換曲線的切點所決定的數量，能使生產者的總收益爲最大。

<h2 style="text-align:center">重 要 概 念 與 名 詞</h2>

生產因素	生產轉換曲線
生產函數	邊際轉換率及邊際轉換遞增法則
報酬遞減法則	產量效果
平均實物生產量	等收益線
邊際實物生產量	
等產量曲線	
等成本線	
生產計劃線	

附錄　線型模型

在生產函數理論中，吾人爲討論使用兩種生產因素生產一種產品的情況，曾應用等產量分析法。在這一分析法中吾人假定，這兩種生產因素能以很小的單位分割而互相替換，換言之，爲生產一定的出產量，可能有無限多生產因素的組合法達到這一目的，因此任何一根等產量曲線，均是一根平滑的曲線。但是在實際的生產活動中，由於技術條件的限制，生產因素之間往往具有某種技術的不可分性，爲生產某種產品，往往僅有有限的幾種生產因素的組合方法，能達到目的。例如在圖6A-1中，兩個座標分別表示兩種不同的生產因素，設橫座標表示資本，以K表示，縱座標表示勞動量，以L表示。假定爲生產一百單位的產品，僅有四種方法，第一種方法是勞動密集的方法，卽可多用勞動，少用資

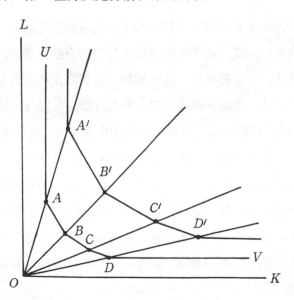

圖 6A-1　等產量線

本，圖形中吾人以A點表示。第二種方法則爲資本密集的方法，即多用資本，少用勞動，圖形中吾人以D點表示。其餘兩種方法，則介於前述兩種方法之間，吾人以B點及C點表示。B點所代表的方法，表示爲生產一百單位，所用的勞動量雖較A點爲少，但仍較C點爲多。所用的資本量雖較A點爲多，但仍較C點爲少。至於C點所代表的生產方法，則勞動的使用量較D點爲多，較B點爲少，資本的使用量則較D點爲少，而較B點爲多。如果生產方法僅有這四種，顯然只有四個點可以表示，吾人無從畫出一根平滑的等產量曲線。不過爲分析的方便起見，吾人仍可將各點以直線連接，而成一ABCD折線，雖然在此折線上，除A、B、C、D四點以外，其他的點不代表任何實際的組合，吾人仍可將其視爲一等產量線。爲使此一等產量線的意義完整起見，在A、D點以外，吾人畫兩根與兩座標相平行的線，而全部等產量曲線卽可用UABCDV表示之。

因爲生產方法僅有有限的四種，如果生產者的產量改變，當然也只有這四種方法可以生產。如果採用A點所代表的方法生產時，其所需的生產因素的數量，可能要按同一比例增加，例如爲生產兩百單位，則所需資本與勞的數量，必爲A點的兩倍，吾人可找到一點 A′ 來表示，圖中 $OA′ = 2OA$。同樣如採用B點所代表的生產方法生產，則所需資本與勞動的數量亦必爲B點的兩倍，吾人可找到一點B′表示，同樣$OB′ = 2OB$。採用C點及D點所代表的方法生產時，吾人則可找到C′點及 D′ 點，而 $OC′ = 2OC$，$OD′ = 2OD$，將 A′、B′、C′、D′四點連接，可得另一條等產量線 A′B′C′D′，此一等產量線卽代表產量爲兩百單位時的等產量線，每一線段必與 ABCD 線的對應線段相平行。其他的等產量線可依此類推，原則上等產量線亦有無限多。

吾人如果將採用A點所代表的生產方法的各等產量線上有關的點相

連接，則可得一OAA'直線，此直線上各點代表採用該種方法的各種產量，原則上為一由原點所引出之射線，此直線可稱為A種生產活動線。同樣吾人可引申出B種生產活動線 OBB'，C種生產活動線 OCC' 等。每一直線均代表一不同的生產活動，即不同的生產方法。

假定生產因素的市場價格為固定，則生產者為生產一定的產量，為使成本支出為最低，生產者究竟採取那一種生產方法或活動？因為生產

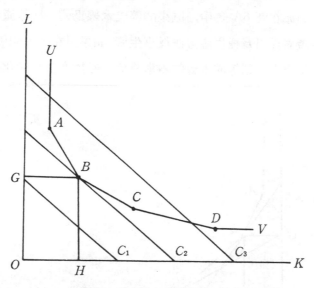

圖 6A-2　最小成本組合

因素的價格固定，吾人可畫出等成本線，等成本線的斜率仍然等於此兩種生產因素的價格之比。吾人若將等成本線與等產量線畫在同一圖形內，則可決定生產者為求成本支出為最小，究竟採取那一種生產方法。例如在圖6A-2中，$UABCDV$代表一定的等產量線，吾人同時畫出三根等成本線C_1、C_2、C_3，而$C_1 < C_2 < C_3$。C_1線不與等產量線相交，顯然表示 C_1 所代表的成本支出，不足以生產出此一產量。C_3 線與等產量線相交，C_3 所代表的成本支出，能夠生產出此一產量，但 C_3 的成本顯然不

是最低。生產者希望在所有的等成本線中，找出一最低者，顯然 C_2 合乎此一條件，因爲 C_2 線與等產量線僅相交於一點 B，由 B 點生產者一定採用 B 種生產方法從事生產，因其能使成本爲最低。以 B 種方法從事生產時，生產者使用 OH 單位的資本，OG 單位的勞動。

　　如果此兩種生產因素的相對價格發生變化，例如資本的價格降低，而勞動的價格上漲，則對生產者的成本支出及所採用的生產方法將產生何種變化？例如在圖 6A-3 中，原來的等成本線爲 C_2，與等產量線交於 B 點，故生產者採用 B 種生產方法從事生產。如果現在資本的價格下跌，而勞動的價格上漲，則等成本線的斜率降低，在所有價格變化後的等成本

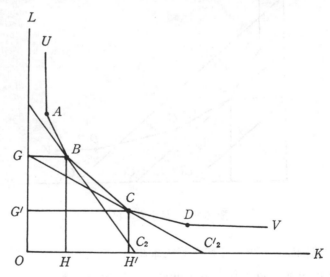

圖 6A-3　最小成本組合的變動

線中，可能有一根 C'_2，與等產量線交於 C 點，C'_2 所代表的成本支出，可能不等於 C_2，或小於 C_2，或大於 C_2，視相對價格變化的幅度而定。但當價格變化以後，生產者一定改以 C 種方法從事生產。如果他仍採用 B 種方法從事生產，其成本支出必比 C'_2 爲高，而採用 C 種方法從事生

產，其成本則為 C'_2。由這一變化吾人可看出，當生產因素的相對價格發生變化時，一定會出現替換作用，生產者必多用價格相對降低的生產因素，而減少使用相對價格上漲的生產因素。在本例中，由於資本的相對價格降低，故對資本的使用量由 OH 增至 OH'，而勞動的相對價格上漲，故對勞動的使用量，則由 OG 減少為 OG'。

由於生產因素價格的變化，無論生產者採用 B 種生產方法，還是 C 種方法從事生產，在本章中所提出的最低成本組合的準則，即生產因素的邊際技術替換率，等於生產因素價格之比，在此不能適用。因為 $UABCDV$ 為一折線，B 及 C 點均為一拗折點，無斜率存在，故生產因素的邊際技術替換率沒有意義。事實上不同的生產方法，生產因素組合的比例是固定的，相互替換的關係是非連續的，故邊際分析中的若干邊際概念，在此種線型模型中便不再適用。但數學可以證明，在 B 點的最低成本組合點，生產因素組合的比例必等於兩生產因素價格的反比。

如果生產因素相對價格的變化，使最低等成本線與等產量線中的某一線段相重合，則生產者將採取何種生產方法? 如在圖6A-4中，等成本線 C_1 與 BC 線段相重合，此時生產者不論採用 B 點所代表的生產方法，還是採用 C 點所代表的生產方法，從事生產，其成本支出均屬相等。事實上生產者亦可將一部分產量用 B 生產方法生產，而將另一部分用 C 生產方法生產，其成本仍屬相同。例如在圖6A-4中，於 BC 線上吾人找到任意一點 H，由 H 畫 OB 及 OC 的平行線，各與 OB 及 OC 相交於 G 及 J 點。因 $OGHJ$ 為平行四邊形，由向量 (Vector) 原理，OG 加 OJ 等於 OH，H 點所代表的產量與 B 點及 C 點所代表的產量相同，因此生產者如果用 B 點所代表的生產方法，生產 G 點所代表的產量，而以 C 點所代表的生產方法，生產 J 點所代表的產量，則此兩種產量之和，必等於 H 點所代表的產量，亦即等於 B 點及 C 點所代表的產量。至於所使用生產

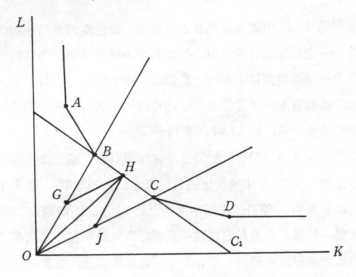

圖 6A-4　無限多最小成本組合

因素的數量，則界於 B、C 之間，即其對勞動的使用量，比 C 點所使用者為多，但比 B 點所使用者為少。其對資本的使用量，比 B 點所使用者為多，但比 C 點所使用者為少。至於同時使用這兩種方法，每種方法各生產多少，則有無限多組合的可能，實際仍看生產者所能掌握的這兩種生產因素的數量而定。

　　類似的分析法亦可使用於生產轉換線的分析，這種分析的方法稱為線型規畫法（Liner programming）。

第七章　成本結構

上一章係假定生產者的產量爲一定，研究其爲達到最低成本組合，應如何僱用各種生產因素。本章吾人將進一步研究，當生產者的產量發生變動時，其成本結構如何變化。

一、機會成本 (opportunity cost, or alternative cost)

爲了解成本的意義及其結構，吾人首先須了解機會成本的意義。所謂生產某種財貨的機會成本，即爲了生產此種財貨設爲 x，必須使用生產因素，生產因素既用於生產 x 財貨，即不能同時用以生產其他財貨，如 y，或 z，因此，由於生產 x，而不得不減少生產的其他財貨如 y、z 的數量，即生產 x 財貨的機會成本。例如在同一塊土地上，使用一定量的資本與勞動，吾人可以生產稻米，亦可生產甘蔗香蕉等物。但吾人比較生產各種財貨之利益，仍以生產稻米爲最合算，因生產稻米，可獲得一萬公斤的收穫，其次則以生產甘蔗爲有利，可生產甘蔗三萬公斤，若吾人決定用以生產稻米，則生產此一萬公斤稻米的機會成本，即爲三萬公斤甘蔗。因此某一財貨的機會成本，乃是以他種財貨表示的。

上述機會成本的意義，比較抽象，而且難於作數量的分析，故經濟學上的機會成本亦可作另一種解釋。因為吾人旣經生產 x 而未生產 y 或 z 財貨，卽表示吾人能將生產因素保留在 x 財貨的生產之中，因為吾人對其支付了報酬。這種為了將生產因素保留於 x 的生產之中而不得不支付的報酬，卽生產 x 的機會成本。這種機會成本因為是以貨幣表示，亦可稱之為貨幣成本。

二、短期與長期

為分析生產者的成本結構，吾人必須考慮時間因素，因而成本結構可分為短期成本結構與長期成本結構兩種。所謂短期，卽所考慮的期間較短，生產者無充足的時間可改變其生產規模或生產設備。若市場對其產品的需求增加，生產者僅能就現有的生產規模，增加勞動或原料等以增加生產，無法擴充設備。反之，如果市場需求情況黯淡，除非他將之廉價變賣，生產者亦無法使其設備完全折舊罄盡，以便退出生產。所謂長期，卽所包含的時間較長，生產者有充裕的時間，變更其生產規模以適應市場的需求。例如當市場需求增加，生產者認為此非偶然的臨時現象，而為永久的經常的現象，則生產者一方面固然可以增加設備的運轉率，增加勞動的僱用，增加原料等以增加生產；另一方面還可以增建廠房，擴充設備以提高生產，適應市場需求。反之，若市場情況黯淡，而生產者認為非一時現象而為永久現象時，生產者則可逐漸讓機器損耗，而不替換，收回折舊資金，完全退出生產，或縮小生產規模。

當然長期與短期之間，並無截然劃分的界限，不能說在若干年之內卽為短期，若干年過一天卽為長期。長期與短期所包含的時間，視各生產事業的性質而有不同。若干生產事業，變更生產規模所需要的時間甚

長，而另有若干生產事業變更生產規模所需要的時間較短，因此在有些
生產事業中三年即爲長期，而在另一些生產事業中，五年仍爲短期。例
如普通紡織廠，一二年即可改變生產規模，而略有規模的鋼鐵廠，則須
三五年始能改變生產規模，至於多目標的水利計劃、大規模的水壩也許
須十年以上始能完成或改變。然而不管各業之間的差異如何，長期與短
期分析的差異，即在生產規模視爲可變抑視爲固定，若視爲可變，即爲
長期分析，若視爲固定，即爲短期分析。

三、短期成本結構

在短期觀點的分析之中，因爲生產規模視爲固定，亦即若干生產因
素的數量固定不變，因此有若干成本支出，亦固定不變，不因產量的
變化而變化。當產量增加時，此種成本支出，固然不會增加，而當市場
黯淡，產量不得不減少，甚而不得不暫時停止生產時，此種成本，仍須
支出。這種短期內不因產量變化而變化的成本項目，吾人稱爲固定成本
(fixed cost)。例如廠房的折舊、地租、一部分管理費用、長期貸款的利
息負擔、一部分租稅等均屬之。廠房設備，不論使用與否，皆須折舊，
即不使用，亦會生銹損毀而須不時修理，甚而因新設備之出現而落伍。
地租支出爲契約性的支出，在生產事業成立以前，即須約定支付。至於
高級人員的薪俸，如董事長、經理、監工等，以及一部分經常性的事務
費用，皆屬管理費用的範圍，也不會因產量的變化而變化。不論生產與
否，總經理、董事長總須保留的，因此其薪俸也必須支出。至於長期性
的貸款，如公司債等，則是爲建立生產設備而產生，時期多在兩年以
上，亦是一種契約性的支出，不論產量多少，或是否生產，皆須支出，
此數項費用均可列入固定成本之中。至於除此以外的其他費用，如原料

費用、勞動費用、動力費用、短期貸款的利息等，皆隨產量的變化而變化。當產量增加時，此項支出亦增，產量減少時，此項支出亦少，而當生產暫時停止時，此種成本支出亦可停止。因而這種隨產量變化而變化的成本支出，吾人可稱爲可變成本。

依據固定成本與可變成本的劃分，短期成本結構包括下列幾種成本概念：

（一）**固定總成本** (total fixed cost, TFC)。即短期分析中固定成本支出總額。在短期中爲一固定數值。

（二）**可變總成本** (total variable cost, TVC)。即短期分析中爲生產一定產量可變成本總額，此數值隨產量的變化而變化。

（三）**總成本** (total cost, TC)。即短期分析中生產一定產量固定總成本與可變總成本之總和，即

$$TC = TFC + TVC$$

（四）**平均固定成本** (average fixed cost, AFC)。即短期中平均每一產品單位所分攤的固定成本數額，亦即固定總成本與生產量之商數，即

$$AFC = \frac{TFC}{Q}$$

（五）**平均可變成本** (average variable cost, AVC)。即短期中平均每一產品單位所分攤的可變成本數額，亦即可變總成本與生產量之商數，即

$$AVC = TVC/Q$$

（六）**平均單位成本或平均總成本** (average unit cost, or average total cost, AC)。即短期中平均每一產品單位所分攤的固定成本與可變

成本之總和，亦卽平均固定成本與平均可變成本之和，卽

$$AC = \frac{ATC}{Q} \quad 或 \quad AC = AFC + AVC$$

（七）**邊際成本** (marginal cost, MC)。卽短期中生產量每增加一單位時，總成本所增加的數量，卽

$$MC_n = TC_n - TC_{n-1}$$

以上各種成本的概念，可由下表以數字說明：

表 7-1　短期成本結構

(1) Q	(2) TFC	(3) TVC	(4) =(2)+(3) TC	(5) =(2)÷(1) AFC	(6) =(3)÷(1) AVC	(7) =(5)+(6) AC	(8) MC
0	30	0	30	∞	0	∞	0
1	30	17	47	30	17	47	17
2	30	30.4	60.4	15	15.2	30.2	13.4
3	30	41.4	71.4	10	13.8	23.8	11.0
4	30	50.4	80.4	7.5	12.6	20.1	9.0
5	30	58.2	88.2	6	11.64	17.64	7.8
6	30	65.4	95.4	5	10.9	15.9	7.2
7	30	72.6	102.6	4.3	10.37	14.67	7.2
8	30	80.4	110.4	3.75	10.05	13.8	7.8
9	30	88.8	118.8	3.33	9.87	13.20	8.4
10	30	98.4	128.4	3	9.84	12.84	9.6
11	30	109.4	139.4	2.73	9.95	12.68	11.0
12	30	122.0	152.4	2.5	10.17	12.67	12.6
13	30	136.6	166.6	2.3	10.50	12.80	14.6
14	30	154.1	184.1	2.1	11.0	13.10	17.5
15	30	177.3	207.3	2.00	11.8	13.80	23.2
16	30	205.3	235.3	1.87	12.8	14.67	28

上表中，第 (1) 縱行表生產量。第 (2) 縱行表固定總成本，因短期中固定總成本不變，故不論產量爲零抑爲 16，固定總成本均等於 30。第 (3) 縱行爲可變總成本，此一成本項目隨產量之增加而增加，故產量爲零時，可變總成本亦爲零，但當產量爲正時，則逐漸增加。第 (4) 縱行爲總成本，卽固定總成本與可變總成本之和，亦卽 (2) + (3)。第 (5) 縱行則爲平均固定成本，實卽 (2) ÷ (1)，卽固定總成本除以產量，因固定總成本爲固定，故產量愈多，每一產品單位所分攤的數值卽小。若產量僅爲一單位，則此一單位卽須負擔全部固定總成本，但如產量爲十五單位，則每單位僅須負擔固定總成本二單位。第 (6) 縱行爲平均可變成本，卽可變總成本除以產量。由這一縱行數值之變化，可看出平均可變成本先遞減，到達一最低點後再遞增。在本例中，約生產到第十單位時，平均可變成本爲最小。第 (7) 縱行爲平均單位成本，卽平均固定成本與平均可變成本之和。由本表亦可看出，平均單位成本最初亦遞減，減至一最小值後又遞增，亦呈一 U 字形。在本表中約生產至第十二單位時，平均單位成本爲最低。平均單位成本爲最小時之生產量大於平均可變成本爲最小時之生產量，亦卽平均可變成本已開始遞增時，平均單位成本仍在遞減。此中原因乃由於平均單位成本除包含平均可變成本外，尚包含平均固定成本。因平均固定成本繼續遞減，當平均可變成本已開始遞增時，其增加的影響爲平均固定成本減少的影響所抵消，故平均單位成本仍能繼續減少。但是這種抵消的影響由於產量較高時，每一產品單位所分攤的平均固定成本的數量已經很少，縱然其仍隨產量之增加而仍在遞減，但其遞減的程度已微不足道，故平均單位成本最後由於平均可變成本已開始增加的關係，亦開始遞增。第 (8) 縱行則表示邊際成本，卽總產量增加一單位時，總成本的增量。同時因爲固定成本不變，邊際成本亦是總產量增加一單位時，可變總成本的增量。例如總產量由十單位增加到十一單位時，總成本由 128.4 增至 139.4，故第十一單位的邊際成本，即 $MC = 139.4 - 128.4 = 11.0$。同樣其可變總成本亦由 98.4 增至 109.4，其邊際成本亦爲 $109.4 - 98 = 11.0$。

　　以上各成本概念，亦可用圖形表示之，如圖 7-1 中，TFC 表示固定總成本，因其爲一固定的常數，故爲一平行於橫座標之一直線。TVC 爲可變總成本，由原點引出，因產量若爲零時，可變總成本亦爲零也。TC 則爲總成本，爲固定總成本及可變總成本之和，換言之，其與 TVC 曲線之間的垂直距離，等於 TFC。

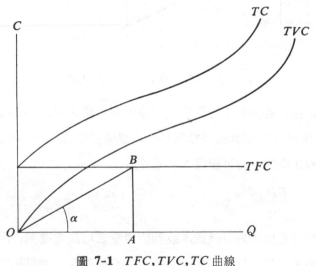

圖 7-1 TFC, TVC, TC 曲線

　　由此三曲線亦可分析其與其他成本之間的關係。例如吾人若需計算平均固定成本，因其等於固定總成本除以產量，在圖 7-1 中若生產量爲 A 時之平均固定成本，即等於

$$\frac{BA}{OA}$$

而隨產量之增加，顯然可看出此數值愈來愈小，在圖 7-2 中即爲 AFC

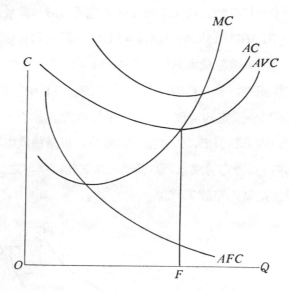

圖 7-2　*AFC, AVC, AC, MC* 曲線

線。同理，吾人若須求平均單位成本或平均可變成本，則可就 *TVC*，或 *TC* 曲線上的一點，求其縱座標對其橫座標數值之商即可。如圖 7-3 中，求產量為 *OD* 時的平均可變成本，即等於

$$\frac{ED}{OD}$$

由圖形中並可看出平均可變成本最初隨產量之增加而遞減，因 *β* 角逐漸變小，待減至一最小值時，如圖 7-3 中之 *OF* 產量，產量如再增加，則平均可變成本又增。關於平均可變成本之形態，如圖 7-2 中之 *AVC* 曲線，其最低點即對應於 *OF* 的產量。至於平均單位成本，亦可以同樣方法求出。不過此時是由 *TC* 曲線上的一點以其縱座標除以其橫座標而得之。平均單位成本之變化亦為先遞減，然後遞增。在圖 7-3 中其最低點相當於 *OH* 的產量，在圖 7-2 中，即為 *AC* 曲線。至於邊際成本的變化，則可視 *TVC* 曲線或 *TC* 曲線斜率之變化而得之。例如要計算產量

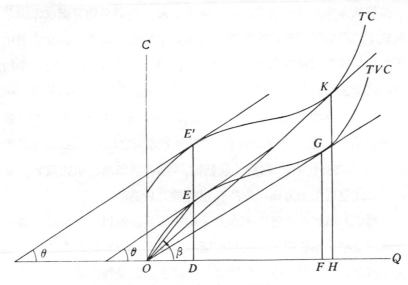

圖 7-3　各種成本曲線之間的關係

為 *OD* 時之邊際成本，或就 *TVC* 曲線上之 *E* 點，求其斜率，或就 *TC* 曲線上之 *E'* 點求其斜率均可。因在此二點所畫之切線互相平行，其與橫座標相交所成之傾角 *θ* 相等。 由圖 7-3 並可看出， 邊際成本最初遞減，於到達一最低點後，又行遞增，並且當平均可變成本或平均單位成本為最低時，亦等於邊際成本。換言之，邊際成本曲線在平均可變成本曲線或平均單位成本曲線之最低點與之相交 。 如圖 7-3 中產量為 *OF* 時，平均可變成本為最低，而由 *G* 點所畫之切線又剛好通過原點，換言之 *θ* 角等於 *β* 角，因而邊際成本亦等於平均可變成本了。邊際成本與平均單位成本之關係，亦可依據此原則推定之。

　　圖 7-2 中吾人已將平均固定成本 (*AFC*)，平均可變成本 (*AVC*)，平均單位成本 (*AC*) 及邊際成本 (*MC*) 畫出，由此圖形，並可表示其相互之間的關係。首先 *AC* 與 *AVC* 之間的垂直距離即等於 *AFC*。因依據 *AC* 定義， 平均單位成本等於平均可變成本與平均固定成本之和

也。邊際成本先遞減後遞增,在其遞增階段先後與平均可變成本與平均
單位成本的最低點相交。關於邊際成本與平均成本最低點相交之理由,
亦可應用吾人前已解釋之原因說明之。卽邊際量小於平均量時,平均量
遞減,邊際量大於平均量時,平均量遞增,邊際量等於平均量時,平均
量不減不增,亦卽爲其最低點或最高點。因此邊際曲線若由平均曲線之
下方與之相交, 必交於其最低點。 若由上方與之相交, 必交於其最高
點。 在成本之變化中, 則交於最低點。 而在上章所分析之實物生產量
中,邊際曲線則由上方與平均曲線相交於其最高點。

　　短期成本結構中,邊際成本及平均成本曲線何以爲U字形?這一點
可以報酬遞減法則說明之。因在短期中,生產規模不變,亦卽若干生產
因素的數量保持不變,最初當變動的生產因素數量甚少時,固定的生產
因素效能不能充分發揮,故隨變動的生產因素數量的增加,其生產效能
逐漸提高,而對變動的生產因素,卽表現出報酬遞增的現象,換言之,
在邊際成本及平均成本的變化上,卽出現成本遞減的情形。等到變動的
生產因素的數量已使用到相當程度以後,如再繼續增加,則固定不變的
生產因素的數量又逐漸相對的減少,變動的生產因素旣缺少固定的生產
因素與之合作,遂表現出報酬遞減的現象,這在成本結構上,卽邊際成
本及平均成本遞增。由以上的兩種變化,平均成本及邊際成本曲線遂成
U字形的形態。

四、長期成本結構

　　以上所分析者爲生產者的短期成本結構,生產者因受生產規模的限
制,有若干支出項目是固定的,不因產量的變動而變動,因而有所謂固
定成本及可變成本之分。可是由短期分析進入長期分析時,因爲在長期

中，生產者不受固定生產規模的限制，可以隨市場需求概況而變更其生
產規模，因而在長期中一切成本支出皆是可以變化的，亦卽皆是隨產量
的變動而變動，無所謂固定成本與可變成本之分。因此長期中生產者所
關心的成本結構，是長期平均成本。吾人將進一步分析生產者長期平均
成本將如何變化。

　　因為生產者考慮長期情況時，不受生產規模的限制，自將視市場需
求的情況，決定自己的產量，並從而決定採取何種生產規模，因此也同
時決定了其長期平均成本。此處吾人仍假定生產因素的價格不變，今為
便於分析起見，假定生產者所得以採取的生產規模，僅有三種，卽最小
規模、中等規模及最大規模，其各種生產規模的短期平均成本曲線如圖
7-4 所示，$SRAC_1$ 表最小生產規模的平均成本曲線，$SRAC_2$ 表中間規
模的平均成本曲線，而 $SRAC_3$ 則表最大生產規模的平均成本曲線。如
果生產者預期市場未來需求情況，而決定其產量將為 OA，則生產者必

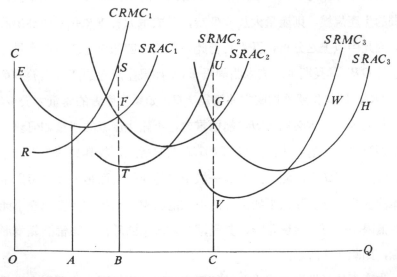

圖 7-4 長期平均成本曲線的引申㈠

將選擇最小的生產規模，因唯有最小的生產規模，能使其長期平均成本為最低，此時長期平均成本卽由 $SRAC_1$ 曲線表示之。但是如果生產者預期市場未來需求情況，而決定其產量為 OB 時，則此時生產者不論採用最小的生產規模，抑採用中等的生產規模，其平均成本均相同。但如生產者認為其產量無必要大於 OB 時，則必將採取最小的生產規模，因如其採用中間的生產規模，當生產量低於 OB 時，其平均成本甚高也。但是如果生產者認為其產量將大於 OB 而小於 OC 時，則必定採取中間的生產規模，因產量如在 OB 及 OC 之間，唯有採取中間規模能使其平成本均為最低也。因為如果生產者採取最小的生產規模，或最大的生產規模，由 $SRAC_1$ 及 $SRAC_3$ 曲線，均可看出在 OB 及 OC 之間其平均成本均較 $SRAC_2$ 曲線為高，因此如產量大於 OB 而小於 OC，生產者必選擇中間的生產規模。最後如果生產者預期市場需求情況而決定其產量將大於 OC，則生產者必採取最大生產規模，因唯有採用最大生產規模，其成本能保持最低，此時其平均成本曲線為 $SRAC_3$，如果採取了中間的生產規模，則產量大於 OC 時，其成本大於 $SRAC_3$ 而高出許多也。因此由以上之分析，吾人可得此一結論，卽如果生產者的產量等於或小於 OB，其長期平均成本曲線為 EF，如果生產者的產量大於 OB 而小於 OC，則其長期平均成本曲線為 FG，如果生產者的產量大於 OC，則其長期平均成本必為 GH。總而言之，不論生產者的產量如何變化，其長期平均成本的變化，必為 $EFGH$ 曲線所示，故其長期平均成本曲線，卽為 $EFGH$ 曲線，這不是一條平滑的曲線，而是一條由短期平均成本曲線相交之交點以下的部分所連結的曲線。因此當生產規模不能連續以無限小的可分性變化時，其長期平均成本曲線為一略帶圓鋸齒形的曲線，如圖 7-4 所示。

生產者的長期平均成本曲線旣經引申出，同樣吾人亦可引申出生產者的長期邊際成本。圖 7-4 中 $SRMC_1$、$SRMC_2$ 及 $SRMC_3$ 分別表示三種不同生產規模下的短期邊際成本曲線。今因長期平均成本曲線上的 *EF* 段，卽是短期平均成本曲線 $SRAC_1$ 中的一段，故在 *EF* 範圍內的長期邊際成本曲線亦必與其短期邊際成本曲線相同。換言之，短期邊際成本曲線 *RS*，必同時為長期邊際成本曲線的一段。同理，長期平均成本曲線 *FG* 段，卽是短期平均成本曲線 $SRAC_2$ 中的一段，故在此一範圍內的長期邊際成本亦必卽是其短期邊際成本曲線，換言之，亦卽 $SRMC_2$ 中的有關的一段 *TU*。同樣長期平均成本曲線 *GH* 段，卽是短期平均成本曲線 $SRAC_3$ 中的一段，故在此一範圍內長期邊際成本卽是其短期邊際成本曲線，亦卽 $SRMC_3$ 中的 *VW*。今將以上三段合併觀察，則生產者的長期邊際成本曲線卽為中間斷陷的 *RSTUVW* 曲線。斷陷部分在圖形中以虛線表示之。

　　事實上，生產者所得選擇的生產規模不止三種，如果吾人假定生產規模可以連續的以無限小的單位變化，則生產者的長期平均成本曲線可如圖 7-5 所示。生產者的生產規模可有無限多的選擇，因此其短期平均成本曲線很多，將各短期平均成本曲線相交的交點以下的各部分連接起來，理論上雖仍是一不規則有圓鋸齒形的曲線，但當短期平均成本曲線甚多時，任何一短期平均成本曲線貢獻於長期平均成本曲線的僅是很小的一段，因此吾人可將其看作僅為一點，而此時長期平均成本曲線雖非短期平均成本曲線的包線（Envelope），但為分析的方便計，可近似的視為短期平均成本的包線，因此可將短期平均成本曲線看作僅與長期平均成本曲線切於一點。至於此時的長期邊際成本曲線，同樣因為每一短期邊際成本曲線貢獻於長期邊際成本曲線的僅有很短的一段，可近似的認為只有一點，將此各點連接起來，便成一平滑的長期邊際成本曲線，如圖 7-5 中所示的 *LRMC* 曲線。長期邊際成本曲線與長期平均成本曲線之間的關係，亦如短期邊際成本曲線與短期平均成本曲線的關係一樣，在長期平均成本曲線的下方與長期平均成本曲線的最低點相交。亦卽長期邊際成本低於長期平均成本時，長期平均成本是遞減的，當長期邊際成本高於長期平均成本時，長期平均成本是遞增的。

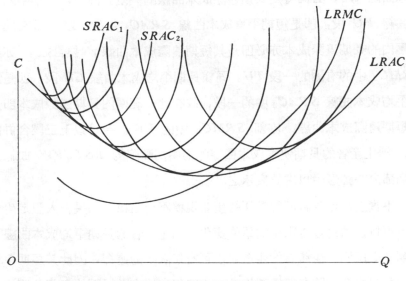

圖 7-5　長期平均成本曲線的引申㈡

五、摘　要

　　爲生產某項財貨所必須支付的貨幣支出，稱爲該項財貨的成本，隨所考慮的時間因素的長短，可分爲長期成本結構及短期成本結構。

　　在短期中因假定生產者的生產規模不變，一切成本可分爲固定成本與可變成本兩類，凡不隨產量的變動而變動的成本稱爲固定成本，凡隨產量的變動而變動的成本稱爲可變成本。在短期間由總成本可分別求出各項平均成本。

　　在長期間因生產者的生產規模可以變動，因此一切成本因素皆可變動。長期成本結構乃根據短期成本結構，考慮生產規模之變動而引申者。

　　每單位產量所負擔的成本稱爲平均成本，無論長期平均成本或短期平均成本，一般的最初均隨產量的增加而遞減，到達最低點後又隨產量的增加而遞增，故平均成本曲線常成一U字形。總產量每增加一單位，總成本的增加量稱爲邊際成本，邊際成本最初亦隨產量之增加而遞減，然後隨產量之增加而遞增，也成一U字形。當邊際成本等於平均成本時，平均成本爲最低，亦即那際成本曲線在平均成本曲線的最低點與平均成本曲線相交。

重 要 概 念 與 名 詞

機會成本　　　　　　　邊際成本

固定成本　　　　　　　最適度生產規模

可變成本

平均可變成本

平均成本

第八章　市場類型及生產者的收益

　　現代經濟生活的特質，不但在經濟個體具有充分的自由；消費者可自由選擇其所消費的財貨與勞務，生產者可自由選擇其所生產的商品以及其生產的方法，勞動者則可以選擇其就業的種類與地區；而尤在具有相當程度之競爭，消費者與消費者互相競爭，競求達到最高之滿足，而生產者與生產者亦互相競爭，以求獲得最高的利潤。故若干學者稱現代經濟社會是自由競爭的社會。不過吾人究其實際，現代經濟社會，固然具有競爭的因素，却同時亦具有壟斷或獨占的因素，尤其在產品市場，求一能具完全競爭的特性者並不多見，而不同程度獨占性的存在，却較為普遍。甚至吾人可以認為現在與吾人關係最密切的產品市場，可能並不是完全競爭市場，而是具有若干獨占性的不完全競爭市場。本章擬就生產者的人數、產品的性質，及生產因素移動性的高低，說明市場的各種類型。一般言之，按照上述標準，可將市場分為四種類型，即完全競爭市場、獨占市場、寡占市場及獨占競爭市場四種。以下試分別說明每一市場類型的特質。

一、完全競爭市場 (perfect competition)

構成一完全競爭市場的條件， 至少須具備下列四項： 即第一， 該產業中生產者的人數甚多，每一生產者的產量在總產量中所占之比例甚小，因此任何個別生產者產量的變動，不會產生可見的影響而影響市場價格。第二，各生產者所生產的產品，品質劃一，因此在不同生產者之間產品之替換彈性非常高，即任一生產者之財貨在消費者心目中均可無保留的替換其他生產者的產品。 第三， 在完全競爭市場， 市場價格的變動， 非常敏感， 任何供需關係的細微變化， 均足以立即引起價格之變化。同時在完全競爭市場價格均以很小的單位而變化，並不像寡占市場，固定於幾個習慣的價格之下。第四，生產因素的移動非常自由，此一產業若有利潤可賺，則極易引起新生產者的參加，因而其利潤亦將降低，若此一產業無利可賺，則生產因素必將逐漸脫離此一生產事業。無論是新生產者的參加或原有生產者的脫離，均沒有任何人為的或其他的阻礙。

因為完全競爭市場生產者的人數甚多，因而任何一個個別生產者均無法以個人的行動影響市場價格，所以在完全競爭市場價格是由市場供需關係決定的，個別生產者僅是一價格的接受者，而不是一價格的決定者。同時在完全競爭市場，購買者的人數亦甚多，每一購買者的購買量在總交易量中所占之比例甚小，因而任何一購買者亦無從以個人的行動以影響價格，個別的購買者亦不是一價格的決定者。當然吾人說個別的生產者或購買者無法以其個人的行為影響市場價格，並不是說若生產者全體或購買者全體採取一致行動時亦不會影響價格，相反的，若生產者全體或購買者全體，採取一致行動時必將影響市場價格。例如農業是近於完全競爭的，個別的農業生產者，不論他耕作的面積有多大，決不能因爲他減少了一部份產量而使農產品的價格提高，同樣亦不會因爲他增加了自己的產量，而迫使市場價格下跌。但是如果農業生產者全體決定減少產量，則是可以迫使市場價格上漲的，反之，若全體農業生產者均增加產量，則市場價格必將因供給之增加而下跌。同理，若個別的購買者不喝牛奶，決不致引起牛奶價格的下跌，但若全體牛奶的購買者，決定停止飲用牛奶，或減少牛奶的購買量，牛奶的價格必將因需求的減少被迫下跌。

完全競爭市場不同生產者所生產的產品，其品質是標準化的、齊一的，因此消費者無法辨別何者爲甲生產者所生產，何者爲乙生產者所生產，也因此購買者不需要選擇生產者。購買者所關心的僅是價格，如某一生產者的價格較其他的生產者爲低，則購買者必將羣趨於此一生產者。反之，若某一生產者較其他生產者所取之價格爲高，則購買者將均不向其購買。因此在完全競爭市場僅能有一個價格，而不可能有一個以上的價格。同時由於產品的品質劃一，生產者無須應用商標，以與其他生產者區別，生產者亦無須進行廣告宣傳，因廣告宣傳之效果，常由全體生產者所分享，而不能由其一人所獲得。例如若某一酪農刊登廣告宣傳飲用牛奶之利，因而引起飲用牛奶人數之增加，但飲用牛奶者可能向其他的酪農購買，而不一定向刊登廣告之酪農購買也。

因爲完全競爭市場生產者的人數衆多，購買者的人數亦多，故價格的變化甚爲敏感，不如其他市場中價格之穩定。同時因爲參加或退出此一生產非常容易，不受任何人爲的干涉，故構成完全競爭市場的組成份子變動亦大。根據這些性質，吾人觀察在現實社會中，究竟那些產業尚得稱爲是完全競爭的產業？事實上，稱得上爲完全競爭的產業並不多，如農業、漁業、若干種礦業，以及少數生產初級財貨的產業，可近似的稱爲是完全競爭的產業，因爲這些產業個別生產者的人數雖多，產品雖標準化，而新生產者的參加或原來生產者的退出，未必能完全自由，因此僅能稱之爲近似於完全競爭，不是眞正的完全競爭也。

二、純粹獨占市場 (pure monopoly)

與完全競爭市場完全相反的，爲純粹獨占市場。構成獨占市場，亦須具有下列各特質：第一，在此一產業中，生產者僅有一家，亦卽此產業中僅包含一廠商，因此其生產量卽爲全部市場的供給量，故生產者對其產品的價格有充分的決定力。第二，此生產者的產品與其他任何產業所生產的產品間，替換彈性非常低，亦卽其產品沒有適當的代用品存在。第三，由於種種人爲的或自然的原因，常出現諸種障礙阻止新生產者的進入，因此獨占者常能獲得獨占利潤。

生產者必同時具有上述三種特質，始能稱爲獨占，若僅具有第一個條件，卽生產者僅有一家，尚不得稱爲獨占，因爲很可能其產品有多種替換財貨存在，購買者可利用其他產品而不必購買此一產品。例如臺灣的鐵路，雖僅有一家，卽臺灣鐵路局供應鐵路運輸勞務，沒有第二家，但與鐵路運輸相競爭者，尚有公路、海運、空運、私人運輸公司，甚而其他交通工具存在，購買者除鐵路運輸外，尚能選擇其他途徑也。同樣如生產者僅具有前述兩種特質，卽生產者僅有一家、產品的替換彈性甚低，亦尚不得稱爲純粹獨占，因很可能沒有任何障礙，足以阻止其他可能的新生產者參加也。在這種情況下，獨占者的地位必不能長期維持，遲早將由獨占變爲寡占或獨占競爭。因此生產者必須同時具備此三個特質，始得稱爲獨占。依此標準，則臺灣煙酒公賣局、臺灣糖業公司生產砂糖可得稱爲獨占者。因煙酒公賣局，對於香煙及酒類，僅此一家生產並銷售，對於消費煙酒的人，對煙與酒沒有適當的代用品可言，同時，由於法律的限制，其他的人不得生產煙酒，因此不怕新生產者的加入與之競爭。臺灣糖業公司的情況相似，雖然法律上並未限制其他的生產者不得生產砂糖，但由於生產設備的龐大，臺糖公司對原料甘蔗的控制，其他生產者不可能進入，因而造成其獨占地位。但砂糖以外的產品則不是獨占。

不過在此吾人有一點須予說明者，卽獨占與大企業應無連帶關係，卽獨占不一定必是大企業，而大企業亦不一定必是獨占。在某種情況下，小生產者亦能形成獨占的。例如有特殊技巧的醫生，卽能形成一獨占，因很可能對於某種手術唯有此醫生能夠執行也。反之，如美國之通用汽車公司並不是獨占者，因通用汽車公司生產的產品種類甚多，除少數幾種產品，因具有專利權或技術上的秘密形成獨占外，其餘大多數的產品，可能是與其他生產者競爭的，因此是屬於後將述及的獨占競爭的市場。

獨占者所以能取得獨占地位，可能是由於下列諸原因之一：第一，由於法律的限制，對於某種生產事業，政府往往以法律規定，僅能由一個生產者從事生產並銷售，不得有第二家，例如臺灣省的煙酒公賣，卽由法律取得獨占權。而大部份國家對於大都市中的公用事業，如自來水、公共汽車、電話等亦往往規定僅得由一家公司經營，不准許成立第二家。政府之所以以法律形成獨占，其原因或是由於財政的考慮，例如煙酒公賣事業，或則由於社會福利的原因，例如都市的公用事業是。第二，獨占的形成是由於獨占者控制了為生產所必須的主要的原料，若原料已由某一生產者所控制，則其他的生產者縱然希望加入生產，亦以無法取得必要的原料而難於實現。例如第二次世界大戰前之美國鋁業公司便屬此例。因為美國鋁業公司控制了全美洲為提煉鋁所必需的鐵礬土的大部份， 其他的生產者遂無法獲取原料， 不過美國鋁業公司現已由美國政府引用反獨占法予以分裂。第三， 由於專利權或發明權受法律之保障， 其他生產者不能生產同類的產品並銷售，因而原發明者或原生產者便取得暫時的獨占。政府之所以保障發明權或專利權，是爲了鼓勵發明與創造，當然由於這一原因所形成之獨占多屬暫時性的，一旦專利權或發明權的期限屆滿，其獨占地位即告消失，或其他生產者能製造或生產更佳的產品，則縱然專利權尚未到期，實質上其獨占地位亦將消失。第四， 由於用不正當的競爭手段而造成獨占。 可能原來的生產者不止一人，但若某一生產者利用不正當的競爭手段，例如將價格降低至成本以下而傾銷，以打擊其他生產者，或以不公正的方式收買其他生產者的設備等，但等到獨占地位形成後，往往提高價格至成本以上，而獲取獨占利潤。

三、寡占市場 (oligopoly)

寡占市場的形成須具有下列特質：第一，生產者的人數不止一家，主要生產者的人數可能在二家以上，二十家以下，主要生產者以外的小生產者的家數則可能在百家以內。 因爲主要的生產者家數較少， 每一生產者的產量在總產量中即將占一顯著的比例，因此任何一生產者的行動， 無論是關於價格的， 或是關於產量的， 均會影響其他生產者的銷路， 因此每一生產者皆十分關心其他生產者的行動， 及其對自己的影響。同時亦關心自己的行動對其他生產者的影響，以及可能招致的報復或應付行動，也因此在寡占市場中各生產者之間不但競爭性大，而且相互依賴性亦大。第二，寡占市場的生產者所生產的產品，或者品質完全相同無法區別，這種寡占，可稱爲純粹寡占 (pure oligopoly)，其個別生產者的產品與其他生產者的產品之間替換彈性爲無窮大。例如臺灣省的水泥生產即爲純粹寡占，若干國家的鋼鐵生產亦爲純粹寡占市場，因其品質相同故也。或者其所生產並銷售的產品在品質上有差異，在購買者的心目中是有所選擇的，這種寡占市場可稱爲差別寡占 (differential oligopoly)，不同生產者之間的產品，替換彈性雖很高，但不爲無窮大，例如美國的香煙製造商、汽車生產者，以及臺灣目前電器事業等均是。第三，在寡占市場中，不論其生產者有無公開的勾結或秘密的君子協定，新生產者希望進入寡占市場往往甚爲困難。原來的生產者必想出種種方法以阻礙新生產者的進入，因此寡占者其相互之間，雖是互相競爭的，但對於可能的競爭者，利害關係却是一致的。

　　寡占市場由於生產者相互間的利害衝突，任何一生產者的個別行動都會影響其他生產者的利益，因此任何一生產者都不敢以降低售價的方式，增加銷路提高利潤，因這一做法必定會引起其他生產者的報復行爲，故寡占市場的價格往往相當穩定，而生產者則採取價格以外的方式從事競爭，即所謂非價格性競爭 (non-price competition)。最常採用的方法包括提供完善的售後服務，即消費者所購產品如發生故障或損壞，生產者將提供迅速的免費服務，或提供廉價的修護。如國內某一廠商標榜「打電話服務就到」，就是最明顯的例子。次一個方式即是提供各種獎品，利用消費者貪小便宜的心理增加對其產品的購買，例如買冰箱送餐具，買洗衣機送清潔劑之類。第三種方式則是改進產品的設計、色彩與包裝，以獨特的形象吸引消費者的購買。

四、獨占競爭市場 (monopolistical competition)

　　獨占競爭一詞在表面上似乎是矛盾的，因爲既是獨占，即不是競爭，既是競爭，即非獨占。而實際上此一名詞的意義，在於強調，在這一市場，旣具有獨占市場的特性，復具有競爭市場的特性，因此無以名之，乃稱之爲獨占競爭的市場。構成一獨占競爭的市場，常具有下列諸特質：第一，生產者與購買者的人數均很多，這一點與完全競爭甚爲相似。第二，個別生產者的產品，品質不是劃一的，或標準化的，而是不同生產者之間，產品的品質是有所差異的，因此每一生產者在相當範圍內，對自己產品的價格有相當的影響力，這一點與獨占甚爲相似。產品品質的差異，可能是客觀的實質上的差異，如品質、設計確有不同，因而能客觀的予以評定。或品質雖無不同，但生產者可能伴隨產品的銷售提供不同的勞務，例如可以賒欠，可以送到消費者的家中，可以電話叫貨，並且可能經過特別的包裝等，也可能這種差異僅是購買者主觀上的感覺，購買者主觀上對於某一生產者，或對某一產品有特別偏愛，因而願意購買某一特定生產者的產品。例如對於四川牛肉麵，某些顧客偏愛甲家，而另外的顧客則偏愛乙家，更有其他的顧客偏愛丙家丁家是。四川牛肉麵做法都差不多，但在顧客主觀的口味上總有所偏愛。又如臺灣的煙酒都由臺灣省公賣局生產並供應，品質完全一樣，但對於購買煙酒的人，都選擇與自己居所最近的雜貨店或零售店購買，因爲比較方便。而絕不會住在臺灣大學附近的人會特別跑到西門町成都路去購買也。第三，獨占競爭市場的廠商，往往由於生產規模不大，所需資金不多，創業容易，退出亦容易，不會受到人爲的阻礙，因此獨占競爭市場生產者的流動性很大，經常會有新生產者加入，亦經常會有生產者退出，從而獨占競爭市場生產者的平均營業生命均甚短。根據某些學者的研究，在美國有百分之三十的獨占競爭的生產者，其營業生命不足五年，此與其他市場的生產者其營業生命往往甚長，且有超過數十年或百年者頗不一樣。

一個獨占競爭市場之形成，常常是由於寡占市場生產者人數日漸增加而造成的，或由於完全競爭市場出現了產品的差異性而造成的。但不論由於何種原因，今天與吾人經濟關係最密切的仍屬獨占競爭市場。吾人每日所接觸的，差不多大部皆是獨占競爭市場的生產者，例如街口之雜貨店、食品店、百貨店、飯店等皆是獨占競爭市場的生產者。此種生產者其所生產並銷售的產品，品質上無大差異，甚至銷售同一商標的財貨，然而在消費者或購買者的心目中，總有若干難於說明的原因，使其選擇某一特定的生產者從事購買。

對於獨占競爭市場，吾人須要加以強調者，卽獨占競爭市場不同於其他性質的市場，其他市場中產業與廠商之間的界限與關係非常顯著，而獨占競爭市場則不然。例如在完全競爭市場，雖然生產者人數非常多，但是因爲所生產的產品品質是齊一的，凡是生產此種產品者，卽是廠商，而所謂產業卽是此全部廠商之和，那一個廠商是屬於此產業，那一個廠商不是屬於此一產業，很容易判別。同樣在獨占市場，因爲生產者只有一家，整個產業僅包含一廠商，故廠商卽產業，產業卽廠商，無全體與部份之分。寡占市場亦復如此，雖然差別寡占市場個別生產者的產品有所差異，但因爲生產者的人數甚少，產業與廠商之間的關係，亦很易於辨別。唯獨獨占競爭市場則不然；生產者的人數旣多，產品的品質亦有差異，吾人欲對此一產業所生產之產品下一定義或界說，頗爲不易。因爲其相互之間的差異可能比其他產業的產品還來得大也。商品的定義旣無法下，則那一個生產者或廠商應包含於此一產業之內，那一個廠商則不應包含於此一產業之內，卽難於決定。同時由於每一個別生產者所銷售之產品種類甚多，故就某一產品言，可能屬於甲產業，而就另一產品言，可能屬於乙產業。就生產者本身言，究竟應歸屬於那一個產業，頗不易決定。因此要說明產業與廠商之間的界限與關係，至爲不易，此爲吾人分析獨占競爭市場所不得不注意者。因此當吾人說及一獨占競爭的產業時，吾人僅能就最廣泛的意義予以了解，因此產業與個別廠商之總和，兩者之間未必相同。

五、企業組織

以上吾人係就每一產業中生產者的人數、產品的品質，以及生產因素移動性之難易，分析不同的市場類型。以下吾人將進一步就個別廠商的內部組織形態，作進一步之說明。

現代經濟社會是由很多廠商所組織成功的，這些廠商有的從事農業生產，有些則從事工商業或其他服務事業，這些廠商中的絕大多數是規模甚小的企業組織，這種小企業很容易成立，但也很容易結束，其流動性非常大。與這種小企業相反的，則有少數大企業存在，如臺糖公司、臺電公司、煙酒公賣局、大同公司、臺灣水泥公司等。這些大企業的營業額相當大，其營業總額所占之比例，與其數量在全部廠商中所占之比例，可能並不相稱。但是不管是大企業也好，小企業也好，其內部組織，不外下列四種形態，而尤以獨資及公司組織為最重要，合作組織之重要性則日漸降低。

（一）**獨資** 所謂獨資，卽企業全由出資者個人經營，經營者不但自出資本，有時且自出土地與勞動等，因此他不但是資本家，也是經理、土地所有人及勞動者，其家人亦常常幫助他協同經營。這種企業組織，由於資本數量的限制，往往規模甚小，我們日常生活中所接觸的雜貨店、飯店、食品店、修理工廠等大多屬於獨資性質。獨資企業因為契約性的成本支出項目較少，因此表面上雖能獲利但實際上往往不能獲得其生產因素應有的報酬，不過雖然如此，獨資企業主常願意繼續經營，其原因是經營者比較自由，且有獨立的感覺。獨資企業的主要缺點則是不易籌得大量資金，以進行大規模的生產事業，故凡須要大量投資之事業均不易由獨資企業經營。

（二）**合夥** 合夥是由二人以上七人以下共同出資所經營的企業，企業爲合夥人共同所有，盈利則按一定契約分配，而債務亦按所出股本分擔。合夥較獨資企業常能籌得較多資金，故其企業規模亦能較大，但其缺點則是經營方針須得全體合夥人之同意，任何一人退出，亦必須徵得其他合夥人之同意，故在經營上，至感不便。所以合夥事業日趨減少，而逐漸變爲公司組織的日多。

（三）**公司組織** 這是現代最普遍而最重要的企業組織形態，所謂公司乃是經由發起人，經過一定合法程序組織並登記的法人團體，其本身具有獨立的人格，可以發生債權債務的關係。公司按其出資及組織方法，又可分爲有限公司、無限公司、兩合公司、股份有限公司、股份兩合公司等。有限公司是公司的股本不必發行股票而由股東分擔，每一股東亦僅以其所攤股本分擔債務清償責任，故稱有限公司。無限公司是股東所負公司債務清償責任，不以其所攤股本爲限，而負無限清償責任之公司。無限公司現在已經很少見，過去上海曾有上海雜誌無限公司及震旦滅火器材無限公司，現在則不多見。兩合公司爲公司股東包括有限責任股東與無限責任股東兩種，公司的經營往往操於無限責任股東之手，因其須負無限清償責任，風險較大也，現在兩合公司，亦已不多見。其次股份有限公司，則是公司組織中最重要的形態。所謂股份有限公司，是將公司的股本，以一定數額，分爲若干單位而發行股票，公開向公衆發售，凡握有股票者卽爲公司之股東，由股東大會組織董事會負責公司的實際決策及經營，而由董事會再聘請經理人員，負責經常業務的管理。股東除有權參加股東大會組織董事會外，並得就公司的盈餘分配紅利，但不參加公司的直接經營。且其對公司債務的清償亦僅以其股票所記載的資本爲限。股份有限公司的股票按其性質亦可分爲優先股及普通股，優先股即得就公司的盈利有優先分紅的權利，但分紅之數額亦以規定者爲限；而普通股雖無優先分紅的權利，但紅利的數額不受規定的限制。因此不論營業情況的好壞，優先股常能獲得一定的紅利，但普通股則不然，當營業旺盛盈利激增時，普通股往往能分得大量紅利，但當營業情況不振時，其分紅之機會即少，所分得之紅利亦少，甚而根本無紅利可分。唯優先股因有優先分紅之權利，往往不得參與公司之股東會議參與決策事宜，而普通股則可。無論優先股或普通股，均可記名，亦可不記名，記名時，股票之讓受須得公司之同意，無記名時，股票則可自由買賣。

股份有限公司之組織可使公司之所有權與經營權分開，所有權屬於股東，而經營權則屬於聘用之經理人員。因所有權屬於股東，而股票之面額甚小，故常常可以透過資本市場積得大量資金，以供經營大規模企業之用。因爲經營權屬於經理，所以常能聘用最有才能之企業家，以經營企業，因此現代各國凡大規模之企業組織，差不多均爲股份有限公司的形態。此爲股份有限公司最大之優點。同時因爲股份有限公司具有獨立之人格，不因經理人員之變更或死亡影響企業之存在，故股份有限公司常常經歷甚久時期而能存在。

最後股份兩合公司，則包含有限責任股東與無限責任股東兩種，目前此種形態的公司亦不多見。

（四）**合作組織** 合作組織與股份有限公司組織不同，乃由出資人以合作方式自行經營之企業組織。其與股份有限公司相同者，即參加人所出之資金固定，因此在合作組織中所有權與管理權是合一的。合作組織以其目的及事業之性質，可分爲消費合作、生產合作、運銷合作，及信用合作等。消費合作以消費爲目的，是消費者爲免除中間商人剝削所經營之合作組織。消費者直接由生產者購買貨品而轉售給社員，所賺盈利則按社員之購買額分配。因消費合作之目的不在營利，故其規模均不大，而附設於其他組織之中，如各機關之消費合作社是。生產合作是生產者自行組織之合作企業，其目的在合作進行生產、製造。運銷合作則為產品運銷之合作組織，自行購置運輸工具，設立運銷機構，如臺灣之青菓生產合作、運銷合作社之組織皆屬於此類。信用合作則為社員合作以融通信用之金融組織，其業務對象以社員為主，如臺灣各地之信用合作社是。 合作組織過去雖甚受人重視， 但由於股份有限公司組織之發達，合作組織在現代經濟生活中所占之比重並不大，可能在將來亦不至有若何之發展。

六、廠商之收益 (revenue)

廠商所生產之財貨或勞務，在市場銷售後所獲得之貨幣收入，稱為收益。廠商從事生產，能否獲利，一方面雖決定於成本結構，一方面則決定於收益。收益與成本相同，依不同的觀點，可有不同的收益概念，主要有下列幾種:

（一）平均收益　即廠商銷售一定量產品後，平均每一單位產品所能獲得之收益， 實際即是產品之價格。 廠商若為完全競爭市場的生產者，則因完全競爭市場之價格由市場供需關係決定，生產者個人無法影響產品之價格，即在市場所決定之價格之下，生產者可無限制的銷售其產品。但在獨占、寡占及獨占競爭的市場，因生產者人數較少，故因不同生產者之間產品的品質有差異，個別生產者均能影響其產品之價格。如果生產者希望增加其銷售量，則常須降低其價格，如生產者提高其價格，則其銷售量常會減少。故在不完全競爭之市場，個別生產者其產品之平均收益與銷售量之間，有密切的關係。

（二）**總收益** 即廠商銷售一定產量後，所能獲得之全部貨幣收入，亦即平均收益與總銷售量之相乘積。

（三）**邊際收益**（marginal revenue）即總銷售量每增加一單位時，總收益之增加量。如以 TR_n 表銷售量為 n 單位時之總收益，TR_{n-1} 表銷售量為 $n-1$ 單位時之總收益，若以 MR_n 表銷售量為 n 單位時之邊際收益，則

$$MR_n = TR_n - TR_{n-1} \qquad\qquad (8\text{-}1)$$

為說明平均收益、總收益與邊際收益之間的關係，吾人可假定隨銷售量之變化，某一銷售者其收益之變化，如下表所示：

表 8-1 收 益 表

銷 售 量 (Q)	平 均 收 益 (AR)	總 收 益 (TR)	邊 際 收 益 (MR)
1	40	40	40
2	36	72	32
3	33	99	27
4	30.5	122	23
5	28	140	18
6	26	156	16
7	24	168	12
8	22	176	8
9	20.4	183.6	7.6
10	19	190	6.4
11	17.7	194.7	4.7

　　由表 8-1 吾人可看出平均收益一般隨銷售量之增加而遞減，總收益最初隨銷售量之增加而增加，惟增加之速度則逐漸減少，邊際收益亦如平均收益，隨銷售量之增加而減少。

七、收益曲線及其相互間之關係

　　吾人若將不同銷售量下之各種收益畫成曲線，在一般情況下，可如圖 8-1 及圖 8-2 所示，橫座標表銷售量，縱座標表收益，圖 8-1 所畫者爲總收益曲線，此曲線爲銷售量之增函數，即隨 Q 之增加，總收益亦增。但在有些情況下，銷售量增加，由於平均收益之減少，總收益量在到達一最高點後，反而減少，此時總收益曲線將折向右下方延伸，如圖 8-1 中 TR_2 線所示。由總收益曲線若須求某一產量的平均收益，則將某一銷售量下曲線的縱座標值除以橫座標之數值即可。如銷售量爲 OB

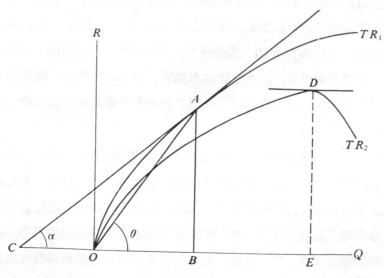

圖 8-1　總收益曲線

時，由 TR_1 線則總收益爲 AB，則平均收益即爲 AB/OB，又若吾人須求在某一銷售量下的邊際收益，則須求出在該一銷售量下總收益曲線上某一點之斜率即可。例如要求銷售量爲 OB 之邊際收益，吾人由 A 點畫 TR_1 的切線，此切線與橫座標相交於 C，則邊際收益爲 AB/CB，或

$$MR = \frac{AB}{CB}$$

由圖 8-1，可看出邊際收益小於平均收益。邊際收益比平均收益爲小的原因，乃是由於當增加一單位的銷售量時，除非在特殊情況下（以下將說明）， 邊際收益不就是最後那一單位在市場銷售後所能獲得的代價。因爲要使得增加的一單位能被銷售，全部產品的價格必須降低，故計算邊際收益須要從最後那一個單位銷售後所獲得之代價中，再減去以前各單位由於減價所必須損失的部份，因此邊際收益便低於平均收益了。

由圖 8-1 中亦可看出，當總收益到達最大時，邊際收益必爲零，而總收益隨銷售量之增加反而減少時，顯然其邊際收益必爲負數。這不但由邊際收益的定義可以推知，而且由圖 8-1 中，由 TR_2 曲線，當產量爲 OE 時， 總收益爲 ED， 達到最大， 由 D 點所畫之切線平行於橫座標，顯然其斜率爲零，故邊際收益亦爲零。 在 D 點之右， 總收益已減少， 如在 D 點之右任一點作切線，則其斜率爲負數，顯然其邊際收益亦爲負了。

圖 8-2 中吾人將平均收益曲線 AR 及邊際收益曲線 MR 畫出，在一般情況下，邊際收益均小於平均收益，故邊際收益曲線均在平均收益曲線之下。平均收益曲線亦可看作在不同價格下，廠商可能的銷售量，因此亦可稱爲廠商的銷售曲線。同時此曲線亦表示在不同的價格下，購買者對該廠商所願意的購買量，故平均收益曲線亦可稱爲消費者對廠商的需求曲線。因此銷售者或廠商的平均收益曲線、廠商的銷售曲線、或

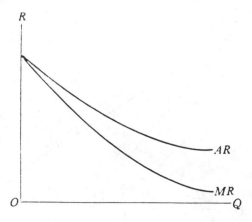

圖 8-2 平均收益與邊際收益曲線

消費者對廠商的需求曲線，均爲同意語，在以後的分析中，吾人有時將交換使用此諸名詞，而不予區別。

　　爲說明平均收益曲線與邊際收益曲線的關係，並從而依據一定的平均收益曲線繪出其邊際收益曲線起見，吾人可用圖 8-3 說明之。圖 8-3 中平均收益曲線 AR，假定爲一直線，其對應的邊際收益曲線必亦爲一直線。今假定價格爲 OP 時，則銷售量爲 OT，總收益爲平均收益乘以總銷售量，卽 $OP \times OT$，或等於長方形 $OPNT$ 的面積。但總收益亦可由另一方法計算之，卽邊際收益累積之和。因此當總銷售量爲 OT 時，總收益亦可以四邊形（或梯形）$ORKT$ 的面積表示之。此梯形的面積與長方形 $OPNT$ 的面積應該相等。此二面積其共同的部份爲 $OPMKT$，因此分別由此長方形及梯形的面積中減去此共同的部份，其剩餘的部份，亦應相等，卽

　　　　面積 $OPNT$ － 面積 $OPMKT$ ＝ 面積 $ORKT$ － 面積 $OPMKT$

　　或　三角形 RPM ＝ 三角形 NKM 的面積。

但此二三角形爲二相似之直角三角形，　今其面積又相等，　故必爲全等

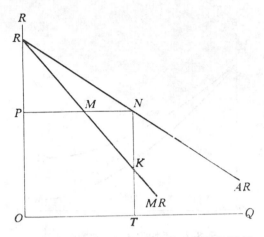

圖 8-3 平均收益曲線與邊際收益曲線的關係

形，全等形的對應邊必相等，即

$$PM = MN$$

換言之，若平均收益曲線及邊際收益曲線均為直線時，則任何平行於橫座標的直線，其在縱座標與平均收益曲線之間的線段，必為邊際收益曲線所平分，亦即邊際收益曲線必通過其中點 *M*，如圖 8-3 中 *M* 點必為 *PN* 線段之中點也。

根據以上之性質，吾人即可為任何形態的平均收益曲線作出其對應的邊際收益曲線。如圖 8-4 中，設平均收益曲線為 *AR*，為繪出其邊際收益曲線，吾人可在 *AR* 曲線上一點 *A*，畫 *AR* 之切線並與縱座標相交於 *R*，自 *A* 點分別作兩座標之垂線 *AS* 及 *AK*，再自 *AK* 線上截取一段 *AM* 使等於 *RS*，則 *M* 點必在邊際收益曲線上。按同樣方法，再在 *AR* 曲線上另一點 *B*，作 *AR* 線之切線，延長之使與縱座標相交於 *T* 點，再自 *B* 點分別作兩座標之垂線 *BU* 及 *BH*，並在 *BH* 線上截取一段 *BV* 使等於 *TU*，則 *V* 點亦在邊際收益曲線上。若吾人能依這種方法，找到足夠的邊際收益曲線上有關的點，則吾人若將此諸點聯結起來，即為對應

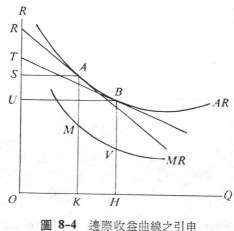

圖 8-4 邊際收益曲線之引申

於 *AR* 曲線的邊際收益曲線，如圖 8-4 中的 *MR* 線即對應於 *AR* 的邊際收益曲線也。

八、完全競爭市場個別廠商的收益

在以上分析完全競爭市場的特質時，曾說明完全競爭市場的個別生產者，無法影響市場價格，他僅能在市場供需所決定之價格下，出售其產品，因此他是價格的接受者，而不是價格的決定者。他無須以低於市場價格的價格銷售其產品，他亦不可能高於市價而出售。因為如果他取較市場為高的價格，則購買者必將轉向其他的生產者，因產品的品質一致，購買者不須選擇也。因此在此種市場，個別生產者的平均收益，不因其銷售量的增加而降低。如用幾何方法表示，則平均收益曲線，或生產者的銷售曲線，如圖 8-5 為一平行於橫座標的直線，其與橫座標之間的距離，即市場價格。因為平均收益固定，每增加一單位的銷售量，總收益的增加即等於最後一單位的平均收益，也等於任何一單位的平均收

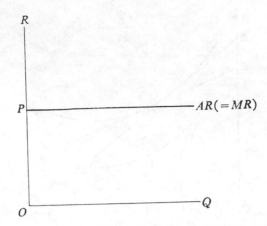

圖 8-5　完全競爭廠商的平均收益曲線與邊際收益曲線

益，因此邊際收益等於平均收益。圖 8-5 中 *AR* 線爲平均收益曲線，亦爲邊際收益曲線，二者重合。至總收益的變化，顯然與產量的變化成固定的比例，以幾何的方法表示如圖 8-6，總收益曲線卽爲一由原點引出之直線。此直線因爲由原點引出，其上任何一點縱座標之值除以橫座標之值，如 *AB/OB* 卽爲平均收益，因此比值等於 $\tan \theta$。故不論產量爲若干，其平均收益皆爲固定，又此曲線上任何一點的邊際收益皆等於此

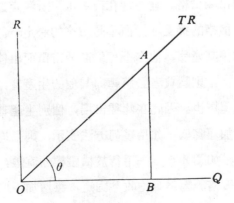

圖 8-6　完全競爭廠商的總收益曲線

直線之斜率，而此直線之斜率，亦等於 tan θ，故任何產量下的邊際收益即等於其平均收益。

九、摘　　要

現代的市場類型，按照生產者人數之多少、產品差異性之程度、生產因素移動性之高低，至少可以分爲四種類型，即完全競爭、純粹獨占、寡占與獨占競爭。在完全競爭市場中，生產者的人數衆多，個別生產者均不能影響市場價格；所有生產者所生產的產品，品質劃一；生產因素的移動絕對自由。在獨占市場中，生產者僅有一家，其產品缺少適當的代替品，生產因素的移動受有人爲或法律的限制。寡占市場生產者僅有少數幾家，每一生產者皆能影響市場價格，生產因素的移動性受到人爲的限制。獨占競爭市場與完全競爭市場相似，唯一不同的是不同生產者的產品，在品質上有差異性。

現代企業組織的形態，大體可分爲獨資、合夥、公司組織及合作組織等四類。在數量上以獨資爲最大，但在重要性上，則以公司組織爲第一，而公司組織中則又以股份有限公司的組織爲最普遍。

廠商銷售產品以後所獲得之貨幣收入稱爲收益，全部銷貨收入稱爲總收益；平均每一單位產品所能獲得之收入稱爲平均收益，亦卽單位價格；總銷售量每增加一單位，總收益的增加量稱爲邊際收益，一般的邊際收益低於平均收益，在完全競爭市場個別生產者由於不能影響價格，其邊際收益則等於平均收益。

重 要 概 念 與 名 詞

完全競爭　　　　　　　優先股與普通股

純粹獨占　　　　　　　平均收益

寡占　　　　　　　　　總收益

獨占競爭　　　　　　　邊際收益

合夥　　　　　　　　　銷售曲線

股份有限公司

第九章　完全競爭市場價格及產量的決定

　　以上三章已分別就個別生產者爲生產一定產量如何達成最低成本組合的條件，不同產量下其成本結構的變化、市場的類型以及廠商收益的意義，作了初步的說明。以下吾人將進一步研究個別生產者考慮其成本結構及市場情況，如何決定其最適度之生產量及價格。因爲在不同市場結構中的生產者，其所處的情況亦不相同，本章先分析完全競爭市場、個別廠商或生產者價格及產量決定的法則。

一、短期情況下個別生產者產量的決定

　　吾人先分析短期情況下個別生產者如何決定其產量。所謂短期，卽生產者的生產規模固定，亦卽不論產量如何變化，有不變的固定成本存在，生產者僅能就現有生產規模從事生產，無法擴大或變更其生產規模。在完全競爭市場，生產者僅能決定其個別的生產量，因爲價格是由市場供需關係決定的。個別生產者在市場所決定的價格下，決定一對他最爲有利的產量。

　　爲決定生產者最有利的產量，吾人首先要問何以個別生產者要從事

生產? 對這一問題經濟學上假定生產者從事生產的動機，是爲了追求最大淨收益，亦卽爲了追求最大利潤。此一假定是否合乎事實，吾人目前暫不討論，至少這一假定並不違背吾人的經驗，因爲很多生產者確是在爲了追求最大利潤而生產。當然很可能生產者在追求最大利潤的同時，尚有其他動機存在；例如爲了滿足創造的慾望，爲了發揮權力的慾望，爲了利他的目的等。可是這些其他的動機大部份均不在經濟學討論的範圍以內，吾人無法分析。不過在所有動機之中，最基本的動機仍必然是追求利潤。因爲生產者若不能先做到賺錢，則生產活動便無法長期維持，其他動機便亦無法滿足了。因此吾人以追求最大利潤作爲生產者從事生產活動的基本動機，與事實相距當不太遠，並且亦能簡化吾人的說明。吾人不僅假定完全競爭市場的生產者爲如此，而其他市場的生產者，如獨占生產者、寡占生產者、獨占競爭市場的生產者亦屬如此。

生產者的目的旣在追求最大利潤，則在短期情況下，個別生產者如何決定其產量? 顯然利潤的大小，決定於兩個因素：一爲成本結構，卽生產者爲生產一定產量所必須支付的貨幣費用；一爲收益，卽生產者出售產品後所獲得的貨幣收入。此兩者皆爲銷售量的函數，隨銷售量的變化而變化，生產者必將比較在不同產量下，此兩者之差額，而決定一有最大差額之產量，此產量卽生產者最有利之生產量。爲便於說明起見，以下將個別生產者的不同產量、成本結構、收益情況、總利潤等有關數字，列成表 9-1 如下：

表 9-1

產　量 (Q)	平均收益 (AR)	邊際收益 (MR)	總　收　益 (TR)	總　成　本 (TC)	利　　　潤 (π)
1	15	15	15	47	−32
2	15	15	30	60.4	−30.4
3	15	15	45	71.4	−26.4
4	15	15	60	80.4	−20.4
5	15	15	75	88.2	−13.2
6	15	15	90	95.4	− 5.4
7	15	15	105	102.6	2.4
8	15	15	120	110.4	9.6
9	15	15	135	118.8	16.2
10	15	15	150	128.4	21.6
11	15	15	165	139.4	25.6
12	15	15	180	152.4	27.6
13	15	15	195	166.6	28.4
14	15	15	210	184.1	25.9
15	15	15	225	207.3	18
16	15	15	240	235.3	4.7

上表中假定市場價格爲 15 元，故平均收益等於邊際收益，不論銷售量爲若干均爲 15 元。由表中可看出當銷售量小於六單位時，總成本大於總收益，故利潤爲負。但隨銷售量之增加，總收益增加之速度大於總成本增加之速度，故總利潤由負變爲正。當銷售量爲十三單位時，總收益與總成本之差額爲最大，卽總利潤爲最高。但銷售量大於十三單位時，總成本增加之速度大於總收益增加之速度，兩者之間的差額逐漸減少，

卽總利潤逐漸降低。很可能銷售量若再增加，總成本可能又大於總收益，此時總利潤又變爲負數。故就此一個別生產者而言，當銷售量爲十三單位時，其利潤爲最高，故此生產者最有利之生產量爲十三個單位的產品。此最有利之生產量亦稱最適度之生產量(optimal output)。

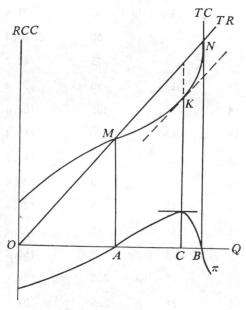

圖 9-1　最適產量之決定㈠

以上的分析，亦可用幾何的方法表示之。在圖 9-1 中，TR 爲總收益曲線，因爲平均收益固定，故總收益曲線爲一直線，TC 爲總成本曲線，π 爲總利潤曲線。當銷售量低於 OA 時，總成本大於總收益，故利潤爲負，總利潤曲線在橫座標之下，其與橫座標間之距離，等於總成本曲線與總收益曲線間之垂直距離。若銷售量在 OA、OB 之間，則總收益大於總成本，故利潤爲正，此時利潤曲線在橫座標之上。當銷售量爲 OC 單位時，總收益與總成本之間之差額爲最大，卽利潤爲最高。OC

相當於表 9-1 中之第十三單位。當銷售量超過 *OB* 單位時，總成本又大於總收益，利潤又降為負數，故總利潤曲線又降至橫座標之下。當銷售量為 *OA* 或為 *OB* 時，總收益曲線與總成本曲線相交，此時總成本等於總收益，利潤為零，故 *M* 點及 *N* 點稱為兩平點(break-even point)。就個別生產者求最大利潤之動機言，其產量當然決定於能獲得最高利潤之一點，卽圖 9-1 中之 *OC*。

二、有損失時之最適度產量

在上例中如果市場價格不為 15 元，而為 12 元，則生產者在任何銷售量下，總收益皆低於總成本，無利潤可得。如果生產者由於某種考慮仍願繼續生產，則此時的產量應為若干？顯然此時生產者必選擇能使其損失為最小之產量。茲以下表說明之，表 9-2 中產量與總成本與表 9-1 同，平均收益及邊際收益由 15 降為 12，總收益亦比例遞減。

表 9-2

產　量 (Q)	平均收益 (AR)	邊際收益 (MR)	總　收　益 (TR)	總　成　本 (TC)	利　　潤 (π)
1	12	12	12	47	-37
2	12	12	24	60.4	-36.4
3	12	12	36	71.4	-35.4
4	12	12	48	80.4	-32.4
5	12	12	60	88.2	-28.2
6	12	12	72	95.4	-23.4
7	12	12	84	102.6	-18.6
8	12	12	96	110.4	-14.4

9	12	12	108	118.8	−10.8
10	12	12	120	128.4	− 8.4
11	12	12	132	139.4	− 7.4
12	12	12	144	152.4	− 8.4
13	12	12	156	166.6	−10.6
14	12	12	168	184.1	−16.1
15	12	12	180	207.3	−27.3
16	12	12	192	235.3	−43.3

　　由上表可知，當生產量及銷售量爲十一單位時，其損失爲最小。如銷售量大於或小於十一單位，其損失均較大，因此生產者將選擇損失爲最小的生產量，即十一單位。

　　若以幾何的方法表示之，所畫出之圖形，與圖 9-1 很相似，唯此時總收益曲線 TR 在總成本曲線 TC 之下，根本不與總成本曲線相交。表示總成本無論銷售量爲若干均大於總收益，故總利潤爲負，總利潤曲線均在橫座標之下。雖然在這一情況下，總利潤均爲負，不過在所有的負利潤中，仍有一最小者，即當銷售量爲 OA 單位時，損失爲最小。生產者若決定繼續從事生產，必選擇此一生產量，因選擇任何其他生產量，損失必更大也。

　　由以上之分析，所謂完全競爭市場個別生產者之最有利生產量或最適度生產量，不僅指能使利潤爲最高的生產量，當遭遇損失時，亦指能使損失爲最小的生產量。所謂「最適度」的意義卽是指最大利潤或最小損失而言。

　　吾人若進一步觀察圖 9-1，不難發現，在最適度生產量的一點，吾人若畫總成本曲線 TC 之切線，此切線必平行於總收益曲線，而切點到總收益曲線之間的垂直距離剛好爲最大。但吾人由前章成本的分析，已

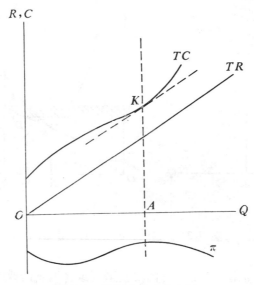

圖 9-2　最適產量之決定㈡

知總成本曲線上任一點之切線之斜率，表示在該產量下之邊際成本；而
總收益曲線上任一點切線之斜率，表示邊際收益。現在在最適度生產量
的一點，所畫總成本曲線上一點之切線平行於總收益曲線，此切線之斜
率即與總收益曲線的斜率相等，亦即在最適度生產量時，邊際成本等於
邊際收益。由這一性質，吾人更可採用邊際分析法，以研究完全競爭市
場個別生產者最適度生產量之條件。

三、邊際成本與邊際收益分析法

　　在圖 9-3 中，吾人並列畫出兩個圖形，(a) 圖表示某一完全競爭市
場產品的市場供需關係，*DD* 為市場需求曲線，*SS* 則為市場供給曲線。
至於這一市場供給曲線如何產生，吾人現在暫不討論，在本章以後，將
會有所交代。市場供需關係所決定之市場價格為 P_0，市場交易量則為

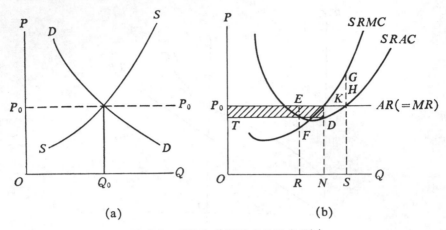

圖 9-3 以邊際分析法求最適產量㈠

Q_0。(b) 圖則爲此一市場某一代表性廠商或生產者的成本結構，$SRAC$ 爲短期平均成本曲線，$SRMC$ 則爲短期邊際成本曲線。對於由市場供需關係所決定的市場價格 P_0，此個別生產者無法予以變更，而僅能在此價格下銷售其產品。並且因爲這是完全競爭市場，產品品質一致，購買者並不選擇銷售者，因此此一個別生產者的銷售曲線，或平均收益曲線，亦卽邊際收益曲線，爲一平行於橫座標之直線，其與橫座標間之距離爲 P_0。現在依據 (b) 圖，吾人分析個別生產者其最適度之生產量爲若干。

　　如前所述，生產者從事生產之最基本之目的爲獲取最大利潤，而利潤之大小，則決定於總收益與總成本之差額。因此每生產一單位產品而能使此差額增加者，生產者必繼續生產。然而每生產一單位產品，一方面雖能使總收益增加，其增量卽邊際收益，但另一方面却也使總成本爲之提高，總成本提高之數額卽邊際成本。生產者必比較邊際收益與邊際成本之大小，以決定是否繼續生產。如果增加一單位產量時，其邊際收益大於邊際成本，表示此一單位銷售後所獲得之收益支付爲增產此一單位所引起之成本後，仍有剩餘，總利潤必將因此增加，故生產者必將仍繼續增產。反之，如果增加一單位產量，其邊際收益小於邊際成本，即表示此一單位產品銷售後所獲得之收益不足以支付爲增產此一單位所引起之成本，總利潤必將減少，故生產者必將停止此一單位的生產。如果對於最後一單位產品的生產，其邊際收益剛好等於邊際成本，表示此一單位產品銷售後所獲得之收益正夠支付其成本，旣無剩餘亦無不足，此時其總利潤必已爲最大。就圖9-3(b)言，邊際成本曲線與邊際收益曲線的交點 K 所決定之產量 ON 爲最適度之產量；因爲產量爲 ON 時，邊際成本及邊際收益均等於 NK，邊際利潤等於零，總利潤爲最大。如生產者的產量大於 ON，而爲 OS 時，則邊際成本大於邊際收益，其超過額爲 GH，此時生產者若能減少一單位之生產，即可以少損失 GH，故以減少產量爲有利。反之，若產量小於 ON，而爲 OR 時，則邊際收益大於邊際成本，其超過額爲 EF，此時生產者若能增加一單位之生產，利潤即可增加 EF，故以增加產量爲有利。最後當產量爲 ON 時，邊際收益等於邊際成本，增加或減少產量均無必要，故 ON 爲最適度之生產量。

　　在最適度生產量之下，生產者是否有利潤，尙須看平均成本的大小而定。在圖 9-3(b) 中，當產量爲 ON 時，平均成本爲 ND，低於平均收益 NK，故有利潤。單位利潤則爲 DK，總利潤則等於單位利潤乘以總產量，即圖 9-3(b) 中之長方形面積 DKP_0T。生產者所能獲得之利潤，以此時爲最大，任何其他產量的利潤，均將較此爲小。

　　如果生產者的成本結構較高，如圖 9-4 所示，短期平均成本曲線在平均收益曲線以上。如果生產者由於某種考慮，仍願繼續從事生產，則其最適度生產量如何決定？此時生產者仍如圖 9-3(b) 中所分析的情形一樣，仍以邊際成本等於邊際收益的一點決定其產量。在圖 9-4 中邊際成本曲線與邊際收益曲線相交於 K，由 K 點所決定之生產量則爲 ON。

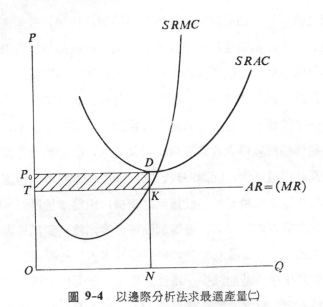

圖 9-4　以邊際分析法求最適產量㈡

此時因爲平均成本大於平均收益，故每一單位產品之損失爲 DK，總損失則爲 DK 乘以總產量，卽長方形 $DKTP_0$ 之面積。 不過仍以產量爲 ON 時其損失爲最小，對於任何其他產量，其損失將更大也。

　　由以上之分析，吾人可獲得完全競爭市場個別生產者最適度生產量之條件，卽：邊際成本(MC)＝邊際收益(MR)＝平均收益(AR)，此時如果生產者能賺取利潤，則利潤必爲最大，如生產者有損失，則其損失亦必爲最小。

四、個別生產者的供給曲線

　　在短期情況下，個別生產者僅能依據一定的市場價格，調整其邊際成本，以邊際成本等於市場價格的一點決定其產量。如果由於市場需求情況的變化，市場價格發生變動，則生產者的產量將發生如何的變動？

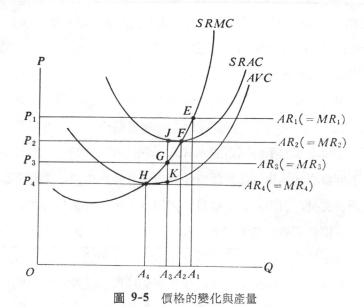

圖 9-5　價格的變化與產量

由圖 9-5，若市場價格為 P_1，顯然 AR_1 曲線與邊際成本曲線相交於 E，由 E 點所決定之產量為 OA_1，在這一產量下，因平均成本小於平均收益，生產者可獲取利潤，生產者當然會進行生產，而邊際成本曲線上的 E 點，即價格與產量的一組合點，即表示價格為 P_1 時，產量為 OA_1。如果市價由 P_1 降至 P_2，此時 AR_2 線切於平均成本曲線的最低點 F，而邊際成本曲線亦交於此點，在此一價格下，生產者的產量，依據邊際成本等於市場價格的條件，為 OA_2，在這一產量下，因為平均成本等於平均收益，生產者無利潤可賺，但也不會引起損失，因此生產者仍將繼續生產，F 點即表示價格與產量的另一組合點。如果價格再繼續下跌，跌至 OP_3，此時價格已低於最低平均成本，但尚高於最低平均可變成本，在此一價格下，生產者是否仍願繼續生產？依據邊際成本等於市場價格的條件，生產者若仍繼續生產，則其產量必為 OA_3，在這一產量下，因為平均收益低於平均成本，生產者由價格收入中，無法收回全部平均成本，但平均收益仍高於平均可變成本，此時平均可變成本為KA_3，而平均收益為 GA_3，故由平均收益中，對支付於原料、勞動、動力等的可變成本仍可全部收回，並且還有剩餘 GK，可用以支付平均固定成本。吾人由前章成本結構的分析中，知道平均成本曲線與平均可變成本曲線之間的距離，代表平均固定成本。今價格為OP_3時，產量為OA_3，雖然不能收回全部的平均固定成本KJ，但至少可收回其一部份KG，比一點也不能收回者為佳。如果此時生產者完全停止生產，固然全部可變成本不用再支付，但固定成本項目，如機器廠房等的損耗折舊、固定管理費用及長期信用的利息等卻無法減少，仍須支出，則固定成本全部損失，一點也不能收回。因此如果價格為 OP_3 時，雖然已低於平均成本，但仍超過最低平均可變成本，此時生產者仍願繼續生產，因為此時不但所支付的平均可變成本可以全部收回，而平均固定成本仍可收回一部分也。最後如果價格降低到 OP_4，等於最低平均可變成本，生產者是否仍願繼續生產？因為此時生產者仍繼續生產，其產量必為 OA_4，在這一產量下，平均收益 OP_4 等於平均可變成本 HA_4，所支付的可變成本雖能全部收回，但固定成本卻全部損失。如生產者停止生產，則可變成本雖不須支付，固定成本亦是全部損失。因此生產與否，均屬一樣。若生產者仍願繼續生產，必是由於其他的考慮，如為維持其信譽，或預期市場會看好，因而為維繫住工人，不使其離開，以免將來再召僱時遭遇困難等。如果生產者認為市場不會看好，或計劃從事其他的生產事業，則生產者必將停止生產。不過如果市場價格低於 OP_4，不論由何種考慮，生產者均不會繼續生產，因為如果繼續生產，不但固定成本不能收回，連平均可變成本也不能全部收回，不生產所遭致之損失比繼續生產還來得小，除非生產者別有用心，當然不會繼續生產了。

　　由以上的分析吾人可以看出，由於市場價格的變化，吾人由短期邊

際成本曲線卽可看出在不同價格下，生產者所願意提供的生產量。邊際
成本曲線上任一點，皆表示一定價格與生產量的一定組合。當然並非邊
際成本曲線全部皆有此意義，邊際成本曲線在最低平均可變成本以下的
一段，因爲此時價格太低，不足以收回平均可變成本，故生產者不予考
慮。因此邊際成本曲線在最低平均可變成本以上的一段，如圖 9-6 所
示，卽可看作是短期中個別生產者的供給曲線。因爲由這一線段可以表
示不同價格下生產者的供給量也。此供給曲線一般爲由左下方向右上方
延伸的曲線，與一般供給曲線的形態相一致。

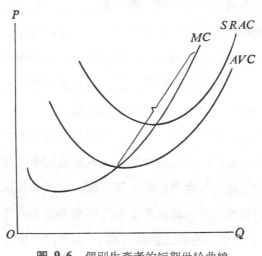

圖 **9-6**　個別生產者的短期供給曲線

　　如果吾人知道完全競爭市場在短期中全部廠商的數目，而且也知道
每一廠商的邊際成本曲線，卽短期供給曲線，則吾人將全部廠商的短期
供給曲線水平相加，卽可獲得此一產業的短期供給曲線。因爲個別廠商
的短期供給曲線是由左下方向右上方延伸的，故產業的短期供給曲線，
一般亦爲一由左下方向右上方延伸的曲線，而圖 9-3(a) 中產業的市場
供給曲線，卽由此產生。依據此一分析，吾人亦可進一步知道，市場價

格、個別廠商的生產量，以及市場交易量均是相互共同決定的。而並非是由某一個因素決定其他一因素。關於這點，吾人在後面仍將有機會討論。

五、個別生產者的長期均衡

吾人進一步討論長期情況下個別生產者產量的決定。在長期情況下，生產者的生產規模是可以改變的，因此一切成本因素皆可以變化。同時不但生產者的生產規模可以改變，而生產因素的移動亦充分自由，因此不但新的生產者可以隨時進入此產業，參加生產，而原有的生產者亦可隨時結束生產，退出市場。因此就長期觀點，產業中個別廠商的數目亦是可以變動的。吾人分析個別生產者的長期均衡，不但要考慮其生產規模可能的變化，還要考慮產業中廠商數目的變化。

因爲在長期中，旣然個別生產者的生產規模可以變化，同時產業中廠商的數目亦可變化，則在短期中如果多數廠商均有超額利潤存在，不但已從事生產的生產者將會調整其生產規模，以求其長期平均成本爲最低；同時由於利潤的刺激，其他產業中的生產因素必將逐漸進入此一產業，卽此產業的生產者的數目必將增加。由於原有生產者調整生產規模，以及新生產者的進入，可能產生兩種影響：一種影響是由於市場供給增加，產品的市場價格可能下跌，卽每一生產者的平均收益可能減少；另一種影響是由於生產的擴張，對生產因素的需求增加，可能刺激生產因素的價格上漲，而使每一生產者的成本結構發生不利的變化。這種價格與成本的變化，可能使多數生產者的超額利潤逐漸減少，終至消失。隨利潤之減少與消失，個別生產者的生產規模必將逐漸接近於一理想規模，而產業中個別生產者的數目亦將逐漸固定，不再變動，卽旣無新生產者參加，當然亦不會有原來的生產者退出。

　　其次就另一種可能情況言，若短期中多數廠商均遭致損失，或不能完全收回其成本，則原來的生產者或則調整其生產規模，或則退出市場，停止生產。無論為調整生產規模或退出生產，亦將會產生兩種影響：一種影響為產量的減少必將引起市場價格的上漲，個別生產者的收益可能增加；另一種影響，則是由於生產的減少，對生產因素的需求可能減少，因而促成生產因素價格的下跌，促使個別生產者的成本結構降低。無論是市場價格的上漲，或成本的降低，均可使生產者遭遇損失的情況，逐漸改善。因而仍然繼續生產的生產者必將找到一適度的生產規模，而計劃退出的生產者亦不再退出市場。生產者的數目亦不再減少而趨於固定，個別生產者可逐漸到達長期均衡。

　　依據以上兩種情況的分析，個別生產者到達長期均衡時，必如圖9-7 所示，此時其平均收益曲線必與長期平均成本曲線切於其最低點，這一點也是短期平均成本為最低的一點，同時也是長期邊際成本等於短

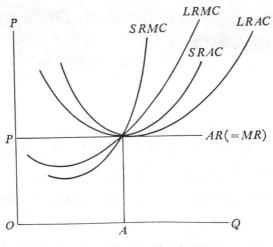

圖 9-7　個別生產者的長期均衡

期邊際成本等於長期平均成本的一點。由這一點所決定的產量為 OA，在這一產量下，因為生產者的長期平均成本等於平均收益，因此生產者沒有超額利潤可賺。不過此時在其平均成本中包含有正常利潤，所謂正常利潤(normal profit)即為保留生產因素於此生產事業繼續從事生產，生產者所必須獲得的最低利潤。亦可稱為平均利潤，即依據當時情況，各種產業所能獲得的利潤的平均數。因為如果生產者不能獲得此正常利潤，則必會將生產因素移轉到其他生產事業中從事其他產品的生產，而不必停留於原來的產業之中。這種為保留生產者於原生產事業的正常利潤，經濟學上視作成本的一部分，而包含於長期平均成本之內。歸納以上所說，吾人可獲得完全競爭市場個別生產者長期均衡的條件，即：邊際收益＝平均收益＝短期邊際成本＝長期邊際成本＝短期平均成本＝長期平均成本。或 $MR = AR = SRMC = LRMC = SRAC = LRAC$。

由個別生產者獲得均衡的條件，同時可看出當個別生產者達到均衡時，整個產業亦必已到達均衡。因為此時市場價格穩定，個別生產者的數目不再變動，而每一個別生產者的生產規模亦已固定。既然產業中生產者的數目固定，同時個別生產者的生產規模不變，由產業的立場看，整個產業也已到達均衡狀態。

六、摘　　要

在短期間完全競爭市場的個別生產者，由於其生產規模固定，市場價格不變，為獲得最大利潤，或為使其損失為最小，其生產量乃決定於其短期邊際成本等於市場價格的一點，此一產量稱為短期最適生產量。在這一產量下，如果平均收益高於平均成本，則有利潤，如果平均收益低於平均成本，則有損失。在短期間，邊際成本曲線在平均可變成本曲

線最低點以上的一段，構成個別生產者的短期供給曲線。全部個別生產
者供給曲線之總和，構成整個產業的短期供給曲線。

重 要 概 念 與 名 詞

最適產量

短期供給曲線

兩平點

正常利潤

第十章　獨占者產量及價格的決定

在第八章吾人已將獨占之意義及其所具有之特性予以說明。所謂獨占者，即一產業中僅有一生產者，且其產品之需求彈性較低，並無適當的代用品，同時其他的生產者如要參加此一產業亦頗爲不易；因此在這種情況下，獨占者對其產品的價格及產量即有充分的控制力。因爲獨占者亦是以獲得最大利潤爲其目標，則在此一情況下，獨占者是否會將其產品價格訂得很高，而攫取最大利潤？事實上可能並不如此簡單。因爲獨占利潤的高低，不僅決定於單位產品之價格，亦決定於其銷售量也。因此獨占者爲取得最大利潤，必須同時決定其產量與價格。本章即討論獨占者爲取得最大利潤，如何決定其產量與價格。

一、總成本與總收益分析法

獨占者雖能決定其產品之價格，但其銷售量之多少，則決定於消費者在不同的價格下所願意購買的數量。若獨占者將價格定得很高，消費者所願意購買的數量即少，反之，獨占者若希望增加其銷售量，則必須降低價格，換言之，獨占者的平均收益是隨銷售量之增加而減少的；因此其總收益的增加並不如完全競爭的生產者一樣，隨產量之增加而比例增加。但是獨占者爲求利潤之最大，亦如完全競爭市場的生產者一樣，須使其總收益與總成本間之差額爲最大。故獨占者卽以此原則決定其產量。玆爲便於說明起見，將獨占者在不同產量下之成本結構及收益之變化，列表如下，分析獨占者如何決定其最適度之生產量。

表 10-1

(1) Q	(2) TC	(3) AC	(4) MC	(5) AR	(6) TR	(7) MR	(8) π
1	47	47	17	25	25	25	−22
2	60.4	30.2	13.4	23.75	47.5	22.5	−12.9
3	71.4	23.8	11.0	22.5	67.5	20	− 3.9
4	80.4	20.1	9.0	21.4	85.6	18.1	5.2
5	88.2	17.64	7.8	20.48	102.4	16.8	14.2
6	95.4	15.9	7.2	19.6	117.6	15.2	22.2
7	102.6	14.67	7.2	18.8	131.5	14	28.9
8	110.4	13.8	7.8	18	144	12.4	33.6
9	118.8	13.20	8.4	17.2	154.8	10.8	36.0
10	128.4	12.84	9.6	16.44	164.4	9.6	36.0
11	139.4	12.68	11.0	15.7	172.7	8.3	33.3
12	152.4	12.67	12.6	15	180	7.3	27.6
13	166.6	12.80	14.6	14.3	185.9	5.9	19.3
14	184.1	13.10	17.5	13.6	190.4	4.5	6.3
15	207.3	13.80	23.2	12.9	193.5	3.1	−13.8
16	235.3	14.67	28	12.2	195.2	1.5	−40.1

表10-1中成本結構與表9-1中完全競爭市場中的個別生產者相同，

而平均收益則隨產量之增加而減少，總收益為平均收益與產量的相乘積，邊際收益則為產量增加一單位時總收益的增加數。吾人如比較第 (6) 行之總收益與第 (2) 行之總成本，則總收益與總成本之差額即為利潤。吾人將其列於第 (8) 行。由這一行可看出當產量甚低時，如低於三單位，則由於總成本高，而總收益少，故利潤為負數。其後隨產量之增加，收益大量增加，比總成本為大，故利潤由負變正，且逐漸隨產量之增加而加大。至產量為九或十單位時，利潤為最高，計為 36 單位。但產量超過十單位時，因成本增加的速度超過收益增加的速度，利潤又逐漸下降。至第十五單位以後，利潤又變為負數。故由利潤的變化，生產者必定選擇九或十單位的產量，而實際上將選擇十單位的產量。（本表中九單位產量與十單位產量的總利潤相同，這是由於本表中產量的變化是非連續的，假定產量可以無限小而變化，利潤為最大之產量僅有一個而不會有兩個）十單位產量便為此一獨占者的最適度產量，因為唯有這個產量能使其利潤為最大。

　　此一最適度之生產量，吾人亦可以用幾何圖形表示之。圖 10-1 中，TR 為總收益曲線，TC 為總成本曲線。因為獨占者之平均收益隨產量之增加而遞減，故其總收益曲線並不是一由原點延伸出之直線，而為一斜率逐漸減少之曲線。總收益曲線與總成本曲線之間的垂直距離，即表示在某一產量下利潤或損失之數額。若總收益大於總成本，則其利潤為正。如在 G、H 兩點之間，總收益曲線在總成本曲線之上，其利潤為正。若將利潤亦畫成曲線，即為橫座標中 A、B 兩點之間的 π 曲線，表示獨占者的生產量在 A、B 之間時，其利潤為正。但若產量低於 OA，或大於 OB，則總成本大於總收益，此時利潤為負，即表示有損失。產量若剛好為 OA，或 OB 時，則總收益等於總成本，獨占者既無利潤，亦無損失。獨占者生產的目的，既為獲取最高利潤，則必然在產量 OA 及 OB

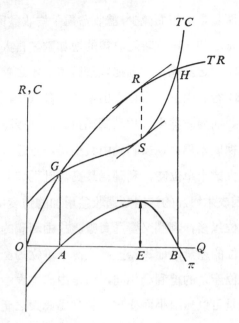

圖 10-1 最適產量的決定㈠

之間選擇一產量，俾使其利潤為最大。由圖 10-1 可看出，當產量為 *OE* 時，總收益與總成本曲線之間的垂直距離為最大，亦即利潤為最高，故獨占者即將選擇此一產量，此即其最適度之產量。

由圖 10-1 中吾人同時亦可看出，當產量為 *OE* 時，總收益曲線與總成本曲線之間垂直距離為最大。若在此一垂直距離上各畫總成本曲線與總收益曲線之切線，此二切線必互相平行。而切於 *R* 之切線，其斜率正表示在 *R* 點，亦即產量為 *OE* 時之邊際收益；切於 *S* 點之切線之斜率則表示產量為 *OE* 時之邊際成本，此二切線既平行，即表示其斜率相等，亦即邊際收益等於邊際成本。因此吾人就獨占者邊際收益與邊際成本之比較，亦可決定獨占者最適度之生產量。

二、邊際成本與邊際收益分析法

圖 10-2 中，*AR* 爲市場對此一產業的需求曲線，因爲此一產業只有一生產者，故亦爲此唯一生產者的平均收益曲線。因爲此曲線之彈性並非任何點均爲無限大，平均收益常隨銷售量之增加而減少，故邊際收益低於平均收益，*MR* 即爲邊際收益曲線。*AC* 及 *MC* 分別表獨占者的短期平均成本及邊際成本曲線，獨占者爲獲得最大利潤，比較其收益與成本以後，必選擇一能使邊際收益等於邊際成本的產量，即圖形中之 *OE*。因爲唯有在這一產量之下，生產者銷售其最後的一單位時，其所收回的總收益的增量，即邊際收益，正好等於爲生產此一最後單位總成本的增量，即邊際成本。因此能使其利潤爲最高。由圖 10-2，知產量爲 *OE* 時，邊際成本爲 *EK*，而邊際收益亦爲 *EK*，兩者相等，而銷售此一產

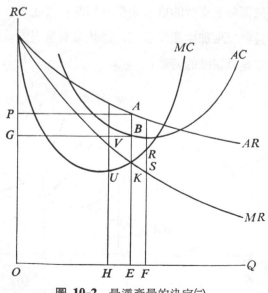

圖 10-2　最適產量的決定㈡

量所能收回的平均收益，則由 *AR* 曲線可看出爲 *AE*。在此一價格下，獨占者是否有獨占利潤，須看平均成本，如平均成本低於平均收益，則有利潤。圖中平均成本曲線有關的部分在 *AR* 曲線之下，產量爲 *OE*，平均成本爲 *BE*，低於 *AE*，故單位利潤爲 *AB*，總利潤則爲單位利潤與總銷售量的相乘積，卽圖形中長方形 *ABGP* 的面積。此卽爲獨占者的獨占利潤，而以此一產量時的利潤爲最大。

若獨占者的產量大於或小於邊際收益與邊際成本相等時的產量，其利潤是否爲最高？由圖10-2中，若其產量爲 *OF*，則當其生產並銷售最後一單位時，其邊際成本 *RF* 大於邊際收益 *SF*；如果最後一單位不生產，則其在收益上所損失的比在成本上所節省的來得小，因此獨占者可減少其損失，此時自以減少產量爲有利，因減少產量可使其總利潤增加也。反之，若其產量低於 *OE* 而爲 *OH*，則其生產最後一單位時，其邊際收益大於邊際成本，亦卽由最後一單位銷售後所獲得之淨收益，支付爲生產此一單位而必須支付的成本後仍有剩餘，故生產者若增加產量，可增加利潤，自當以增加生產爲有利。因此唯有當邊際成本等於邊際收益時，其產量才是最適度的產量。

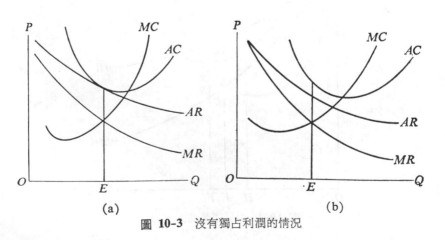

圖 **10-3**　沒有獨占利潤的情況

在以上的說明中，在最適度的生產量下，因平均成本低於平均收益，故獨占者有獨占利潤存在。但在獨占情況下，是否亦有這種可能？即邊際成本等於邊際收益所決定之產量，其平均成本等於平均收益，或平均成本高於平均收益，因而沒有獨占利潤，甚而有損失的情形存在？如圖 10-3(a) 及 (b) 中所示者。就理論言之，當然不是不可能，不過鑑於獨占者在市場所具有的特殊地位，此種情況不至於發生。如果短期間發生這種情況，獨占者必將進行各種推銷方面之努力，以求提高市場需求，使平均收益曲線向右上移動，則無利潤或有損失之情況可以改善，此點在以下將予討論。如果獨占者遭遇到圖 10-3(b) 的情況，而不能經由獨占者的努力而改善，獨占者必將退出此生產事業，很可能此一產業已成為衰退的事業，前途黯淡，故獨占者縱有獨占地位，也不得不放棄了。

三、長期獨占利潤

由以上分析，知獨占者在適度生產量下，因為平均成本低於平均收益，故有獨占利潤存在，由長期的觀點此種獨占利潤會不會因為競爭者的出現，使其利潤消失？由第八章市場類型的分析，吾人已知由於種種原因，在獨占市場，新競爭者很難加入，或則格於法律的規定，或則由於生產技術的特殊，或則由於傳統的歷史，新生產者是很難於進入的。因此獨占者所獲取之獨占利潤，常能長期維持，因而在長期情況下，獨占者的成本結構及收益很可能如圖 10-4 的情形，在適度生產量之下，長期邊際成本等於短期邊際成本，等於邊際收益，均為 EK，而長期平均成本等於短期平均成本，等於 EB，而市場價格或平均收益則為 EA，故獨占利潤為 $ABGP$。此獨占利潤不至於消失。當然如獨占者的獨占利潤太高，對潛在的競爭者的引誘力太大，也不是不可能引起新生產者的參加的。故獨占者仍須經常警覺於競爭者的可能出現，而制定其各項決策。

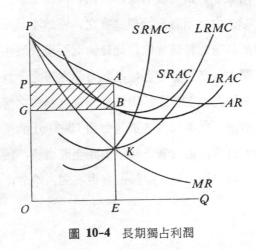

圖 **10-4** 長期獨占利潤

四、摘　要

獨占生產者，無論在長期及短期考慮下，為獲取最大的獨占利潤，其最適產量決定於其邊際成本等於邊際收益的一點。一般的在此一產量下，其平均成本可能低於其平均收益，故有獨占利潤存在。獨占者在決定其產量時，不但要考慮其成本結構，尚須考慮市場需求情況，因此獨占者並無供給曲線，僅有一固定的供給量。

重要概念與名詞

獨占利潤

第十一章　寡占市場個別生產者
產量及價格的決定

以上兩章已就完全競爭市場及純粹獨占市場中個別生產者產量及價格的決定法則予以說明。然而在實際經濟社會中，完全競爭及完全獨占的生產者不多，若干產業僅能說近似於完全競爭，而不是實際的完全競爭市場，如農業、漁業，及若干礦業等，其價格多少已受到政府或社會的管制，不是可以隨市場的情況而變更的；而生產者之間復已有若干組織，而不是個別的出現於市場。獨占的情況亦然，除少數產業外，獨占者殆很少出現。因此這兩種市場，對吾人的重要性不大，而與吾人有重要性者，毋寧是介於此兩種市場之間的市場結構，有競爭的特質，也有若干獨占的性質，換言之，亦即寡占市場與獨占競爭的市場。在這兩種市場中的個別生產者究竟如何決定其產量與價格？這是吾人最關心的問題。本章討論寡占市場的情況，下一章則研究獨占競爭市場。

一、寡占市場個別生產者的相互依賴性
及利害衝突性

在完全競爭市場及獨占市場的個別生產者，只要依據其成本結構及

市場需求情況，即可決定其產量與價格。依據前兩章的分析，在這兩種市場，個別生產者依據邊際成本等於邊際收益的原則，即可決定其產品的數量，從而獨占者即可決定其價格，而完全競爭市場的生產者，價格已由市場決定，只須依據此一市場價格，決定產量即可。無論是獨占者或完全競爭市場的個別生產者，皆不須關心其他生產者或競爭者的行動。因為獨占者根本無其他競爭者存在，而完全競爭市場的生產者，則不須關心，因為其他生產者的任何行動，都不足影響他的利益。但是在寡占市場的個別生產者是不是也是依據邊際成本等於邊際收益的法則，決定其產量與價格？還是需要考慮其他的因素？

　　寡占市場的個別生產者所考慮的因素，遠較其他市場的生產者為多；他不但需要考慮其成本結構，與市場需求情況，而尤其須要關心其他生產者的行動。因為其他生產者或競爭者的行動，均足以影響購買者對他的需要，因而影響他的銷路。因此寡占市場的個別生產者之間，便產生了一種密切的相互依賴的關係；任何生產者的銷售量均有賴於其他生產者的行動而定，因而產生了相當的不確定性。每一生產者在考慮其最適度的產量時，不僅要考慮其成本結構、其市場需求情況，尤其須預測其競爭者所採取的行動將如何？這一行動對他會發生什麼影響？為了抵制這一影響，他將採取何種反應或報復行動。個別生產者不僅須消極的預測其他生產者的行動而準備應付，並且須積極的決定自己為追求最大利潤，應採取何種行動？這種行動對其他生產者可能產生若何影響？其他生產者可能採取何種反應？以及對於各種可能的反應，自己又採取何種對策？因此對於寡占市場個別生產者的行為法則，似乎建立在「如果……則……」或「如果如果……則……」的型式之上。一切全依賴所依據的假設而定。因此，到目前為止，尚沒有一項被大多數經濟學者所共同接受的寡占理論。也因此，在理論的領域，現在有若干種不同的寡占理論。可以說每一個學者均有一套寡占理論，因爲每一個學者皆可以依據對個別生產者所取行動採取不同的假設，而提出一項解釋的理論。

　　不過不管寡占市場的理論多麼紛歧，有一點在寡占市場表現得極爲明顯而爲多數學者所共同注意到的，即寡占市場的價格，極爲穩定；不論是純粹寡占或差別寡占，一旦價格建立以後，即很少變動，而個別生產者相互間的競爭，亦多不以價格爲手段，而採取價格以外的其他競爭手段。根據這項特質，吾人試提出幾項簡單的寡占理論，並約略說明價格方式以外的競爭，是採取何種方式。

二、有拗折點的需求曲線理論
(kinky-demand curve theory)

　　有拗折點的需求曲線理論，認爲寡占市場個別生產者的銷售曲線或市場需求曲線，不同於其他市場的生產者，而具有特殊形態；由於此一特殊形態，而使得寡占市場的價格相當固定，不易變化。其需求曲線所以有特殊形態，乃是根據以下對其競爭者行爲所作的假設而來。就某一個別的生產者而論，如果市場價格爲 OP，若此一生產者變更其價格而其他競爭者不予注意，或雖注意而並不採取任何應付行動，仍然維持他們原來的價格不予變動，則此一生產者的市場需求曲線的形態可能爲 $D_1D_1{}'$，其彈性較大。亦即當此生產者降低價格時，其他生產者的價格不變，則由於其價格的降低而將其他生產者的顧客吸引過來，其銷售量將增大。反之，若此一生產者提高價格而其他生產者的價格不變，則由於其價格的上漲，其顧客必將爲其他的生產者所爭取，其銷售量必大爲減少，因而其市場需求曲線便爲 $D_1D_1{}'$ 形態。與此需求曲線對應的邊際收益曲線，爲 MR_1。另一方面，假如此一生產者變更價格時，而其他

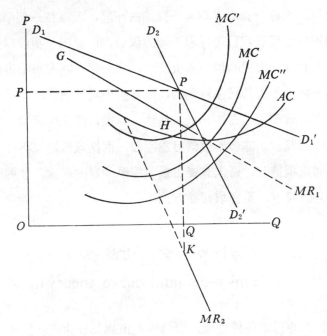

圖 11-1 根據有拗折點的需求曲線決定最適產量與價格

競爭者亦採取同一行動，則此一生產者的市場需求曲線可能爲 D_2D_2' 形態，其彈性較小。亦卽當此一生產者降低其價格時，其他生產者亦降低其價格，甚至其降低的幅度比他還大，則其他生產者的顧客不會被他吸引過來，最多他能吸引原來並不購買而現在由於價格降低而開始購買的新顧客的一部分，因此其銷售量增加甚微。反之，若此一生產者提高其價格，而其他生產者亦提高其價格，則此一生產者的顧客，由於其他生產者的價格同樣提高，因而不至於被其他的生產者吸引去。但可能由於價格的上漲，若干購買者暫時退出市場，因而此一生產者的市場需求量雖有減少，但減少得不多，其市場需求曲線便爲 D_2D_2'，而與此曲線對應的邊際收益曲線則爲 MR_2。但事實上其他生產者不可能全無反應，亦不可能無論價格漲跌均有反應，很可能當此一生產者降低價格時，因

爲這將影響到他們的銷路， 因而會採取同一行動， 也降低價格。 但是
當此一生產者提高其價格時，因爲這將對他們有利，故他們不會採取行
動，同樣提高價格。如果是這樣，顯然，市價若低於 OP 時，此一生產
者的需求曲線爲 PD_2'，市場價格若高於 OP 時，其市場需求曲線則爲
D_1P，而其整個的需求曲線便爲 D_1PD_2' 形態，在 P 點有一拗折點。至
於 D_1D_1' 曲線上 PD_1' 部分，與 D_2D_2' 曲線上 D_2P 部分均不發生作用，
故不須考慮，此一需求曲線在 P 點便有一拗折點(kink)，故稱爲有拗折
點的需求曲線。

因爲此一有拗折點的需求曲線是由兩條需求曲線的有關部分組合成
功的， 其對應的邊際收益曲線的形態便也有些特殊， 與 D_1P 部分有關
的邊際收益曲線是 GH 段，而與 PD_2' 部分有關的邊際收益曲線則爲
KMR_2 段，因此與 D_1PD_2' 需求曲線對應的邊際收益曲線便是 GH—
KMR_2，由 H 到 K 中間中斷，其中斷處剛好在拗折點 P 以下。爲方便計，
吾人可用虛線聯結之而成 $GHKMR_2$ 折線。

如果此一生產者的平均成本及邊際成本曲線分別爲 AC 及 MC，並
且如果其邊際成本曲線在 HK 之間與中斷的邊際收益相交，則吾人可看
出不論市場需求情況如何變化，亦不論成本結構如何改變，只要邊際成
本曲線 MC 能與邊際收益曲線相交於其中斷的部分，生產者總是以生產
OQ 單位的產量，而以 OP 的價格銷售最爲有利；因此時邊際成本雖不
等於邊際收益，但產量若稍增大，邊際收益即低於邊際成本，產量若稍
減少， 邊際收益即高於邊際成本， 故以產量 OQ 爲最有利， 而此一產
量的價格爲 OP。同時吾人亦可看出，若成本結構改變，成本增加，而
邊際成本曲線上移至 MC' 的位置，或成本降低，邊際成本曲線下移至
MC'' 之位置， 只要此二曲線仍相交於邊際收益曲線的中斷部分，生產
者仍是以生產 OQ 單位，以 OP 價格銷售最爲有利， 而不會改變其產量

與價格的。

由以上的分析，此一有拗折點需求曲線的理論，確能說明一旦寡占市場建立了某一價格之後，若無重要因素，價格非常穩定，不會輕易變動。但此一理論，也有一重要缺點，卽它不能解釋價格何以會建立於現在的水準。就圖 11-1 言，吾人雖可解釋價格若建立於 *OP* 時，此價格相當穩定，無重大原因，不至於會變動，但價格何以會建立於此一點？有拗折點的需求曲線理論便無從說明了，不得不另從其他角度予以解釋。

三、平均成本定價法則

因爲有拗折點的需求曲線理論，僅能說明寡占市場的生產者一旦市場價格決定以後，如無重要原因，價格將相當穩定，不會有多大變化，但却不能說明，價格何以會決定於某一水準。爲了解釋價格究竟如何決定於此一水準，若干學者，乃從寡占生產者實際的定價過程中去分析，因而提出了平均成本定價的法則。

依據這一分析，認爲雖然經濟學理論中，將邊際成本等於邊際收益的原則，看作是生產者決定產量與價格的標準，而實際上領導企業從事生產的企業家以及各階層管理人員，可能根本不了解邊際成本與邊際收益的意義，自談不上依據此二數量的相等以決定其產量。或者雖然了解這兩個概念的意義，但是實際上却不可能準確的估計出其數值，因此自亦不能以之作爲決定產量的依據。各生產者實際決定其價格的，乃是以正常的生產能量爲基礎，算出單位產品的平均成本，然後再在平均成本之上加上一定的百分比作爲利潤，如此計算出之數字，卽爲市場價格。而在此一價格之下，盡一切方法，增加其銷售量。因爲價格旣經決定，如無重大原因，當然不會變更，因而市場價格乃表現出相當穩定的特質。同時價格既經固定，爲增加銷售量，當然多採用價格以外的競爭手段，以與其他的生產者相競爭。此一原則，即所謂平均成本定價法則。

依據此一法則在計算平均成本時所採取的正常生產能量，視產業的性質及市場的情況而定。此正常生產能量當然不是該產業的最大生產能量，可能是按照生產程序，考慮季節變動，並依照一般社會習慣而計算出之平均數。實際的生產量可能有時超過此正常生產能量的負荷，有時則不及此一負荷。至於所包含的成本因素，除可變成本外，自亦包含固定成本在內，如機器折舊、管理費用、租稅等。而作爲利潤所加之百分比，各產業亦不相同，有所加之百分比甚高者，亦有甚低者，視各產業傳統利潤之情況及資本周轉之速率而定。凡資本周轉之速率大者，所加之百分比小，反之，資本之周轉率小者，則所加之百分比大。

若以符號表示之，則平均成本定價可用下列公式表之：

$$P = \frac{c}{q}(1+\gamma)$$

式中 p 表價格，q 表正常生產能量下的生產量，c 表產量爲 q 時之總成本，包括可變成本與固定成本，γ 則爲利潤比率的百分比。

四、價格領袖 (price leader) 制度

在寡占市場中，尚有一定價的原則，爲多數的生產者實際所遵奉，因而能表現出價格的一致與穩定的特質，此即所謂價格領袖制度。在寡占市場的生產者可能爲避免獨立定價的麻煩，以及所定價格與其競爭者不一致時可能引起的不良反響起見，往往不自定價，而是追隨該產業中某一特定的生產者，視此一生產者所定之價格爲何，再依據其價格決

定其自己的價格，或者採取與該一生產者相同的價格，或則在該一價格上加減一適當的百分比作爲自己的價格。被其他生產者作爲價格依據的生產者，卽是價格領袖，或價格領導者（price leader），其他追隨此一價格領袖的可稱爲價格的追隨者（price follower）。作爲價格領袖的，可能是該產業中最大的一個生產者，或則是該產業中歷史最久的生產者，亦可能是由於其他原因而選擇的某一生產者。不論是以何種因素所選出之價格領袖，其價格一旦決定以後，其他生產者的價格當然也隨之決定，如無特殊原因，價格領導者不會隨便變更其價格，因爲怕引起其他生產者不良之反響。而價格追隨者亦不會隨意變更價格，因變更價格對其可能產生不利的影響。因此表現於寡占市場的便是價格長時期的保持穩定了。

五、寡占市場個別生產者的勾結或君子協定

　　寡占市場中的個別生產者相互之間旣有高度的互相依賴性及利害衝突，任何個別生產者的行動均可能影響其他生產者的市場與利潤，因此各生產者之間爲增加利潤減少競爭起見，相互之間可能進一步的結合，以圖控制市場，增加全體的利潤。其結合的方式，可能是公開的勾結，分割市場，劃一價格。此種公開勾結最澈底的，便是同意合併成爲一托拉斯，此時個別生產者便喪失其獨立性，成爲托拉斯的一員，而寡占市場很可能便變爲獨占市場，爲求獨占利潤之最高，適用前一章所分析之獨占法則。此種結合成托拉斯的方式，過去在美國甚爲風行，但自一八九○年美國反獨占法案（Antitrust Act or Sherman Act）通過後，已成爲違法之行爲，聯邦法院得加以取締或解散。公開勾結的次一方式，則是產業聯盟的組織，每一生產者仍保持其獨立的地位，但對於價格的

決定、產量的分配、市場的劃分，甚而利潤的重分配，交由聯盟決定，而各加盟生產者必須遵守。這種結合的方式，過去在歐洲甚爲風行，尤其在德國，卽所謂辛廸加(Syndicat)是。這種產業聯盟，政府不但不取締，有時在對外貿易方面，還加以鼓勵。不過在兩次大戰德國失敗後，辛廸加的形式也逐漸沒落。最後，生產者公開勾結若屬違法或不爲社會原諒時，則生產者往往會暗中勾結而結成所謂君子協定；表面上生產者之間沒有任何聯繫，實際上則以種種隱秘的方式，規定價格、分割市場、分配利潤，　購買者受其操縱而不自覺。　這種隱秘的君子協定方式的勾結，在今日的美國，甚爲普遍，雖然法律上嚴加取締，並不能根絕。

　　目前我國較顯著的寡占產業，也有若干種，較著名者如水泥、味精、紡織等均屬之。此等產業對內爲避免競爭，對外爲增加外銷起見，生產者間均有嚴密的組織，這種組織有時且爲政府所鼓勵、所促成。這種組織所採取之方式或爲聯營，如味精；或爲統一價格，如水泥；或採取其他合作方式，如紡織。實際上這種種組織，站在經濟效率的立場，是否合理，站在消費者的立場，對消費者是否有利，便很難說了。

六、寡占與非價格競爭 (non-price competition)

　　由以上之分析，在寡占市場中價格相當穩定，不像完全競爭市場中之價格，隨時隨供需情況之變化而變動。因此寡占市場中的生產者，爲了增加銷路，獲取利潤，便無法採取降低價格的競爭方式，與其他生產者競爭，　而不得不採取價格以外的方式，　以進行競爭。　這種價格以外的競爭方式，包括品質的改進，增加銷售費用以增加市場對其產品的需求；除產品本身外，提供特殊的額外的服務，給予各種信用，以及其他獎勵鼓勵的方法等。

　　就改進品質論，生產者如不能以降低價格的方法增加其銷售量，則如果其產品的品質能有所改進，而仍以原來的價格銷售，便等於以原來的品質，降低價格銷售一樣，市場需求，可能因之提高。如果生產者確能做到品質的改進而不提高價格，站在消費者的立場，毋寧是有利的。不過在多數寡占市場中，所謂品質的改進，有時不一定是眞正品質的改進，不過是生產者利用廣告，在消費者心目中產生一項品質已予改進的印象而已，可能品質不但未改進，實際上反而變劣。例如美國的香煙市場，卽是一寡占市場，若干年來價格均未變動，生產者爲了競爭起見，不斷以品質優良相號召，而自吸煙影響健康之說提出後，煙商更不斷以加裝濾嘴，保留煙味的芬芳相標榜，實際上品質是否如廣告上所說的那樣良好，　濾嘴是否如廣告上說的那樣有效，　消費者無法從事技術的判斷，只能姑妄聽之而已。

　　所謂增加銷售費用，以提高市場需求，卽是生產者支出某項費用，其目的不是在增加生產，故與產量無關，而僅是在影響消費者，使其對該項產品的偏好提高，因而增加其需求。其最具體的方式，如透過現代大衆傳播的媒介，從事廣告宣傳；派出推銷人員，從事家庭訪問，免費供給樣品以作試用等。這種銷售費用，亦屬成本之一，生產者之所以願意支出這項銷售費用，則是因爲這項費用支出後會促成銷售量之增加，因而增加其總收益。但銷售成本之支出以何種數量爲最適宜？則須視銷售量增加後之邊際收益，與邊際銷售成本兩者而定。如由於支付銷售成本後銷售量之增加所獲得之邊際收益，大於邊際銷售成本，則增加銷售成本爲有利，因爲可以增加淨收益。反之，若邊際收益小於邊際銷售成本，則減少銷售成本爲有利，因爲如此可減少淨收益之損失也。必待由於支出銷售成本後所獲得之邊際收益剛等於邊際銷售成本時，才是最適度之銷售成本，對生產者爲最有利。

但是生產者考慮銷售成本此一因素以後，由於所考慮之因素增多，生產者所欲解決之問題便更複雜，此時生產者爲決定其最適度之生產量，不僅須考慮生產成本及市場需求等因素，更須考慮銷售成本一因素。而銷售成本與生產量無直接關係，僅與銷售量有關，而銷售成本又能影響市場需求情況，此時市場需求情況，不再是一客觀的存在，而是能由生產者所影響的環境，在這一互爲影響的複雜情況中，生產者究竟如何決定其最適度之生產量，是一非常複雜的問題，本章及以上各章的分析，對此無所幫助，亦超出於本書水準，玆不深論。

爲了進行非價格的競爭，生產者除了提供產品本身外，可能還附帶的提供他種勞務。例如，對於產品設計特別的包裝；在批發或零售的場合佈置舒適的環境，使購買者樂於光臨；可以用電話或郵購方式，將貨品送到家；可以提供特別信用，如分期付款等。總之由於這些勞務的存在，使購買者將其視作產品所不可少的部分，因而增加其需求。

生產者有時除爲產品提供特殊勞務外，尚可能提供特殊獎勵或鼓勵的方式，利用消費者貪圖小便宜的心理，增加其需求量。例如，對消費者在購買時附贈他種物品，或附贈彩券或獎券，當場可以摸彩，或將來可以開獎，中獎時可獲得其他獎品等。對於這種種方式，吾人當不生疏，臺灣各業，不僅寡占市場的生產者大多採取這種手段，而其他市場結構的生產者亦多採取這種方式，如買冰箱送磁器，買味精送彩券，買汽水有瓶蓋獎等均屬如此。問其用意，亦不過增加消費者購買的興趣，提高其需求，因而增加生產者的銷售量而已。

七、摘　　要

寡占市場的個別生產者之間相互依賴性及利害衝突性均甚高，因此任何一個個別生產者的行為，必須同時考慮其他生產者的行為。對其他生產者的行為所採取的假定若不同，即產生不同的寡占理論。現代一般受重視的理論有下列數種，即 (1) 有扭折點的需求曲線理論，認為寡占市場個別生產者的市場需求曲線上有扭折點存在。(2) 平均成本定價原理，認為寡占市場的個別生產者按平均成本加一定的利潤率而決定其價格。(3) 認為寡占市場的個別生產者之間，常以某一生產者作為價格領袖，而根據此價格領袖之價格以決定自己之價格。

寡占市場由於相互之間的相互依賴性高，不易採取價格競爭的方式，故寡占市場的價格均相當穩定，而多採取非價格競爭的方法以從事競爭，例如改進品質、增加服務項目及提供額外獎品是。

重 要 概 念 與 名 詞

有扭折點的需求曲線　　　　非價格競爭

正常生產能量　　　　　　　君子協定

價格領袖與價格追隨者

反獨占法

第十二章 獨占競爭市場個別生產者產量及價格的決定

　　屬於完全競爭與純粹獨占之間的市場結構，除寡占市場外，尚有一獨占競爭的市場。寡占市場與獨占比較接近，而獨占競爭的市場，則與完全競爭的市場比較接近。獨占競爭市場的產生，可能是由於完全競爭市場的生產者，從事產品的差別化，每一生產者的產品皆發展其獨特性，與其他生產者的產品相比較，在消費者心目中即有所差異，因此購買者在購買時對生產者即有所選擇，因而對特定的生產者即有不同的偏好。另一方面，這種獨占競爭市場的出現亦可能是由於在寡占市場中，無法阻礙新生產者因為利潤的優厚而不斷加入。如果市場不斷擴大，新生產者不斷加入，最後由於生產者數目的增加，亦可能由寡占市場變為獨占競爭的市場，不過這種可能性或許較小。

　　在獨占競爭市場中，一方面由於人數衆多，每一生產者的產量在總產量中所占之比例甚小，因而無法操縱市場，這一點與完全競爭市場甚相似。但另一方面，每一生產者的產品與其他生產者的產品有所差異，因而任何兩生產者的產品，在消費者心目中其替換性並非無限大，這一點與完全競爭市場不一樣，却近於獨占市場。因此之故，獨占競爭一詞，由此而產生。

一、短期分析中個別生產者適度產量之決定

在獨占競爭的市場中，個別生產者的產品有其差異性，因此其市場需求曲線，彈性係數不再等於無限大。換言之，其市場需求曲線或平均收益曲線不再是一根平行於橫座標的直線，而是一根由左上方向右下方傾斜的曲線；表示此一生產者當其價格較其他生產者爲高時，仍能保持一部分顧客，不過其銷售量比較少而已，因爲部分顧客可能轉向其他生產者購買。反之，若此生產者降低價格時，則其銷售量可望增加，因其可能由其他的生產者處吸引一部分顧客過來。此一生產者因爲價格跌落故能吸引其他生產者顧客的現象，並不爲其他的生產者所注意而採取報復或應付行動，因爲受影響的生產者可能非常多，每一生產者所受的影響很有限，不會嚴重降低其收益，因此犯不着採取報復行動。獨占競爭市場個別生產者平均收益曲線此一特性與獨占者甚爲相似，所不同者可能其需求彈性相對的比較大而已。

在短期分析的觀點下，個別生產者究竟如何決定其產量與價格？如上所述，由於個別生產者的市場需求曲線是一由左上方向右下方傾斜的曲線，短期間因生產者的生產規模固定，故其決定適度生產量與價格的法則與獨占相似。圖 12-1 中 *AR* 爲該生產者的平均收益曲線，*MR* 爲其邊際收益曲線，*SRAC* 及 *SRMC* 則分別爲其短期平均成本及短期邊際成本曲線。由此圖形，生產者爲獲取最大利潤，必將其產量擴展到邊際收益等於邊際成本的一點，即 $MR = MC$。由圖 12-1，邊際成本曲線與邊際收益曲線相交於 *K*，故生產者的最適度生產量爲 *OQ*，而由平均收益曲線，知產量爲 *OQ* 時，市場價格則爲 *OP*。因爲由市場需求情況及生產者的成本結構，僅能決定圖形上的一點，故獨占競爭的生產者，

亦如獨占者一樣，沒有市場供給曲線。

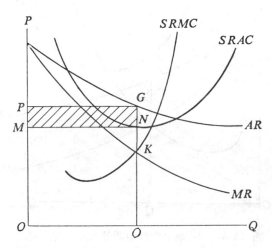

圖 12-1　獨占競爭廠商短期最適產量的決定㈠

　　由邊際收益等於邊際成本的條件以決定最適度生產量，是不是能保證生產者就能獲得最大的利潤？關於這一點尚須視平均成本與平均收益的關係而決定。如果在最適度生產量 OQ 的一點，平均收益大於平均成本，如圖 12-1 所示，短期平均成本曲線在平均收益之下，則生產者可獲得利潤，並且此時之利潤比任何其他的產量爲大。圖中產量爲 OQ 時，平均成本爲 QN，平均收益爲 QG，因而單位利潤爲 GN，總利潤則爲 $GNMP$，此一總利潤，必比任何其他產量水準之總利潤爲大。但如果在最適度產量的一點，平均成本大於平均收益，則此時生產者必有損失，不過在此一產量下，其損失必較任何其他產量水準時爲小。如圖 12-2 中，邊際收益等於邊際成本時所決定之產量爲 OQ，此時平均成本爲 QN，平均收益爲 QG，平均成本大於平均收益，單位損失爲 GN，而總損失則爲 $NGPM$，不過雖有損失，若生產者仍願繼續生產，在此一產量水準下的總損失總是最小的。

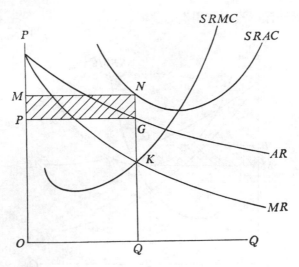

圖 12-2　　獨占競爭廠商短期最適產量的決定㈡

二、長期分析中個別生產者產量與價格之決定

　　短期分析中，由於生產者生產規模固定，生產者從事生產時，僅能以邊際收益等於短期邊際成本的一條件，決定其最適度的生產量。在此一產量下，比較平均成本與平均收益的關係，生產者可能賺取利潤，亦可能遭致損失。但是當吾人由短期分析，進入到長期分析的範圍，在長期情況下，生產者又如何決定其產量？其利潤之大小又如何決定？

　　要考慮個別生產者的長期情況，吾人不得不注意幾項因素：首先獨占競爭市場中，對於新生產者的進入，或對於原有生產者的退出，均沒有任何阻礙而是有充分自由的。如果整個產業一般的情況看好，多數生產者均有利潤可賺，則在長期中必會吸引新的生產者加入，而生產者的數目會慢慢增加。反之，如果整個產業的一般情況蕭條，多數生產者不但無利潤可賺，而且經常有損失，同時這種情況在短期間內又似無改進

的可能，則部分的生產者卽將不更新其設備，而逐漸退出生產，生產者
的數目亦將會慢慢減少。當然由於個別生產者對未來的預期不一致，在
產業情況看好時，可能有人退出生產，但一般的說，新參加的生產者數
目一定會比退出者爲多，結果生產者數目仍會增加。反之，在產業蕭條
時期，亦可能有生產者加入此產業，但一般的退出生產的數目一定會比
參加的數目爲多，結果生產者的數目仍會慢慢減少。其次，吾人須注意
者，隨生產者數目的變化，及個別生產者生產規模的調整，對各項生產
因素的需求可能亦因此發生變化。若生產者的數目增加，而個別生產者
的生產規模亦擴張時，對生產因素的需求必增加，因而生產因素的價格
可能上漲。反之，若生產者的數目減少，或個別生產者的生產規模緊
縮，則對生產因素的需求減少，因而會引起生產因素價格的下跌。無論
是生產因素價格的上漲或下跌，必將影響個別生產者的成本結構，而使
其成本發生變化。

　　考慮了以上的兩項因素，吾人可以進一步分析個別生產者在長期情
況下產量決定的法則。這可由兩種不同的情況，進行分析。先假定整個
產業情況看好，市場需求甚高，多數生產者均有利潤可賺，則由於利潤
的刺激，不但原來已從事生產的生產者會調整其生產規模，而由於大量
利潤的存在，亦必將引起新生產者的加入。由於新生產者的加入，生產
者的數目增加，市場供給增加，對每一個別生產者必將發生兩種影響：
首先由於生產者數目的增加，每一生產者在全部供給中所占的比例減
少，換言之，其顧客部分爲其他的生產者所吸引去，故其市場需求曲線
或平均收益曲線必將降低。其次，由於對生產因素需求的增加，生產因
素的價格可能上漲，因而每一生產者的成本結構改變，亦卽短期成本曲
線向上移動。個別生產者這種平均收益曲線及成本曲線變動的過程，在
市場未重獲均衡以前必將繼續存在，直至市場重達均衡而個別生產者亦

重達均衡爲止。其次，若假定整個產業情況蕭條，市場需求甚低，因而多數生產者均遭致損失時，則由於損失的關係，不但不足以吸引新生產者的加入，而原來的生產者亦必逐漸退出生產，或緊縮其生產規模，由於生產者的退出，生產者的數目減少，對仍繼續維持生產的生產者必產生兩種影響：首先，由於生產者數目的減少，每一仍繼續生產的生產者，在市場全部供給中所占的比例即增大，換言之，退出生產的生產者，其顧客必轉向未退出的生產者，而此未退出的生產者，其市場需求必增大，即其市場需求曲線或平均收益曲線將向上移動。同時由於生產數目的減少，對生產因素的需求亦將減少，生產因素的價格可能下跌，對於未退出的生產者，必使其成本降低，亦即其短期成本曲線必向下移動。這種平均收益曲線及成本曲線變動的過程在市場未重獲均衡以前，必將繼續變化，直至市場重獲均衡而個別生產者亦重獲均衡爲止。

　　由上述兩種情況所產生的個別生產者的變化，最後將產生何種結果？這吾人可用圖 12-3 說明。個別生產者市場需求曲線或平均收益曲線，及成本曲線的移動及變化，必滿足此一條件，即當邊際收益等於短

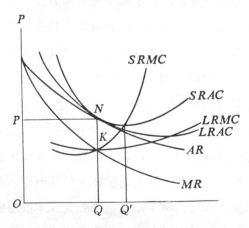

圖 12-3 獨占競爭廠商長期最適產量的決定

期邊際成本以決定適度生產量時，在這一產量下，短期平均成本亦等於平均收益。換言之，短期平均成本曲線剛好在此一產量時，由上方切於平均收益曲線於一點 N，此一平均成本曲線即代表生產者所選定的生產規模。如圖 12-3 中，邊際收益曲線與短期邊際成本曲線交於 K 點，因而決定適度生產量 OQ，在這一產量下，短期平均成本曲線切平均收益曲線於 N 點，即短期平均成本等於平均收益。不僅此也，在此一適度產量下，長期邊際成本亦等於短期邊際成本等於邊際收益，而長期平均成本亦等於短期平均成本等於平均收益，亦即長期平均成本亦在 N 點與平均收益曲線相切也。此一條件，吾人可稱為獨占競爭市場個別生產者的長期均衡，以公式表示之，其條件為

$$MR = SRMC = LRMC$$

同時　　　　$$AR = SRAC = LRAC$$

因為在長期均衡條件下，最適度生產量的平均成本等於平均收益，顯然個別生產者沒有超額利潤可得，同時亦不致遭致損失，生產者僅能獲取正常利潤，而無法取得獨占利潤，這一點是與獨占不相同的。

當每一個別生產者獲得均衡時，整個產業亦達到均衡，此時不但生產者的人數不變，而每一生產者的生產規模亦不變，因為如果此兩者仍在變動時，每一個別生產者的有關因素亦將繼續變動而不致達到均衡也。

三、摘　　要

獨占競爭市場的個別生產者，在短期分析中，因其生產規模不能變更，為期獲得最大利潤，其最適產量決定於其邊際成本等於邊際收益的一點。在這一產量下，如果其平均成本小於平均收益，則其利潤為正

數。如果其平均成本大於平均收益，則其利潤為負數，亦即有損失，不過在此一產量下其損失為最小。

在長期分析中，不但個別生產者的生產規模可以變更，而且此一產業中個別生產者的數目可能變動，個別生產者所僱用的生產因素的價格，以及其銷售曲線均能發生變化，故在長期均衡狀態時，其最適生產量決定於其短期邊際成本等於其長期邊際成本亦等於其邊際收益的一點。而在此一產量下，其短期平均成本等於其長期平均成本亦等於其平均收益，因此在長期均衡狀態下，個別生產者並無獨占利潤或超額利潤。

重 要 概 念 與 名 詞

運輸成本　　　　　　經濟福利

第十三章　生產因素的價格與所得的分配

一、生產因素的價格與分配的問題

以上各章吾人討論在不同市場產品的產量及價格的決定法則時，吾人假定各種生產因素的價格不變；　吾人所以這樣做，　是爲了使問題簡化，便於作初步的分析，因爲如果我們同時考慮生產因素價格變動的現象，則吾人所需要分析的問題便顯得更複雜了。但是實際上生產因素的價格不是固定不變的，也是在不斷變動之中。因爲生產因素也像一般商品一樣，在生產因素的市場是可以買賣的。因此吾人在研究了一般產品價格的決定法則之後，必須進一步研究生產因素價格決定的法則，如此才能使價格理論成爲一整體。

不僅此也，在第二章吾人研究經濟的循環周流時，即曾說過，整個經濟活動的循環周流由兩大市場構成；此兩大市場，即最後產品及勞務市場與生產因素市場。在產品市場中企業單位生產各種產品，提供於市場，而家計單位對各種產品，　有所需求，　透過供需關係，一方面決定了各種產品的價格，一方面各種產品即由這種市場由生產者流向家計單位，供家計單位消費。以上幾章所講的，即是研究產品市場價格及產量如何決定的法則。但整個經濟的循環周流僅有這一市場並不能完成經濟活動的任務，必須有另一市場與之相配合，此即生產因素市場。在生產因素市場中，家計單位提供各種生產因素，以供銷售，而企業單位因為從事生產，對這種生產因素便有所需求；透過供需關係，一方面決定了生產因素的價格，而另一方面也決定了企業界從事生產時所願僱用的生產因素的數量。家計單位出售其生產因素的勞務，所獲得的報酬，便構成家計單位的所得；家計單位便能以此種所得，購買各種產品以供消費，如此，整個經濟活動的循環周流才能循環不已，生生不息。因此在生產因素的市場，吾人不僅研究生產因素價格決定的法則，同時亦研究所得分配的問題，即生產者在生產過程中如何獲得其應有的一份？這一問題，也就是傳統理論中的分配問題。

二、功能性的所得分配

關於所得分配，實際包含兩個問題，一即功能性所得分配的問題；即各種不同的生產因素，在生產過程中所獲得的所得在總所得中所占的比例為如何？另一問題即個人所得分配的問題；即每一個別的家計單位或個人，其所得水準是如何決定的？不同的個人之間，所得水準何以有差異？社會全體所得分配的情況如何？功能性所得分配的問題，為傳統經濟理論所特別重視，因為就傳統的經濟理論，亦即古典學派理論的觀點，認為在現代自由競爭的社會，任何生產因素只要願意，在價格功能調節的前提下，均能獲得就業的機會，因此就業問題，不需討論，而生產問題亦只是技術問題，故經濟學中唯一重要的問題乃是分配問題，即決定生產的價值在不同生產因素中分配的法則為何？勞動、資本、土地及企業家的勞務，均為生產過程中不可或缺的生產因素，為了報酬其在生產過程中的貢獻，勞動所獲得者為工資，資本所獲得者為利息，土地所獲得者為地租，所剩餘者即為企業家的利潤。各生產因素因其在生產過程中所表現的功能，而獲得此所得，故稱為功能性的所得。這種功能性的所得，在現代社會中有相當穩定的趨勢，即每一類所得，如工資及薪俸所得、利息、地租及利潤等在總所得中所占的比例相當穩定，逐年之間並無若何變動。例如以美國為例，工資及薪俸所得占所得的極大部分，約為國民所得的三分之二；利息及利潤分別約為百分之十二、三，地租最少，約為百分之八、九左右。我國因國民所得統計工作開始得較晚，估計尚未理想，暫不引證。至於何以每一類所得所占的比例相當固定，學者之間雖不斷提出各種解釋，但到目前為止，吾人除僅能以客觀的數字以資比較與說明外，尚無滿意的理論可以提出。

三、個人所得分配的不平均及其原因

其次關於個人所得分配的問題，在現代社會中，吾人稍一注意，即可發現出，個人所得分配，是很不平均的；有些人所得水準很低，如普通工人、小農民等，其所得往往不足以維持生活；而另有些人則所得水準甚高，如大實業家、大商人、票房價值高的電影明星等，他們的所得水準往往是普通人所得的幾十倍、幾百倍，甚至幾千倍，因此其生活享受也比普通人高出不知若干倍。要了解個人所得分配何以會有如此的差異，吾人不得不了解構成個人所得的來源。個人所得的來源大概可分為兩類，一類是個人自身所固有的勞力，另一類來源則是勞力以外的財產，包括固定資本、土地及各種流動資本等，這種財產也能提供一種所得。如果個人僅有自身的勞力，而沒有物質財產，除非他有特殊才能或天賦，如大藝術家，否則憑出賣勞力以獲取所得，不論其勞力是體力還是智力，其所得水準不會太高。反之，如個人除自身之勞力外還具有大量的財產，因爲財產可以產生所得，故其所得水準常能很高，比僅有勞力而無財產者可能高出甚多。

　　就整個社會看，不但不同國家，不同社會，其個人所得的分配有懸殊；例如美國一般人所得卽較中國爲高。而同一社會之中，個人所得的分配，亦有懸殊；在一端是低所得的多數人，而另一端則可能是高所得的少數人，中間則是有中等所得的中間階層。爲了表示一社會個人所得分配是否平均？如不平均，其不平均的程度若何？一般可採用羅蘭氏曲線以表示之。

四、羅蘭氏曲線 (Lorenz curve) 與奇尼係數 (Gini coefficiency)

　　所謂羅蘭氏曲線卽是以座標所表示的方形圖 (box diagram)，如圖 13-1，橫座標表示人口的百分比，縱座標表示所得的百分比。如果該一社會個人所得的分配絕對平均，卽每一個人所獲得之所得均屬相等，則其分配可用直線 AB 表之。由此直線上的任一點，可看出社會上某一百分比的人口，在所得的分配中獲得同樣百分比的所得，如 C 點卽表示百分之四十的人口，亦獲得全社會百分之四十的所得；D 點則表示百分之八十的人口，亦獲得全社會百分之八十的所得。這種分配是最理想的分配，然而事實上是做不到的。而實際的分配中，因爲個人所得水準不同，由低所得水準的人口向高所得水準計算，對於一定百分比的人口，其所獲所得在總所得中所占之比例必不如其人口的比例，所得分配愈不平均，則其所占之比例比人口所占之比例相差愈大。因此實際所得分配

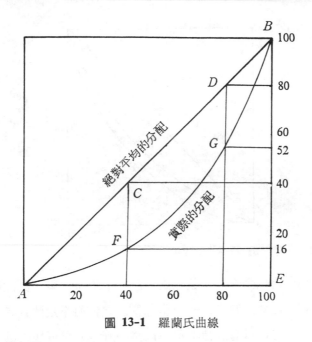

圖 13-1　羅蘭氏曲線

所表示之曲線，必是與直線 *AB* 有偏差的曲線，因此是一根在 *AB* 線以下的曲線。如所得分配愈不平均，其與直線的偏差愈大，如果在極端情況下，全部所得僅為一人所得，而其餘的人均無所得，此時所得分配的曲線，必為 *AEB* 成直角的折線，因為百分之九十九以上的人口所獲得之所得均為零，待最後一人加進去以後，則百分之百的人口獲得百分之百的所得，故所得分配即為一折線。在圖 13-1 中，若曲線 *AFGB* 表社會實際所得分配的情況，由此曲線吾人可看出，在 *F* 點表示社會低所得階層百分之四十的人口獲得百分之十六的所得。而 *G* 點則表示百分之八十的人口獲得百分之五十二的所得，反過來說，即高所得階層的百分之二十的人口獲得百分之四十八的所得了。

　　這種個人所得分配不均的現象，當然也可以用人為的方法予以糾正。如圖 13-2 中，*AYB* 曲線代表實際的所得分配，如果政府採取這種措

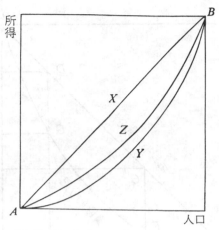

圖 13-2　受政策影響的羅蘭氏曲線

施，將社會總所得以全部人口數除之，獲一平均所得數字，然後按個人所得的數字，凡超過此數者，一律全部徵課之，而不足此數者，則一律按不足之數補足之，以有餘補不足，最後的所得分配可能成為 *AXB* 直線，即絕對的平等。當然事實上這種絕對的平等是做不到的，縱然做得到，其所須支付的其他方面的代價也太大，是否值得做也成問題。而一般國家所採取的補救方法，則是利用各種財政政策，將個人所得不平均的現象加以適當的糾正，而不一定求其完全平均。如圖 13-2 中，若 *AYB* 為實際個人所得分配的概況，而 *AZB* 為實施各項財政政策後的個人所得分配的情況，顯然 *AZB* 所代表的分配雖不是絕對平均的分配，然已較實際的未實施財政政策以前的所得分配平均多了。至於為了促進所得分配的平均，究竟須採取何項政策，吾人留待經濟政策一章再予討論。

　　為測定個人所得分配是否平均，往往採用奇尼係數（Gini coefficiency）以表示。在圖 13-3 中，*ACB* 為實際的分配曲線，所謂奇尼係數即實際分配曲線 *ACB* 與對角線 *AB* 之間的面積，占三角形 *ADB* 面積

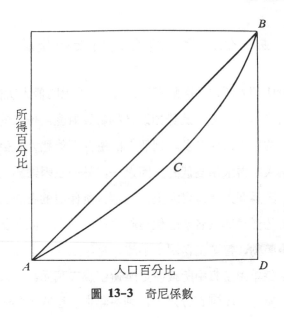

圖 **13-3**　奇尼係數

的比值，亦卽

$$奇尼係數 = \frac{ACB\ 的面積}{ADB\ 的面積}$$

由圖形可以看出，奇尼係數大於零而小於一，爲介於零與一之間的數值。因爲所得分配如絕對平均，則實際分配曲線 *ACB* 與 *AB* 重合，公式中分子的數值卽等於零，故係數之值亦爲零。如果所得分配絕對不平均，全部所得集中於一人之手，則實際分配曲線卽爲 *ADB*，公式中分子與分母相同，故其數值爲一，卽奇尼係數等於一。但實際所得分配不可能絕對平均，亦不可能絕對不平均，而是介於兩者之間。如果奇尼係數很小而近於零，表示所得分配相當平均。如果近於一，則表示所得分配相當不平均。對於不平均的所得分配，往往可以運用財政政策而使之趨於平均。目前我國的奇尼係數約爲 0.35，這在世界各國中是所得分配相當平均的國家。

五、個人所得與生產因素的價格

在以上說明個人所得分配的不平均時，曾說明個人所得的來源有二，即個人所自有的勞力，及勞力以外的物質財產。個人的勞力愈高，或個人所保有的物質財產愈多，則個人的所得可能愈大。但是這兩項因素僅是決定個人所得水準高低的原因之一，另一原因則爲生產因素市場價格的高低。因爲個人所得實際上卽是個人所保有的各項生產因素，提供生產使用時的數量與其各別的價格相乘積的總和。設舉例以明之，若某甲本人從事勞動，每週工作四十小時，每年工作五十週，每小時工資十元，則某甲每年由工資中所獲得之所得卽爲二萬元。另外某甲銀行中有儲蓄存款十萬元，年利百分之十，則每年之利息收入爲一萬元。另外有土地一方，年收地租五千元，如全部合計，則某甲每年之所得卽爲三萬五千元。爲各生產因素提供生產的數量與其價格的相乘積。如果供生產使用的數量不變，而生產因素的價格上漲，則所得將增加。同樣，如果生產因素的價格不變，而所保有的各項生產因素的數量增加，也可能使所得增加。此處所謂生產因素的價格，對勞動是指提供勞務的代價，故爲工資，資本則爲資本勞務的代價，故爲利息，土地則爲使用土地勞務的代價，故爲地租。

決定個人所得的，旣然一方面是所保有的生產因素的數量，另一方面是生產因素的價格，則吾人如果知道生產因素在個人之間何以如此分配，何以有人保有的數量很多，而其他的人保有得很少，並且如果吾人知道生產因素的價格如何決定，則吾人卽可解釋個人所得分配所以不平均的原因。遺憾的是對於前一個問題，卽何以生產因素在個人之間是如此分配，經濟學上無法答覆，因爲這不純粹是一個經濟問題，而是與該社會歷史、法律、文化、習俗等有關，大部分由這些因素決定的，經濟學無能爲力。例如在一個獨子繼承制度之下的社會，其生產因素的分配必較平均繼承制之下來得更不平均。經濟學對於由這些因素所決定的生產因素的分配，只能承認其客觀的存在，無法予以說明。不過對於第二個因素，生產因素的價格是如何決定的，經濟學却能提供滿意的答案，也是經濟學中的一個重要問題。以下各章吾人將逐次討論生產因素價格決定的法則。

六、摘　要

所得分配分爲功能性的所得分配與個人所得分配兩種。功能性的所得分配，即各種不同的生產因素，在生產過程中所獲得的所得在總所得中所占的比例；個人所得分配即每一個別的家計單位或個人，其所得水準的大小。在現代社會，個人所得的分配並不是很平均的，決定個人所得大小的因素有二，一即個人所控有的生產因素的數量，另一即生產因素價格的高低，故研究生產因素的價格問題，實即研究個人所得分配的問題。

爲表示一社會個人所得分配是否平均，常可採用羅蘭氏曲線。凡羅蘭氏曲線近於直線的，其所得分配比較平均，凡羅蘭氏曲線其曲率很大的，便表示個人所得的分配極不平均，爲糾正個人所得分配不平均的現象，政府可採取適當的財政政策，使高所得的人所得減少，而低所得的人所得能增加。

重 要 概 念 與 名 詞

功能性的所得分配　　　　羅蘭氏曲線

個人所得分配　　　　　　Gini 係數

第十四章　生產因素的需求與供給

　　一般的說，生產因素的價格，也決定於市場對生產因素的需求與供給。如果吾人知道生產因素的市場需求與市場供給，吾人一方面卽可據以決定該生產因素的價格，另一方面也能知道該因素能被僱用的數量，亦卽其交易量。不過生產因素，不同於最後產品，而有其特殊的性質。為瞭解生產因素價格決定的法則，吾人對於生產因素需求與供給，有加以進一步分析的必要。

一、引申需求原理 (derived demand)

　　生產因素與一般最後產品最不同的一點是，一般最後產品都能直接滿足慾望，因此直接由於其本身的原因，而被消費者所需求；但是生產因素，除極少數例外的情形，多不能直接滿足消費者的慾望。此少數的例外情形，如理髮師、醫生、教師等所提供之勞務，能直接滿足消費者的慾望。生產因素旣然不能直接滿足消費者的慾望，何以一般生產者對他還有所需求？對於這一點吾人須進一步分析。吾人已知，消費者所需要的是能直接滿足慾望的最後產品，生產者為了獲取利潤，因而生產此種最後產品，可是爲了生產這種最後產品，必須使用各種生產因素，因此生產者對生產因素有所需求乃是由消費者對最後產品的需求引申出來的。對於這種需求吾人稱之爲引申需求，一般也是表示生產因素的市場價格與市場需求量的關係。通常其價格高時，市場的需求量少，價格低時，則市場的需求量多。以曲線形態表示之，生產因素的需求曲線可如圖 14-1 所示，是一根由左上方向右下方傾斜的曲線，表示需求量隨價格的下跌而增加。

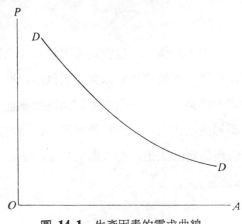

圖 14-1　生產因素的需求曲線

對於不同的生產因素，價格的變化與需求量變化之間也有着不同的關係，亦卽對生產因素的需求彈性，在各生產因素之間亦不相同。通常決定對生產因素需求彈性的高低的，有下列三項因素：第一，對於某種生產因素，若對其所生產的最後產品之需求彈性高，則對於此生產因素的需求彈性亦高。反之，若對於最後產品的需求彈性低，則對生產因素的需求彈性亦低。因此，吾人對生活必需品的需求彈性低，所以用來生產生活必需品各種生產因素的彈性亦低。反之，對便利品及奢侈品的需求彈性高，所以對生產此種財貨的生產因素彈性亦高。第二，在生產過程中，若此一生產因素很容易由其他生產因素所取代，亦卽他種生產因素與此一生產因素之間替換彈性很高，則對此一生產因素的需求彈性亦高。反之，若此一生產因素，在生產過程中不易爲他種生產因素所取代，其替換彈性甚低，則對此一生產因素的需求彈性亦低。例如在生產過程中，若勞動很易爲機器所取代，則對勞動的需求彈性卽高。反之，若勞動不易爲機器所取代，則對勞動的需求彈性卽低。第三，若此一生產因素的費用，在產品的總成本中所占之比例很小，則對此生產因素的需求彈性卽低；反之，若此一生產因素的費用，在產品的總成本中所占的比例甚大，則對此生產因素的需求彈性卽高。例如鈕扣的費用在衣服的總成本中所占的比例甚小，因此對鈕扣的需求彈性便甚低。

二、邊際產值與邊際收益生產量

　　生產者對生產因素的需求旣是一種引申需求，則站在個別生產者的立場，在不同的生產因素的價格之下，如何決定其對各種生產因素的需求量？因爲生產者從事生產的目的是爲了獲取最大的利潤，因此其對生產因素的需求，自亦以是否能使其獲得最大利潤而決定。生產者在僱用生產因素時，一方面需要支出代價，此構成其成本的一面，另一方面，使用生產因素後所製成的產品或勞務，在市場銷售後，能增加生產者的收益，此構成生產因素貢獻的一面。生產者對生產因素的需求量，自亦視此二因素的比較而定。簡言之，卽使得此二數量之間的差額爲最大，則生產者在僱用此生產因素時其利潤可爲最大。

　　但是生產因素對生產者的貢獻如何計算？爲了計算生產因素對生產者的貢獻，在此吾人將介紹兩個名詞，卽邊際產值 (value of marginal product) 與邊際收益生產量 (marginal revenue product)。所謂邊際產值，即某一生產因素之邊際實物生產量 (marginal physical product) 與此一生產因素僱用後所生產產品的市場價格之相乘積。以符號表示之，即

$$VMP_A = P_X \times MPP_A \qquad\qquad (14\text{-}1)$$

所謂生產因素 A 的邊際實物生產量，吾人在第六章生產理論中已說明過，即生產技術不變，其他生產因素的數量不變，而生產因素 A 所使用的數量每增加一單位時，總生產量的增量。此邊際實物生產量最初可能是遞增的，但當生產因素 A 使用量到達某一水準後，再增加其使用量，則其邊際實物生產量即開始遞減。以圖形表示之，即如圖 14-2 所示，圖中橫座標表生產因素 A 使用的數量，縱座標表實物生產量，MPP_A 曲線，即表生產因素 A 的邊際實物生產量曲線。此一曲線最初遞增，但當 A 的使用量等於 N 時，此曲線到達最高點，使用量超過 N 時，曲線便向下延伸，表示邊際實物生產量開始遞減。圖中的另一根曲線 APP_A，即 A 的平均實物生產量曲線，因其與吾人目前的討論無關，因此吾人暫時不管它。

邊際實物生產量曲線是以實物單位表示的，無法與貨幣單位的成本相比較，因此吾人須將其轉換成貨幣單位，換成貨幣單位最簡單的方法，是把邊際實物生產量以產品的市場價格相乘，其結果即是邊際產值，即是以貨幣單位所表示的了。不過在此地吾人尚須注意者，即該生產者的產品市場是完全競爭市場還是不完全競爭市場？因為縱然生產因素的邊際實物生產量相同，因為產品市場不同，其邊際產值也會不同的。因為如果產品市場是完全競爭市場，則不論此一生產者的產量為若干，市場價格為一固定常數，不因此一生產者銷售量的增加而降低。亦即不論此一生產者對生產因素的僱用量增加到什麼數量，產品的市場價格不會變動，因此生產因素 A 的邊際產值曲線在形式上與其邊際實物生

產量曲線完全一樣，不過縱座標被一固定的數字加以調整而已。如圖
14-3 所示，曲線上任何一點的縱座標對圖 14-2 中對應的一點的縱座標
的比值為一固定常數，因為它是由圖 14-2 中將每一有關縱座標，乘以
一固定常數得來的。但是假如產品市場為不完全競爭市場，不論其為獨
占、寡占、或獨占競爭市場均屬一樣，當此生產者的產量增加時，其市
場價格亦將隨銷售量的增加而下跌，不再是一固定常數。因此，當此一
生產者對生產因素 A 的使用量增加時，一方面其邊際實物生產量發生變
化，另一方面其產品的市場價格亦將下跌。為求其邊際產值，其邊際實

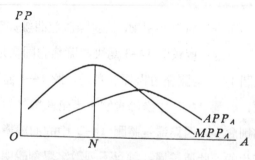

圖 14-2　邊際實物生產量曲線

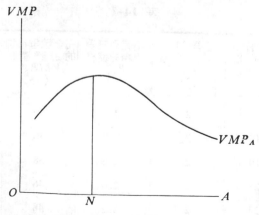

圖 14-3　邊際產值曲線

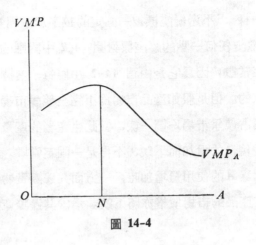

圖 14-4

物生產量須與一不斷降低的價格相乘，其邊際產值曲線如圖 14-4 所示，此圖由左向右其遞減的速度較圖 14-3 爲快，雖然它同樣是由圖 14-2 引申出來的。其與圖 14-2 的關係可得而說者是，圖 14-4 邊際產值曲線上每一點的縱座標，對圖 14-2 中邊際實物生產量曲線的對應點的縱座標的比值，愈向右則愈小。因爲這是將圖 14-2 中的曲線繼續乘以一不斷降低的數字而產生的。此種差異，試以下列數字舉例說明之。

表 14-1

生產因素 A 的使用量 (1)	邊際實物生產量 MPP_A (2)	完全競爭市場的價格 P_x^c (3)	不完全競爭市場的價格 P_x^m (4)	完全競爭市場的邊際產值 VMP_A^c (5)	不完全競爭市場的邊際產值 VMP_A^m (6)
1	10	2	3	20	30
2	15	2	2.8	30	42
3	19	2	2.6	38	49.4
4	23	2	2.4	46	55.2
5	24	2	2.2	48	52.8

6	21	2	2	42	42
7	19	2	1.9	38	36.1
8	16	2	1.8	32	28.8
9	14	2	1.7	28	23.8
10	12	2	1.6	24	19.2
11	10	2	1.5	20	15
12	9	2	1.4	18	12.6

表 14-1 中第一縱行爲生產因素所使用的數量，其他的生產因素使用的數量假定不變。第二縱行爲生產因素 A 的邊際實物生產量，最初隨 A 的使用量的增加而增加，當 A 用到五個單位時，邊際實物生產量爲最高，當 A 所使用的數量再增加時，其邊際實物生產量便遞減。第三縱行爲假定產品市場爲完全競爭，故其價格固定，不論銷售量爲若干，產品的單位價格總等於 2，第四縱行爲假定產品市場爲不完全競爭，故其價格隨銷售量的變化而變化，本表中由最高爲 3 降低到最低爲 1.4。第五縱行爲第二第三兩縱行的相乘積，表示產品爲完全競爭市場時生產因素 A 的邊際產值。第六縱行爲第二第四兩縱行的相乘積，表示產品市場爲不完全競爭市場時生產因素 A 的邊際產值。須注意者，此表中生產因素 A 的邊際實物生產量相同，而邊際產值因產品市場結構不同而發生差異。

　　其次，吾人要說明生產因素 A 邊際收益生產量（MRP_A）的意義。所謂生產因素的邊際收益生產量，卽此生產因素的使用量增加一單位時，生產者在銷售產品以後總收益的增量。換一種說法，亦卽是生產因素的邊際實物生產量與產品的邊際收益的相乘積，以公式表示之，卽

$$MRP_A = MR_X \times MPP_A \qquad (14\text{-}2)$$

　　在計算生產因素的邊際收益生產量時，亦須分別產品市場爲完全競爭還是不完全競爭。若產品市場爲完全競爭，因爲價格固定，故邊際收

益等於價格，因此生產因素的邊際產值（VMP_A）與其邊際收益生產量（MRP_A）相等，此由以下公式卽可看出

因 $VMP_A = P_X \times MPP_A$

          $MRP_A = MR_X \times MPP_A$

而 $MR_X = P_X$

所以 $MRP_A = VMP_A$ (14-3)

但是如果產品市場爲不完全競爭，則因爲在不完全競爭市場中產品的邊際收益小於其價格，故生產因素的邊際收益生產量小於其邊際產值，此由下列公式可以看出

因 $VMP_A = P_X \times MPP_A$

          $MRP_A = MR_X \times MPP_A$

因爲 $MR_X < P_X$

所以 $MRP_A = MR_X \times MPP_A < P_X \times MPP_A = VMP_A$ (14-4)

由圖形的意義言之，邊際收益生產量曲線在產品市場爲完全競爭時，與邊際產值曲線兩者完全一致。 在產品市場爲不完全競爭時， 兩者不一樣，而邊際收益生產量曲線當其由左上方向右下方傾斜時，其遞減的速

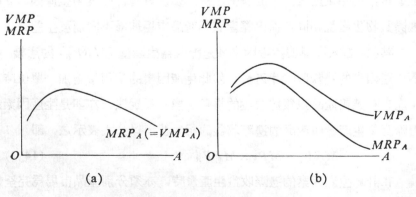

                     (a)   (b)

圖 **14-5** MRP_A 與 VMP_A 的關係

度比邊際產值曲線爲快。圖 14-5(a) 表示產品爲完全競爭市場時兩曲線
合而爲一的情況。圖 14-5(b) 則表產品市場爲不完全競爭時，邊際收益
生產量曲線位在邊際產值曲線之下，亦卽其遞減的速度較快。

產品爲不完全競爭市場時，邊際收益生產量的變化及其與邊際產值
的關係，亦可以表 14-2 數字說明之。

表 14-2

生產因素 A 的使用量 (1)	生產因素 A 的邊際實物生產量 MPP_A (2)	產品的價格 P_x (3)	生產因素 A 的邊際產值 VMP_A (4)	生產因素 A 的總產量 TPP_A (5)	產品的總收益 TR_x (6)	生產因素 A 的邊際收益生產量 MRP_A (7)
1	10	3	30	10	30	30
2	15	2.8	42	25	70	40
3	19	2.6	49.4	44	114.4	44.4
4	23	2.4	55.2	67	160.8	46.4
5	24	2.2	52.8	91	200.2	39.4
6	21	2	42	112	224	23.8
7	19	1.9	36.1	131	248.9	24.9
8	16	1.8	28.8	147	264.6	15.7
9	14	1.7	23.8	161	273.7	9.1
10	12	1.6	19.2	173	276.8	3.1
11	10	1.5	15	183	274.5	− 2.3
12	9	1.4	12.6	192	268.8	− 5.7

表 14-2 中第一、第二、第三、第四縱行乃由表 14-1 中的第一、第二、
第四、第六縱行移抄過來的，第五縱行表生產因素 A 的總生產量，乃是
將第二縱行累加而得。例如使用兩個單位生產因素 A 時，總產量爲第一
單位的邊際產量加第二單位的邊際產量，故爲 25 單位。使用到第三個

生產因素的單位時，總產量則須加上第三個生產因素的邊際產量 19 個單位，故總產量爲 44 單位，餘類推。第六縱行爲產品的總收益，卽第五縱行與第三縱行的相乘積。第七縱行卽表示生產因素 A 的邊際收益生產量，是由第六縱行每一數字減去其上一位的數字而得。例如在第六縱行中，使用到第六個單位生產因素時，總收益爲 224，而使用到第七個單位的生產因素時，則總收益爲 248.9，故生產因素 A 第七個單位的邊際收益生產量卽等於

$$248.9 - 224 = 24.9$$

其餘各單位的邊際收益生產量的數字依此類推。將第七縱行與第四縱行相比較，可看出其中的每一個數字都比第四縱行中對應的數字爲小。

三、生產因素市場爲完全競爭時個別生產者 對生產因素的需求曲線

生產因素的邊際收益生產量，是使用生產因素時，生產因素對生產者的貢獻。依據邊際收益生產量，生產者如何決定其對某一生產因素的需要量？當然，這除了考慮生產因素對收益的貢獻外，還需要考慮爲僱用生產因素時所引起的成本支出；比較了這兩個因素才能決定生產者對某一生產因素的需求量。爲便於分析起見，先假定其他的生產因素的數量爲固定，生產者僅需要一種生產因素，設爲勞動，並假定個別生產者，其生產因素市場爲完全競爭的市場，卽在此市場中，生產因素的出售者與購買者人數均甚多，每一購買者所購買的數量在全部生產因素中所占的比例甚小，因此不足以影響生產因素的市場價格。換言之，此生產因素的市場價格，是由市場供需關係決定的，在市場所決定的價格下對此個別的生產者，生產因素的供給曲線爲一平行於橫座標的直線，其

與橫座標之間的距離，即等於市場價格。在這一條件下，生產者對此一生產因素的需求量如何決定？ 此一問題， 吾人可以圖形說明之。 在圖 14-6 中，MRP_A 為生產因素 A 的邊際收益生產量曲線， VAP_A 為生產因素 A 的平均產值，即產品的市場價格與生產因素的平均實物生產量的相乘積，即表示生產因素的使用量發生變化時，平均每一生產因素單位對生產者貨幣收益的貢獻， 此曲線的作用，在以下將有說明。WW' 為生產因素 A 的供給曲線，因假定此一生產者在生產因素市場為一完全競爭者，故供給曲線為一平行於橫座標之直線，OW 等於此一生產因素的市場價格。依據生產因素 A 的邊際收益生產量曲線，及其供給曲線，生產者即可決定其對生產因素 A 的需求量。此數量決定於此二線的交點，即 K 點所決定的數量，由橫座標知 K 點所決定的需求量為 ON，即生產者對 A 的需求量必為 ON。何以知道必為 ON？ 因為生產者的僱用量若為 ON 時，此時為僱用最後一單位的生產因素，所增加的成本等於 KN，而此最後一單位的生產因素對其貨幣收益的貢獻，亦為 KN，因其邊際收益生產量等於 KN。生產者對 A 的僱用量如大於或小於 ON，對生產

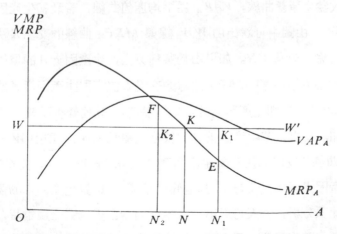

圖 14-6　生產者對生產因素需求量的決定

者均爲不利。例如，若僱用量大於 ON，而爲 ON_1，此時爲僱用最後一單位生產因素所增加的成本爲 K_1N_1，而此最後一單位生產因素對生產者的貨幣收益僅增加 EN_1，低於 K_1N_1，顯然生產者減少 A 的僱用，可以減少損失，對其較爲有利。同樣，若生產者對 A 之僱用量低於 ON，而爲 ON_2，此時爲僱用最後一單位生產因素，生產者的成本支出增加 K_2N_2，而此最後一單位生產因素對生產者的貨幣收益却能增加 FN_2，大於 K_2N_2，故生產者增加生產因素的僱用量爲有利，因此時能使生產者的貨幣收益增加也。依據以上分析，若生產者僅僱用一種生產因素，而此一生產因素的市場對此生產者爲完全競爭，則此一生產者對此一生產因素的需求量決定於此生產因素的邊際收益生產量等於生產因素市場價格的一點，以公式表示之，卽

生產因素的邊際收益生產量＝生產因素的價格

或　　　$MRP_A = P_A$

但是，如果此一生產因素的市場價格發生變化，則生產者對此生產因素的需求量將受到何種影響？如圖 14-7 中，MRP_A 仍爲生產因素 A 的邊際收益生產量曲線，VAP_A 爲平均產值曲線，若最初生產因素的價格爲 OW，由圖中可看出由 WW 線與 MRP_A 曲線的交點 K 決定生產因素 A 的需求量爲 ON。如果由於某種原因，生產因素 A 的價格下跌至 OW_1，則由 W_1W_1 線 MRP_A 曲線的交點 E 決定對生產因素 A 的需求量增加至 ON_1。亦卽生產因素的價格下跌時，其他條件不變，對其需求量會增加。反之，若生產因素 A 的價格上漲爲 OW_2，則由 W_2W_2 線與 MRP_A 曲線的交點 F 決定對生產因素 A 的需求量爲 ON_2，較 ON 爲少，亦卽生產因素價格上漲時，其他條件不變，則對生產因素的需求量減少。由此項分析，吾人可看出，在生產因素市場爲完全競爭時，若生產因素的價格發生變化，吾人可依據生產者的邊際收益生產量曲線，決定

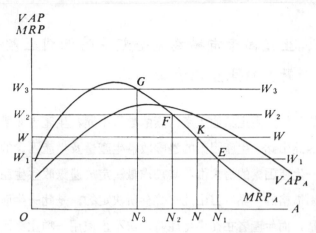

圖 14-7　生產者對生產因素的需求曲線

生產者對此一生產因素的需求量的變化，如圖 14-7 中 MRP_A 曲線上 F、K、E各點所表示者。因此吾人可以推論在此一情況下，生產因素的邊際收益生產量曲線可能構成生產者對生產因素的需求曲線。吾人說可能，因為有例外情形存在。由圖 14-7，假定生產因素的市場價格上漲至 OW_3，此時由 W_3W_3 線與 MRP_A 曲線的交點所決定的需求量，似乎應該為 ON_3，但吾人由圖形中看出，當生產因素的僱用量為 ON_3 時，雖然其邊際收益生產量等於生產因素的市場價格，但是其平均產值低於生產因素的市場價格。換言之，此時平均每一生產因素單位對生產者收益的貢獻低於其平均成本，生產者僱用 ON_3 單位的生產因素後，其總收益低於總成本，不但無利可圖，而且遭致損失，因此生產者將停止生產，不再僱用生產因素。由此一說明，吾人可以獲得此一結論，即當生產因素的市場為完全競爭時，生產因素的邊際收益生產量曲線在平均產值曲線以下的部分，為生產者對此一生產因素的需求曲線。

四、生產因素市場為完全競爭時個別生產者
對多種生產因素的需求

以上的分析是假定其他生產因素的數量不變，生產者僅購買一種生產因素，因此由此一生產因素的邊際收益生產量及生產因素的價格，即可決定此一生產因素的需求量，其需求量決定於邊際收益生產量等於生產因素市場價格的一點。但由此一條件所決定的，是此一生產因素所使用的絕對量，而生產者在從事生產時，決不止使用一種生產因素，必同時對若干種生產因素有所需求；因此，生產者為獲取最大利潤，對各種生產因素均有所需求。其對各種生產因素使用的比例如何決定？要解答此一問題，吾人可將第六章生產理論中所獲得之結論，稍加補充，即可說明。在第六章的說明中，吾人已知生產者為使生產成本為最低，必使各生產因素的使用量達到下列條件

$$\frac{MPP_A}{P_A} = \frac{MPP_B}{P_B} = \cdots\cdots \tag{14-5}$$

亦即，任何一生產因素的邊際實物生產量對其價格的比值，均屬相等。而每一個比值，其本身亦含有特殊意義，因為每一比值的倒數，即表示產品的邊際成本，因以生產因素的價格除以其邊際實物生產量，即表示每一單位產品花在此一生產因素上的邊際成本也。因此上述比值可寫為

$$\frac{MPP_A}{P_A} = \frac{MPP_B}{P_B}\cdots\cdots = \frac{1}{MC_X} \tag{14-6}$$

MC_X 表產品的邊際成本。生產者若希望獲得最大利潤，必須使其產品的邊際收益等於其邊際成本，而邊際收益依據生產者在產品市場為完全競爭者還是不完全競爭者，分別等於或小於產品的市場價格，因此上列

連等式進一步可寫為

$$\frac{MPP_A}{P_A} = \frac{MPP_B}{P_B} \cdots\cdots = \frac{1}{MC_X} = \frac{1}{MR_X} \geqq \frac{1}{P_X} \qquad (14\text{-}7)$$

即，如果生產因素市場為完全競爭，產品市場為不完全競爭，生產者為獲取最大利潤，對各生產因素的僱用，必須合乎此連等式的條件，惟最右一項為不等式。如果在產品市場亦為完全競爭，則最右一項亦取等式。

五、生產因素市場為完全競爭時產業對生產因素的需求曲線

生產因素市場為完全競爭時，吾人已知個別生產者對生產因素的需求曲線，為邊際收益生產量曲線在平均產值曲線以下的一段。由這一曲線，吾人很容易進一步求出全產業對此一生產因素的需求曲線。因為一產業包含若干個個別生產者，吾人只要將每一個個別生產者的需求曲線水平相加，即可獲得產業對此一生產因素的需求曲線。如圖 14-8 所示，

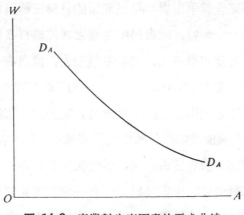

圖 14-8　產業對生產因素的需求曲線

D_AD_A 線即將全部個別的對生產因素的需求曲線累加而得。因為個別的邊際收益生產量曲線僅有在平均產值曲線以下的一段有效，其最初遞增部分不包含在有效需求之內，因此由此求出之產業之需求曲線，即是一般的由左上方向右下方延伸的一根曲線。不過在作成此一曲線時，吾人有一項隱藏的假定，即假定不論生產因素的僱用量如何變化，此產業所生產的產品，其市場價格不變，因此每一生產者對生產因素的需求曲線不會變。但事實上產品的價格是會隨生產因素僱用量的增加而降低的，因為產品的供給量必將增加。當產品的價格發生變化時，其對生產因素的需求曲線也發生變化，全部分析的過程便變得較為複雜。因此為簡單起見，吾人在本節中假定產品的價格不變。

六、生產因素市場為不完全競爭時個別生產者對生產因素的需求

以上所分析之情況，為生產者在生產因素市場為完全競爭，假如生產因素的市場為不完全競爭，生產者對生產因素的需求將如何決定？所謂生產因素的不完全競爭市場，可以簡單的分為三種情況：第一種情況為買者獨占 (monopsony)，此市場中生產因素的購買者僅有一人，而生產因素的銷售者可能有很多人，或少數幾個人，或僅有一人，最後一種情況，即所謂雙邊獨占 (bilateral monopoly)，買者獨占的情況，例如某一市鎮僅有一家工廠提供勞動的就業機會，對於此一市鎮及其附近的勞動者而言，此一工廠即構成對勞動力的買者獨占。在本省如菸酒公賣局，對菸葉的購買即為一買者獨占。第二種情況為買者寡占 (oligopsony)，對生產因素的購買者僅有少數幾家，任何一家在總購買量中均占有一很重要之比例，因而能充分影響生產因素之市場價格。買者寡占的實例，

如美國香煙製造商對煙葉的購買，即爲一例。第三種情況，爲獨占競爭，此時購買生產因素的人數甚多，但對於每一單位的生產因素，不同的生產者均認爲其有若干差異存在，其相互之間的替換彈性並非無限大。這三種情況，分別類似於產品市場的獨占、寡占與獨占競爭等三市場。此三種不完全競爭的生產因素市場，有一共同的特色，即生產因素的供給曲線，皆不是一彈性爲無限大而平行於橫座標的一根直線，而是一根由左下方向右上方延伸的曲線。換言之，生產者若希望多購買若干單位，則其所支付的生產因素的價格必須提高。唯有提出更高的價格才能引起更多的供給量。這一種性質，對於買者獨占的市場很容易了解，因爲此時生產因素的需求者祇有一家，生產因素對個別生產者的供給曲線，也就是生產因素對整個產業的供給曲線，故具有一般供給曲線的形態。買者寡占與獨占競爭的情況亦然，因爲生產者對不同單位的生產因素並無完全的替換性，要想多購買，即必須提高價格。在圖 14-9 中，

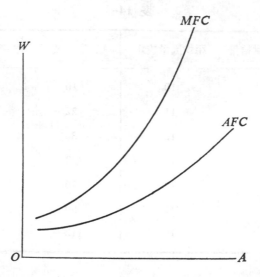

圖 14-9　生產者的平均因素成本與邊際因素成本曲線

AFC 曲線卽是生產因素爲不完全競爭市場時，個別生產者所面對的生產因素供給曲線。此曲線因爲同時亦是表示，對生產因素不同的僱用量平均每單位所須支付的報酬，故亦得稱爲平均因素成本曲線（average factor cost curve），所購買的單位愈多時，所須支付的價格愈高。由這一平均因素成本曲線，吾人可進一步引申出邊際因素成本曲線 *MFC*。所謂邊際因素成本，卽生產因素的購買量每增加一單位時，對此生產因素所支付的總成本的增量。當平均因素成本遞增時，邊際因素成本必大於平均因素成本，而且亦爲遞增，因爲每增加一單位的僱用量，總因素成本的增量，不僅是最後一單位生產因素的價格，還要加上過去各單位亦不得不以較高價格購買時所須增加的支出，因此必較平均因素成本爲高。平均因素成本曲線與邊際因素成本曲線兩者間的關係，與第七章所分析的平均成本與邊際成本之間的關係相同，以下試以數字舉例說明之。

表 14-3

生產因素的供給量	平均因素成本	總 成 本 支 出	邊際因素成本
1	10	10	10
2	11	22	12
3	12	36	14
4	13	52	16
5	14	70	18
6	15	90	20
7	16	112	22

由上表，邊際因素成本，高於平均因素成本。

　　若生產者在生產因素市場爲不完全競爭，則其對生產因素的需求量
如何決定？玆先研究僅需求一種因素的情況，而假定其他條件不變。生
產者在考慮其需求量時，所考慮之因素，與生產因素市場爲完全競爭時
相同。卽一方面考慮該生產因素的僱用對他的收益所產生的貢獻，亦卽
生產因素的邊際收益生產量；另一方面則考慮僱用生產因素時所引起的
成本的增加。不過此時所考慮的成本因素，不是平均成本，而是邊際因素
成本，因爲這代表總因素成本的增加量。在圖 14-10 中，MRP_A 表生
產因素 A 的邊際收益生產量曲線，AFC_A 表示 A 的平均因素成本曲線，
MFC_A 表 A 的邊際因素成本曲線。由此圖可看出生產者對生產因素 A 的
需求量決定於 MRP_A 曲線與 MFC_A 曲線相交的一點 E，由 E 點知其對
生產因素的需求量爲 ON 單位，因爲唯有僱用到 ON 單位時，生產因素
A 的邊際收益生產量等於其邊際因素成本。不過此時所支付的生產因素
的價格不是 EN，而是由 AFC_A 曲線所決定之 KN。此一決定生產因素
的需求量的條件，吾人用公式可表之如下：

　　生產因素的邊際收益生產量＝生產因素的邊際因素成本

　　或　　　　　$MRP_A = MFC_A$　　　　　　　　　　　　　　　(14-8)

　　此處吾人須特別注意者，生產因素市場爲不完全競爭時，生產者決
定其生產因素的需求量時，須同時考慮生產因素的供給條件，而其最後
所決定者，僅爲圖形上的一點，而此一表示價格與需求量的一點，並不
在邊際收益生產量曲線之上，而實際上生產者對生產因素的需求量與其
價格是同時決定的，故生產因素市場若爲不完全競爭，生產者實際上並
沒有一根能表示對生產因素的需求曲線，就如同產品市場若爲不完全競
爭時，生產者並無一產品的供給曲線一樣。此時邊際收益生產量曲線雖
然能用來決定生產因素的需求量，但是他本身不是一根對生產因素的需
求曲線。

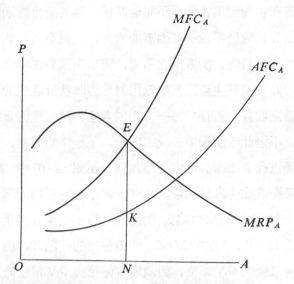

圖 14-10　不完全競爭市場對生產因素需求量的決定

七、生產因素市場為不完全競爭時個別生產 者對多種生產因素的需求

　　以上是說明生產者在生產因素市場為不完全競爭時，對一種生產因素需求量的決定法則，其他生產因素的數量均假定不變。如果該一生產者對多種生產因素均有所需求，而生產者在此多種生產因素的市場均為不完全競爭，則生產者一方面為求生產成本之最低，另一方面為獲取最高利潤，則其對各種生產因素所僱用的絕對數量，以及各生產因素間配合使用的相對數量，如何決定？ 關於這一點，吾人僅須將前節所分析的生產因素市場為完全競爭時的條件，加以修正，即可獲得，因各生產因素之僱用，顯然須合於下列條件，即

$$\frac{MPP_A}{MFC_A} = \frac{MPP_B}{MFC_B} = \cdots\cdots = \frac{MPP_N}{MFC_N} \qquad (14\text{-}9)$$

各生產因素的邊際實物生產量與其邊際因素成本之比率，均應相等。而此一比率之倒數，吾人知道爲支用於該生產因素的產品的邊際成本。爲了能使生產者的利潤爲最大，必須使產品的邊際收益等於邊際成本，將此一因素加進上一公式，得

$$\frac{MPP_A}{MFC_A} = \frac{MPP_B}{MFC_B} = \cdots\cdots = \frac{1}{MC_X} = \frac{1}{MR_X} \geq \frac{1}{P_X} \quad (14\text{-}10)$$

若生產者在產品市場爲完全競爭，則最右端取等號，因此時產品的邊際收益等於市場價格。若產品市場爲不完全競爭，最右端則取不等號，因此時產品的邊際收益小於產品的價格，故邊際收益的倒數必大於價格的倒數。

當生產因素市場爲不完全競爭時，吾人知

$$MFC_A > AFC_A = P_A \qquad (14\text{-}11)$$

將此一因素亦加進上一公式，則

$$\frac{MPP_A}{P_A} \geq \frac{MPP_A}{MFC_A} = \frac{1}{MC_X} = \frac{1}{MR_X} \geq \frac{1}{P_X} \qquad (14\text{-}12)$$

此一公式爲一般性的情況，左右兩端究竟取等號還是不等號，全看生產因素市場與產品市場爲完全競爭還是不完全競爭而定。若產品市場爲完全競爭，則最右端取等號，因此時產品的邊際收益等於產品的市場價格也；反之，若爲不完全競爭市場，則取不等號。另一方面，如果生產因素的市場爲完全競爭，則最左端取等號，因此時生產因素的價格等於其邊際因素成本也；反之，若爲不完全競爭，則取不等號，此時生產因素的價格小於其邊際因素成本。

八、生產因素市場為不完全競爭時對生產因素就業量及價格的影響

若生產因素市場為不完全競爭，其對生產因素就業量及其價格的影響如何？ 關於這一點， 由以上的分析， 吾人可獲得此一結論， 卽生產因素的市場為不完全競爭時，生產因素的就業量比完全競爭市場為少，而其價格， 亦卽平均每一單位所能獲得之報酬，亦比完全競爭市場的報酬為低。其所以致此之原因， 吾人可以圖形說明之。 在圖 14-11 中，MRP_A 為生產因素 A 之邊際收益生產量曲線，AFC_A 及 MFC_A 分別為生產因素 A 之平均因素成本及邊際因素成本曲線。若生產因素市場為完全競爭，則由 MRP_A 曲線及 AFC_A 曲線的交點決定其價格及就業量，此時所決定之價格為 $P_A{}^c$，就業量則為 N^c。若生產因素市場為不完全競

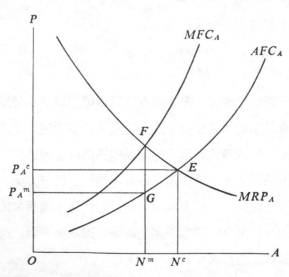

圖 14-11　不完全競爭市場對生產因素就業量與價格的影響

爭，則由 MRP_A 曲線與 MFC_A 的交點決定其就業量，而由 AFC_A 曲線上對應的一點決定其價格，此時其就業量 N^m，比完全競爭的市場要來得少，而其價格則爲 $P_A{}^m$，亦較完全競爭時爲低。因此，站在經濟福利的觀點言，對生產因素的市場若爲不完全競爭，一般對生產因素的所有者是不利的。

九、生產因素的供給

以上已對生產因素的需求情況，加以簡單的分析，如果吾人進一步能了解生產因素的供給情況，則依據生產因素的供需關係，即可決定生產因素的價格。可是生產因素的供給，在不同的生產因素間，性質上亦有很大的差異，並不能以一項一般性的原則予以說明。例如勞動的供給情況與土地的供給情況即不一樣，而土地的供給情況與資本的供給情況又有差異，未可一概而論。因此要分析生產因素的供給情況，必須就個別的生產因素分別考察，無共同的原則可循。而在考慮個別的生產因素時，又須分別就其是否爲屬於吾人自身的生產因素，還是外在的生產因素；是供給固定的生產因素，還是供給不固定的生產因素；是可以再生產的生產因素，還是不能再生產的生產因素。同時並須就長期觀點，與短期觀點分別觀察，才能充分了解生產因素供給的情況。本章不準備作一般性的討論，以下各章分別就不同的生產因素分析其供給的情況，並說明該生產因素價格決定的法則。

十、摘　　要

生產者對生產因素的需求是一種引申需求，是透過生產因素能幫助生產最後財貨而產生的，故對生產因素需求的大小決定於生產因素的邊際生產力，最後財貨的價格及生產因素本身的價格。

產品的價格乘以生產因素的邊際實物生產量，稱為生產因素的邊際產值。產品的邊際收益乘以生產因素的邊際實物生產量，稱為生產因素的邊際收益生產量。如果生產者在財貨市場為完全競爭的供給者，則其產品價格等於其邊際收益，故其生產因素的邊際產值等於生產因素的邊際收益生產量。如果生產者在財貨市場為不完全競爭的生產者，則其產品的邊際收益低於其平均收益，卽低於其價格，故生產者其生產因素的邊際收益生產量低於其邊際產值。

生產者在生產因素市場如為一完全競爭的購買者，則其僱用量不會影響生產因素的價格，該生產因素的價格必由市場供需關係決定，對此一生產者言，生產因素的平均因素成本必等於其邊際因素成本，所謂邊際因素成本，卽增加僱用生產因素一單位，對該生產因素所支出的總成本的增加量。如果生產者在生產因素市場是一不完全競爭的購買者，則其購買量將會影響生產因素的價格，在此情況下，生產因素的邊際因素成本必將高於其平均因素成本。

個別生產者對生產因素的僱用，必將僱用到該生產因素的邊際收益生產量等於該生產因素的邊際因素成本。因此如果生產者在生產因素市場為一完全競爭的購買者，則其對生產因素的需求曲線，便是其生產因素的邊際收益生產量曲線在平均產值最高點以下，橫座標以上的一段曲線。將所有個別生產者對生產因素的需求曲線相加，便得到市場對生產因素的需求曲線。如果生產者在生產因素市場不是一完全競爭的購買者，則其對生產因素只能決定一需求量，而無整個的需求曲線。

生產因素的供給，隨不同的生產因素而具有不同的特色，難於作一般的說明。

重 要 概 念 與 名 詞

引申需求　　　　　生產因素的需求彈性

邊際產值　　　　　邊際收益生產量

平均因素成本　　　邊際因素成本

買者獨占

雙邊獨占

買者寡占

第十五章　工資理論

　　在所有生產因素中最重要的一種，便是勞動，因此所得項目中最重要的一項，便是工資。所謂勞動，就是勞動者為生產目的所提供的勞務，而工資卽是這種勞務的代價。在任何國家，工資所得占總所得的比例，常在三分之二左右，因此本章先研究工資水準決定的法則。

　　工資水準的決定，亦如其他生產因素一樣，是決定於勞動的市場供需關係。關於勞動的需求，根據上一章的分析，已知道決定於勞動的邊際收益生產量，因此吾人若能知道勞動的供給，理論上卽能求出工資水準的決定法則。所謂工資水準，事實上不止一個水準，而是有若干個水準，不僅不同社會、不同地區、不同職業，其工資的水準有差異，而且在同一地區、同一職業中，亦有若干種不同的工資水準存在。為分析的方便起見，吾人先假定只有一個工資水準，研究此一工資水準在完全競爭條件下是如何決定的？為研究此一工資水準的決定，吾人不得不進一步假定所有勞動的品質都是劃一的，沒有任何先天的或後天的差異。當此一工資水準的決定法則獲得後，吾人將進一步研究工資率的差異因何發生，換言之，放棄勞動品質劃一的假定，研究實際上不同的工資率是如何決定的。

現代在經濟較爲進步的國家，工資率事實上不是由完全競爭決定，而是通過工會及雇主以集體議價的方式決定的，則在集體議價方式下工資率如何決定？其與競爭方式下決定的工資率有何不同？此一問題，本章亦將予以分析。

一、個別勞動者勞動的供給

分析某一地區，或某一種職業的勞動供給時，顯然其供給量決定於勞動者的人數及每一勞動者在一定時間內所願意提供的勞動的時數，而實際等於此兩個數量的相乘積，因此爲決定勞動的供給，首先先研究個別勞動者對勞動的供給。

所謂個別勞動者勞動的供給，即在不同工資水準下，個別勞動者所願提供出售的勞動時數爲若干。此一個別的勞動供給曲線，吾人可用勞動者對勞動的偏好曲線以說明之。茲假定工資率以每小時爲單位，同時勞動者對其每日工作的時數有完全的支配權，不受工會或有關法令的限制，而勞動以外的時間則作爲休閒活動之用。圖 15-1 中橫座標 OT 表示每天的時數，最大爲 24 小時。縱座標 OW，則表示工資收入。圖中曲線 I_1、I_2……I_6 則爲勞動者的勞動偏好曲線。例如 I_1 曲線表示偏好較低的曲線，其上任何一點所代表的勞動與工資收入的組合，與另外一點所代表的勞動與工資收入的組合，偏好完全一樣。例如在 I_1 上的 A 點，表示 10 小時的勞動能獲得 OA' 單位的工資收入，其偏好與另外一點 B 所代表的 15 小時的勞動與 OB' 單位的工資收入完全一樣，而 OB' 大於 OA'。此一偏好曲線由左下方向右上方延伸，其原因很簡單，因爲若增加勞動者工作的時數，要保持勞動者的偏好不變，則非同時增加勞動者的工資收入不可。並且此曲線愈向右延伸愈近於垂直，因爲每天的時間

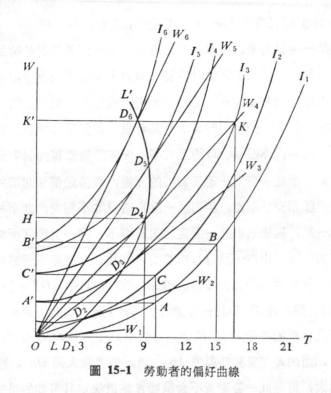

圖 15-1　勞動者的偏好曲線

最多只有二十四小時，而二十四小時之內除休息及從事其他活動等的時間以外，由於個人體力的限制，能從事勞動的時間有一最大限度，因此不論工資收入多麼高，勞動者爲保持同一偏好所願提供出售的勞動時數必有最大的極限，此所以偏好曲線其斜率不僅爲正，卽由左下方向右上方延伸，而且愈向右上方延伸，其形態愈近於垂直故也。

此偏好曲線，不止一根，實際上吾人由任何一點開始，均可引伸出一條偏好曲線，而愈向左上方，其在勞動者心目中偏好愈高。例如 I_2，卽較 I_1 曲線的偏好爲高，例如 I_2 曲線上的 C 點，卽表示同樣 10 小時勞動而能獲得 OC' 單位的工資，其工資收入較 OA' 爲高，故 C 點所代表的偏好較 A 點爲高，亦卽 I_2 曲線的偏好高於 I_1。同理 I_3 的偏好高於

I_2，而 I_4 的偏好又高於 I_3……，以下依此類推。

根據此一勞動的偏好曲線，吾人可以求出個別勞動者勞動的供給曲線。在圖 15-1 中吾人假定由 O 點畫一向右上方傾斜的直線，此直線的斜率不但固定，同時並代表一定的工資率，因為此直線上任何一點的縱座標表示工資收入，橫座標則表示勞動時數，其斜率即等於工資收入與勞動時數的比率，亦即每小時的工資率。同時所畫直線的斜率愈大表示工資率愈高。而此一表示一定工資率的直線，與勞動偏好曲線的關係有三種可能，即相交於兩點，相切於一點，或根本不相交，亦不相切。而相切的那一點，則表示在此一固定的工資率下，此一勞動者所能達到的偏好最高的一點，由這一點可看出勞動者在此一工資率下所願意提供的勞動時數，及其收入的工資總額。例如在圖 15-1 中，OW_4 線與 I_4 相切於 D_4 的一點，由 D_4 知此一勞動者在 OW_4 所代表的工資率下，願意提供每天九小時的勞動，而其所能獲得的全部工資為 OH。OW_4 與 I_3 亦相交於 K，而由 K 知勞動時數為 16 小時，工資收入為 OK'，雖然 OK' 較 OH 為大，可是此一勞動者不會選擇 K 點以決定其勞動的供給量，因 K 點所代表的偏好較 D_4 所代表者為低也。

在圖 15-1 中吾人畫出了六根工資率直線，OW_1、OW_2……OW_6，每一直線均與一無異曲線相切，吾人將有關切點連結起來，獲得一 LL' 曲線，由此曲線的形態，吾人即可了解在不同工資率下，勞動者所願意提供的勞動的時數。吾人很明顯的可以看出，當工資率較低時，隨工資率的增加，勞動者所願供給的勞動量亦隨之增加，但當工資率達到某一水準以後，仍然繼續增加時，勞動的供給量不但不增加，反而減少了。

二、工資率增加的所得效果與替換效果

在圖 15-1 中，縱座標所表示的，是工資收入額而不是工資率，工資率僅間接的能由工資率直線的斜率測得之；若吾人將圖 15-1 中的 *LL′* 曲線轉換到另外的一個座標制中去，其橫座標仍為勞動時數，而縱座標改為工資率，則此一勞動供給曲線的形式更為顯著。圖 15-2 即是由圖 15-1 移轉過來的。例如在圖 15-1 中當工資率等於 *OW₃* 線的斜率時，勞動的供給量為 7 小時。在圖 15-2 中，在縱座標 *W₃* 一點即表示工資率為 *OW₃*，由橫座標則其勞動的供給量為 7 小時。同理，圖 15-1 中的 *D₄*、*D₅*、*D₆* 各點，亦分別移轉到圖 15-2 上的 *D₄*、*D₅*、*D₆* 各點上來了。此二圖形在形式上雖差不多，而實際上兩個圖形的縱座標的意義並不一樣。像這種工資率愈高曲線愈向縱座標接近的勞動供給曲線，吾人一般可稱為後彎的勞動供給曲線(backward sloping supply curve of labour)。

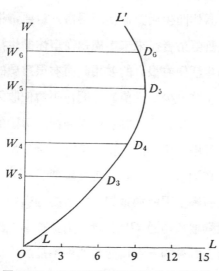

圖 15-2　個別勞動者對勞動的供給曲線

由圖 15-2 中的這一後彎的勞動供給曲線，吾人可看出，當工資率低於 W_5 時，此個別勞動者勞動的供給量，隨工資率的增加而增加，但當工資率上漲至 OW_5 時，此時勞動的供給量最高，為 10 小時。若工資率大於 OW_5 時，此時勞動的供給量不但不隨工資率的增加而增加，反而隨工資率的增加而減少了。勞動的供給何以會有這種隨工資率增加反而減少的現象？ 關於這一問題， 吾人可用所得效果與替換效果解釋之。

所謂替換效果，即是當工資率上漲時，勞動者每日勞動一小時，所獲得的收入增加，亦即勞動價格提高，因此為獲得更多的收入起見，勞動者寧願犧牲休閒生活，以增加勞動的供給量。因為休閒生活是無從獲得收入的，休閒生活的本身對勞動者雖有效用，却無貨幣價值。這種以減少休閒生活的時數以增加勞動供給量的現象，即是工資率增加的替換效果。所謂所得效果，即是當工資率增加後，勞動者以同樣的工作時間可以獲得更多的貨幣收入，其基本生活所需必能獲得更滿意的解決。基本生活既獲解決，其休閒生活對他便顯得格外重要，格外有意義。當工資水準甚低時，也許勞動者從來未考慮過從事休閒生活，但當工資水準已經很高時，休閒生活便有很大的效用，而有很重要的意義。因此當工資水準再上漲時，也許減少一點勞動時間，不會使收入減少，而却能增加休閒生活的時間，於是此時勞動者便考慮減少勞動的供給量而增加工餘休閒生活了。這種隨工資率的上漲，勞動供給量反而減少的現象，可稱之為所得效果。在圖 15-2 中，當工資率低於 OW_5 時，工資率上漲的替換效果大於工資率上漲所得效果，故勞動的供給量隨工資率的上漲而增加。但當工資率增加超過 OW_5 時，則工資率上漲的所得效果大於其替換效果，故隨工資率的上漲，勞動的供給量反而減少了。今日在世界上若干經濟進步國家，例如北美、北歐諸國，由於生活水準之提高，及工資水準之高，已充分表現出隨工資率提高後，個別勞動者勞動供給量減少之現象。

三、特定職業及特定地區勞動的供給及工資
　　率的決定

由上述對個別勞動者勞動供給的分析，吾人將進一步分析對某一特定職業，例如煤礦工人，或對某一特定地區，例如某一城市勞動的供給情況，並分析此一特定職業或此一特定地區的工資率是如何決定的。當然吾人從事此項分析時，仍是假定在此職業中，或在此一地區內所有勞動者的品質都是劃一的，沒有任何先天或後天的差異，當然其工資率也只有一個。

一特定職業或一特定地區，勞動的供給決定於該一職業或地區內勞動者的人數，及每一勞動者在不同工資水準下所願意提供的勞動量。在短期間內勞動者的人數不至有很大的變化，因此勞動的供給大部分取決於每一勞動者在不同工資水準下所願提供的勞動量；而在長時期內，勞動者的人數則可以變化，因此吾人分析勞動的供給情況時，可分為短期觀點，與長期觀點兩種情況分別討論之。

先就短期情況說明。如上所述，在短時期內，由於其他職業及其他地區的勞動者不易移轉到此一職業或地區中來，而此一職業或地區的勞動者亦不易移轉到其他職業或其他地區中去，因此勞動者的人數是相當固定的。此時決定勞動供給量的，大部分取決於每一勞動者在不同工資水準下所願意提供的勞動量。而由上一節已知個別勞動者對勞動的供給曲線可能是一根向後彎的供給曲線，將個別勞動者勞動的供給量相加，吾人即可獲得短期情況下特定職業或地區的勞動供給曲線。此供給曲線

將如圖 15-3 所示，是一根彈性較低的供給曲線 $S_L S_L'$。因隨工資率之上漲，勞動者的人數不可能大量增加也。如果吾人進一步知道此一特定職業或一特定地區對勞動的需求曲線，則理論上吾人卽可決定此一特定職業或特定地區的工資率。設勞動的需求曲線爲 $D_L D_L'$，則由圖 15-3，此二曲線相交於 E 點，由 E 點可以決定此一特定職業或特定地區的工資率將爲 OW_0，而勞動的就業水準將爲 OL_0。

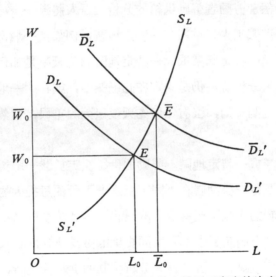

圖 15-3 短期間特定職業或特定地區工資率的決定

如果由於生產技術的提高，或其他生產因素使用量的增加，使對勞動的需求增加，即勞動的需求曲線向上移動到 $\overline{D}_L \overline{D}_L'$ 的位置，則短期間對工資率及就業水準的影響將如何？由圖 15-3 知新的市場均衡點爲 $\overline{E}$，由 $\overline{E}$ 知在短期間內，若對勞動的需求增加，則將促成工資率的上漲，工資率由 OW_0 上漲到 $O\overline{W}_0$，而對增加就業量的影響比較小，此時就業量由 OL_0 增加到 $O\overline{L}_0$。

其次，吾人分析長期情況。在長期情況下，由於時間相當長，不但

可以容許其他職業或地區的勞動者，以轉移、重行自我訓練等方法，由
其他職業或地區移轉到此一職業或地區中來，並且此一特定職業或地區
的勞動者亦可移轉到其他地區或其他職業中去。例如原來充當礦工者由
於其他職業中高工資的吸引，可以改行充任汽車司機，或鄉村勞動者由
於都市高工資的吸引，可以由鄉村流入都市。不僅此也，由於時間相當
長，新的一代勞動者，在選擇職業準備進入勞動市場時，亦會由於工資
率的差異，而設法進入高工資的職業中去。因此由長期觀點，特定職業
或地區勞動者的人數是可以變化的。因而在長期觀點下，特定職業或特
定地區勞動的供給曲線彈性較大。如圖 15-4 所示，圖中 $S_L S_L'$ 爲勞動
的供給曲線，工資率增加後，勞動的供給量增加較大。此時如果吾人知
道勞動的需求情況，卽可從而決定長期工資率。在圖 15-4 中，設 $D_L D_L'$
爲勞動的需求曲線，則由供給曲線需求曲線的交點 E，知長期工資率爲
OW_0，而長期就業量則爲 OL_0。

　　如果長期間對勞動的需求增加，勞動的需求曲線由 $D_L D_L'$ 的地位移
動至 $\overline{D}_L \overline{D}_L'$ 的位置，由圖 15-4，知新的均衡點爲 $\overline{E}$，由新的均衡點，

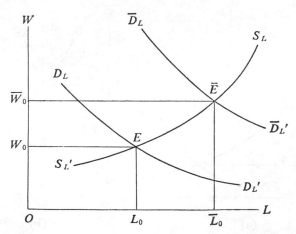

圖 15-4 長期間特定職業或特定地區工資率的決定

知道當勞動的需求增加時，長期間對就業量所發生的影響可能較大，就業量由 OL_0 增加到 $O\overline{L}_0$，而對提高工資率所生的影響可能較小，工資率由 OW_0 上漲到 $O\overline{W}_0$。

由以上對特定職業或地區勞動供給情況，及工資率決定法則的分析，吾人可以進一步了解，何以不同職業或不同地區之間，工資水準會有顯著的差異。例如計程車司機的工資與一般醫生的工資便相差很大。而鄉村偏僻地區理髮師的工資與大都市理髮師的工資相差也很大。此中原因，皆可以用勞動的供需關係說明之。例如就都市中計程車司機的工資與醫生的工資而論，對前者勞動的需求低而勞動的供給大，因此所決定的工資率便低。如圖 15-5(a) 所示，$D_L D_L'$ 為對計程車司機勞動的需求，而 $S_L S_L'$ 則為計程車司機勞動的供給，由此一供需關係所決定的計程車司機的工資水準便為 OW_0，相對的低。至於醫生的情形則不同。圖 15-5(b) 中，$D_L D_L'$ 表示對醫生勞動的需求，此需求相當高，而 $S_L S_L'$ 則表示醫生勞動的供給，此供給則相當低，由此一供需關係所決定的醫生的工資率則為 OW_1，相對的比計程車司機的工資率為高。

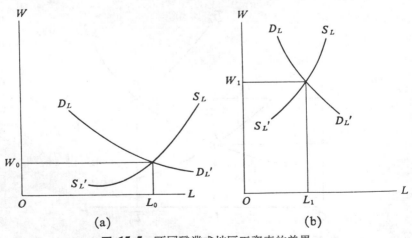

(a)　　　　　　　　　　(b)

圖 15-5 不同職業或地區工資率的差異

　　至於何以不同職業或不同地區間勞動的供需關係有差異，因而工資率亦有差異？甚至同一職業或同一地區之間，不同的勞動者其工資率亦有差異？這一點留待以下工資的差異一節中討論。

四、一特定社會或一國家勞動的供給及一般工資水準之決定

　　如果吾人不考慮一特定社會或一特定國家中工資率差異的一面，而僅考慮其平均工資率水準，則一特定社會或一特定國家其工資率水準是如何決定的？原則上，一特定社會或一特定國家工資率的水準仍決定於其勞動的供需關係。茲分別說明其供需情況如下：

　　先就對勞動的需要來說，一國或一社會對勞動的需要仍決定於勞動的邊際收益生產量。而就一國或一社會的觀點，其勞動的邊際收益生產量則決定於該社會資本的數量、自然資源的數量、一般生產技術的水準，及社會一般經濟組織的形態等因素。若一國的資本數量很大，自然資源很豐富，生產技術的水準很高，同時一般經濟組織的形態有利於一般生產活動，則該社會勞動的邊際收益生產量即大，換言之，對勞動的需求即大。例如美國、加拿大、澳洲等國家，資本多、自然資源豐富、生產技術高、經濟組織合於現代化，其勞動者所能使用的資本及自然資源的數量大，因此其邊際收益生產量即高。反之，若一國的資本少、自然資源很貧瘠、生產技術落後，而一般經濟組織亦不利於從事經濟活動，則該社會的勞動的邊際收益生產量即小，換言之，對勞動的需求即低。例如印度、巴基斯坦等國家，相對於其人口言，資本量甚少、自然資源也不豐富、生產技術落後、經濟組織亦復不利於從事經濟活動，其勞動者所能使用的資本量及自然資源甚少，因此其生產力低，對勞動的

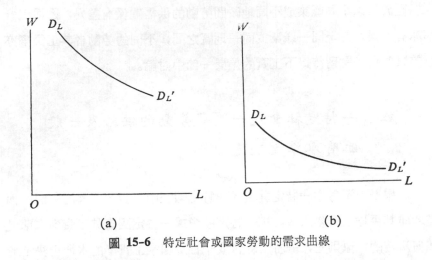

(a)　　　　　　　　　　　　　(b)

圖 15-6　特定社會或國家勞動的需求曲線

需求卽低。圖 15-6(a) 中，曲線 $D_L D_L'$ 可表示前一社會對勞動的需求比較高的勞動需求曲線，而圖 15-6(b) 中曲線 $D_L D_L'$，則表示後一種社會對勞動的需求比較低的勞動需求曲線。

其次分析一國或一特定社會勞動的供給。此亦可就短期觀點及長期觀點說明之。 在短期分析的情況下， 一國的人口以及勞動力可視爲固定，因爲短期內人口數量不易變動，而其他國家的勞動者亦不易移入，故勞動的供給主要決定於每一勞動者在不同的工資水準下所願意提供的勞動量。而個別勞動者的勞動供給曲線由以上的分析爲一向後囘彎的曲線，故短期間內一國或一特定社會勞動的供給曲線可能如圖 15-7 所示，亦爲一向後囘彎的曲線。當工資率低於 OW_0 時，隨工資率之上漲，勞動的供給量亦因之增加，其增加的原因，一方面可能是因爲每一勞動者隨工資率的增加，而增加其勞動的供給量，另一方面則可能由於工資率的增加， 使願意提供勞力的人數亦增加。 例如家庭婦女由於工資率之高， 可能暫時加入勞動者的行列； 可以退休的勞動者， 此時延緩其退休；年輕的勞動者，可能提前參加勞動的行列。總之就全社會言，在此

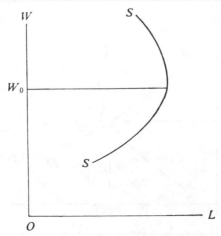

圖 15-7 短期間一國勞動的供給曲線

一工資率的範圍內，工資率增加的替換效果大於其所得效果，因而工資率增加後，勞動的供給量亦增加。但是當工資率超過 OW_0 時，則工資率若繼續提高，此時勞動的供給量不但不增加，反而趨於減少。其原因一方面固然由於隨工資率的提高，個別勞動者因為工資率提高的所得效果大於替換效果，勞動的供給量可能減少。另一方面，由於工資率的提高，若干勞動者可能退出市場，因而使勞動的人數減少。例如，由於家庭中的家長收入增加，妻子不必勞動仍能維持舒適的生活時，妻子即可能由勞動市場退出。同樣，由於家長的收入增加，其子女受教育的年限可能增加，因而延遲其加入勞動市場的時間。由於以上兩種原因，當工資率超過 OW_0 時，勞動的供給曲線向縱座標回彎，表示勞動的供給量反而減少。

　　在短期情況下，若已知一國對勞動的需求，及其勞動的供給，即可從而決定該國的一般平均工資率。如圖 15-8 中，$D_L D_L'$ 為勞動的需求曲線，$S_L S_L'$ 為勞動的供給曲線，其交點 E 表示均衡點。由 E 知平均工資率為 $O\overline{W}$，而勞動的就業水準則為 $O\overline{N}$。

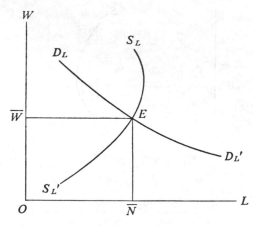

圖 15-8　短期間一國工資率的決定

　　由短期分析中工資率的決定法則，可以說明不同國家的工資水準何以會有很大差異，同時這種差異能繼續維持。例如我國的工資水準若與經濟已非常進步的國家如美國相比較，比美國相差仍遠，其原因可用圖15-9 說明之。(a) 圖表示我國勞動的供需情形。我國由於資本及土地數量相對稀少，故對勞動的需求低，而勞動的供給很大，由供需法則所決定的工資水準為 OW_c，相當低。(b) 圖可以說明美國的情形。美國由於資本及土地相對的豐富，故對勞動的需求大，在一定勞動的供給下，所決定的工資水準為 OW_A，比左圖中 OW_c 高得多。我國與美國的工資水準雖然相差懸殊，但由於勞動的移動，在國與國之間並不自由；雖然美國工資水準高，中國勞動者想進入美國勞動市場，由於美國對移民的限制，中國勞動者是無法大量向美國移居的。故中美兩國如此懸殊的工資水準仍將繼續維持，而短期內不至變更。

　　其次研究在長期分析情況下，一國平均工資水準是如何決定。就勞動的需求言，在長期中，由於一國資本的不斷累積，生產技術不斷的進步，對勞動的需求將不斷提高。但就勞動的供給言，在長期分析下勞動

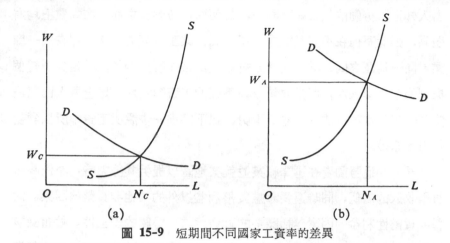

圖 15-9　短期間不同國家工資率的差異

的供給將如何決定，吾人無從說明。因爲在長期情況下，勞動的供給直接決定於勞動者的人數，即決定於人口的數量，然而長期中人口的數量是如何決定的，此一問題相當複雜，目前尙沒有能令人滿意的理論提出。因爲長期間決定人口數量的因素，不僅有經濟因素，如所得水準、消費水準等，而主要爲非經濟因素所決定，如人類學的、歷史文化的、社會政治等的因素對人口數量的影響均很大，而這些因素均超出經濟學的範圍，吾人無從分析。因此在長期情況下，一國勞動的供給曲線，將是怎樣的形態，吾人無所置喙。供給情況旣難於說明，因而長期情況下工資水準的決定法則，亦無法提出。

五、工資率的差異及其原因

　　在以上的分析中，吾人均假定勞動的品質是劃一的，因此在同一職業或同一地區中，工資率均是相等的，甚至在一特定國家，吾人亦假定有一共同的工資水準。吾人所以這樣假定，是爲了便於分析，但實際上吾人知道，勞動的品質並不劃一，任何兩個勞動者之間，在本質上均有差異，因此不但在不同職業或地區之間，其工資率有差異，即在同一職業或同一地區之間，其工資率亦有差異。吾人所接觸的，不是少數幾個典型的工資率水準，而是有無數的不同的工資率水準。以上吾人已對決定同一工資水準的法則，有所說明，以下將進一步說明工資率所以發生差異的原因。

吾人知道勞動者在選擇職業並就業地區以提供其勞力時，不僅關心貨幣收入的高低，同時還要考慮貨幣利益以外的其他非貨幣的因素。此種非貨幣性利益的因素包括職業的社會地位、勞動的安全性、社會對該項職業的評價、升遷的機會以及可以從事勞動的年限等。如果兩種就業機會，其他的非貨幣性利益均相同，則勞動者顯然必將選擇貨幣利益較大的那一職業。同理，如果兩種職業的貨幣利益相同，則勞動者必將選擇非貨幣性利益較大的那一職業。因此，如果兩種職業需要同樣的才能，而其中一種的非貨幣性利益較另一種職業為大，如果兩種勞動的工資率相同，則顯然勞動者必將選擇非貨幣性利益較大的那一項職業，而不願意選擇非貨幣性利益較少的那一職業。為了補償目的，使勞動者對這兩種職業無分彼此起見，必須使非貨幣性利益較高的那一職業，其貨幣性利益將較低，即工資率將較低，而使非貨幣性利益較低的那一職業，其貨幣性利益較高，即工資水準將較高。亦即原則上要使得第一種職業的非貨幣性利益加上其貨幣性利益應等於第二種職業的非貨幣性利益加上其貨幣性利益之和。此一法則可稱為利益均等法則，而不同職業或同一職業之中工資率之所以發生差異者，即由於此利益均等法則之作用。

非貨幣性利益所包含之因素甚多，吾人試略舉數項，並說明其與工資率之關係。

以職業受社會尊敬的程度而論，有些職業非常受社會的尊重，而有些職業則不受社會之尊重，相反的常受到社會之鄙視。如果其他條件相同，則受社會尊敬之職業，其勞動的工資率低，而不受社會尊敬之職業，其勞動的工資率即相對的高。今天在中國社會充當公教人員，尤其在學校充當教員者，一般都為社會所尊敬，因此其勞動的收入即相對的低，教員之所以清高者，其原因可以說一部分在此。

以職業的安全程度而論，有些勞動其工作環境非常安適，絕無意外發生之可能，因此安全無虞，而另有些工作，工作環境極不安全，可能隨時有意外發生，則其他情況相同，有安全保障的勞動其工資率較低，而缺少安全保障的職業，其工資率即高。

以職業升遷的可能性及機會而論，有些職業升遷的可能性很大，而且易於升遷，但有些職業升遷的可能性極小，則其他條件相同，凡升遷機會大的職業其工資率必較低，而升遷機會小的職業，其工資率必較高。

以擔任該項職業所能延續任職的時間而論，有些職業一旦從事以後，可以長期任職，不受年齡的限制，甚而至老死方休，但有些職業，一旦從事以後，其任職的時期，甚為短促，或由於體力的限制，或由於生理的條件無法繼續任職，則其他條件相同，能長期任職的職業，其工資率必低，其不能長期任職的職業，其工資率必高。前者如大學教授，通常不十分受年齡的限制，有些學術部門，年齡愈高，見解才愈成熟，雖年老不妨礙其繼續任教，故其報酬，一般都較低。後者如職業運動員、職業球員、職業舞蹈家等，超過一定的年齡後，由於體力或生理的關係，即不能繼續任職，因此其工資率較高。

就職業所需特殊才能而論，有些職業需要有特殊才能的人始能擔任，而這種才能常不是靠後天的教育或訓練所能養成，而主要是由於先天的秉賦。而另有些職業則不需要有特殊天賦的才能。前者難求，供給稀少，故其工資率高，如電影名演員、名音樂家、歌唱家等是。後者到處皆有，故其工資率低。

就從事一項職業所須接受教育或訓練的程度而論，有些職業，其從事的人必須接受長期教育與訓練始克勝任，而有些職業，其從事的人不需要接受長期教育與訓練，有普通智識程度，即可勝任，則其他條件相同，前者的工資率高，而後者的工資率低。前者如名律師、醫師及名會計師是，後者如一般的非技術勞動者是。

除了上述幾項非貨幣性利益的因素，會產生工資率的差異外，另外尚有幾項原因亦會產生工資率的差異。這些原因如勞動者對就業機會及地區的無知，勞動的移動性的不完全，勞動者不能適應社會情勢的變更等皆是。所謂勞動者對就業機會與地區的無知，乃是在某一職業中或某一地區，由於對勞動需求的減少，使勞動的工資率降低，但在其他職業或地區中可能有很有利的就業機會，而却不為這些日趨困境的勞動者所知悉，因此其工資率雖可望由於改變職業或就業地區而改善，但由於無知而無法改善，工資率遂始終維持一很低下的水準。其次，勞動者可能知道較佳就業機會的地區，但由於勞動的移動性的不完全，亦無法接近新的就業機會或地區。這種移動性的缺乏，或者是由於政治性的，例如向他國移民，往往受到他國移民法的限制；或者是由於經濟性的，例如勞動者缺少移動費用，因而不能成行；或者是由於社會心理性的，例如勞動者不願遷出其素所熟悉的環境，而遷向一完全陌生的環境；在原來的環境，有他原來的親戚朋友，平時能互相幫助扶持，有他熟悉的語言及風俗習慣，主要有他所習慣的生活方式，而遷入一新環境之後，可能這些都要全部放棄而重新適應其新環境，因為恐懼於這種調適，遂不願移動。最後勞動者所具有的惰性，往往亦限制勞動的移動性。勞動者可能知道新就業機會的存在，亦沒有人爲的或自然的限制，限制其移動，亦不缺交通費用，但僅只是由於一種惰性而不願移動，寧願停留於原來地區而不願更張，因而其工資率亦將維持於很低的水準而無法提高。

　　總之，基於以上的分析，不同職業間非貨幣性利益的差異總是存在的；勞動者本身的無知，及勞動的移動性的缺乏，總難望完全消失，因此工資率的差異，總是會長期存在。政府可以使用種種方式，直接的，間接的， 以減少此種差異的存在， 如對勞動者不斷提供就業機會的情報，協助勞動者從事移動；推動再訓練再調適的計劃，以重行安置被移位的勞動者。但是工資率的差異仍將不會完全消失。

六、 集體議價的工資率

　　以上的分析，乃假定勞動市場是一完全競爭市場，勞動的供給者與勞動的購買者，人數都很多，沒有任何一個或少數勞動的購買者或供給者，能影響勞動的價格，即工資率。工資率是由市場供給及市場需求所決定的，而對某一類勞動也只有一個工資率。但是實際上勞動市場並不是一完全競爭的市場，在工會組織比較強大的國家，工資率都是透過集體議價的方式而決定的。所謂集體議價的方式，並不是個別的勞動者與個別的僱主透過勞動的供需關係而決定工資率，而是由工會代表勞動者與僱主的代表用會議方式，協議工資率，如此所決定的工資率，爲工會的全體會員所接受，勞動者旣不得以低於協議的工資率接受僱用，僱主亦不得支付較集體議價所協議爲低的工資率。

　　在集體議價方式下所決定的工資率，比理論上由完全競爭市場所決定的工資率，爲高抑爲低? 一般情況下，由集體議價方式所決定的工資率都較由完全競爭所決定的工資率爲高。因爲工會代表勞動者的利益，在集體議價時，總希望能獲得最高的工資率，並且在集體議價過程中，除協議工資率外，一般還爭取工作時間的減少、工作條件的改善，以及勞動者福利的增進等。在僱主一方，則目標相反，總希望工資率不要上漲得太快，至少不要超過勞動生產力增加的速度，否則工資增加太多，成本提高，會引起產品價格的增加，而影響生產者的銷路。

在集體議價時，工會與僱主雙方都有保留的最高工資率與最低工資率的界限，在僱主方面，如果工會的要求超過此一最高的保留工資率，僱主方面，往往寧願停止生產，而不願承認工資率的讓步。在工會方面，如果僱主所承認的工資率低於其最低保留工資率，工會方面是寧願實行罷工，而不願接受較低工資而工作。因此，在議價時，如果僱主方面的最高保留工資率，仍低於工會方面的最低保留工資率，則集體議價的工作無法完成，必致工會方面繼續罷工，而僱主方面則繼續停業。但是如果僱主方面的最高保留工資率高於工會方面的最低保留工資率，則集體議價可能達成一項協議，決定一為雙方所共同接受的工資率，而此一工資率亦必介於僱主方面的最高保留工資率與工會方面的最低保留工資率之間。但是最後的工資率究竟是近於僱主的最高保留工資率水準，還是近於工會方面最低保留工資率的水準，則視雙方參加議價代表個人之才能，僱主及工會對勞動生產能力增加之估計，工會所保有的福利基金的數量，以及當時一般經濟情況為繁榮或蕭條而定。如果工會代表的個人能力強，議價技術高明，同時工會福利基金雄厚，足以支持長時期的罷工而有餘，並且社會一般經濟情況欣欣向榮，則所協議之工資率，常常能較近於工會的要求。反之，當工會代表的議價能力低，工會的福利基金少，不足以支持長時期大規模的罷工，而一般經濟情況亦現萎縮，則所議之工資率，常較工會所想望者為低，究竟相差多少，則須視實際情況而定。

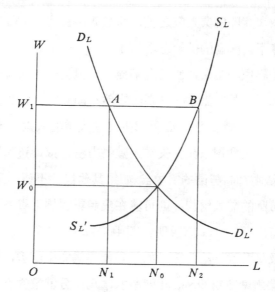

圖 **15-10**　集體議價的工資率對就業的影響

　　在集體議價所協議的工資率下，對勞動的供給與需求將發生何種影響？對於就業水準是否會有所變動？此一問題，吾人可用圖 15-10 說明之。圖中 $D_L D_L'$ 為勞動的需求曲線，$S_L S_L'$ 為完全競爭時勞動的供給曲線；若勞動市場為完全競爭，則由勞動的供需關係，工資率必決定於 OW_0 的水準，而就業水準必為 ON_0。今如透過集體議價，工資率定於 OW_1 的水準，則在工資率低於此一水準時，勞動的供給量必為零，而工資率等於此一水準時，勞動的供給量必為 ON_2，唯有當工資率高於此一水準時，隨工資率的提高，勞動的供給量可望提高，因此此時勞動的供給曲線由 $S_L S_L'$ 變為 $W_1 A B S_L$，而勞動的需求曲線仍為 $D_L D_L'$。但由 $D_L D_L'$ 曲線當工資率為 OW_1 時，對勞動的需求量僅有 ON_1，而此時勞動的供給量卻有 ON_2，因此除 ON_1 人數的勞動者能獲得就業機會外，其餘 $N_1 N_2$ 人數的勞動者必不能獲得就業的機會而成為失業。此時吾人須注意者，當工資率定於 OW_1 時，失業者的人數不是 $N_1 N_0$，即完全競爭時就業人數與實際就業人數之差，而是 N_1N_2，較 N_1N_0 爲大，因爲在較高的工資率下，勞動的供給量增加了。

由於集體議價的結果，使工資率提高，但另一方面却也使勞動者失業的人數增加了，站在工會的立場，當然不願意有大量失業的勞動者存在。爲維持工會的號召力，必須減少這些失業的人數，最好能使失業者根本不存在。工會用來減少失業人數的方法，或則透過減少勞動的供給，或則設法增加對勞動的需求。如果其他條件不變，而勞動的供給減少，或對勞動的需求增加，則可望在集體議價的工資率下維持充分就業。這一點可由圖 15-11 來說明。圖中 D_LD_L' 及 S_LS_L' 表原來對勞動的需求曲線及勞動的供給曲線，如勞動市場爲完全競爭，則工資率將爲 OW_0，而就業水準將爲 ON_0，此就業水準爲充分就業的就業水準，因爲在此工資率下願意勞動的勞動者，皆能獲得就業的機會也。若工資率爲 OW_1，而對勞動的需求不變，此時就業水準必降低至 ON_1，而失業人數爲 N_1N_2，但是如果此時勞動的供給能由原來的 S_LS_L' 降低至 $S_{LO}S_{LO}'$，

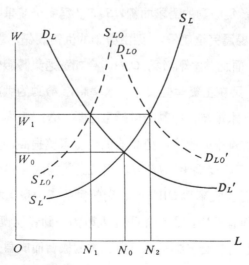

圖 **15-11** 集體議價下減少失業的方法

則在工資率爲 OW_1 時，勞動的供給量與需求量相等，就業人數爲 ON_1，失業現象即不存在。 或者此時如果對勞動的需求能由 D_LD_L' 增加至 $D_{LO}D_{LO}'$， 則在工資率爲 OW_1 時，勞動的供給量與就業量仍然相等，就業水準爲 ON_2，失業現象亦不存在。

　　工會爲減少失業所採取減少勞動供給的方法有多種，例如提高勞動者參加工會時的入會費，使部分經濟能力差的勞動者無法成爲會員；或則故意提高會員所必須具備的技術水準，使技術較差者亦無法取得會員的資格；或則延長學徒或訓練的年限，使其不能迅速的升爲正式會員，此數種方法皆能使某一特定工會勞動者的人數減少。在增加對勞動的需求方面，工會可能採取正當合理的方式以達到目的，亦可能採取不正當或不合理的方式，以達到其目的。在正當而合理的方式方面，如工會協助僱主促進政府提高該項商品的進口關稅，如此則該產品的銷路增加，價格上漲，可能增加對勞動的需求。或則協助僱主改進生產技術，加強推銷活動，降低成本，增加銷路。由於產品的銷路增加，間接對勞動的需要亦增加。在採用不正當或不合理的手段方面，例如限制勞動者的工作量或工作時間，使生產者不得不增加對勞動的需求；或硬性規定某一職位所需的勞動者人數，縱然該一勞動者的勞動已成多餘。前者的情形，如油漆業工會限制油漆時所用刷子的寬度，泥水匠工會限制每一勞動者每天所砌磚的數目是。後者的例子如，美國的鐵路公會規定路局方面必須僱用司爐，雖然大部分的火車已電氣化，或使用內燃機，已不再燒煤，但工會仍必須保留司爐名額。此數種方法，雖在短時間內能增加對勞動的需求，然而就長時間看，是否眞能增加，仍屬疑問，而且就長期看，對工會本身的前途亦至爲不利。

七、摘　　要

個別勞動者勞動的供給決定於市場工資率，一般的工資率愈高，勞動的供給量愈大，不過當工資率超過某一水準以後，勞動的供給可能有減少的現象，此即個別勞動者勞動的供給曲線是向後回彎的，此由於隨工資率的增加，其所得效果可能超過其替換效果，故勞動的供給量反而減少。

將同一職業或同一地區個別勞動者的勞動的供給相加，即得某一職業或某一地區勞動的供給，由於短期間勞動者在不同職業及不同地區間之移動性較低，而在長期間其移動性較高，故同一職業或同一地區短期間勞動的供給彈性較小，而在長期間則其供給彈性較大。由同一職業或同一地區勞動的供給及勞動的需求，可以決定其工資率。

將一國或一經濟體系個別勞動者勞動的供給相加，即得一國或一社會勞動的供給，理論上由一國勞動的供給及勞動的需求，即可決定一國短期工資水準。至於長期間，因為一國勞動的供給決定於人口因素，而人口因素非經濟現象，故一國的長期工資水準無法說明。

實際上工資率是有差異的，其所以有差異的原因，乃是勞動者除考慮金錢的利益外，還考慮非金錢的利益，任何一種職業其非金錢的利益高時，透過利益均等化法則，其金錢的利益必較低，工資僅代表金錢的利益，故僅由工資來看，便有所差異。

現代各國的工資率多透過工會與僱主間的集體議價而決定，集體議價所決定的工資率往往比完全競爭所決定的工資率來得高，因此勞動者之間非自願性失業的人數可能增加，工會為減少失業會員的人數，常採取限制勞動供給，或增加勞動需求的方法，以達到目的。

重 要 概 念 與 名 詞

勞動的偏好曲線　　　　　工資率增加的替換效果

後彎的勞動供給曲線　　　利益均等法則

工資率增加的所得效果　　喪氣的科學

集體議價

第十六章　地租理論

勞動以外，次一重要的生產因素，即為土地。經濟學上所謂土地，較一般所了解的土地的意義，要來得廣泛，其意義實際包含一切自然資源而言。不僅包含狹義的地面，亦包含地下及地上的空間，以及自然界的一切能力而言。土地與其他的生產因素不同，它是不能以人力予以再生產的，其數量由自然所決定，因此經濟學中常將土地與勞動稱為基本的生產因素，而將資本財，即一切能以人力增加生產的生產工具稱為中間性的生產因素。因為土地有此種特質，所以因使用土地勞務而支付的報酬，亦早已成為經濟學上所研究的一個重要問題。使用土地勞務所支付的報酬即地租。本章將研究經濟地租何以會發生、差別地租的意義、地租與地價的關係，以及地租與生產成本的關係等問題。

一、土地的特性

地租是使用土地勞務的報酬，因此要研究地租何以會發生，必須先知道土地所具有的特性。一般的土地所具有的特性有下列數種：第一，不增性。所謂土地的不增性，即土地的數量，因為是由自然所決定，所以其數量是固定的，一般的不能因人力而予以增加，當然也不能因人力而減少，故不增性實亦含有不減性在內。當然由於自然力量的變化，海邊、河口常有新生地出現，由於地殼的變動、地震等的天然災害，也可能有若干土地陸沉，甚至地球上的少數國家，如荷蘭，以人力填海，企圖增加陸地的使用，但這一切與全球土地的面積相比較，實微不足道。唯此地所須注意者，所謂土地的不增性，仍是指全地球的土地面積而言者，並非指某一特定產業所得使用的土地的面積不能增加。任何一產業所能使用的土地的面積，可能因透過其他產業土地的移轉而獲得更多可用的土地。因此對某一特定產業言，其所能使用的土地的數量並不是固定的。 第二， 不能移動性。 土地的位置是固定的，不能用人力予以移動，這是一有目共睹的事實。都市中對土地之需要雖高，但他處的土地却無法搬運到都市中來，以減少土地需求的壓力，否則地租問題便不會這樣嚴重了。正因為土地有不能移動性，其位置的便利與否，關係於土地的收益， 影響甚大， 故在李嘉圖差別地租的理論中， 土地位置的便利與否，也是產生差別地租的原因之一。第三，土地具有生長力與負載力。凡植物的生長都需要依附於土地之上，凡動物或人類之生活，均須依賴由土地所生長而供應之植物。不僅此也，人類居住運動，亦需要土地來承載， 房屋道路必須建於土地之上， 海洋中之輪船， 天空中之飛機， 似乎不須土地承載， 其實稍一深思， 即可了解， 海洋與空間，實亦土地之一面也。土地的這種生長力與負載力，非其他任何因素所能取代。

正因為土地具有生長力與負載力，所以人類為了生活的需要，不得不使用土地。但若土地可自由移動，其數量可無限制增加，則亦不會發生問題。無奈土地位置不能移動，其數量亦復不能增加，由於土地的不增性及不能移動性，人類對土地的需要便不能滿足，因為互相競爭的結

果，地租因以產生。因此簡言之，地租之所以產生，實由於土地的供給
固定所造成之土地的稀少性。至於土地稀少，何以會產生地租，吾人可
用一個假想的簡單情況說明之，這一假設雖然表面上與現實相差甚遠，
但其意義却足可說明地租所以產生之根本原因。

二、　地租的產生

在說明地租如何發生以前，吾人須要進一步強調者，所謂地租僅指
使用天然物土地的勞務所支付的代價而言，至於在土地中所已投放的資
本所產生的利息收益則不包括在內。實際現代的任何土地已無一塊沒有
經過人類的投資，在土地中已含有資本因素在內，原始形態的土地根本
早已不存在了。因此現代社會爲使用土地所支付的地租，其中實亦包含
投資的利息在內，而吾人所研究的純粹地租，是指扣除這種資本的利息
以後所剩餘的部分而言。

假設在靠近亞洲大陸的太平洋上有一島嶼，島上的土地品質相同，
肥沃的程度亦相同，同時任何一處其便利的程度亦相同，並且假定島上
並無人居住，與外界亦不發生經濟關係。今假設島外人口陸續向島上移
居，因與外界無貿易關係，故移民的食糧必須由本島生產供給。若最
初移民的人數甚少，所需的糧食有限，故只須耕種少數土地即可供給，
此時糧食的價格由於供需關係，必等於其生產的邊際成本及最低平均成
本；耕種者由生產糧食所獲得之總收益，只夠支付生產時的總成本，沒
有剩餘，故沒有地租亦不需要支付地租，此時土地仍爲自由財，因其供
給量大於需求量也。如果移民不斷增加，對糧食的需求亦增，祇要仍有
未耕種的土地可予使用，糧食的價格不會上漲，因爲此時對於增加的糧
食需要，將不會在已耕種的土地上增投勞資，以增加產量，而必將繼續

使用尚未被耕作的土地，故生產的最低成本不會變化，糧食的價格亦不會變化，當然地租仍舊無從發生，亦無人能索取地租。這種情況，只要土地尚未被完全使用盡，不論移民數如何增加，將繼續維持不變。但移民不斷增加以後，土地終有被完全使用的一天。如果土地已被完全置於耕作之下，人口仍增加不已，對糧食的需求將不斷提高，透過市場供需關係，糧食價格必將上漲，最後將超過生產的最低平均成本。糧價超過生產的最低平均成本以後，生產者即可增加單位土地面積上勞力資本的使用量，以增加產量。依據吾人對完全競爭市場個別生產者的分析，此時生產者必將產量增加到邊際成本等於市場價格的一點，其情況可如圖16-1 所示。當移民數甚少，土地尚未被完全使用時，糧食的價格由供需關係決定，等於 OP_1，而此一價格亦等於每一生產者的最低平均成本，因爲這兩者是互爲決定的。每一單位土地面積的生產者其生產量必決定於最低平均成本的一點，亦卽圖形中的 OQ_1，此時所花勞資的總成本爲 OQ_1EP_1，而總收益亦爲 OQ_1EP_1，故無剩餘以支付地租。隨人口的增加，土地的繼續被使用以至於被完全置於耕作之下，若人口仍增加不已，則透過市場供需關係，糧食價格將慢慢上漲，假定最後漲至 OP_2。這一價格已大於單位土地面積上使用勞資時的最低平均成本，生產者面對着此一高價，爲獲取更大的收益必將增投勞資，擴大產量，最後生產量決定於平均收益等於邊際成本的一點，卽圖 16-1 中的 F 點。由 F 點知此一產量的平均成本爲 Q_2G，故總成本爲 OQ_2GH，而此一產量的平均收益則爲 Q_2F，總收益爲 OQ_2FP_2，大於總成本，其超過部分爲 $HGFP_2$，爲支付勞動與資本的成本以後的剩餘。如果此土地爲耕作者所自有，則此剩餘爲耕作者所獲得，如果此土地另有主人，則地主此時卽可對耕作者提出取得此剩餘的請求權，而成爲地主的地租。因爲如果耕作者不支付地租，地主可將此土地收回，而租給肯支付此地租的耕作

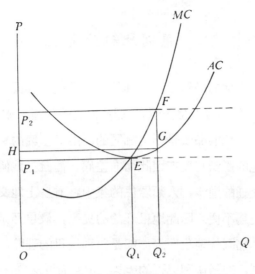

圖 **16-1** 地租的產生

者耕作。由這一分析，可看出地租之發生，非由於土地的私有制度，而是由於土地的供給有限，具有相對的稀少性，因而不能滿足對土地的需求，透過糧食的供需關係而造成糧價的上漲，因此而產生地租。所以由社會的觀點，地租是一種剩餘，其產生直接是由於糧價的上漲，超過土地生產的平均成本，其間接的原因則是由於土地的稀少性。此一剩餘不論地主是否有請求權，總是客觀存在的。

以上的分析，初視之似乎不切實際，事實上不可能有這一理想的情況以供吾人決定地租如何產生。然而吾人若稍一深思，即可知道實際上雖然並無此一理想狀況，而地租產生的根本原因，確是如此一假想情況所表現的，並非如過去若干學者所認為的，地租的產生是由於土地私有制、土地收益有遞減的現象，以及土地的品質有等差等，而真正地租產生的原因則是由於土地的稀少。

三、差別地租的產生

以上是假定土地的品質相同，其便利的程度亦相同，而由於對食糧需要的增加，促使糧食價格上漲，超過糧食的生產成本，因而產生地租。但是實際上土地的品質是不會相同的，由於土壤的結構、雨量、陽光的差異，土地的肥沃程度亦因此而有差異，而且土地便利的程度亦各不相同，由於交通的進步，人類居住的集中，有些土地交通甚爲方便，而有些則交通至爲不便。因此地租理論的提出，最早乃是以差別地租的形態出現的。李嘉圖的地租理論，即是差別地租的理論，認爲土地由於肥沃程度的不同，交通便利與否的差異，其生產成本亦有差異，肥沃程度最低，交通最不便的土地，在從事生產時，其收入僅夠維持成本，故不能支付地租，此可稱爲邊際土地；但肥沃程度較高、交通較便利的土地，其生產成本較低，其生產所獲之收益，除支付勞動與資本之成本外，尚有剩餘，此剩餘即成爲地租之來源，而地主即可要求獲得其所有權，否則地主可以收回土地而轉租他人耕種，而耕作者支付地租耕種此種土地，與不支付地租而耕種邊際土地，其收益相同，均能收回其所支付勞動與投資的代價，因此亦不會拒絕支付地租。而土地肥沃程度愈高、交通愈便利之土地，其生產成本愈低，因此其地租亦必愈大。以上所述，即爲差別地租理論之內容。

差別地租之理論以現代分析的方法說明之，可分析如下。設有肥沃程度、交通便利程度均不相同的三塊土地，其每塊土地用於生產時其生產成本如圖 16-2 所示，其中 (a) 圖表最肥沃土地之成本結構，其平均成本與邊際成本均最低；(b) 圖表肥沃程度次之的土地之成本結構，其邊際成本及平均成本均較 (a) 圖爲高；(c) 圖則表示肥沃程度最低土地

之成本結構，其平均成本及邊際成本均為最高。此處所謂平均成本，僅
包含勞動與資本的費用在內。此時若市場農產品的價格，透過市場供需
關係，僅等於 OP_1，即等於最肥沃土地耕種時之最低平均成本，則此時
(a) 地被用於耕種，而 (b) 及 (c) 地因農產品價格低於其最低平均成本，
故不會用於生產，事實上由於對農產品之需求甚低，亦不需要耕作 (b)
及 (c) 地。而耕作 (a) 地時，其生產量由圖 16-2(a) 則決定於邊際成本
等於市場價格的一點，亦即等於最低平均成本之一點，其產量為 Oq_1。
此時生產者的總收益等於其總成本，沒有任何剩餘可以用於支付地租，
故 (a) 地即為邊際土地，不須支付地租。如果由於人口的增加，對農作
物的需要增加而引起農作物價格的上漲，農產品的價格高於 OP_1 時，
此時在 (a) 地的投資將增加，其產量依邊際成本等於市場價格的法則，
亦將隨之增加。若農產品的價格最後為 OP_2，等於 (b) 塊土地最低平均
成本，此時 (b) 地加入生產，其邊際成本等於市場價格及最低平均成
本，故其產量為 Oq_2，在此產量下，其總收益僅足支付勞動與資本的費
用，無剩餘以支付地租，故 (b) 地為邊際土地，不須支付地租。而 (a)
地由於農產品價格的上漲，其產量則由於投資的增加，將擴張至 Oq_1'，
在此產量下，其平均成本為 $q_1'F$，而平均收益為 $q_1'K$，總收益則為

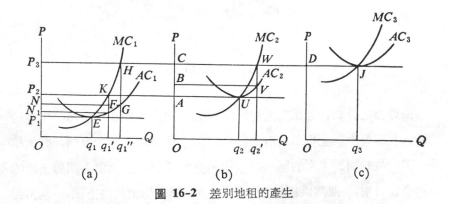

圖 16-2　差別地租的產生

$Oq_1'KP_2$，而總成本則爲 $Oq_1'FN_1$，總收益與總成本的差額爲 N_1FKP_2，此卽生產後的剩餘，構成地主所可能要求之地租。此地租卽是因爲土地肥沃程度不同所產生之差別地租。若吾人再進一步假定，人口繼續增加，農作物的價格繼續上漲，則 (a)(b) 土地之上的投資均將增加，而產量亦將提高，設最後農產品之價格漲至 OP_3，等於 (c) 地之最低平均成本，此時 (c) 地將開始加入生產，其產量爲 Oq_3，在此產量下，其總收益等於總成本，不發生任何剩餘，故不能支付任何地租，而成爲邊際土地。當農產品價格爲 OP_3 時，(a) 地的生產量增加到 Oq_1''，此時其總收益爲 $Oq_1''HP_3$，而總成本則爲 $Oq_1''GN$，總成本與總收益的差額 $NGHP_3$，卽構成生產的剩餘，成爲地主的地租，此一地租已隨農作物價格之繼續上漲而提高。而 (b) 地的產量，由於價格上漲至 OP_3，其產量亦提高到 Oq_2'，在此產量下，總收益爲 $Oq_2'WC$，而總成本爲 $Oq_2'VB$，總收益與總成本的差額爲 $BVWC$，亦構成生產後的剩餘，成爲地主的地租，故 (b) 地此時由邊際土地遞升而爲支付地租之土地。此時若農產品的價格由於需求的增加再繼續上漲，而超過 OP_3，則不僅 (a)(b) 兩地的地租將繼續增加，而 (c) 地亦將由邊際土地而升格爲須支付地租之土地了。到此一階段，吾人在上一節所應用之分析法在此亦可以適用了。

四、地租與成本

由以上之分析，地租之產生，不但是由於土地本身能發揮其生產的功能，主要是由於土地所具有之特性，卽由於自然條件的限制，其供給爲一定，故相對於人類的需要，土地相對的稀少，因此當人類對土地的勞務需要日增，而其供給無法增加，透過農作物價格的上漲，地租因而產生。顯然地租的產生是由於農產物價格之上漲，農產物價格上漲是因，地租的出現是果，而農產物價格之上漲，則由於對農產物之需求不斷增加，但由於土地之有限，農產物之供給却無法對應增加。旣然如此，地租便不是農產物的成本因素，而是一種生產的剩餘。然而就個別的耕作者，或個別廠商來看，當其使用土地時，必須支付地租，而其產品的價格，除支付工資與利息外，其剩餘如不足支付地租，則其生產必遭遇損失。同時他如不能支付地租，地主亦必將收回土地而轉租他人使用，如此，對個別生產者或廠商，地租乃成為成本因素之一。前面旣說地租不是成本因素，而此處又說地租是成本因素，兩者之間是否有矛盾？過去，因若干學者，不明個體現象與總體現象之差異，因而對這一矛盾，無從解釋，而現代則由於經濟分析的進步，知道同一因素，在個體現象與總體現象中，因為所取的觀點，以及現象的背景不一樣，所以其意義亦不一樣。例如貨幣就個別生產者言，可得視為資本，因為個別生產者貨幣增加，卽可以之到市場購買各種生產財從事生產，故貨幣卽可視為資本；但就總體觀點，就全社會看，貨幣數量增加，並不表示社會的各項生產財同時增加，社會的生產設備及生產能量並不因單純的貨幣數量的增加而增加；故由總體的社會觀點，單純的貨幣不是資本。地租現象，亦是如此，由社會總體觀點，土地除供生產使用外，其機會成本等於零，而由於農產品價格上漲後，地租才出現，所以地租不是成本因素。但對於個別的生產者看，使用特定土地時，該土地的機會成本不是零，其機會成本等於次一個願意使用該土地的人所願支付的地租額，生產者若不能支付地租，卽不能使用該土地，因此地租成為成本因素之一。其意義的差別可用下列圖形表示之。在圖 16-3 中，AC_1 及 MC 表在一定土地上從事生產時，不包含土地因素在內的平均成本曲線及邊際成本曲線。若農產品的市場價格為 OP_1，則生產者的產量為

OQ_1，此時不包含土地因素在內的平均成本爲 Q_1F，平均收益爲 Q_1E，因此其單位地租爲 EF，而地租總額爲 $GFEP_1$，此地租額乃是由農產物價格決定的。但由此個別生產者言，他若不支付此地租，即不能使用此土地，爲計算生產成本，他必須支付此地租，如果把地租也算在內，則此一生產者的平均成本增加至 AC_2，因此此時產量爲 OQ_1 時，包含地租因素在內的平均成本曲線便變成 AC_2 了。由這一分析，吾人可知，地租是否爲成本因素，全看我們究竟是由那一個觀點來看，由社會觀點來看，地租不是成本因素，但由個別生產者或特定產業來看，地租顯然是一成本因素。

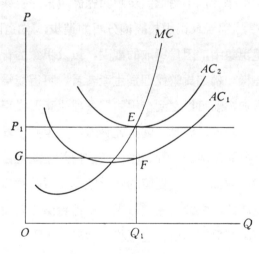

圖 16-3 地租與成本

五、準租 (quasi rent)

地租之產生，乃是由於土地先天所具之稀少性之特性，故與其他生產因素不同，而地租與其他生產因素的報酬亦因此不同。不過在生產因素中，有一種生產因素的報酬，在短期內與土地的報酬，十分相似，因此吾人亦可用租之一字以稱呼之，此即準租是也。所謂準租，即短期間內使用固定資本財的報酬。固定資本財原爲資本財之一部份，是可以透過生產而予以增加的。但就短期看，短期間內所增加的固定資本財的數量，與已有的固定財資本相比較，所占的比例很小，不足以顯著的影響固定資本財的數量。故短期間，固定資本財的數量，可看作是固定的，因此使用固定資本財的長期報酬爲利息，而短期報酬則可視作與地租相同，而稱之爲準租（quasi rent）。此一概念是馬夏爾所首先採用的。

六、生產者剩餘（Producer's surplus）

由準租的概念，吾人可進一步研究生產者剩餘的意義。所謂生產者剩餘，即生產因素的所有者，因爲生產因素的市場價格祇有一個，因而在其供給生產勞務時，心理上所獲得之利得而以貨幣表示者。亦即生產因素的所有者實際所獲得之收益，與其供給價格總和兩者之間之差額。試舉例以說明之，設某一勞動者其勞動的供給表如下：

表 16-1

每小時工資率	勞動的供給量
20元以下	0
20元	6 小時
25元	7 小時
30元	8 小時

由表知此一勞動者當工資率低於 20 元一小時時，其勞動的供給量爲零，

若工資率等於或高於 20 元時,其供給量如表所示。設市場的工資率為
30 元,顯然此勞動者每天勞動的供給量為 8 小時,其總所得為 30 元×8
＝240元。但吾人知此勞動者供給價格之總和為 20×6＋25＋30＝175元,
其意義為對於最初六小時勞動,其供給價格的總和為 120 元,而對第七
小時勞動的供給價格則為 25 元,對第八小時勞動的供給價格則為 30 元,
其供給價格之總和為 175 元,與其實際所獲報酬總額之差額為 240－175
＝65 元,此 65 元即生產者剩餘。此意義亦可以用圖形說明之。圖 16-4
中 SS 表勞動者的勞動供給曲線,OW_0 為市場實際工資率,此時勞動者
的供給量為 ON,其所獲報酬之總和為 $ONEW_0$,而其供給價格之總和
則為 $ONES$,其與 $ONEW_0$ 之差額,即 SEW_0,即表示此一勞動者之
生產者剩餘。生產者剩餘不但會發生於勞動者之間,對任何生產因素的
所有者,祇要其供給價格為遞增,而該生產因素的市場價格僅有一個,
則生產者剩餘均可發生。

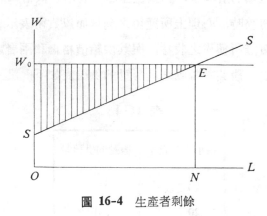

圖 16-4 生產者剩餘

七、地價與地租

以上所討論者,為使用土地勞務時所支付的代價,即地租。但在現

代私有財產制之下，土地亦像其他財產，不但可以私有，而且亦可以買賣，因此土地本身亦有市場價格，卽所謂地價。土地價格與其他財產之價格有一顯著不同之點，卽土地價格相互之間相差極爲懸殊，同一面積之土地，若位於都市中之繁華地段，則其價格奇昂，例如臺北市之西門町、衡陽路、延平北路等一帶，每坪土地動輒數十萬元。而在窮鄉僻壤地區，則土地價格甚廉。土地價格何以會有如此之差異？欲明瞭此現象，必須了解土地價格究屬如何決定。

　　由於土地所具有之供給量固定、不能移動性，及不能消滅性之特性，顯然其價格之決定，不同於其他財產之受生產成本之影響。土地因其可以永久存在，因此可視作爲一永久性之資產，而永久性資產之價格決定於其收益能力，而土地之收益能力決定於其地租，因此土地之價格，乃地租收入按市場利率之還原價格。要說明此一還原價格之意義，可設一數字之例以說明之。設有一永久可獲得收入而不能還本之證券，其持有人每年可獲得六元之收入，若市場一般利率水準爲 6％，則此永久證券之市場價格必爲一百元。因以一百元購買此證券，每年可獲六元之收入，而以此一百元投放於他處，亦可獲六元之收入也。若此證券之價格超過一百元，設爲一百二十元，則支付一百二十元，每年可獲得六元之收入，而將此一百二十元投於他處，每年之收入將爲七元二角，則一般人必將資本投於他處而不予購買此證券，此證券之價格必將下跌。反之，若此證券價格爲八十元，則支付八十元每年可獲六元之收入，而八十元投於他處，每年僅能得四元八角之收入，一般投資者必將羣趨於購買此證券，其價格必上漲，因此若市場利率爲 6％，則此證券價格必等於一百元。當然若市場利率變更，而永久證券之收入不變，則證券價格亦將隨之變化。例如在上例中，若市場利率降至 5％，則其他情況不變，永久證券之價格必將上漲至一百二十元左右。同理，若市場利率上漲，則其價格必跌。土地之情形亦復如此，地租是土地之收益，一般購買土地者之主要目的，乃希望由土地獲得收益，若同一代價由土地所獲得之收益超過其他投資之收益，則資金將群趨於土地；反之，若由土地所獲得之收益不如在其他投資方面之收益，則資金必將由土地離去。由於這種作用，最後同一資金投於土地所能獲取之收益必大致等於投於其他方面所能獲取之收益，故土地價格與地租之關係，可以用下列公式表示之，即

$$土地價格 = \frac{地租額}{利率}$$

設某塊土地之地租額為每年六千元，而市場利率為年利六厘，則此土地之地價大致為十萬元。實際上或稍高，或稍低，視其他因素而定；如土地市場是否為一完全市場？社會對地主階級之評價？社會上其他投資機會之有無等。若社會尊重地主階級，並且其他投資機會不多，則地價比較高，可能超過十萬元。反之，若社會其他投資機會甚多，地主階級在社會中並無特殊地位，則地價比較低。前者如過去我國一般地價均甚高，後者如多數經濟已開發國家地價則相對的低。

　　由於土地所具有之特性，及一般經濟落後國家工商事業不發達，社會生產事業不多，投資機會甚少，使資金集中於土地，造成地價高漲，土地集中等分配不均的現象，引起歷史上的所謂土地改革運動、單一稅運動，以及　國父所倡導的平均地權的學說等。臺灣自光復以後，亦曾實施過三七五減租、公地放領、耕者有其田等政策，這些政策都著有成效，這些成效，一方面固然是政策執行者之貢獻，另一方面也未始不是經濟發展所產生之影響。如果吾人了解地租產生的原因，地價與地租的關係，以及一般經濟發展由農業向工商業演進的趨勢，即不難推斷，在經濟充分發展的社會，由於土地在整個經濟活動中所占比重的降低，地

租在所得分配中比例的減少，以及工商業中投資機會的衆多，資金必逐漸由土地移向其他方面，而所謂土地分配問題，亦必自然逐漸喪失其重要性，而歸於自然解決，而所謂土地分配問題，亦必逐漸由所謂土地利用問題取代之矣。

八、摘　　要

　　土地因爲是自然產物，與其他生產因素在性質上有所不同，一般的土地具有三種特質，即不增性、不能移動性、具有生長力與負載力。因爲土地具有這三種特性，而隨人口的增加，對土地的需求也不斷增加，在同一土地上往往增加勞動與資本的使用數量，在土地收益中扣去其他成本因素後，往往有剩餘，此剩餘即構成地租。

　　就社會的觀點，地租不是一成本因素，而是一項剩餘，但是就個別生產者的觀點，地租也是成本因素之一，因爲如果他不能支付地租，即不能獲得土地的利用。這一總體與個體不一致的現象，很容易引起觀念上的混亂。

　　固定資本財雖與土地不同，但在短期間固定資本財的數量亦可視爲固定，故其短期間的報酬可視作與地租相似，而稱爲準租。一般的就一切生產因素來講，如果生產因素的市場價格僅有一個，生產因素的所有者提供生產因素時，其實際所獲得之收益，與其所願意接受的最少收益兩者之間的差額，稱爲生產者剩餘。

　　土地因爲不能透過生產過程而增加，故土地的價格乃是一種還原價格，其與該土地的地租有一定的關係，如市場長期利率爲一定，則土地價格大體上等於地租除以市場利率之商數。當然實際地價還受其他因素的影響。

重要概念與名詞

差別地租　　　　準租

生產者剩餘　　　還原價格

邊際土地

第十七章　利息理論

一、問題的發生及其複雜性

生產因素除勞動與土地外，第三種便是資本。勞動與土地的價格，即工資與地租，在前兩章中已有說明，本章將討論資本的價格，即利息，以及決定利息高低的標準，利率。

要分析資本的價格，便首先遭遇到一困難的問題，即何謂資本？所謂資本僅是一個泛指的名詞。由生產的觀點，所謂資本，實際僅指資本財（capital goods）而言，亦即在生產過程中能幫助生產的各種工具，如廠房設備、機器原料、車輛及存貨等。在生產過程中若沒有這些工具的協助，生產活動是無法進行的。但是像這樣的資本財，種類很多，品質不一，要分析其在生產過程中所獲得之報酬，至爲不易。同時吾人了解，一般所謂利息，並不是指這種生產工具在生產過程中所獲得之報酬，而是指生產者在生產過程中所使用的貨幣資本的報酬。既然如此，資本是不是指貨幣而言？則又不盡是如此。因爲由社會的觀點，貨幣不是資本，因爲一社會所保有貨幣的數量並不能代表其生產能量或生產設備，而貨幣數量的增加並不代表社會生產能量的增加也。可是由個人觀點，保有貨幣，則可透過市場購買或支配各種資本財，以增加生產設備，保有貨幣就等於控制資本財。因此貨幣由社會觀點不是資本，而由個人觀點，則成為資本，此中差異，完全是由於透過市場貨幣可以交換生產財而產生的。利息論所研究的正是對於使用這種貨幣資本的勞務，其價格如何決定。

由於貨幣資本具有此種特性，由來利息理論非常分歧，目前利息理論大體可以分為兩大派別：一派是實質因素的利率理論，認為利息的高低，決定於非貨幣的實質因素，例如，社會節儉的傳統、投資的生產力等，與貨幣現象無關；而另一派則為貨幣因素說的利息理論，認為利息純然是一種貨幣現象，利率的高低也決定於貨幣因素，與實質因素無關。在這兩大派的理論中，復可依據重點的不同，分為若干更小的派別，然而這些理論上派系的劃分愈複雜，愈使人對利息理論的內容，不易了解。

上面吾人已說過，由個別生產者的觀點，有貨幣就等於有了資本財，就可以從事實際的生產活動，因此由個體立場，不能說利息的決定與實質因素，如資本財的生產力、社會的儲蓄等無關；但貨幣就社會觀點，不是資本，因此就社會觀點，利息現象不能不說是一貨幣現象。這種看似矛盾的說法，實際上是一致的，不過由於吾人觀點的不同，一由個體觀點，一由總體觀點分析而已。因此吾人認為利息現象在個體是受實質因素所影響，在總體則是貨幣現象。以下的分析，則是基於這一觀點的說明。

二、利息的意義與幾項假定

本章所謂利息，乃是指在資本市場使用貨幣資本的勞務所支付的報酬而以貨幣表示者。利息數額對資本總額的比率，以百分率表示之，則稱爲利率。 如借用貨幣資本一萬元， 每年付報酬六百元， 則年利率爲 6％，利率亦可以月或日爲單位，不同的借貸行爲常以不同的利率表示之。但吾人須注意者，在一般所謂利息之中，除純粹利息 (pure interest) 外，尚包含其他因素在內。例如資金貸出，常不能保證必能收回，而中途不致發生欺詐、背信、貸款無法收回之事件，因此而常有風險，爲補償此種風險起見，一般所謂利息中，便常含有對此種風險補償的部分在內。 其次， 資金之借貸， 常須經過一定的手續與程序，爲完成這種手續， 常產生一定的手續費，而這種手續費亦常包含於一般利息之內。最後，一國貨幣的價值，常不穩定，時高時低，特別是具有長期貶值的趨勢，資金貸出以後，等收回時，同樣數量的資金，其價值已比貸出時爲低，爲補償貨幣貶值起見，在普通利息中亦包含有此種補償因素在內。因此普通所謂利息之中，除純粹利息外，尚包含風險的補償、手續費、貨幣價值貶損之補償等因素 。 而本章所指之利息， 則僅指純粹利息而言，不包括其他因素。

市場利率，常不止一個水準，不僅長期利率與短期利率不同，即同爲短期利率，亦因風險程度的大小，貸出數額的差異，資金使用目的的不同，而有所分別。爲便於分析起見，吾人假定市場利率只有一個，吾人的目的，即分析此一利率水準是如何決定的。

在一般情況下，資本市場並不是一完全競爭的市場，無寧是一寡占市場，凡貸款者之信用愈好，貸款之數量愈大之貸款，其利息條件往往最優厚。小貸款者一方面因爲信用未立，他方面因貸款數額甚小，往往不易取得貸款，或縱能取得貸款，其條件亦很不利。唯本章爲便於分析起見，仍假定資本市場爲完全競爭之市場。其所獲之結論，經適當修正，並考慮不完全競爭之情況時，當亦能適用於不完全競爭之市場。

三、早期的利息學說

在未分析現代利息學說之前，先略述早期的利息理論：

（一）**時間偏好說** (time preference theory)　主張時間偏好說者認爲，人類的生命有限，而未來之情況不可期，一切均不能確定，因此吾人對於目前所具有之財貨之評價，遠較將來所能具有之同一財貨之評價爲高，即人類均重視現在之財貨，認爲現在所有之財貨價值大。而借貸行爲，等於是以現在財貨交換將來財貨，因此除非將來所收回之財貨其數量較現在爲多，而其現值至少等於現在財貨之價值，則當事人多不願進行此一交換行爲。此一時間偏好率，即決定利息之高低。若時間偏好率大，則利率高，若時間偏好率低，則利率小，而利息即對時間偏好之補償也。

（二）**忍慾說** (abstinence theory)　主張忍慾說者認爲，在借貸行爲中，貸款者所以有貨幣資金以供貸出，乃由於其犧牲了當前的消費，而以其節省之所得，供貸款之用。但吾人減少消費，即等於犧牲當前慾望的滿足，有慾望而不能滿足，必有痛苦，而利息即對忍受慾望所生痛苦之報償。忍慾過程中所產生之痛苦愈大，則利息愈高，痛苦小，則利息低。但亦有若干學者認爲，能有貨幣資金貸出者，必爲所得甚高之人，這些人不必忍受慾望不能滿足之痛苦，即有剩餘的資金可供貸出。但在貸出時，即準備等待將來獲得其應有的報酬，因而把"等待"看作是經濟活動中的一重要因素，視利息爲等待的報酬。這種觀點尤以新古典學派諸學者主張者爲多。

（三）**迂廻生產說**（roundabout method of production） 奧國學派的學者認爲，現代的生產方法是迂廻的生產方法，卽先生產生產工具，再以生產工具生產最後財貨。現代社會所以採取迂廻生產的方法，是因爲這種生產法，生產力比較高。而且生產的方法愈迂廻，其生產力愈高。但迂廻的生產方法能夠被採用，必須有一條件，卽在從事生產工具的生產時，必須存儲有足夠的生活資源，供生產者消費，使其能夠有充裕的時間，完成其迂廻的間接生產。而貨幣資金之借貸，卽能使得未存儲生活資源者，亦可以存儲生活資源，以延長其迂廻的生產方法，因而提高其生產力。貨幣資金的借貸，旣有提高生產力之功能，因此卽須獲得其應有之報酬，此報酬卽爲利息，而利息之高低，則決定於迂廻生產法生產力提高之程度。

（四）**投資與儲蓄說**（investment and saving theory） 新古典學派認爲，利息是對儲蓄的報酬，而利率的高低，則決定於投資與儲蓄相等的一點。換言之，新古典派認爲投資是利率的函數，利率愈低則投資量愈大，反之，利率愈高，則投資量愈小。而儲蓄亦爲利率的函數，利率愈高，則儲蓄愈大，反之，利率愈低，則儲蓄愈少。而利率必決定於此一水準，卽能使社會投資量等於儲蓄量者。如圖 17-1 中，SS 爲儲蓄函數，II 則爲投資函數，其交點 E，決定市場均衡利率爲 i_0。因爲在 i_0 的利率水準下，投資量能等於儲蓄量，就好像供需法則之下，市場價格決定於需求量與供給量相等的一點一樣，市場均衡利率決定於投資量等於儲蓄量的一點。

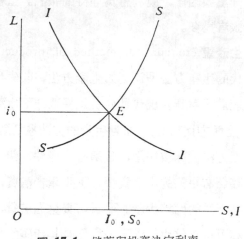

圖 17-1 儲蓄與投資決定利率

四、可貸基金之需求

利息旣是使用貨幣資金的報酬，則在貨幣資金的借貸過程中，一方面必有貨幣資金的需求者，另一方面必有貨幣資金的供給者，此供借貸之貨幣資金，吾人可稱之爲可貸基金 (loanable fund)。因爲並非所有的貨幣都是可供借貸之用的，能供借貸的貨幣僅是貨幣中的一部分，利息卽是此種可貸基金的價格，其高低則決定可貸基金的供給與需求。因此要分析利率的高低如何決定，先須分析構成可貸基金的供給及需求的因素爲何，玆先分析對可貸基金的需求。

構成對可貸基金的需求者，可能來自於三方面，卽家計單位、企業單位，及政府機構。此三方面之所以需要可貸基金，其理由並不一樣。在家計單位方面，其所以需要可貸基金，主要是爲了消費之需，尤其是在購進耐久性消費財時，更爲明顯。因爲家計單位對於經常性的消費支出，多以經常性的所得支付之，但對於非經常性的消費支出，如對耐久性消費財之購置、臨時性之意外支出等，必須以借貸方式以支付之。在現代分期付款購物制度非常流行之社會，此種借貸行爲，常不須家計單位自行出面，而僅透過財貨的銷售者向金融機構融通消費者信用而完成之。家計單位雖不須自行出面，而對此種可貸基金之需求，則是來之於家計單位的。至於家計單位對可貸基金之需求與利率的關係如何？則難於確定。一般的，當利率甚高時，利息的負擔大，家計單位對可貸基金的需求可能減少；而利率低時，其利息的負擔小，故對可貸基金的需求大。但不是沒有例外，例如，若家計單位計劃在未來蓄積一定數量之資產，而於每期所得中儲蓄一定數量以完成之，若利率高，則每期所須儲蓄之數量可減少，因此其消費支出可增加，很可能其對可貸基金之需求亦大。反之，若利率低，則其每期所應儲蓄之數額必大，而消費支出即須減少，因而可能其對可貸基金之需求亦少。不過，一般說來，家計單位對可貸基金之需求，隨利率之上升而減少，而隨利率之下降而增加。

　　構成對可貸基金需求的第二個方面，來自於企業界。企業界之所以需要可貸基金，則是爲了投資。但企業界爲了進行投資，究需要多少投資基金，吾人須加以進一步的分析。首先就個別的企業家而論，其所以進行投資從事生產，其目的是爲了賺取利潤，因此如果賺取利潤的機會愈大，則企業家願意從事投資的數目亦愈大；反之，如果賺取利潤的機會小，則企業家願意從事投資的數目便小。而投資利潤的大小，一方面取決於投資所引起的成本支出，另一方面則決定於投資後企業家所能獲得之淨收益的數額，如果此兩者之間的差額大，即表示投資的利潤高，反之，即表示利潤小。至於投資成本的高低，則決定於市場利率；利率高，即表示投資的成本大，利率低，則表示投資的成本低。因爲企業家投資基金的來源，可能有二，一是向他人借貸，如果向他人借貸，勢須支付利息，因此利率的高低，直接決定成本的大小。另一個來源，即是企業家動用自己的投資基金。企業家在動用自己的資金時，表面上似乎沒有任何成本支出，但實際上動用自己的基金有機會成本。因爲企業家若自己不運用自己的資金，他可以在資本市場貸放給旁人使用，而收取利息，此利息卽構成其機會成本，而不得不加以考慮。至於投資後所獲得之收益，則取決於企業家由投資行爲所生產之產品，預期銷售後所能獲得之淨收入。所謂淨收入，卽從產品出售後之總收入中扣除其他生產因素的報酬以後的剩餘。爲便於比較起見，往往將這種淨收益按照投資額計算其收益率，或計算投資的邊際效率（投資的邊際效率的意義，留待以後討論）。不過吾人須注意者，此投資的收益率，乃是企業家由市場情況的觀察而主觀上預期能發生的一種數額，不是實際出現的收益率，因爲這是他在投資以前所必須估定的。由企業家的立場，如果其預期的投資收益率不變，顯然市場利率愈低，則表示其與預期的投資收益率之間的差額愈大，企業家必願意增加投資，因而其對可貸基金的需求量便大。反之，若市場利率甚高，則表示其與預期的投資收益率之間的差額便小，企業家必將減少投資額，因而其對可貸基金的需求量便減少。換言之，企業家對可貸基金的需求，是利率的函數；利率高，則對可貸基金的需求量少，利率低，則對可貸基金的需求量大。個別的企業家如此，集合全部企業家，亦卽就企業界全體看，亦必然如此，卽全部企業界對可貸基金的需求爲利率的函數。當投資的收益率固定，而市場利率低時，則對可貸基金的需求量大，而市場利率高時，則對可貸基金的需求量小。

　　構成對可貸基金需求的第三個方面，則是各級政府。政府之需要可貸基金，則是爲了兩個目的，或是爲了平衡財政收支，或是爲了進行投資活動。就平衡財政收支的一點言，政府的財政收入，未必能經常與財政支出相平衡；如果由於財政支出暫時的超過財政收入，預算上發生了赤字，通常都是以公債或透支的方式，向金融市場舉債，其對可貸基金需求的數量則取決於財政預算上赤字的大小，而財政上赤字何以會發生，赤字的大小如何決定，則多取決於政治因素，因此對可貸基金的需求亦多取決於政治考慮，而與利率的高低無關。其次政府為投資目的而對可貸基金的需求，其性質則稍有不同。這方面的投資，包括政府對道路的修築、港灣的建設、公用事業的營建、水利的開發等，其性質同於私人投資，最後皆能產生收益。因此在從事投資時，不得不計算成本因素，此成本因素即利率。若市場利率高，政府為舉債所須負擔的利息即重，因此將會減少投資。反之，若市場利率低，則政府為舉債所須負擔的利息即輕，因而願意增加投資。尤其在經濟萎縮時期，市場利率低，失業人口多，政府往往透過公共投資支出的增加，以刺激經濟活動。故政府對可貸基金的需求，除基於政治因素的考慮不計外，仍可視為是利率的函數；利率高，對可貸基金需求的數量少，利率低，則對可貸基金需求的數量多。

將以上所分析的構成對可貸基金需求的三方面，即家計單位、企業單位，及各級政府，加以合計，即構成對可貸基金的總合需求。此總合需求，以圖形表示之，可如圖 17-2 所示。圖中縱座標表利率，橫座標

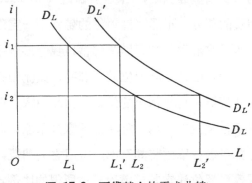

圖 17-2 可貸基金的需求曲線

表對可貸基金的需求量，則曲線 $D_L D_L$ 即表示可貸基金的需求曲線。此曲線由左上方向右下方延伸，表示利率高時，需求量少，而利率低時，需求量多。如利率爲 i_1 時，需求量爲 L_1，而當利率降至 i_2 時，則需求量增加爲 L_2。當然此需求曲線，是假定家計單位對所得的預期不變，企業單位對投資收益率的預期不變，而政府的財政政策經濟政策亦不變時的需求曲線。如果上述各項預期因素均變更，則需求曲線亦將變更，而爲另一條需求曲線。例如當企業家的預期收益率增加時，可能此曲線會向右移動，而爲 $D_L'D_L'$ 曲線；由此曲線，利率爲 i_1 時，對可貸基金的需求量不爲 L_1 而增加爲 L_1'；當利率爲 i_2 時，其需求量不爲 L_2，而爲 L_2' 了。同樣如預期收益率看低，則需求曲線可能向左移動，在各種利率水準下，對可貸基金的需求量，可能都將減少。其他可能發生的情況，可依此類推。

五、可貸基金的供給

就可貸基金的供給而論，構成可貸基金供給的來源亦有三，即家計單位、企業單位，與政府。

家計單位對可貸基金的供給，來自於儲蓄 (savings)。所謂儲蓄，即是所得中未消費的部分。不過家計單位的儲蓄不一定即能成爲可貸基金供給的來源；因爲家計單位如果將其儲蓄以現金形態呆藏，則此一儲蓄即無法供他人使用，必須家計單位將其儲蓄，以流動資產的形態，出現於資金市場，才能構成可貸基金的供給。因此由家計單位所供給的可貸基金，必須經過兩種決定；第一種決定即家計單位如何將其所得分配於消費及儲蓄。如果家計單位將其全部所得用之於消費，則可貸基金即無法出現，如果家計單位決定其儲蓄所應占所得的比例，則形成可貸基金的供給，尚須透過另一種決定，卽以何種資產形態保存此一儲蓄。家計單位保有此一儲蓄的方式，可以用現金形態呆放於保險箱，可以用銀行存款方式儲存於銀行，亦可以去證券市場購買證券，唯有存放於銀行或購買證券，才能構成可貸基金之供給，若呆藏於保險箱，則不能形成可貸基金，供他人使用。

由家計單位的全體看，其可貸基金供給的數量如何決定？ 顯然，因爲儲蓄是所得中未消費的部分，因此其儲蓄數量直接決定於其所得水準，所得水準高，其儲蓄數量多，可貸基金供給的數量大；反之，所得水準低，則其儲蓄數量少，可貸基金供給的數量亦少。但若其所得水準爲一定，則可貸基金供給的數量與利率的關係如何？關於這一點，吾人只能說，其與利率之間，可能有某種關係存在，隨利率水準之變化，可貸基金供給之數量亦可能發生變化。但基金變化的方向與利率水準變化的方向是否一致？還是相反？吾人則難於確定。因爲若利率水準發生變化時，個別家計單位儲蓄的數量，可能增加，亦可能減少，全視各家計單位儲蓄的動機而定。若家計單位儲蓄的動機是爲了預防意外的需要，或積蓄資產，則當利率水準上漲時，獲利的機會增加，則家計單位可能增加儲蓄。但如家計單位儲蓄的動機，是爲了累積一定數量的基金，或爲了分期購置不動產，則因爲利率上漲，每期所須支付的金額減少，因此反而可能使其減少儲蓄數量，以改善目前的消費。利率水準下降時，情況相似，個別家計單位可能減少儲蓄，亦可能增加儲蓄。因此就全體家計單位看，其儲蓄的數量，連帶其可貸基金供給的數量是增加，還是減少，很難確定。不過就一般經驗而論，儲蓄數量的變化與利率水準變化的方向相同之可能性較大， 卽利率水準高， 儲蓄數量大， 利率水準低，則儲蓄數量少。

可貸基金第二個供給的來源，是企業單位。企業單位構成可貸基金供給的來源，亦是企業單位的儲蓄。因爲企業單位爲了能維持其生產設備的不斷更新，或不斷能擴充其生產規模，對於其生產設備，必須每年提存折舊基金，此折舊基金在設備未達更新時期時，不能動支，即形成企業單位的儲蓄。不僅此也，爲了企業擴充起見，企業單位尚多保留未分配之紅利，或提存公積金，此未分配之紅利及提存之公積金，在未有有效利用的機會以前，亦是以流動資金之形式保存的。由這幾種來源所形成之儲蓄，企業單位本身若不須使用，而條件有利，亦可提供他人使用，收取利息。不過就全體企業單位看，構成此一可貸基金供給的爲企業界全體合計之淨儲蓄數量，即在總儲蓄中扣除個別企業單位已經使用的部分。此淨儲蓄數量，如以流動資產的形式進入資金市場，即構成可貸基金供給的一部分。

由企業單位所產生之可貸基金之供給，其與利率之關係爲如何？在一般情形下，與家計單位同，即利率水準變化時，其供給量可能增加，亦可能減少。惟就一般趨勢論，供給量隨利率之上漲而增加，隨利率之下降而減少之可能性較大，故亦可看成是利率之增函數。

可貸基金供給的第三個來源是政府。政府構成其可貸基金供給的來源的，則是其能增加貨幣供給量或減少貨幣供給量的權力，而政府運用此種權力的動機，是完全基於其貨幣政策的需要。政府爲了穩定國民經濟，並促進國民經濟的發展，有隨時調節貨幣供給量的必要。如社會利率過高，投資支出減少，政府爲了降低利率，促進投資，常增加通貨的供給量。反之，如利率過低，社會投資支出太多，政府爲了提高利率，常減少貨幣的供給量，以限制投資。由於政府對貨幣供給量的控制，可貸基金的供給量，亦因此而發生變化。由政府這一面言，可貸基金的供給是利率的增函數，即市場利率高時，政府增加貨幣的供給量，故可貸基金的供給量亦增加。反之，市場利率低時，政府減少通貨的供給量，可貸基金的供給量亦將減少。至於政府以何種方式，調節其貨幣的供給量，留待以後討論到政府的貨幣政策時，再予分析。

　　關於可貸基金的供給曲線，可如圖 17-3 所示，圖中縱座標表示利率，橫座標表示可貸基金的供給量，$S_L S_L$ 曲線即爲可貸基金的供給曲線。此曲線由左下方向右上方延伸，即表示可貸基金的供給量隨利率之增加而增加。例如，當利率爲 i_1 時，基金的供給量爲 L_1，但當利率上漲至 i_2 時，基金的供給量增加至 L_2。此可貸基金的供給曲線，可能有一特性，即當利率水準高到某一程度時，其彈性爲無限大。例如在圖 17-3 中，若利率水準高達 i_3 時，曲線向水平延伸，表示供給量爲無限大。其所以有此現象的原因，是現代各國政府，皆不願市場利率水準高到超過某一程度，因此當利率到達此一水準時，往往會無限制的增加貨幣供給量，因此可貸基金的供給量亦近於無窮大，利率水準便不可能再上漲。

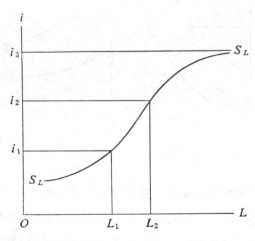

圖 **17-3**　可貸基金的供給曲線

六、利率水準的決定

由以上對可貸基金需求及供給的分析，吾人可進一步分析利率水準的決定。圖 17-4 中，$D_L D_L$ 為可貸基金的需求曲線，$S_L S_L$ 則為其供給曲線，此二曲線相交於 E 點，由 E 點可看出此時均衡利率水準為 i_0，而市場可貸基金的供給量及需求量均為 OL_0，市場達到均衡。若市場利率高於 i_0，則供過於求，將促使利率水準之下跌；若市場利率水準低於 i_0，則求過於供，必將促使利率水準之上漲。

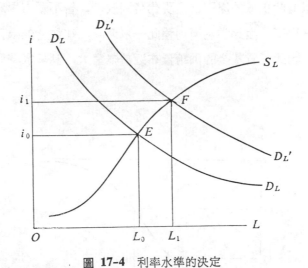

圖 17-4　利率水準的決定

如果由於市場情況的變化，投資的預期收益增加，或由於戰爭，使政府對資金的需要增加，則均將促使可貸基金的需求增加，此時 $D_L D_L$ 曲線向右移動到 $D_L' D_L'$ 的位置，如果可貸基金的供給曲線不變，則此時新的需求曲線與原來的供給曲線相交於 F 點，新的利率水準將上漲到 i_1，而可貸基金的供給量與需求量亦增加到 OL_1。同樣，如需求曲線不變，而供給曲線變化，例如政府採取放鬆信用政策，或供給曲線與需求曲線皆發生變化，則利率水準的變化，可依同樣方法求得。

七、利率與證券價格

可貸基金的供給與需求，常透過對證券的需求與供給而表現之；卽可貸基金的供給，常表現於對證券的需求，而對可貸基金之需求，則常表現於對證券之供給，因而由於證券價格之變動，而達到證券供需關係的均衡，亦卽可貸基金供需關係的均衡。但以上吾人之分析，說明可貸基金供需關係的均衡，是透過利率的變動而達成的，現在又說明可貸基金供需關係的均衡，可透過證券價格的變動而達成，此兩種說法是不是一樣？吾人如仔細考慮一下，此兩種說法實際是一樣的，因爲利率與證券價格之間，有一定的關係存在。換言之，證券價格決定於證券之獲利能力與市場利率，若其他因素不考慮，設證券價格以 P 表示，其獲利能力以 R 表示，市場利率以 i 表示，則此三者之間的關係可用下列公式表示，卽

$$P = \frac{R}{i}$$

若市場利率爲百分之六，而某一證券之獲利能力設預期爲每年六十元，則此證券價格約爲一千元。因爲必如此，投資於證券之收益才能與投資於其他途徑之收益相等也。如果此證券之價格不爲一千元，而爲一千五百元，則以一千五百元購買此證券，每年僅能獲得六十元的收益，但如將此一千五百元按市場利率貸出，則可獲得每年九十元，顯然一般投資者必不願投資於證券，而投資於其他方面，證券因購買者少，出售者多，其價格必將下跌。反之，若此一證券價格僅爲五百元，則以五百元購此證券後，每年可獲得六十元的收益，而將此五百元按市場利率貸

出，每年僅能獲得三十元之收入，因此，社會投資大衆，必爭相購買證券，證券因購買者多，而出售者少，其價格必將上漲，故若市場利率水準不變，此證券之價格必將固定於一千元左右。因而無論由利率水準的變動觀察，由或證券價格的變動觀察，皆可以看出可貸基金供需關係變動的情況。

八、摘　　要

利息是使用貨幣資本所支付的報酬而以貨幣表示者，利息數額對資本額的比率而以百分率表示者則爲利率。早期的利息學說有下列幾種：時間偏好說，認爲人類對財貨有一定的時間偏好率，時間偏好率的高低決定利率的高低。忍慾說則認爲利息是對忍受慾望所生痛苦之報酬。迂廻生產說認認爲貨幣資金的使用，可延長迂廻的生產方法，提高生產力，其報酬卽利息。投資與儲蓄說則認爲利率的高低決定於社會投資等於社會儲蓄的一點。

現代的可貸基金說，則認爲利率的高低決定於社會可貸基金的需求與供給。可貸基金的需求來自於三方面，卽家計單位、企業單位與政府，可貸基金的供給亦來之於三方面，也是家計單位、企業單位與政府。可貸基金的需求一般的是利率的減函數，而可貸基金的供給則爲利率的增函數，市場均衡利率卽決定於兩者相等的一點。

重 要 概 念 與 名 詞

純粹利息	儲蓄
時間偏好率	證券
迂廻生產方法	利率
可貸基金	獲利能力

第十八章　利潤理論

在現代私有財產制的社會中，生產者所以願意從事生產，其目的是在追求利潤，故獲取利潤爲現代一切生產活動的動機。但利潤究竟是什麼？利潤是對那一種生產因素的報酬？利潤的高低是如何決定的？凡此種種問題，到目前爲止還沒有一項令人滿意的解答。本章僅能就此有關諸問題，作一概略的說明。

十九世紀的古典派經濟學者，對利潤與利息兩個所得因素，未能加以區別，其原因是彼時資本家與企業家的任務，尚未劃分。十九世紀一般的情形是，資本家出資創辦企業並自己經營之，其身分是資本家同時又是企業家，其收入包括利息收入與利潤收入在內，然而無法加以區分，因此古典派學者在理論上亦未予以區別。但自二十世紀以後，由於大規模企業的所有權與經營權已經分開，所有權屬於資本家的股東，經營權則屬於企業家的經理人員，企業家已成爲一特殊階級，而與資本家的職能分開，因此利潤亦由利息分出，將利息看作是資本的收益，而將利潤看作企業家的收入。

一、純粹利潤與商業利潤

在未分析利潤產生的原因以前，吾人必須說明，本章中所指之利潤乃指純粹利潤 (pure profit) 或經濟利潤 (economic profit) 而言，與一般所瞭解之商業利潤 (business profit) 不同。一般所了解之商業利潤中，往往含有純粹利潤以外的其他所得因素在內，如工資、利息、地租等。因為普通商場中計算利潤時，往往僅從總收益中減去契約性的成本支出，如勞動者的工資、借入資本的利息、租用土地的地租，以及購買的各項原料、工具等的費用，其差額即看作利潤；對於企業家自己所提供的勞務，自有的資本或土地，所應該獲得的報酬，往往未予減除。其實在計算純粹利潤時，應該將這種隱藏性的成本 (implicit cost) 亦應扣除，其最後的剩餘，才是純粹利潤。因為企業家自己所提供的勞務、資本與土地，若不用於自己的企業，亦可以提供於其他生產事業使用，在這種情況下，即能獲得其應有的報酬，現在如果為他自己的生產事業服務，即喪失了獲得這種收入的機會，故在計算其生產活動的淨利潤時，必須將這些可能的收入扣除，其剩餘才是淨利潤。因為這種原故，在計算普通商業利潤時，其數額可能為正數，但扣除了隱藏性的成本後，其純粹利潤可能為負數了。也因為這種原故，純粹利潤可能較商業利潤之數額為小。

二、利潤的各種學說

為解釋利潤何以產生，有各種不同的學說，其主要者有下列數種，茲簡單介紹如下：

（一）**利潤爲負擔風險**（risk）**的報酬**　以美國乃特（Frank H. Knight）教授爲代表的新古典學派的諸學者，認爲利潤是企業家在生產過程中擔當風險的報酬，因而應爲企業家所獲得。根據這些學者的看法，認爲吾人對於未來市場的情況，都是不能確定的（uncertainty），因而在進行生產活動時，必定含有若干風險。這種風險，僅能由企業家擔當。企業家預測未來市場情況而從事生產，幸而預測正確，卽能獲得額外收入，以作爲其負擔風險的報酬；但不幸預測錯誤而遭致損失，這種損失，也只能由企業家擔當，因而企業家的利潤便是負數了。至於由於未來情況不確定而產生之風險，可分爲兩類：一類風險雖不能完全預測，但由於機率因素的作用，其出現的或然性則是可以確定的，因此這種風險，往往可以藉保險法則，將損失由多數人分擔而避免個別企業的損失。例如火災、海難事件、交通失事等，此種風險旣經由保險原則由多數分擔，自然不須由企業家獨立承擔。另一種風險，則不但不能預測，而且其發生亦無法經由多數人承擔其損失，以保險法則予以減免的。例如市場消費者偏好的趨向、生產技術的改進、競爭者的出現，以及其他無法測知的因素等，這些風險只要企業家決定從事生產，便必須由企業家自己承擔。若企業家承擔後，所預期的風險並未出現，則企業家卽可透過商品價格的提高而獲得其利潤。不幸若此種風險竟而成爲事實，所生產的商品不得不低價出售，企業家的利潤便成爲負數。這種將利潤解釋爲企業家承擔風險的報酬，就好像古典派學者將利息看作是提供“等待”（wait）此一勞務的報酬一樣。

（二）**利潤是對勞動者所創造的剩餘價值的剝削**　馬克思（Karl Marx）根據其錯誤的勞動價值論，認爲唯有勞動能創造價值，而資本家僱用勞動者，所支付給勞動者的報酬，僅是勞動者所創造的價值的一部分，另一部分卽爲資本家所占有，此卽構成資本家之利潤，因此資本家的利潤實是剝削勞動者的剩餘價值而成。馬克思這種剝削理論，早經奧國學者予以駁斥，依據現代經濟分析之觀點，固早已不能成立矣。

（三）**利潤是一種獨占所得** 若干學者認爲利潤是一種獨占所得，在完全競爭市場，利潤是無法存在的。由前幾章中吾人對各種市場結構的分析，知道在完全競爭市場中，長期均衡時，個別生產者的平均成本等於其平均收益，因而產品銷售以後，並無任何利潤存在。但在獨占市場，則由於獨占因素的存在，個別生產者的最適度生產量決定於邊際成本等於其邊際收益的一點，此時其平均成本小於其平均收益，因此其產品銷售後，即有剩餘，成爲生產者的利潤，實際此即是生產者的獨占所得。只要獨占市場不因競爭而消失，則獨占所得常能存在，而利潤亦必常能存在。

三、創新說的利潤理論

除以上各種學說以外，熊彼德（J. Schumpeter）提出了一種創新理論（innovation theory），以解釋利潤之發生，其內容較以上各種學說爲深刻，茲簡單說明如下：

熊彼德認爲在一個靜態社會，利潤是不可能發生的。因爲在一個靜態社會中，人口數量與結構均已固定，生產技術不再進步，消費者的偏好不再改變，對各種財貨所需要的種類及數量皆已固定，而不再變動，因此對於未來情況可以完全確定，生產者只要按照以往生產的過程繼續並重複生產即可，生產的項目及數量均不必變更，因爲沒有新的生產方法及新產品出現，淨投資已不需要，因而淨儲蓄亦等於零，社會總投資僅是更換損耗的原有設備而已。在這樣的環境中，生產者對其所生產的財貨，不可能要求較其平均成本爲高的價格，因爲消費者皆知道生產情況，若價格較平均成本爲高，消費者將不予購買，生產者將遭受損失，生產者僅能以平均成本決定其售價，因此沒有任何利潤可賺，但也不致賠本。但是熊氏認爲這種靜態的社會，實際上是並不存在的，實際的社會，則是一動態的社會；在動態的社會中，人口數量與結構，不會固定，生產技術不斷進步，消費者的偏好不斷變更，因而新的產品不斷出現，新的生產方法不斷被採用，生產者對於未來的情況，並不能完全確定，因而爲應付動態發展的需要，社會淨投資爲正數，而社會儲蓄亦爲正數。對於這種動態的社會，熊彼德認爲有一種人，其貢獻最大，此即熊氏所重視的企業家（entrepreneuer），熊氏所謂的企業家與一般所了解的企業家不同，一般所了解的企業家，僅是企業的主持人，而熊氏所謂的企業家，則是一個創新者，是能發現創新機會並推動創新的人，而所謂創新現象，正是動態社會所表現的特質。創新並不是創造或發明，創造或發明可能僅是科學上的成就，而創新則是能將科學上的創造或發明予以商業的利用而能成功者，而企業家正是推動這種創新的人。史梯文遜發明火車，他僅是一個發明家，但第一個築成商用鐵路的，則是一創新者。創新一般的可包含下列數種活動：（一）新產品的發明；（二）新生產方法的應用；（三）新市場的開拓；（四）新的原料取給地的發現；（五）對生產因素新組合的應用。企業家在從事一項創新活動時，不論是屬於上述五項中的那一項，或則能使生產成本降低，而市場價格不變，或爲新產品的發明，則在其他生產者尚未能模仿前，能以高於成本的價格出售；無論是那一種情形，企業家均能以高於成本的價格銷售其產品，因而能獲得淨收益，此淨收益即是企業家的利潤。故利潤是創新活動的結果，是對企業家從事創新活動的報酬。但熊氏又認爲，企業家對於這種利潤，並不能永久維持，因爲創新的才能雖然只有少數的企業家具有，但大部分的生產者均有模仿的能力，一旦創新出現以後，必然會引起其他生產者的模仿，當模仿的生產者一多時，財貨的供給量必將增加，若市場需求不變，透過市場供需法則，財貨的價格必將下跌，其價格與成本間的差額，必將逐漸消失，亦即原來創新者所能獲取之利潤，因模仿之出現而消失。因此，利潤不是永久的現象，而僅是在模仿出現前臨時的現象。然而在動態社會中，創新是不會停止的，一項創新逐漸消失後，他項創新必又出現，因而利潤又再度出現，故利潤不會從社會消失，只要動態社會仍維持其動態的特質，並未轉變成靜態社會，利潤仍是繼續存在的。以上簡單的說明，即是熊彼德創新理論的內容。

四、利潤的性質

以上介紹了幾種說明利潤發生的理論，然而利潤究竟是什麼？是對於何種生產職能的報酬？由這幾種學說，吾人很難作一抉擇，因為吾人無法根據實際的資料作一番驗證。因而由社會的觀點，吾人只能這樣認為，利潤本身是一種剩餘，他之產生，或則是由於企業家對未來情況的不確定所承擔風險的報酬；或則是發生於獨占市場獨占者的所得；或則是由於生產因素市場為不完全競爭，對生產者剩餘的一項保留；或則是由於企業家創新活動的報酬。無論是由於何種原因，他與其他三種生產因素的報酬不同，其他三種生產因素的報酬，在生產程序完成以前即須支付，而且不可能為負數，但利潤必須在生產完成以後，透過交換行為才能出現。並且由於市場情況的變化，利潤不但可能為正數，有時亦能為負數，由這一點，吾人可確定其必為一項剩餘。

五、利潤在現代經濟生活中的功能

利潤雖然是一種剩餘，但在現代經濟社會中却是一項不可少的動力，不但在各自由經濟的國家，承認利潤的存在爲必要，卽統制集權經濟的國家，如蘇聯，過去曾痛詆利潤之罪惡，並從而要消滅資本家階級及私營企業者，近年以來，由於經濟上之大失敗，而不得不承認利潤對促進經濟活動的作用，而被迫放棄過去的路線，而重行拾取資本主義社會所採行的方式。吾人分析利潤在現代經濟社會所擔當的功能，大概有下列兩項：

（一）**利潤是刺激生產活動的誘因**　在現代社會承認追求利潤是從事生產活動的主要動機之一。生產者因爲能獲取利潤，才願意從事生產活動。如果生產者從事生產活動後，不能享有其利潤，則生產者從事生產活動的動機卽喪失，社會經濟卽無法望其進步，消費大衆的物質慾望便也無法滿足。

（二）**利潤是一切投資基金的來源**　依據若干學者的分析，其他的所得項目，尤其勞動所得的工資，大部分均被消費，唯有利潤所得，則大部分被儲蓄而用於投資。由過去的歷史顯示，一社會中利潤在所得中所占之比例愈高者，其投資的數量亦愈大，資本形成的速度亦愈快，經濟成長的速度亦愈高。反之，若利潤所得在所得中所占之比例小，其投資的數量亦少，經濟的發展亦較遲緩。

由於利潤在現代經濟社會有上述兩種功能，站在經濟落後國家的立場，爲加速經濟發展，吾人對於利潤所持的觀念，應該有較冷靜而客觀的看法。

六、摘　要

利潤是企業家完成生產以後，在總收益中扣除成本以後的剩餘，屬於企業家的報酬。利潤有純粹利潤與商業利潤之分，商業利潤中除包含純粹利潤外，尚包含有其他隱藏性的成本因素在內。

利潤何以會發生？在理論上有數種不同的學說；有認爲利潤爲企業家在生產過程中負擔風險的報酬，有認爲利潤是一種獨占所得；也有認爲利潤是企業家對勞動者所創造的剩餘價值的剝削。而熊彼德則提出創新學說，認爲利潤乃是企業家從事創新活動的報酬。實際上利潤可能是由多種因素所產生，上述各種因素皆有關係。

利潤雖然是一種剩餘，但在現代經濟社會中却是一項不可少的動力，因其具有兩大功能，第一，利潤是刺激生產活動的誘因，生產者因爲能獲取利潤，才願意從事生產活動。第二，利潤是一切投資基金的來源，因利潤大部分被儲蓄而用於投資。

重要概念與名詞

純粹利潤　　　　　創新活動

商業利潤　　　　　企業家

隱藏性成本　　　　動態社會

風險

第十九章
總體經濟活動的循環周流

　　以上各章是個體經濟理論，吾人所研究的，為個別財貨及生產因素的價格決定法則，因此吾人所研究的對象，為組成經濟體系的經濟個體，即個別消費者、廠商、產業，及個別的生產因素所有者的經濟行為。在研究這些個體的經濟行為時，吾人假定一國的就業水準、所得水準、物價水準等都不變，而就個別的財貨市場及生產因素市場，依據供需法則，說明個別價格如何決定。但一般就業水準、所得水準及物價水準，並不是不變的，這些因素的變動必然直接間接的影響個人的日常生活。因為如果一般的物價水準上漲，而個人所得不變，則個人在經濟生活上必將遭遇困難。反之，如一般的物價水準未變，而一般的就業情況改善，則個人的就業機會也必然會獲得改善。不但如此，當個別財貨或生產因素的價格發生變化時，亦必會影響一般的物價水準及所得水準，因為物價水準及所得水準乃是由個別財貨或生產因素的價格所決定的。因此為了對經濟現象有更進一步的瞭解，吾人必須對就業、所得、物價水準等問題進行研究，此一研究正是本書所要討論的內容。

一、 總體經濟活動的循環周流

　　總體經濟活動非常複雜且變動不居，究竟吾人應從何處觀察何處分析？似乎非常困難。事實上吾人對於此一對象可從不同的角度分析，綜合而瞭解其真象。通常可分別從三個角度觀察，即生產面、分配面與支用面。由生產面觀察，吾人可獲得一重要的概念，即國民生產毛額(*GNP, gross national product*)。所謂國民生產毛額，即一經濟體系，在一定時間內，通常為一年，透過生產活動，所生產的最後財貨與勞務，按市場價格所計算的總值。此總值即一國在一年內經由生產所獲得的成果。但生產並非是經濟活動的最終目的，生產的成果必須分配予社會的每一成員所享受。因為現代是交換經濟，所以生產的成果必須以所得的形態，分配予每一參與生產的生產因素的所有者，成為他們的收入，然後才能加以支用，購買每人所需要的各種財貨與勞務。因此對於總體經濟活動亦可透過分配面加以觀察。由分配面加以觀察，吾人獲得另一個重要的概念，即國民所得毛額 (*GNI*, gross national income)。所謂國民所得毛額，即一經濟體系，在一定時間內，通常為一年，生產因素的所有者，因提供生產因素參與生產，所獲得報酬的總和。理論上所生產的總價值必然會全部加以分配，亦即國民所得毛額必然等於國民生產毛額，因為在分配過程中，若干契約性的報酬，如工資、利息、地租等支付完以後，剩下的即為利潤，利潤亦為一種生產因素的報酬，即企業家提供企業才能這種生產因素的報酬，為企業家所得。

　　分配也並不是最終目的，它是一種手段，分配所獲得的所得最後必加以支用，因此對總體經濟活動吾人亦可由支用面加以觀察。由支用面觀察吾人可獲得另一個重要的概念，即國民支用毛額 (*GNE*, gross national expenditure)。所謂國民支用毛額即一經濟體系，在一定期間內，通常為一年，社會各部門，包含國外部門，為滿足經濟上的需要而以貨幣形態對最後財貨與勞務的支用總額。理論上此國民支用毛額應等於國民所得毛額，因為如果當年所生產的最後財貨未能完全銷售，則存貨會增加，而存貨的增加一般亦作為投資處理，將此一投資項目考慮在內，國民支用毛額必然等於國民所得毛額了。如果當年所生產的最終產品供不應求，則原先的存貨必然會減少，以供應市場的不足，此存貨的減少，一般則作為負投資處理，將此一負投資考慮在內，當年的國民支用毛額亦必然等於當年的國民所得毛額。

因為有支用，所生產的財貨及勞務有了銷路，於是會促成再次的生產活動，而整個總體經濟活動便形成一循環周流，繼續運行不已。此循環周流可用圖 19-1 表示之。由圖中的生產面觀察，所獲得者為國民生

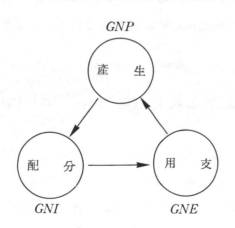

圖 19-1　總體經濟活動的循環周流

產毛額，由分配面觀察，所獲得者爲國民所得毛額，由支用面觀察，所獲得者爲國民支用毛額。箭頭則表示，生產面所生產的價值，必然會透過分配，成爲生產因素所有者的報酬，卽國民所得毛額。由分配面所獲得的報酬，亦必然會透過支用過程購買所生產的最後財貨與勞務，卽形成國民支用毛額。而透過國民支用毛額又促成最後財貨與勞務的再生產。此一全部過程卽形成一完整的循環周流，同時亦顯示國民生產毛額 (GNP) ＝國民所得毛額 (GNI) ＝國民支用毛額 (GNE)。

由另一觀點，生產面決定了總供給，分配面決定了總成本，支用面則決定了總需求。此三個因素的共同作用，不但決定了所得水準的變化，同時也決定了總就業量，總生產量，及物價水準。吾人無論由短期看所得水準的決定，或由長期看所得的成長，物價水準的變化，皆離不開這三個有關的因素。不過在短期間需求的影響可能較大，而長期間供給的影響可能較大，而在決定物價水準的變動上，分配面的成本因素其影響則可能較大。

二、國民生產毛額 (gross national product)

上一節已說明，國民生產毛額爲一經濟體系在一定時期內，通常爲一年，所生產的各種最後財貨與勞務，按市場價格所計算的總值。爲充分了解此一概念之意義，對其中若干用語，吾人尚須作進一步之分析。

首先要了解者，卽何謂最後財貨與勞務。所謂最後財貨與勞務，卽已到達生產過程的最後一階段而可供最後使用的財貨與勞務。在計算國民生產毛額時，只能計入最後財貨與勞務的價值，而不能計入仍停留在生產過程之中的財貨與勞務，否則卽將發生重複計算，因而高估的現象。但是何種財貨與勞務是最後的？何者不是最後的？乃是中間財貨，卻又不能由財貨或勞務的形態辨別之；因爲同一種形態的財貨或勞務，在有些場合爲最後財貨與勞務，而在另一種場合，卻又不是最後財貨與勞務了。 例如煤炭，若一般消費者用以燒飯取暖， 顯然此爲最後之使用，直接用以滿足消費者的慾望，因此煤炭是最後財貨；但若同一煤炭使用於工廠，用以燒鍋爐以發動機器，則此煤炭卽不屬最後財貨而爲中間財貨了，因爲這不是直接用來滿足消費者的慾望。就一社會論，多少煤炭應算作最後財貨， 多少煤炭應算作中間財貨， 實不易有一客觀的標準。又如一般之桌椅傢俱等，若在一般家庭之中，直接供日常使用，顯然是最後財貨；但若屬於一傢俱出租業者，經常租給他人使用，乃變成一生財工具，而不是最後產品了。以上煤炭與傢俱，還是就不同的單位而言， 有時同一件財貨，旣是最後財貨，也是中間財貨。例如醫生所使用之汽車， 若乘坐供郊遊之用， 顯然是爲滿足消費慾望， 故爲最後財貨；但若醫生乘坐供出診之用， 則用來以完成診療之手段， 故爲中間財貨。因此究竟是否爲最後財貨，不能憑財貨本身的形態以斷定之，必須就誰使用這件財貨，並且爲何使用加以判斷，才能斷定其是否爲最後財貨。

在國民生產毛額的估計上， 爲避免不能分別最後財貨與中間財貨，因而產生重複計算的錯誤起見， 一般都採用一種特別的計算方法， 以剔除重複計算的可能， 這種方法， 即所謂價值增加法(value added method)。 利用此一方法時， 爲計算其對國民生產毛額的貢獻， 僅計算在生產過程中， 所增加的價值， 亦卽在其產品的總價值中， 必須扣除其購自其他生產者的投入價值，其差額才是這一生產活動所增加的價值。

　　爲說明價值增加法的應用，可設一例以說明之。假定某一經濟社會，僅有三種生產者從事生產活動，其一爲農民，可不藉任何工具，而直接使用勞動由土地獲得小麥；次爲麵粉商，收買農民之小麥，經加工製成麵粉；三爲製麵包師，向麵粉商收買麵粉，焙成麵包，再以之售與農民、麵粉商及其自身。今假定農民不花費任何成本而生產出十萬元之小麥，而麵粉商以十萬元購進小麥後，磨成麵粉，值二十萬元，麵包師購進此二十萬元之麵粉，製成麵包，出售後得三十萬元，其生產之過程可如下圖所示：

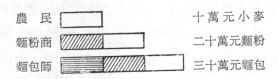

　　顯然在此三種產品中，唯有麵包才是最後產品，因此在計算國民生產毛額時，僅能計入麵包價值，不能計入小麥與麵粉價值，因其爲中間財貨，而此社會國民生產毛額之價值則爲三十萬元。若吾人在計算國民生產毛額時，未剔除小麥及麵粉等中間財貨，而將其全部相加，必然產生重複計算之現象，而國民生產毛額變爲六十萬元，然而此六十萬元中，小麥重複計算了二次，麵粉重複計算了一次，實際國民生產毛額並沒有這樣多。吾人爲避免重複計算而又不能確定究竟那種財貨是最後財貨時，則可採取價值增加法。例如在此例中，對農民吾人僅計算其所增加的價值，因爲農民並無任何成本支出，其增加的價值卽爲十萬元。其次麵粉商支出十萬元的成本購買小麥，而製成二十萬元的麵粉，故其所增加的價值，亦爲十萬元；最後麵包師支出二十萬元的成本購買麵粉，製成三十萬元的麵包，故其所增加的價值亦爲十萬元，將此三項增加的價

值相加，即爲該社會的國民生產毛額，其總值爲三十萬元，此三十萬元與直接計算最後財貨麵包的價值相等。應用此價值增加法計算國民生產毛額，不論該社會的經濟結構如何複雜，均可避免重複計算。如就前述無法確定煤炭是否是最後產品的一點而言，應用價值增加法即無任何困難，家庭中所使用之煤炭，爲最後財貨當然計入，而工廠中使用煤炭發動機器，其煤炭的價值，須從產品的價值中減去，以計算其所增加的價值，作爲計算國民生產毛額的基礎。

　　其次，國民生產毛額的計算是以市場價格作爲計算的標準；其所以以市場價格作爲標準者，乃是重視透過市場交易的生產活動，其價值才計入國民生產毛額之內，如果並未透過市場交易行爲，則縱然有產品出現，亦不得計入國民生產毛額之內。這一方面因爲未透過市場的生產活動，其原來的動機，可能不是爲了經濟的目的，而是爲了滿足其他的目的；另一方面也因爲這種生產活動，旣未透過市場，其個別的規模必很小，其價值的估計亦難於精確，故以不列入國民生產毛額爲適宜。因此農場以出售爲目的所生長之花卉及水果，必須計入國民生產毛額之中。而在自有住宅之庭院或花圃中所生長之花卉或水果，長成之後，自行採摘或食用，並未進入市場，其產品雖有價值，亦不計入國民生產毛額之內。僱用女佣，協助處理家務而付以工資，此女佣之勞務計入國民生產毛額之內，但家庭主婦同樣操持家務，其勞務則不計入國民生產毛額，這一方面因爲主婦操持家務，本身即是一種目的，而不是爲達成他種目的的一種手段，同時主婦之勞務亦不應以商品視之，賦予價格。但若各家主婦，交換服務而領取工資，則此時主婦的勞務即應計入國民生產毛額，因爲此時每一主婦爲其他家庭服務，其勞務之性質與一般女佣無異，旣領受工資，當然應予計入。其次消費者自有之衣服傢俱所提供之服務，亦不計入國民生產毛額，但衣服或傢俱出租業者所出租之衣服或傢俱，所提供之勞務，則算入國民生產毛額之中，因其透過市場之交易行為也。

但以市場交易行為之有無以決定某一財貨或勞務是否應計入國民生產毛額之中，亦有兩個例外。一個例外是，在農場所生產之農作物或家禽之類，為農場本身所消費，或以之作為實物工資，支付與農業勞動者，則此一消費或支付的部份，應按市場價格計算，計入國民生產毛額之中。此中原因，一方面因為農場所生產者即為此種農產品，而且由農場自行消費者為數亦多，若不將其計入國民生產毛額之中，必將低估一國之國民所得，尤其在農業部門在全部經濟中所占比重較高的國家更屬如此，因此作為一項例外而加以計算。其次，凡自己所有並自行居住之房屋之租金，雖未支付，亦須按一般租金之標準，估計之而計入國民生產毛額之中。此因房屋為耐久性的消費財，價值頗鉅，而每年提供之服務，其價值亦鉅，若為租之於他人者，其租金計入國民生產毛額，而自行使用者則不予計入，其相差之數額頗大，故仍以計入為宜。此所以一般國家，均將其計入國民生產毛額之內也。

三、國民生產淨額 (net national product NNP)

以價值增加法所計算之國民生產毛額，其價值雖為生產活動之結果，但其中仍有一部份並非是當年所生產之價值，而為生產活動中所使用之機器設備的價值之移轉。因為一切生產活動，必須使用一定數量之機器設備，而機器設備經使用後，必然會發生損耗，其價值必將減少。換言之，其價值的一部份，必已移轉到產品之中，若不將機器設備的損耗部份予以補充，下一期生產設備的數量必將減少，生產能量必將降低；因此在國民生產毛額中必須將機器設備的損耗減除，才能表示當年

所生產的眞正價值。由國民生產毛額中減去資本設備的損耗折舊，卽得到一般所稱爲的國民生產淨額，亦卽

　　　　　國民生產毛額（*GNP*）

減　　　　資本設備損耗

得　　　　國民生產淨額

在減除資本設備的損耗時，不僅因使用而發生之損耗須予以減除，並且縱然未經使用，但是由於機器的陳舊致價值喪失，亦應減去。

四、國民所得 (national income, *NI*)

　　國民生產毛額及國民生產淨額，均是以市場價格計算，但市場價格之中，除包含成本因素，如工資、地租、利息等之外，尚包含有政府向企業所徵收的間接稅在內。生產者繳納此種間接稅後，必然會將其計入物價之中，否則無法收回，因此物價之中的這一部份，並不代表當年生產之價值。若在國民生產淨額中將企業的間接稅減除，則爲國民所得，或稱以因素成本計算的國民生產淨額。這一概念也是一般所了解的國民所得的概念。這一數字，表示生產因素在生產過程中的眞正貢獻，在理論上，這一國民所得應爲參加生產的各生產因素的所有人所獲得。

　　在另一方面，若政府爲某種目的，對生產事業予以津貼或補助，則受津貼或補助的生產事業，能以比成本爲低的價格，銷售其產品，此時市場價格卽低於生產成本。就某種意義言，津貼或補助，實卽是一種負的租稅，其作用亦與租稅相反。企業所支付的間接稅，在計算國民所得時，應予減除，則政府對生產事業所支付的津貼與補助，在計算國民所得時亦應予加入，否則亦將低估生產的眞正價值。

　　除企業的間接稅外，企業間的移轉支付，亦須扣除，此種移轉支付

如對慈善事業的捐款，為促進學術文化事業所成立之獎學金、獎金或特種基金等的支出均屬之。

五、個人所得 (personal income, *PI*)

理論上國民所得應為參加生產的各生產因素的所有人所獲得，但事實上國民所得中的一部份，並不能分配到個別生產因素的所有人手上，同時個人所獲得的所得，有一部份也並不是因其在生產過程中有所貢獻而支付的。換言之，國民所得在分配到各個人手中之前，必須先減除一部份，同時亦可能要加上一部份，所減除的主要包括公司未分配紅利，而在實行社會安全制度的地區，則須扣除社會安全稅，及公司所得稅；而其應加入的項目，則主要為政府的移轉支付，如各種社會安全的給付，退休金年金等，並包括政府為公債所支付的利息，以及企業間對個人的移轉支付等。

生產事業或公司所獲得之利潤，原則上應分配給股東，屬股東所有，但生產事業或公司為了業務的發展，生產設備的擴充，及保持一平均的利潤率起見，常不將全部利潤提出分配，而保留其一部份，充為公積金，或準備金之類，此即利潤中之未分配部份而不能為股東所有。此外在社會安全制度全面或部份實施的社會，被僱者就其所獲得之收入中應提供一定的數額，存入基金，以作未來退休或某種情況發生時取償之用。此一定數額往往就其所應得之所得中事先扣除之，僱主方面有時亦須按一定之比率，共同分擔一部份，以作成相對基金，不論是向被僱者扣繳，或由僱主負擔其一部份，均屬個人應得而當年未能獲得之所得，故在計算當年個人所得時應除去之。

在實施直接稅的國家，不但個人要繳納所得稅，營利事業亦須繳納所得稅。營利事業所得稅的來源即為利潤，生產者既須納所得稅或利潤稅，則其得予分配之紅利即將減少，否則生產者如不須繳納所得稅，則這一部份數額是可作為個人所得而分配的。因此為計算個人所得，亦須將企業所得稅或利潤稅減除。

在不屬於生產的報酬，而確為個人獲得，形戍其所得的一部份，因而在計算個人所得時，應予加入的部份中，最重要者，即為政府的移轉支付，例如政府對個人所支付的年金、退休金、養老金，各種社會安全制度下的補償支付，如失業救濟金、傷殘救濟等均屬之。對於此種支付，當事人在當年並未完成若干生產活動以交換之，可能是當事人過去若干年在社會安全制度下所累積起來而現在始一次或連續獲得，故純然是一種移轉性的支付。在政府的移轉支付中，現有一日漸重要的項目，即政府為公債所支付的利息。就獲取此利息的人言，並未完成任何生產活動，以交換此種利息，就政府之立場，其利息支付的來源，極大部份可能來自租稅，故利息的支付是將所得由社會上的某部份人手中以租稅形態取去，而以利息形態交給另一部份人。但獲得此項利息的人，此項收入成為其所得之一部，與一般資金借貸的利息同，故在計算個人所得時，自應予以計入。

個人除由政府獲得移轉支付的收入外，尚能由企業間獲得移轉支付的收入，如獎學金、獎金、特殊贈與等的收入等均是。例如我國目前嘉新水泥公司所創辦的各項獎學金及學術獎金，以及各公司行號，非營利事業所提供的同性質的獎學金等均屬之。此種收入在全部個人所得中所占之數字雖不大，要之仍不失為一重要的因素。故亦應予計入。

六、可支用所得 (disposable income, *DI*)

個人所獲得之所得，個人未必能完全支配，其中尚須減去個人應繳納之租稅，主要者爲個人所得稅，故由個人所得中減去個人所得稅，即爲可支用所得。可支用所得的大小，直接可決定一社會的消費水準，因個人在支配其所得時，不是用來作爲消費支出，即將其儲蓄 (saving)，所謂儲蓄，即是所得中未消費之部份也。

以上關於國民所得及其間的關係，吾人可歸納爲一簡表如下：

國民生產毛額、國民所得及個人所得

1. 國民生產毛額 (*GNP*)

    減　資本損耗

2. 國民生產淨額 (*NNP*)

    減　企業間接稅

    　　企業移轉支付

    　　統計誤差

    加　政府對企業之津貼

3. 國民所得 (*NI*)

    減　公司未分配紅利及存貨價值調整

    　　社會安全稅

    　　公司直接稅

    加　政府對個人的移轉支付

    　　政府利息支付

    　　企業移轉支付

4. 個人所得 (*PI*)

    減　個人租稅

5. 可支用所得 (*DI*)

    減　個人消費支出

6. 個人儲蓄

七、國民所得毛額

以上所說明者，乃是依據生產的觀點，順次說明國民所得中幾個基本的概念及其相互之間的關係。吾人若從分配的觀點，可以計算國民所得毛額，其計算的程序，略有不同，同樣可列一簡表如下：

國民所得毛額

薪資所得

財產所得

利息所得

紅利所得

混合所得

政府間接稅

國民所得毛額

薪資所得為各種所得中之最重要者，它代表在生產活動中對提供勞務的報酬。在生產活動中所提供的勞務，一部分為由體力勞動所提供的勞務，如工業生產中的體力勞動者，農業生產中之農業勞動，家庭僱工的勞動，服務業中之理髮師，計程車之司機等均屬之。由體力勞動所獲得之報酬即為工資。另一部分勞務則為提供心智活動的勞務，這大部分為在辦公室工作的職員，如政府的公務人員，工商業中的管理人員，自由職業中的會計師，醫生，律師，教師等屬之，其所得之報酬則為薪俸。總之這一類的所得，均屬由個人所具有之能力，提供於生產活動時所取得之報酬。

財產所得為對在生產過程中提供固定資產或土地的人，對其資產或土地的服務所支付的報酬，主要的包括房屋的租金，土地的地租，礦業用地的權利金，亦包含版稅，及使用機器設備等的租金在內。

利息所得則為對在生產活動中提供資本的報酬。在現代生產活動中必須使用資金，因此對提供資金的人，必須付以適當的報酬，此報酬即為利息。

紅利所得則為企業家經營生產事業，在總收益中扣除生產成本後之剩餘，此項剩餘原則上應屬企業家所有，或屬於生產事業的股東所有，因此此項所得包括紅利，股利，及營利事業直接稅，未分配紅利等在內。

混合所得亦稱非公司組織企業之所得。因為以公司組織形式的營利事業，其所付出之各種報酬，均能區別其屬於何種類型，例如工資，利息，租金等。但也有若干營利事業其規模較小，且採取獨資或合夥形態，生產者自己提供土地，房屋與資本，自行提供勞動並自行管理。對於自己提供的各種生產因素，並未支付固定的報酬，甚且並未設帳。到年底時，總計一年的收入，扣除費用後，則成為其一年的所得。但這項所得中有多少應算作是支付給勞動的工資所得，有多少應該算作支付給資本的利息，則頗不易區別。而且在全社會中，此類以非公司組織形態進行生產的營利事業為數甚多，吾人既無法將其營業盈餘按功能性加以區分，只有將其劃為獨立的一項，稱為混合所得，因其包含各種不同的所得在內也。

至於政府間接稅，則是為使國民所得毛額能等於國民生產毛額起見，所加的調整項目，原則上亦可將其看作是政府的所得。

將以上幾項相加，即獲得國民所得毛額。

八、國民支用毛額

由支用面佔測國民支用毛額，必須就社會各部門，為滿足不同的經濟目的，以貨幣形態，對最後產品與勞務，從事支用，分別予以佔測，然後求其總和，即為國民支用毛額。通常所有的支用行為，約可分為下列幾種類型，故國民支用毛額的結構，可用下表說明之：

1. 國內消費支出
   (1) 耐久性消費財
   (2) 非耐久性消費財
   (3) 各種服務
2. 國內投資支出
   (1) 固定資本設備
   (2) 各種建築活動
   (3) 存貨的增加
3. 政府財政支出
   (1) 公共消費
   (2) 公共投資
4. 淨輸出

　　國民支用毛額

國民支用中最重要的一項，即為國內消費支出，此構成國民支用中最大的一部分，因社會中無論何人皆須消費。國內消費支出按其所購買財貨的性質而分，又可分為三大類：第一類是對耐久性消費財之購買，如對新汽車，家具，冰箱，電視機，洗衣機等的購買是，對二手貨之購買則不包含在內。　第二類是對非耐久性消費財之購買，　如對食物，　衣著，燃料，飲料，日用品等之購買是。第三類則爲對消費性服務之購買或支用，如家庭傭工，醫藥衞生，交通，教育，保險，金融，娛樂等之支用是，此時所購買的對象，均爲無形的服務，而爲供吾人直接消費者。

國內投資支出，乃指可以增加國內生產設備與能量，對最後財貨與勞務之購買。通常能增加國內生產能量的投資支出，包含下列三類：第一類是能使固定資本設備增加的投資，如機器的購置與安裝，運輸工具的購買等。第二類是各種建築活動，如民間爲興建各項住宅與營業用房屋的支用，工廠爲興建廠房的支用皆是。第三類則爲存貨之增加，存貨包括製成品，半成品及原料在內。不論爲成品還是原料，如果其數量增加，即有助於生產之順利進行，故吾人將其視爲投資行爲。當然存貨如果減少，則爲一項負投資。

一國的各級政府，爲了執行公務，亦經常有大量財政支出。此種財政支出，不是爲了公共消費，即是爲了公共投資；前者如政府僱用公務人員，購買辦公用具，維持醫院與學校等；後者如經營都市公用事業，興建辦公用房屋，倉庫，鐵路，公路，橋樑，港口，機場等。關於政府的財政支出，當然包含中央政府及各級地方政府，如縣、市等的財政支出在內。

淨輸出則爲本國總輸出減去總輸入的差額。輸出代表外國人對本國所生產的各種最後財貨及勞務的購買，包含有形的財貨，如農工業產品是，及無形的勞務，如本國航運，航空，金融，保險等業爲外國人所提供之服務。輸入則是本國人對外國所生產最後財貨及勞務之購買。由總輸出減去總輸入，即外國人對我國所生產之最後財貨及勞務之淨支用。

上述四類支用之總和，即爲國民支用毛額。

九、實質所得與貨幣所得
(real income and money income)

國民生產毛額及國民所得的推計，必須以貨幣作爲計算單位，但貨幣價值並非固定，而是經常在變動，不斷貶值。換言之，物價水準不斷上漲，因此吾人若以當年的貨幣價值計算國民所得，不一定能獲得正確的概念，尤其當比較不同年度的國民所得時，因爲很可能由於物價的大幅上漲，國民所得數字雖然大量增加，然而這一增加很可能完全是因爲物價上漲的因素所造成，實際上所得不但未增加，可能反而會減少。因此爲能獲得正確的所得概念起見，吾人常以一固定的貨幣價值推計各年的國民所得，這樣所獲得的數字，吾人稱之爲實質所得。對於實質所得言，凡以當年的貨幣價值所推計的國民所得，則稱爲貨幣所得。所謂以一固定的貨幣價值推計國民所得，卽選定一年爲基期，以該年的物價指數作爲一百，而以其他各年的物價指數將各該年的貨幣所得加以平減，卽得各該年的實質所得。

我國關於國民所得數字之估測與公布，由行政院主計處負責辦理。主計處所採取之推估程序，是參照聯合國所建議的方式，至於詳細數字可參閱主計處所發行之「中華民國國民所得」一書。

十、國民所得概念在應用上的限制

國民所得數字，簡單明瞭，可作爲一國經濟發展的指標，並可用來比較不同國家，或同一國家在不同時間經濟發展的程度。但國民所得數字，本質上仍有若干缺點， 有若干特質， 無法藉國民所得數字予以表達，析言之，其缺點有下列數項：

第一，國民所得或國民生產毛額對於未透過市場而發生的若干種經濟活動，不能加以表達。因此不同的社會由於不同的經濟結構，甲社會未透過市場的經濟活動，可能比乙社會爲多，因而甲社會的生活水準並不比乙社會爲低，但由國民生產毛額的數字，很可能甲社會國民生產毛額的數字遠比乙社會爲低。尤其在經濟落後國家常有此現象。例如在經濟落後國家，衣服多由家庭內縫製，各種食物亦由家庭內準備，此種種經濟活動均未計入國民生產毛額之中，但如由於經濟的演變，衣服的縫製、食物的準備由家庭而移至市場，可能衣食的本質並未改變，而該社會的國民生產毛額却已增加了。

第二，國民生產或國民所得數字無法顯示財貨或勞務的結構及變化。因爲國民所得數字僅能表示價值，而構成國民生產毛額的財貨，其結構在不同社會，或同一社會在不同時期，却可能有很大的差異。隨時間的進展，若干財貨可能已逐漸消失，而若干新的財貨又不斷出現，這種財貨結構的演進及變化，即無法由國民生產毛額的數字中顯示出來。

第三，國民生產或國民所得數字亦無法顯示財貨品質的進步。可能某一財貨並未隨時間的過去而消失，但其品質，已經獲得改進，今日之汽車， 當已不同於十年前之汽車， 今日之衣料， 亦已不同於十餘年前之衣料，品質之進步即表示經濟福利之增加，但是這種財貨品質上的改進，無法由國民所得數字中顯示出來。

第四，對於生產技術的進步，亦無法由國民生產或國民所得數字中表示。 由於生產技術的進步， 同樣的一件財貨， 在生產時所需要的勞務，較過去爲少，因此人類每天或每週所需要從事的工作時間，已大量的縮短。另一方面，人類的休閒生活，獲得大量的增加，這種工作時間的減少，及休閒生活的增進，本身即是一種經濟福利的增進， 然而這種增進是無法由國民所得數字窺知的。

　　由於以上幾種缺點，吾人對於所得數字的運用，必須愼重，必要時須配合其他概念，共同使用，俾不致發生錯誤的印象。

十一、摘　　要

　　國民所得可就三個不同的角度觀察，就生產而言，國民所得乃一定期間內，一國所生產的各種最後財貨與勞務，按成本所計算的淨價值之和。就分配而言，國民所得乃一定期間內，國內各生產因素的所有人，因參與生產活動所獲得的報酬之總和。就支用而言，國民所得，乃一年內爲各種目的而購買最後財貨與勞務，所支付的貨幣額之總和。原則上，由此三個不同角度所估測的國民所得數字應該相等。

　　由生產面估測國民所得，有一定的程序及各種有關的概念，如國民生產毛額、國民生產淨額、國民所得、個人所得及可支用所得等。同樣由分配面及支用面估測國民所得，亦有一定的程序與結構。

　　國民所得數字的應用雖很普遍，但因其有若干缺點，故在應用時亦受到若干限制。其缺點爲，對於未透過市場而發生的若干經濟活動，不能表達；無法顯示財貨或勞務的結構及變化；無法顯示生產技術的進步及財貨品質的改進；以及無法顯示經濟福利的情況。

重 要 概 念 與 名 詞

國民生產毛額	最後財貨與勞務
國民生產淨額	個人所得
國民所得	可支用所得
價值增加法	實質所得
	貨幣所得

第二十章　所得水準的決定

一、有效需求原理

　　上一章吾人對有關國民所得的幾個重要概念，及其相互間的關係，作了一些定義式的說明。並對從不同觀點所了解的意義，在整個所得周流中的關係，予以簡單的解釋；但對於兩個最重要的問題，却未予以討論，即所得水準究竟如何決定？所得水準何以會發生變化？本章將先分析第一個問題。

　　由上一章的分析，知國民所得水準決定於國民生產毛額的數量，而國民生產毛額則是一社會在一年內各生產因素從事生產活動的成果，因此祇要吾人了解決定生產活動的因素是什麼，吾人即可了解決定國民生產毛額價值的因素，從而了解國民所得如何決定。但生產活動，並非社會經濟活動的最終目的，生產活動之所以能繼續進行，是因為有人願意以貨幣購買所生產的最後財貨與勞務，因此如果社會全體對最後財貨及勞務的購買量大，則生產活動大，反之，如果社會全體對最後財貨與勞務的購買量少，則社會生產活動低。換言之，如果社會全體以貨幣購買力所表現的有效需求高，則生產活動大，反之，如果社會全體以貨幣購買力所表現的有效需求低，則生產活動亦低。而社會這種有效需求的來源，亦卽對最後財貨與勞務的購買力來源，主要是來自四方面，卽國內消費支出，國內投資支出，政府對財貨及勞務的購買，以及國外貿易淨輸出。這四種支出，構成國民支用毛額價值，因而決定一國之所得水準。因此吾人可以總括的說，國民總生產值，決定於社會有效需求，而構成社會有效需求的因素，卽國內消費支出，國內投資支出，政府支出及淨輸出。而國民所得水準及就業水準亦因此而決定。

為說明有效需求如何決定國民生產毛額，吾人須就每一有效需求因素，分析其內容及特質，及其與國民生產毛額的關係。為求先建立簡單的理論模型，再逐次考慮複雜的情況起見，本章先研究消費支出與國民生產毛額的關係，因此在分析時吾人假定政府因素不存在，亦無對外貿易關係，同時並進一步假定國內投資支出，由經濟以外的因素所決定，因此為一固定數值，從而研究國民生產毛額水準如何決定。以下各章再順次考慮投資支出，政府因素，國外因素對國民生產毛額水準的影響，因而逐漸建立較複雜的理論模型。

二、消費傾向或消費函數
(propensity to consume or consumption function)

為說明國內消費支出如何影響國民生產毛額，首先須分析消費傾向或消費函數之意義，及決定消費傾向之因素。

在本書第四章對消費者行為法則的分析中，吾人已知決定個人對某種財貨之需求的，主要為該財貨的價格；因為在個別消費者對個別財貨的情況中，吾人假定消費者的所得及其他條件不變。但就全體消費者對

各種最後財貨的消費支出而論，吾人可假定物價水準及其他條件不變，
顯然決定消費支出的必爲可支用所得的數量，（爲簡單起見，本章假定
無政府因素，因此可支用所得可視爲等於個人所得或國民所得，並與國
民生產毛額保持一定關係）若假定可支用所得與國民生產毛額之間有一
定的關係，則消費支出與國民生產毛額之間亦必有一定之關係，亦卽消
費支出決定於國民生產毛額數值，此種關係，可稱爲消費傾向，或消費
函數。對於這種消費傾向，吾人可以不同的方法表示之，如吾人以 Y 表
國民生產毛額，C 表消費支出，則消費傾向可用下列數表表示之：

表 **20-1**　消費傾向

（單位：十億元）

Y	C
50	80
100	120
150	160
200	200
250	240
300	280
350	320
400	360

此一數表表示，當國民生產毛額的數值爲一定時，消費支出的數值亦爲
一定。同時當國民生產毛額的數值發生變化時，消費支出，亦發生變
化，一般的消費支出隨國民生產毛額數額的增加而增加。由上表吾人可
看出消費支出的兩種特性：第一，當國民生產毛額的數額很小時，消費

支出常大於國民生產毛額，此因社會消費支出，由於最低消費水準的限制，有一不能再低的最低數額，縱然國民生產毛額爲零，爲維持最低生活亦必須有此項消費支出，吾人可假定此最低消費支出爲四百億元。消費支出由此最低數額開始，隨國民生產毛額的增加而增加，當國民生產毛額爲二千億元時，此時消費支出，亦爲二千億元。國民生產毛額的數額超過二千億元時，消費支出雖亦增加，但已低於國民生產毛額；第二，吾人須注意者，消費支出雖隨國民生產毛額數額的增加而增加，但其增加的數額，常小於國民生產毛額增加的數額，表示所增加的國民生產毛額中，一部分並未用來消費。

上述以數字所表示的消費傾向，吾人亦可以用一函數關係表示之。若將上述數表用函數表示之，即爲

$$C = C(Y) = 40 + 0.8Y$$

此函數卽可稱爲消費函數。爲簡單起見，上述的消費函數爲一次函數，一次函數的一般形態爲

$$C = a + bY$$

式中 a，b 爲常數，當然消費函數亦可爲他種形態的函數。不論爲何種形態的函數，消費支出決定於國民生產毛額的性質則不變。

消費傾向也可以用圖形的方式表示之；若以橫座標表示國民生產毛額，而縱座標表示消費支出，則上述的消費函數可表示爲圖 20-1 中 BC 線的形態。因爲消費函數是一次函數，故圖形必爲直線；若爲他種形態的函數，則可能爲曲線。圖中表示 $C = Y$ 的直線，是由原點畫出的 45° 分角線，此線與兩座標的距離相等，其上任何一點，均表示消費支出與國民生產毛額相等。在 A 點，消費函數與 45° 線相交，表示國民生產毛額爲二千億時，消費支出亦爲二千億。國民生產毛額大於二千億時，消費支出小於國民生產毛額，故消費函數在 45° 線以下，國民生產毛額小

於二千億時，消費支出大於國民生產毛額，故消費函數在45°線以上。縱座標上 *B* 點，表示國民生產毛額為零時，消費支出之最低額為四百億元，而不能再少。

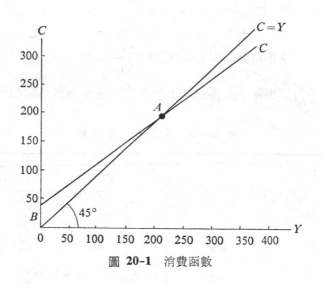

圖 **20-1**　消費函數

三、平均消費傾向與邊際消費傾向
(average propensity to consume and marginal
propensity to consume)

由表 20-2 吾人可計算平均消費傾向及邊際消費傾向。所謂平均消費傾向，即消費支出占所得之比例；例如在表 20-2 中，所得為三千億時，消費支出為二千八百億，其平均消費傾向即為 280/300。所謂邊際消費傾向，即由於所得水準提高，消費支出亦將增加，增加的消費支出對增加的所得之比率稱為邊際消費傾向。例如在同一表中，當所得水準由三千億增加至三千五百億時，消費支出由二千八百億增加至三千二百

億，此時所得的增加量爲五十億，而消費支出的增加量爲四十億，故邊
際消費傾向即爲 40/50 或 0.8。若吾人以 ΔC 表消費的增量，ΔY 表所
得之增量，則

$$平均消費傾向（APC）= \frac{C}{Y} \tag{20-1}$$

$$邊際消費傾向（MPC）= \frac{\Delta C}{\Delta Y} \tag{20-2}$$

茲根據表一計算出每一所得水準下的平均及邊際消費傾向如下表：

表 20-2　消費傾向之計算

Y	C	$\dfrac{C}{Y}$	$\dfrac{\Delta C}{\Delta Y}$
50	80	$\dfrac{80}{50}=1.6$	
100	120	$\dfrac{120}{100}=1.2$	$\dfrac{40}{50}=0.8$
150	160	$\dfrac{160}{150}=1.06$	$\dfrac{40}{50}=0.8$
200	200	$\dfrac{200}{200}=1$	$\dfrac{40}{50}=0.8$
250	240	$\dfrac{240}{250}=0.96$	$\dfrac{40}{50}=0.8$
300	280	$\dfrac{280}{300}=0.93$	$\dfrac{40}{50}=0.8$
350	320	$\dfrac{320}{350}=0.91$	$\dfrac{40}{50}=0.8$
400	360	$\dfrac{360}{400}=0.90$	$\dfrac{40}{50}=0.8$

由上表中可看出平均消費傾向隨所得水準之增高而降低，並且由低所得
水準之大於一，而逐漸降低到小於一；但邊際消費傾向則爲一常數，不
論所得水準如何變化，皆等於 0.8。這因爲吾人將消費函數假定是一次

函數的緣故；如果吾人將消費函數假定爲他種形態的函數，則很可能邊

際消費傾向不但小於一，並且還會隨所得水準之提高而降低。

由消費函數之形態，吾人亦可求出平均消費傾向及邊際消費傾向。

如果消費函數之形態爲

$$C = a + bY \qquad\qquad (20\text{-}3)$$

兩端同除以 Y，即得平均消費傾向

$$APC = \frac{C}{Y} = \frac{a}{Y} + b$$

又如果 Y 有一增加量 ΔY，則 C 亦將有一增加量 ΔC，代入上式得

$$C + \Delta C = a + b(Y + \Delta Y) = a + bY + b\Delta Y$$

減去原式　　$\Delta C = b \cdot \Delta Y$

兩端再同除以 ΔY，即得　　$MPC = \dfrac{\Delta C}{\Delta Y} = b$

因此如果消費函數是一次函數，由以上兩式，可知平均消費傾向必將隨

所得水準之增加而降低，但邊際消費傾向則爲一固定之常數。

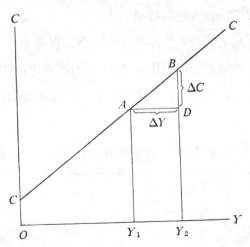

圖 20-2 平均消費傾向與邊際消費傾向

由消費函數之圖形，亦可求出平均與邊際消費傾向。圖 20-2 中，CC 為消費曲線，此地假定為一直線；若所得水準為 Y_1，則消費支出為 AY_1，故平均消費傾向等於 AY_1/OY_1。如果所得水準增加至 Y_2，則消費支出增至 BY_2，此時平均消費傾向等於 BY_2/OY_2。但邊際消費傾向則等於

$$\Delta C/\Delta Y = BD/AD$$

即消費支出的增加量對所得的增加量之比也。

四、決定均衡所得水準的簡單模型

吾人已知消費函數的意義，若再能知道社會總投資支出的數額，則吾人即可決定該社會的均衡所得水準。為分析簡便起見，假定政府因素不存在，並且亦無對外的經濟關係，並且進一步假定社會總投資支出為一固定數量，不受任何因素的影響，或不受吾人所考慮的經濟因素的影響，則均衡所得水準，如何決定？至於投資支出受何種因素的影響，投資函數是什麼形態，吾人將留待第二十二章再予討論。

為便於分析起見，吾人假定投資支出為二百億元，不論所得水準如何，此一投資額不變。吾人應用表 20-1 中有關數字，增加一新的項目，即投資，以 I 表示，並重行列於表 20-3 中。由此表吾人即可決定均衡所得水準。

表 **20-3** 均衡所得水準之決定　（單位: 十億元）

Y	C	I	C + I
100	120	20	140
150	160	20	180

200	200	20	220
250	240	20	260
300	280	20	300
350	320	20	340
400	360	20	350
450	400	20	420

由上表，吾人可確定所得水準必決定於三千億元，因為當所得水準為三千億元時，此時消費支出為二千八百億，而投資支出則為二百億，消費支出加投資支出正好為三千億元。換言之，此時社會所生產的最後財貨與勞務，剛好可以完全銷售完，以供消費及投資之需，既不會供不應求，亦不會供過於求，生產者均滿足於其生產計劃，因而不會變更其生產計劃，所得水準乃達於均衡，故稱之為均衡所得水準。如果所得水準低於三千億元，設為二千億，此時消費支出為二千億元，投資支出為二百億元，共為二千二百億元，大於社會生產總值；換言之，此時社會所生產的最後財貨與勞務，必不能滿足消費與投資的需要，市場上必出現供不應求的現象，生產者因為銷路樂觀，必將增加對生產因素的僱用，而增加生產，因此所得水準必將提高。反之，若所得水準為四千億元，此時消費支出為三千六百億元，投資支出為二百億元，共計為三千八百億元，低於社會生產總值；換言之，社會所生產的最後財貨與勞務，不能為市場所吸收而有剩餘，生產者因為供過於求，必將減少生產，因此所得水準必將降低。總之所得水準最後僅能等於三千億，因為唯有等於三千億時市場才能均衡也，此一水準即均衡所得水準。

關於均衡所得水準的決定，亦可以用另一種方式表示之。吾人已知所得等於投資支出加消費支出，則

$$Y = C + I \qquad\qquad (20\text{-}4)$$

| 而 | $C = 40 + 0.8Y$ | (20-5) |

而　　　　　　$C = 40 + 0.8Y$　　　　　　　　　　　　　　(20-5)

又　　　　　　$I = 20$　　　　　　　　　　　　　　　　　(20-6)

將 (20-5)(20-6) 兩式代入 (20-4) 式，則

　　　　　　$Y = 40 + 0.8Y + 20$

即　　　　　　$0.2Y = 60$

故　　　　　　$Y = 300$

所得水準仍爲三千億元，在一般情況下

　　　　　　$Y = C + I$　　　　　　　　　　　　　　　　　(20-7)

　　　　　　$C = a + bY$　　　　　　　　　　　　　　　　(20-8)

　　　　　　$I = I_0$　　　　　　　　　　　　　　　　　　(20-9)

I_0 表固定常數，將 (20-8)(20-9) 式代入 (20-7) 式，得

$$Y = \frac{1}{1-b}(a + I_0)$$

此卽均衡所得水準決定的簡單模型。

五、45°線分析法

　　均衡所得水準的決定，亦可以用圖形表示之。圖 20-3 中，橫座標仍表示國民生產毛額，縱座標則表示消費支出及投資支出 C 及 I，C 爲消費函數，$C + I$ 爲平行於 C 之直線，表示在消費支出上加一固定之投資支出。$C + I$ 線與 45°線相交於 E，E 點決定均衡所得水準爲 Y_0，在本例中均衡所得水準爲三千億元。吾人所以稱此一所得水準爲均衡所得水準，乃是因爲在這一所得水準下，因 $OY_0 = EY_0$，消費支出爲 AY_0，投資支出爲 EA，EA 加 AY_0 剛好等於國民生產毛額。換言之，社會所生產之各項最後財貨，能夠爲消費及投資目的被完全吸收，旣不會感到不

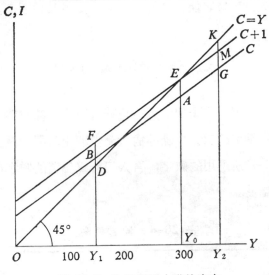

圖 **20-3**　均衡所得水準的決定

足，亦不會感到過剩，因而生產者能滿足於其生產量，其生產計劃不至
變更，因此社會總生產亦不變。若所得水準不爲 OY_0 而爲 OY_1，顯然
此一水準必太低，而必然會逐漸增加；因爲在這一所得水準下，消費支
出爲 BY_1，投資支出則爲 FB，兩者之和大於 DY_1，亦卽大於所得水準
OY_1，市場必出現供不應求之現象，生產者爲滿足市場之需求，必將增
加生產，隨生產之增加，所得水準亦必將提高矣。在另一情況下，若所
得水準爲 OY_2，則此一水準必偏高，且不能維持均衡而將趨於減少，因
爲在此一所得水準下，消費支出爲 GY_2，投資支出爲 MG，兩者之和小
於 KY_2，亦卽小於 OY_2，市場必出現供過於求之現象。生產者由於產品
之滯銷，必將減少生產，而隨生產之減少，所得水準亦將因之降低。必
所得水準等於 OY_0，市場供求相等，所得水準始能均衡，此卽均衡所得
水準決定之法則也。

　　由此一說明，吾人須注意者，均衡所得水準，不必卽是能維持充分

就業的水準，充分就業之能否維持，尚須決定於其他因素。

六、儲　蓄 (savings)

到目前為止，吾人尚未說明另一重要的概念，即儲蓄。所謂儲蓄，即是所得中未被消費的部分；儲蓄的大小，即由所得中減去消費支出的剩餘。由表 20-1 所應用的數字，吾人可計算儲蓄的數字如表 20-4 所示，表中 S 表儲蓄。

表 20-4　儲蓄傾向　　　（單位：十億元）

	C	S
50	80	−30
100	120	−20
150	160	−10
200	200	0
250	240	10
300	280	20
350	320	30
400	360	40

由上表，當所得低於二千億時，儲蓄均為負數，因為此時消費支出均大於所得也。當所得水準為二千億時，儲蓄為零，而所得水準高於二千億時，則儲蓄為正，因此時消費支出均已小於所得而能有剩餘也。消費與儲蓄代表支配所得的兩種方式，故兩者之和必等於所得。

由消費傾向的意義，吾人亦可以計算儲蓄傾向。儲蓄傾向亦分為平均儲蓄傾向與邊際儲蓄傾向。 所謂平均儲蓄傾向， 卽儲蓄占所得的比率；而邊際儲蓄傾向，則爲所得增加時，儲蓄的增加量對所得增加量的比率。以符號表示之，卽

$$APS = \frac{S}{Y} \qquad MPS = \frac{\Delta S}{\Delta Y} \qquad (20\text{-}10)$$

APS 爲平均儲蓄傾向，MPS 爲邊際儲蓄傾向，又因

$$Y = C + S \qquad \Delta Y = \Delta C + \Delta S$$

所以 $\qquad \dfrac{C}{Y} + \dfrac{S}{Y} = 1 \qquad \dfrac{\Delta C}{\Delta Y} + \dfrac{\Delta S}{\Delta Y} = 1 \qquad (20\text{-}11)$

卽，平均消費傾向與平均儲蓄傾向之和爲一，而邊際消費傾向與邊際儲蓄傾向之和亦爲一。今以表 20-4 之數字，計算平均儲蓄傾向與邊際儲蓄傾向如下表。

表 **20-5** 儲蓄傾向之計算

Y	S	ΔY	ΔS	APS	MPS
50	−30	—	—	$-\frac{3}{5}$	—
100	−20	50	10	$-\frac{1}{5}$	$\frac{1}{5}$
150	−10	50	10	$-\frac{1}{15}$	$\frac{1}{5}$
200	0	50	10	0	$\frac{1}{5}$
250	10	50	10	$\frac{1}{25}$	$\frac{1}{5}$
300	20	50	10	$\frac{1}{15}$	$\frac{1}{5}$
350	30	50	10	$\frac{3}{35}$	$\frac{1}{5}$
400	40	50	10	$\frac{1}{10}$	$\frac{1}{5}$

由表中之數字，平均儲蓄傾向隨所得水準之增加而增加，而邊際儲蓄傾向則固定不變，爲五分之一，由於吾人假定消費函數爲所得的一次函數之故。

由儲蓄之意義，吾人亦可畫出儲蓄函數，即表示儲蓄與所得之關係者。圖 20-4 中，C 爲消費函數，S 即爲儲蓄函數。儲蓄函數與橫座標間之垂直距離，等於消費函數與 45° 線之間之垂直距離，因爲這由儲蓄之定義可得而知。因此當所得水準爲 OY_1 時，消費函數與 45° 線相交，故此時之儲蓄爲零。當所得水準大於 OY_1 而爲 OY_2 時，則儲蓄爲正，由圖 DY_2 等於 AB，若所得水準小於 OY_1 時，則儲蓄均爲負數。此圖中因消費函數爲直線，故儲蓄函數亦爲直線。

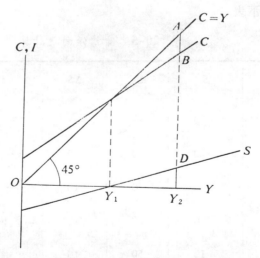

圖 20-4 消費函數與儲蓄函數

七、所得水準的投資儲蓄決定法

依據儲蓄的定義，吾人亦可將上述均衡所得水準決定的法則，以另

一種方式說明之，即均衡所得水準決定於投資與儲蓄相等之一點。關於
這一說法，可從兩方面解釋之。第一種解釋可稱之爲定義式的解釋，即
由於儲蓄的定義，此兩者必須相等，因爲吾人已知

$$Y = C + I$$

而　　　　　　$$S = Y - C$$

因此由以上二式，$S \equiv I$。不過這一種說法，沒有任何分析的意義。另一
種解釋是功能性的解釋，即所得水準透過儲蓄與投資的相等，而達到均
衡；若兩者不相等，必會促使所得水準之變化，所得水準必於兩者重行
相等時，始能重建均衡。若以市場現象比喻之，一物之均衡價格決定於
供給量與需求量相等之一點，蓋兩者若不相等，價格必仍將變化不已，
必也兩者相等爲止，價格始達均衡。均衡所得水準決定之法則，亦屬如
此。圖 20-5 中，C，S，及 $C+I$ 各線的意義同前，但新增加一 I 線，
即投資函數。吾人在以上所擧之例中，乃假定投資支出爲固定，故 I 線
在圖中爲一平行於橫座標之直線，其與橫座標之垂直距離，即代表固定
的投資支出。圖中吾人由 $C+I$ 線與 45° 線之交點，決定均衡所得水準
爲 OY_1，而此一所得水準，與 S 及 I 線交點所決定之所得水準完全相

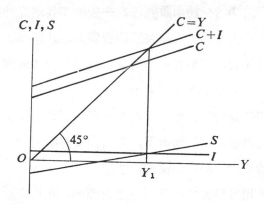

圖 20-5　投資與儲蓄決定均衡所得

同；而吾人知道必然會相同，因爲由定義所決定之畫圖法， S 線與橫座標之間的距離，則等於 C 線與 45° 線之間之距離，而 I 線與橫座標之間的距離，則等於 C 及 $C+I$ 線之間的距離也。而在 $C+I$ 線與 45° 相交的一點， C 線與 45° 線間之距離等於 C 線與 $C+I$ 線間之距離，亦卽 I 線與橫座標之距離等於 S 線與橫座標間之距離，故 I 線與 S 線亦在此點相交。因此吾人由 $C+I$ 線與 45° 線決定均衡所得的分析法，與利用 I 線與 S 線相交決定均衡所得的分析法，結果完全一樣，不過觀察的角度不同而已。

八、摘　　要

由支用面觀察，支用可以決定生產，而支用則爲社會有效需求，因此就短期看，社會有效需求決定生產總值，也決定所得水準。構成社會有效需求的主要因素有四，卽國內消費支出，國內投資支出，政府財政支出及淨輸出。

國內消費支出決定於消費傾向或消費函數。所謂消費傾向，卽消費支出與所得水準之間的一種函數關係，一般的如其他條件不變，所得水準愈高，則消費支出亦愈大。爲表示消費傾向，凡消費支出占所得的比率稱爲平均消費傾向，而消費支出的增加量對所得的增加量的比率則稱爲邊際消費傾向。邊際消費傾向常小於一。

利用 45° 線的分析法，在一沒有對外經濟關係的閉鎖經濟，並且沒有政府因素的純市場經濟的情況下，消費加投資所構成的社會有效需求函數與 45° 線的交點，決定均衡所得水準。

因所得中未用於消費的部分卽爲社會儲蓄，在均衡狀態時此儲蓄必全部爲投資所吸收，因此在另一種分析法中，儲蓄函數與投資函數的交點，亦決定均衡所得水準。此一均衡所得水準與 45° 線分析法所決定的均衡所得水準相同。

　　在儲蓄函數中，儲蓄占所得的比率稱爲平均儲蓄傾向，儲蓄的增加量對所得增加量的比率稱邊際儲蓄傾向。在本章的簡單模型中，平均消費傾向與平均儲蓄傾向之和等於一，而邊際消費傾向與邊際儲蓄傾向之和亦等於一。

重 要 概 念 與 名 詞

有效需求　　　　　　　　　　平均消費傾向

消費傾向或消費函數　　　　　邊際消費傾向

儲蓄傾向或儲蓄函數　　　　　均衡所得水準

平均儲蓄傾向

邊際儲蓄傾向

第二十一章　消費函數與乘數原理

　　上一章中吾人分析均衡所得水準的決定法則，說明均衡所得水準決定於 $C+I$ 線與 45° 線相交的一點。為說明簡單起見，吾人不僅假定消費函數為所得的一次函數，同時並假定投資支出為一固定常數，即不隨所得的變化而變化。此一 $C+I$ 線，吾人可稱之為總合需求曲線，代表社會對最後產品的總合有效需求。本章將繼續研究此一曲線的性質及其與所得水準的關係。

一、短期消費函數與長期消費函數

　　若干學者，根據兩次世界大戰中間之若干年之實際資料，分析總合消費函數，發現此一短期總合消費函數的一般形態為 $C=a+bY$ 的形態，由此一函數，其邊際消費傾向小於平均消費傾向，其平均消費傾向隨所得水準之增加而遞減，其邊際消費傾向則為固定，其形態則如圖 21-1 中的 C_1。此線由縱座標上某一與原點距離等於 a 的一點開始，其斜率則等於 b。由此一函數，則平均消費支出不是所得的一定比例，當所得水準增加時，消費支出占所得之比例將逐漸減少，亦即不僅儲蓄之

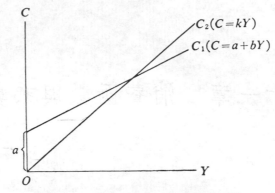

圖 21-1　短期消費函數與長期消費函數

絕對值增加而其占所得之比例亦將逐漸增大。但部分學者應用十九世紀七十年代到二十世紀四十年代之資料，分析總合消費函數，則發現長期消費函數爲 $C=kY$ 之形態，亦卽如圖 21-1 中 C_2 之形態。C_2 線由原點開始，由此一形態的消費曲線，不僅邊際消費傾向不變，而且平均消費傾向等於邊際消費傾向，亦固定不變。由此一函數，不論所得水準如何增加，消費支出總是占所得的一定比例 k 。

　　同是根據實際資料所獲得之消費函數，何以短期消費函數與長期消費函數的形態不一致？學者之間，爲此一問題，曾提出多種解釋，有的學者認爲消費函數本是 $C=a+bY$ 的形態，但隨時間的經過，經濟的發展，乃不斷向上移動，而實際發生的所得與消費支出所表現的軌跡，便好像形成一比例的長期消費函數了。如圖 21-2 中，當原來的消費函數爲 C_1 時，所得水準爲 Y_1，故其消費支出爲 $C_1{}'$。但消費函數逐漸上移至 C_2，所得水準亦逐漸增加，待所得水準增至 Y_2 時，則並非以 C_1 所代表的消費函數決定其消費支出，而是由 C_2 所代表的消費函數決定其消費支出，此時其消費支出爲 $C_2{}'$。以後消費函數又逐漸上移至 C_3 的位置，當所得水準增至 Y_3 時，此時亦不是以 C_2 所代表的消費函數決定

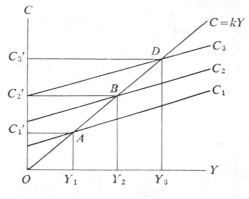

圖 **21-2**　短期消費函數的移動

其消費支出，而是以 C_3 所代表的消費函數決定其消費支出爲 C_3'。因此若由長期實際的所得及支出數字，所表現的消費傾向，便似乎是包含 A, B, D 三點在內的一根由原點開始的 $C = kY$ 的消費函數了。但這一消費函數，實際不是消費函數，不過是消費函數移動的軌跡而已。

另一部分學者，則認爲本質上消費函數應是比例的，即消費支出應占所得的一定比例，但在短期間，因爲經濟循環的影響，在蕭條及萎縮時期，一般人士所得雖已降低，但生活水準，一時不易降低而向下調整，因而多犧牲儲蓄以維持過去水準的消費，消費傾向便顯得特別高；但在繁榮時期，所得水準增加，然而社會一般消費大衆，一方面爲了彌補在上一蕭條期所喪失的儲蓄，另一方面尚未能立刻適應一較高的生活水準，故其消費傾向便顯得低。如圖 21-3 中，橫座標表時間，縱座標表所得及消費支出，Y 曲線表示在一循環期中所得的變化；最初由 A 到 B 爲蕭條期，所得水準降低，其後由 B 到 D，所得水準又增加，且超過上一繁榮期的水準。而 C 線則表消費支出的時間曲線，當所得由 A 到 B 降低甚速時，消費支出雖亦降低，但其趨勢，並不顯著，故消費支出占所得的比例便逐漸增大。但當所得由 B 向 D 增加時，消費支出雖亦增加，

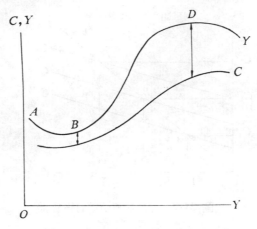

圖 **21-3**　經濟循環期所得及消費的變化

但增加的速度則落在所得增加之後，故兩者之間的距離亦愈來愈大，卽消費支出占所得的比例愈來愈小。因此就包含一個經濟循環期的短時期來看，消費函數便成爲非比例的函數，亦卽成爲 $C=a+bY$ 的形態。

關於長期消費函數與短期消費函數不一致的現象，學者之間，尚有其他種種解釋，因其理論較爲深入，本書中不再詳論。

二、乘數原理 (multiplier)

由以上對總合需求的分析，知道總合需求任何自發性的變化，必將引起所得水準的變化，而吾人進一步將發現所得水準變化的幅度，遠比總合需求變化的幅度來得大，常爲總合需求變化的若干倍，此種現象稱爲乘數現象。如圖 21-4 中，$C+I$ 爲原來的總合需求函數，其與 45° 線相交所決定之所得水準爲 Y_1；若由於消費支出的自發性增加 ΔC，使總合需求函數上移至 $C+\Delta C+I$ 的位置，則其與 45° 線交點所決定的新的所得水準爲 Y_2。由圖可看出所得的增加量 ΔY 較自發性消費支出的

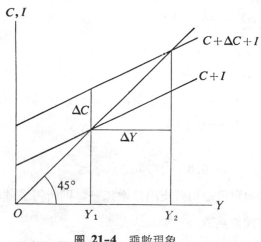

圖 21-4　乘數現象

增加量 ΔC 爲大，其倍數卽稱爲乘數。如果總合需求函數中所增加的，不是消費支出，而是投資支出的自發性增量 ΔI，其結果相似，所得的增加量 ΔY，亦必爲投資的增加量 ΔI 的若干倍。

爲說明乘數現象，並分析乘數大小如何決定，吾人可用上一章所採用的所得水準的決定模型來說明。由上一章的說明，吾人已知模型的內容爲

$$Y = C + I$$

$$C = a + bY$$

$$I = I_0$$

$$\therefore \quad Y = \frac{1}{1-b}(a + I_0)$$

如果消費支出的自發性增加量爲 Δa，所得的增加量爲 ΔY，則

$$Y + \Delta Y = \frac{1}{1-b}(a + \Delta a + I_0)$$

上兩式相減，則

$$\Delta Y = \frac{1}{1-b} \cdot \Delta a$$

或 $\quad \dfrac{\Delta Y}{\Delta a} = \dfrac{1}{1-b} = K$

即 ΔY 是 Δa 的 K 倍，K 即爲乘數，而 K 的大小則決定於 b，即決定於邊際消費傾向，若 $b = 0.8$ 則

$$K = \frac{1}{1-0.8} = 5$$

乘數爲 5 ，即自發性的消費支出每增加一，則所得水準增加五，此一乘數，吾人稱爲簡單乘數。

如果消費支出不變，而投資支出有一自發性的增加量 ΔI，其結果相似，因由上述模型

$$Y + \Delta Y = \frac{1}{1-b}(a + I_0 + \Delta I)$$

則 $\quad \Delta Y = \dfrac{1}{1-b} \cdot \Delta I$

或 $\quad \dfrac{\Delta Y}{\Delta I} = \dfrac{1}{1-b} = K$

所得的增加量亦爲投資增加量的 K 倍，乘數相同。

由以上的分析，知簡單乘數的大小，決定於邊際消費傾向，即等於一減去邊際消費傾向的倒數，故邊際消費傾向愈大，則乘數亦愈大，反之，則愈小。但是吾人又知，邊際消費傾向與邊際儲蓄傾向之和等於一，故一減去邊際消費傾向即等於邊際儲蓄傾向，因此簡單乘數也等於邊際儲蓄傾向的倒數，若以 s 表邊際儲蓄傾向，則

$$\text{簡單乘數} = \frac{1}{1-\text{邊際消費傾向}} = \frac{1}{1-b} = \frac{1}{\text{邊際儲蓄傾向}} = \frac{1}{s}$$

因而凡邊際儲蓄傾向愈小者，其簡單乘數亦愈大，反之，則愈小。

三、一次即完的總合需求的變化所引起的乘數現象

對於以上所分析的簡單乘數，吾人尚須就兩種不同的情況分別說明之。第一種情況是，總合需求產生一次自發性的變化，但此種變化發生後，即不再繼續存在；第二種情況是，總合需求產生一自發性的變化，而此一自發性的變化，繼續存在，並不消失。此兩種情況所表現的乘數現象並不相同，吾人將分別討論之，茲先討論第一種情況。

為便於說明起見，吾人假定可將時間分為若干期次，當期的消費支出及投資支出，決定當期的所得水準，而當期的所得水準則決定下期的消費支出。換言之，任何一期的消費支出是決定於上一期的所得水準。吾人由一均衡所得開始，若此時出現一自發性的需求的變化，例如投資支出有一項增加，但在下一期，投資支出又恢復到原來的水準，則此增加一次的投資支出，對所得將產生何種影響？圖 21-5 中，橫座標表示

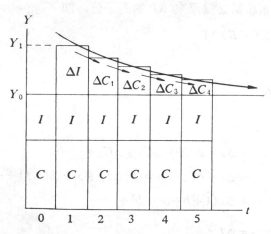

圖 21-5　一次即完的需求的增加之乘數現象

時間，縱座標表示所得水準，並假定邊際消費傾向 b 小於一。在第 0 期由投資支出 I 及消費支出 C 所決定的均衡所得水準為 Y_0，如果沒有任何其他因素的變化，以後各期的均衡所得水準均將維持於 Y_0。但如果在第一期投資支出比第 0 期增加 ΔI，其他因素不變，因吾人假定消費支出決定於前期之所得水準，故第一期之消費支出仍為 C，而第一期之所得水準比第 0 期增加 ΔI，即為 Y_1。到第二期，若投資支出仍恢復到原來的水準 I，但在第二期，因為第一期的所得水準增加了 ΔI，故這一期的消費支出除 C 外，亦將增加 ΔC_1，此 ΔC_1 決定於上期所得的增加量與邊際消費傾向，即 $\Delta C_1 = b\Delta I$，故第二期的所得水準等於 $C+I+\Delta C_1$，比第一期略低，因 b 小於一，故 ΔC_1 小於 ΔI 也。至第三期，則因第二期的所得比原來的均衡所得增加了 ΔC_1，故第三期的消費支出也必將增加 ΔC_2，而 ΔC_2 則等於 b 乘 ΔC_1，因此第三期的所得水準等於 $C+I+\Delta C_2$，比第二期的水準為低。以下各期均可依此類推，而每期的所得水準，均比上期為低，而逐漸向原來投資未增加前的均衡所得水準，即 Y_0 收斂，如曲線箭頭所指者。但吾人如將每期所增加的所得數相加，則其累積數必為原來 ΔI 的若干倍，即

$$\Delta Y = K \cdot \Delta I$$

K 即簡單乘數，而

$$K = \frac{1}{1-b}$$

因為由圖 21-5

$$\Delta Y = \Delta I + \Delta C_1 + \Delta C_2 + \Delta C_3 + \cdots\cdots$$
$$= \Delta I + b(\Delta I) + b \cdot b(\Delta I) + b \cdot b \cdot b(\Delta I) + \cdots\cdots$$
$$= \Delta I(1 + b + b^2 + b^3 + \cdots\cdots)$$
$$= \Delta I \times \frac{1}{1-b}$$

因括號中為一無窮幾何級數，其公比為 b，而小於一，故其無窮項之和

等於 $\dfrac{1}{1-b}$。試以數字說明之，若 ΔI 等於一百億元，b 等於五分之四，

則由於此一百億元投資支出的增加，所得水準一度增加後，雖仍將恢復

到原來的均衡所得水準，但各期所得增加的累積數必為五百億元，因

$$\Delta Y = \frac{1}{1-0.8} \times 一百億 = 五百億$$

以數表的方式表示之，則此一簡單乘數的現象如下：

表 21-1　一次即完的需求的變化與乘數現象

（單位：十億元）$b=0.8$

期　　數	C	I	ΔI	ΔC	Y	ΔY
0	260	40	0		300	0
1	260	40	10		310	10
2	260	40	0	8↓	308	8
3	260	40	0	6.4↓	306.4	6.4
4	260	40	0	5.12	305.12	5.12
累　　計						50

四、繼續維持的總合需求的變化所引起的乘 數現象

第二種情況的乘數現象，是總合需求出現一次自發性的變化以後，

即停留於該一新的水準，對所得水準所產生的影響。圖 21-6 中，橫座

標仍表時間，縱座標仍表所得，假定邊際消費傾向 b 仍小於一。在第 0

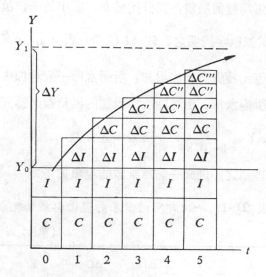

圖 **21-6** 繼續維持的需求的增加之乘數現象

期，投資支出 I 及消費支出 C 所決定的均衡所得水準爲 Y_0，若沒有任何變化，則以後各期的均衡所得水準，均將維持於 Y_0。今假設第一期投資支出增加一 ΔI，並且以後各期均維持於此一增加量，則所得水準將如何變化？由圖 21-6 可看出，第一期因投資支出增加一 ΔI，而消費支出決定於上期所得水準，故未增加，因此第一期的所得水準等於 $C+I+\Delta I$，較上期增加 ΔI。到第二期時，除投資支出仍增加 ΔI 外，因爲上期所得水準增加了 ΔI，故這一期消費支出亦增加了 $b \cdot \Delta I = \Delta C$，而本期的所得水準便等於 $C+I+\Delta I+\Delta C$ 了。到第三期時，除投資支出的增加量 ΔI 與消費支出的增加量 ΔC 仍與上期相同外，由於上期所得中增加了 ΔC 的一部分，故這一期的消費又必增加一 $\Delta C' = b \cdot \Delta C$，因此第三期所得等於 $C+I+\Delta I+\Delta C+\Delta C'$。依此類推，第四期所得又比第三期增加，其增加額爲 $\Delta \cdot C'' = b \cdot \Delta C'$，第五期又比第四期增加，但每一期所增加的所得數量因爲邊際消費傾向小於一，故均比上一期的所得增加量爲小，因而均衡所得水準必逐漸向一新的均衡所得接近。由圖 21-6 中箭頭所指的方向，新的均衡所得水準將爲 Y_1，而新的均衡所得水準與原來的均衡所得水準的相差額，必爲 ΔI 的若干倍，由圖 21-6，知

$$\Delta Y = \Delta I + \Delta C + \Delta C' + \Delta C'' + \cdots\cdots$$

$$= \Delta I + b \cdot \Delta I + b \cdot b \cdot \Delta I + b \cdot b \cdot b \cdot \Delta I + \cdots\cdots$$

$$= \Delta I (1 + b + b^2 + b^3 + \cdots\cdots) = \Delta I \cdot \frac{1}{1-b} = K \cdot \Delta I$$

以數字舉例，若每期投資的增量均爲一百億元，而邊際消費傾向爲五分之四，則最後所得水準之增加必爲

$$\Delta Y = \frac{1}{1-0.8} \times 一百億 = 五百億$$

卽五百億元也。

　　以數表的方式表示之，則此一乘數的現象如下：

表 21-2　繼續維持的需求的變化與乘數現象

（單位：十億元）$b = 0.8$

期　數	C	I	ΔI	ΔC	$\Delta C'$	$\Delta C''$	$\Delta C'''$	Y
0	260	40	0	0	—	—	—	300
1	260	40	10	0	—	—	—	310
2	260	40	10	8	—	—	—	318
3	260	40	10	8	6.4	—	—	324.4
4	260	40	10	8	6.4	5.12	—	329.52
—								—
—								—
∞								350

此一繼續維持的需求的變化所引起的乘數現象，亦可以用 $C+I$ 線與 45° 線的交點決定所得的圖形說明之。圖 21-7 中，$C+I$ 為原來的總合有效需求，其與 45° 線的交點所決定的均衡所得水準為 Y_0，若投資增加一 ΔI，且繼續維持於此一增加的水準，則 $C+I+\Delta I$ 為新的總合有效需求曲線，其與 45° 線的交點所決定的新的均衡所得水準則為 Y_1，而 Y_1 與 Y_0 的差額 ΔY，則為 ΔI 的若干倍，其倍數的大小，顯然決定於 $C+I$ 線的斜率，斜率愈大，其相差的倍數愈大，而 $C+I$ 線的斜率，即邊際消費傾向，亦即乘數的大小決定於邊際消費傾向也。

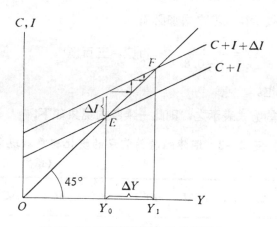

圖 21-7 投資繼續增加的乘數現象

五、兩個例外的情形

在以上分析簡單乘數時，吾人均假定邊際消費傾向小於一而大於零，故簡單乘數為一有限的定值，其數值取決於邊際消費傾向的大小，邊際消費傾向愈大者，乘數愈大，反之，則乘數愈小。若吾人考慮此一問題，設邊際消費傾向等於零，或等於一，則乘數現象將如何？由圖

21-5 及圖 21-6 吾人同樣可以獲得此一結論：若邊際消費傾向等於零，總合有效需求若有一次即完的變化時，除當期所得按需求的增加額增加外，以後各期的所得不會有變化。若總合有效需求有一繼續維持的增加額，則每期的所得水準均將比需求未變化前，按需求的增加額增加或減少之。換言之，新的所得水準，僅比原來的所得水準，相差一需求的變化額，亦即乘數為一。若邊際消費傾向等於一，則在前一情況下，各期的所得水準均比原來的所得水準按需求的增加額增加之，在後一種情況，則每期所得水準，均比前一期按需求的增加額無限制的繼續增加之，而至於無限大。換言之，乘數將等於無限大。不過這兩種情形，實際上不至於存在，故吾人可看作是例外情形。

六、摘　　要

一般的長期消費函數常呈比例函數的形態，即消費支出占所得一定的比例，而短期消費函數則為非比例函數的形態，即消費支出占所得的比率常隨所得水準的變化而逐漸降低。這種長期消費函數與短期消費函數不一致的現象，學者之間提出不同的解釋，有的學者認為長期間消費函數會不斷向上移動，有的學者則認為短期間經濟循環現象會影響消費傾向。

由於邊際消費傾向小於一，一定量的投資支出的增加常會引起所得水準相應的增加，而所得水準增加的數量常為投資增加量的若干倍，此一現象稱為乘數現象。乘數現象按投資的性質可分為兩類，一類即一次即完的投資的增加，另一類即繼續維持的投資的增加，後者能使均衡所得水準提高，前者使所得水準作暫時的變動後，並不能提高均衡所得水準。

　　如果邊際消費傾向等於一或大於一，則為特殊情況，此時雖有理論上的均衡所得及乘數現象，但此一均衡為不穩定均衡。

重 要 概 念 與 名 詞

長期消費函數	乘數現象
短期消費函數	乘數原理
消費函數之移動	

第二十二章　投資函數及其變動

在第二十章中，吾人分析均衡所得的決定法則時，為簡單起見，曾假定構成社會有效需求之一的投資支出，其數值為固定，卽不會發生任何變化的一個常數。但是這一假定顯然與事實不符，因為在經濟生活中，投資支出是一個最敏感的因素，它不僅會常常變化，而且它對所得水準的決定與變動，具有極大的影響。因此本章將進一步研究決定投資支出的因素是什麼？投資函數何以會變動？以求進一步了解所得水準的決定法則。

一、投資的意義與類別

在未進一步分析決定投資支出的因素以前，吾人必須先了解投資的意義。投資與資本的意義不同，投資是一個流量觀念，而資本則是一個存量觀念。投資亦可稱為資本形成 (capital formation)，他是表示在一定時間內資本的增加量，也就是在一定時間內生產能量的增加量。就總體的意義言，投資表示社會生產設備的增加，因此社會的生產能量亦因之增加。就此一意義言，投資與個人以貨幣購買有價證券的那種投資意

義，並不一樣。個人以貨幣購買有價證券，因為能獲取收益，就個人的
觀點，固得稱為投資，但就社會的意義言，除非此有價證券是新發行的
證券，而出售此證券所獲得之資金，確已用於支付生產設備的創建，否
則在購買此有價證券的另一面，必有出賣此有價證券的人，對於出賣的
人言，則為一種負投資，正負投資剛好抵銷，不過代表社會生產設備所
有權的轉移，對社會生產能量並無任何影響，因此為區別起見，吾人稱
這種投資，為金融投資，或財務投資 (financial investment)，而稱能增
加社會生產設備或生產能量的投資為實質投資 (real investment)。

　　實質投資既能增加社會生產設備或生產能量，則何種經濟活動得稱
為實質投資？就有關經濟活動予以分類，則下述三種活動得稱為實質投
資：（一）企業界廠房設備、機器裝備之設置及增加，為實質投資的主
要部份。因廠房機器等均為供直接生產之用，其數量增加，當然為社
會生產能量之增加；（二）各種建築建設事業，亦為實質投資的重要部
份。如公私房屋之建築，道路橋樑之興建，港灣機場之設置等均屬之。
因房屋的建築，無論為供居住之用或營業之用，均為耐久性資產，有
利於社會生產能量之提高。而道路橋樑等交通事業之發展，直接間接均
能有利於社會生產能量與生產效率之增加，故當然得視之為投資活動；
（三）存貨的增加，亦為實質投資之一。因為無論是製成品，半製品，
或原料品，若存貨增加，即表示流動性資本設備之增加，其有利於生產
能量之增加，與固定性資本設備同，故當然亦為投資之一。

　　投資就其是否扣除現有資本的損耗而言，可分為總投資 (gross
investment) 及淨投資 (net investment)。所謂總投資即不扣除現有資
本之損耗之投資，因此總投資常為正值，而不可能為負，但由總投資之
數值常不易了解社會資本數量之變動，故須進一步了解淨投資的數值。
所謂淨投資即扣除資本損耗以後的投資額，故淨投資可能為正數，為

零，亦可能爲負數，視總投資大於、等於或小於資本的損耗額而定。但影響國民所得變動的，總投資的影響常較淨投資的影響易於觀察，故在所得分析中，常採用總投資額作爲社會有效需求因素之一。

投資按其所從決定的因素而論，又可分爲自發性投資 (autonomous investment) 及誘導性投資 (induced investment) 兩類。所謂自發性投資，卽不是由理論模型以內的變數所決定的投資，亦卽投資額的大小決定於理論模型以外的因素，而不能由理論模型的本身加以測定；對理論模型言，它是固定的，已知的。例如，由非經濟因素決定的投資，如新發明的出現，人口的變動，戰爭的爆發，政府爲社會福利或社會安全目的而從事的投資是。所謂誘導性投資，是由理論模型以內的變數所決定的投資，此投資額是可以由理論模型加以解釋或測定的。例如，由於利率的變化，消費之增加，現有資本設備之損耗等所引發之投資均屬之。因此所謂自發性投資與誘導性投資的分別，全視在理論模型中，吾人將其當作被解釋的因素，還是認爲不需解釋而當作常數處理而定。若爲前者卽爲誘導性投資，若爲後者卽爲自發性投資。

二、投資的邊際效率
(marginal efficiency of investment)

投資之意義已明，則關於投資之一重要問題，卽投資支出之數量，由何種因素所決定？要分析此一問題，首先要知道一般從事投資者其目的爲何？企業家所以甘冒風險，從事投資，其目的無他，乃是爲獲取投資利潤。投資利潤之大小，則決定於兩個因素，一個因素爲由投資所能獲得之利益，另一個因素則爲投資所引起之成本，而決定投資之成本者，則爲利率。所謂利率，乃使用投資基金所須支付之報酬，對投資基金之比率。因投資者爲進行投資，必須使用投資基金。投資基金之來源可能有二，一爲由借貸而來之他人基金，使用他人基金，當然需要支付報酬，決定其報酬之高低者，卽市場利率。次一來源，則爲自有基金，但使用自有基金，雖不須支付報酬，而此基金，若不自行使用，而貸出與他人使用，亦能獲取報酬，故自行使用，卽產生機會成本，決定此機會成本之高低者，仍爲市場利率。因此投資基金無論是由借貸而來或自己所有，均須考慮此一成本因素。若市場利率甚高，而其他因素不變，則投資數量必少，反之，若市場利率甚低，而其他因素不變，則投資數量必多。關於市場利率之決定因素及其變化，吾人在本書前半個體理論中已略有說明，就總體觀點，利率之意義及其變化，吾人將於下一章分析之，本章不予討論。

至於由投資所能獲得之利益，則爲投資後預計未來所生產之產品，在市場銷售後所能獲得之收益中減去其他成本費用所得之剩餘，此項利益之高低，則決定於此剩餘額占投資額之比率，亦卽預期利潤率，以經濟學之術語稱之，卽投資的邊際效率。所謂投資的邊際效率，卽能使投資的未來預期淨收益，還原爲投資財供給價格的一項折扣率。所謂投資財的未來預期淨收益，卽投資者預估投資完成後，所生產的產品在市場銷售，扣除其他生產成本後所獲得之剩餘。而投資財的供給價格，則爲該項投資財若重行購置時所須支付之價格。爲說明其意義，吾人試以數字說明之。若某項投資，其投資財的供給價格爲十萬元，而此投資完成後，投資者預期一年後能獲得淨收益 62,100 元，而二年後能獲得淨收益 60,835 元。以後卽不再有收益。因爲一年後始能獲得 62,100 元，其現在的價值當然低於 62,100 元，其數值決定於吾人採取那一種折扣率來計算，若吾人所採取之折扣率爲 r，則其現在的價值等於

$$\frac{62,100}{(1+r)}$$

同理，兩年後所能獲得之 60,835 元，其現在的價值當為

$$\frac{60,835}{(1+r)^2}$$

因為以後不再有任何收益，若將此二現值令其等於投資財的供給價格，則吾人可求出 r 之數值，卽由

$$100,000 = \frac{62,100}{1+r} + \frac{60,835}{(1+r)^2}$$

吾人可算出 r 等於 0.15，卽百分之十五，因將 0.15 代入上式，則

$$\frac{62,100}{1+0.15} + \frac{60,835}{(1+0.15)^2} = 54,000 + 46,000 = 100,000$$

亦卽百分之十五的折扣率，能將一年後所能獲得之 62,100 元及二年後始能獲得之 60,835 元還原，使其等於現在的 100,000 元，此百分之十五卽可稱為預期利潤率，亦卽投資的邊際效率。由上例之計算，可看出，若投資財的供給價格不變，則預期淨收益愈大，則投資的邊際效率愈高。預期淨收益愈小，則投資的邊際效率愈低。例如，若一年後的預期淨收益為 64,800 元，而二年後之預期淨收益為 66,240 元，則投資的邊際效率為 0.20，或百分之二十，因

$$\frac{64,800}{1+0.20} + \frac{66,240}{(1+0.2)^2} = 54,000 + 46,000 = 100,000$$

同樣，若一年後之預期淨收益為 55,000 元，而二年後的預期淨收益為 60,500 元，則投資的邊際效率僅為 0.1，或百分之十，因

$$\frac{55,000}{1+0.1} + \frac{60,500}{(1+0.1)^2} = 50,000 + 50,000 = 100,000$$

一般的，若吾人以 $R_1, R_2, \dots R_n$ 分別表示投資後第一年，第二年，……第 n 年的預期淨收益，S 表投資財 n 年後之殘餘價值，C 表投

資財的供給價格， r 表投資的邊際效率， 因 C 為已知，而 $R_1, R_2, \cdots\cdots$ 等為投資者的預期收益，故亦為一定，則由下列公式，可計算出 r，即

$$C = \frac{R_1}{1+r} + \frac{R_2}{(1+r)^2} + \cdots\cdots + \frac{R_n}{(1+r)^n} + \frac{S}{(1+r)^n} \quad (22\text{-}1)$$

在上式中，吾人若將右端各項分母中之 r，換以市場利率 i 而予以計算，則所得之和不等於 C，而為另一數 V，即

$$V = \frac{R_1}{1+i} + \frac{R_2}{(1+i)^2} + \cdots\cdots + \frac{R_n}{(1+i)^n} + \frac{S}{(1+i)^n} \quad (22\text{-}2)$$

此 V 的數值， 視 i 之值而定， 若 $R_1, R_2 \cdots\cdots$ 等不變， i 之值小， 則 V 之值大， i 之值大，則 V 之值小。此 V 之數值，可稱為投資財的需求價格，因其是以市場利率將其預期淨收益還原而得之數值也。如前舉之數字例中，若令 $i = 0.06$ 代入計算之，則

$$V = \frac{62,100}{1+0.06} + \frac{60,835}{(1+0.06)^2} = 58,585 + 58,602 = 117,187$$

即其需求價格為 $117,187$。若市場利率低於 0.6，顯然 V 之值亦將增大。

由以上之分析，吾人不難看出，由投資財之需求價格及供給價格之比較， 即可決定投資量之大小。 其他情況不變， 若兩者之間的差額愈大， 即表示投資的利潤愈高，故投資額亦必愈大，反之，若兩者之差額小，投資額亦必愈小。但若預期淨收益，及投資財之供給價格不變，此差額亦決定於投資的邊際效率與市場利率之間的關係。若投資的邊際效率不變， 市場利率低， 則與投資的邊際效率之間的差額大， 則投資必大，市場利率高，則與投資的邊際效率之間的差額小，投資必少。故若投資的邊際效率不變，吾人可將投資看作是利率的函數，即

$$I = I(i) \quad\quad\quad (22\text{-}3)$$

I 表投資額， i 表利率，此一函數為利率的減函數，即利率愈高，投資額愈少。以圖形表示之，可如圖 22-1 所示，圖中橫座標表投資額，縱

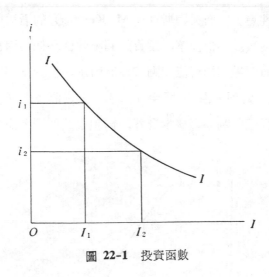

圖 **22-1**　投資函數

座標表利率，投資曲線由左上方向右下方傾斜，即表示利率愈低，投資額愈大也。如利率爲 i_1 時，投資額爲 I_1，而利率降低至 i_2 時，投資額則爲 I_2。

由投資函數，吾人可以計算投資的利率彈注，卽投資額的變化，對利率變化的敏感性。若利率的變化小，而投資額的變化大，卽表示投資的利率彈性大，反之，卽投資的利率彈性小。其彈性係數計算的公式如下：

$$E_{Ii} = \frac{\dfrac{\Delta I}{I}}{\dfrac{\Delta i}{i}} = \frac{\Delta I}{\Delta i} \cdot \frac{i}{I} \qquad (22\text{-}4)$$

或　　　$E_{Ii} = \dfrac{dI}{di} \cdot \dfrac{i}{I}$

在一般情況下，投資的利率彈性是高還是低，須視其他情況而定。學者之間對於此一問題的看法頗不一致，古典派學者則認爲投資的利率彈性很高，因此投資函數的形態如圖 22-1 所示，尤其當利率甚低時，投資的利率彈性更大。而凱因斯 (J. M. Keynes) 的看法則相反，認為在現代經濟高度發展的情況下，投資的利率彈性很低，因為投資機會已很少，因此投資函數，則可能如圖 23-2 所示，投資量不因利率之降低而有多大變化。當利率由 i_1 降至 i_2 時，投資額僅由 I_1 增至 I_2。當然投資的利率彈性除利率因素本身外，尚須視其他因素而定，未可一般的論定也。

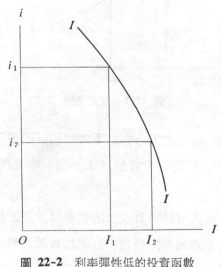

圖 22-2 利率彈性低的投資函數

三、投資函數的變動及影響投資的邊際效率
的因素

以上的分析，係假定投資的邊際效率不變，則投資支出為利率的函數。但投資的邊際效率有賴於投資者對未來預期淨收益的估測，若未來預期淨收益發生變化，則投資的邊際效率亦將發生變化。凡能促使未來預期淨收益增加者，則投資的邊際效率將提高，反之，凡能促使未來預期淨收益降低者，則投資的邊際效率亦將降低。而能促成未來預期淨收

益發生變化的因素則甚多，玆擇其重要者略爲分析於後。

就長期因素而論，下列幾種因素對投資的邊際效率影響較大：(一)
人口增加率的變動，會影響投資的邊際效率。因若人口增加率增高，則
對最後財貨與勞務的需求，其增加率亦將增高，各種財貨的銷售量會增
加，因而投資者的預期淨收益將增加，投資的邊際效率將提高。反之，
若人口的增加率降低，則對最後財貨及勞務需求的增加率減少，投資者
因銷路減少，預期淨收益亦將減少，投資的邊際效率將降低。(二)生
產技術的改進，會提高投資的邊際效率。因生產技術改進後，常使得現
有的生產設備顯得陳舊，而須予以重置，並且生產技術改進後，亦會使
生產成本降低，價格下跌，因而銷售量增加，此亦會促成投資之需求增
加，因而提高投資的邊際效率。反之，若生產技術停滯，對更新設備的
需求不大，投資的需求不高，則投資的邊際效率將降低。(三)新產品
的出現，亦會提高投資的邊際效率。因新產品出現後，由於消費者對此
新產品新需求的發生，促使這方面的投資增加，同時亦可能促進有連帶
關係的產業投資的增加。例如電視之出現，使若干有連帶關係之產業，
如修理店，電視食品店等，均增加投資，其投資的邊際效率因之提高。
(四)現有資本設備的數量，亦影響投資的邊際效率。因若現有資本設
備的數量非常充裕，且有剩餘生產能量，則對更新設備，增加生產能量
之需求不高，投資者的預期淨收益甚低，因而投資的邊際效率低。反
之，若現有資本設備的數量不足，不能適應生產的需求，則投資的預期
收益將增加，投資的邊際效率將提高。

其次，就影響投資邊際效率的短期因素言，其重要者亦可提出下列
數種：(一)投資者對未來成本，價格及需求變化的短期預期，將影響
投資的邊際效率。若投資者預期未來成本將提高，或產品價格將降低，
或市場需求將減少，則投資者的預期淨收益必減少，因而其投資的邊際

效率將降低。反之，若投資者預期未來的成本將降低，或產品價格將上漲，或市場需求將增加，則其投資的預期淨收益將提高，其投資的邊際效率則亦將提高。（二）社會消費傾向的短期變化，亦會影響投資的邊際效率。若消費傾向短期間增加，則一般生產者的銷路增加，投資者的預期淨收益增加，其投資的邊際效率提高。反之，若短期消費傾向下降，則一般生產者的產品滯銷，投資者的預期淨收益減少，其投資的邊際效率必將降低。（三）社會一般心理因素的變化，亦會影響投資的邊際效率。若社會一般均對經濟前途持樂觀態度，無論其是否合理，常能促成經濟繁榮之出現，因而投資的預期淨收益將增加，其投資的邊際效率便會提高。反之，若社會一般均對經濟前途持悲觀態度，無論其是否合理，常能促成經濟萎縮之出現，因而投資者的預期淨收益將減少，其投資的邊際效率亦將因此而降低。

當投資的邊際效率發生變動時，則投資函數的位置，亦將發生變動。一般的，若投資的邊際效率提高，其他因素不變，則投資函數向右上方移動，如圖 22-3 中，若 I_1 為原來的投資函數，當利率為 i 時，投資支出為 I_1，今設投資的邊際效率提高，則投資函數將上移至 I_2 的位置，縱然市場利率不變，其投資支出亦將由 I_1 增至 I_2。反之，若投資的邊際效率降低，則投資函數將向左下移動。如圖 22-3 中，I_3 曲線即投資的邊際效率降低後，投資函數 I_1 的新位置，此時縱然利率不變，投資支出已由 I_1 減少至 I_3 了。因此投資函數本身的變化，與投資支出的變化，吾人須辨別清楚。前者是指投資函數本身的移動，其變動的原因，是由於投資的邊際效率發生變化。而後者則是在同一根投資曲線上的移動，其移動的原因不是因為投資的邊際效率發生變化，而是由於市場利率發生變動。例如在圖 22-3 中，若投資函數為 I_1，利率為 i 時，投資支出為 I_1，今若利率下跌至 i'，其他條件不變，則投資支出將增加

至 I_1'，這種變動，則完全是在同一根曲線上的移動了。

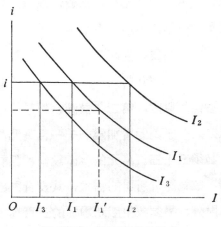

圖 22-3　投資函數的變化

四、加速原理 (acceleration)

上一節曾說明對最後財貨需求的變化，將引起投資支出的變化，本節將就此一問題，予以進一步分析。

在現代複雜的生產程序之下，對最後財貨之生產，不但須經過相當時間，而且還須先有一定的生產設備，在生產設備的價值與最後產品的價值之間，亦常有一定的關係存在。因此很可能當最後財貨的需求發生變化時，引致投資支出的變化，而投資支出變化的幅度，往往為最後財貨需求變化的若干倍，此種現象，稱為加速原理。為說明此一現象，吾人可以數字舉例如下：設某社會在均衡狀態下，每年對最後產品的需求總價值為一千萬元，為生產此一千萬元的最後產品，需要一定的設備，設此設備價值為三千萬元，並假定此資本設備平均使用年限為十年，且其年齡結構，屬於平均分配，因此此一社會消費財的生產部門，每年生產一千萬元的消費品，供社會消費之需，其投資財部門，則每年生產三百萬元的資本設備，供替換原有設備之用，無疑該社會每年之總生產價值為一千三百萬元，其中一千萬元用於消費，三百萬元為儲蓄，此儲蓄正等於投資。其均衡的一年，可用下列數字表示：

年　分	消費財生產額	投資財生產額
第一年	1000 萬元	300 萬元

今假定由於自發性的原因，第二年該社會對最後財貨的需求額增加百分之十，即由原來之一千萬元增加為一千一百萬元，顯然為生產此一價值的最後產品，必須三千三百萬元的生產設備，但該社會原來僅有三千萬元的生產設備，故為應付新增的需求，其投資財部門除生產為替換用之三百萬元資本財外，另須多生產新增加的三百萬元資本財，故其投資財的生產由原來的三百萬元增至六百萬元，即其投資支出由三百萬元增至六百萬元，此一變化用數字表之可如下：

第二年	1100	600

由此一數字的變化，吾人可以看出，在最後財貨的需求上百分之十的增加，引起投資財需求的百分之一百的增加，投資財需求變化的幅度，為最後財貨需求變化的十倍。

不僅此也，對最後財貨需求變化的速度，若發生變化，則亦能影響投資財需求更大速度的變化，甚而會作相反方向的變化。例如若第三年，對最後財貨的需求增加為一千一百五十萬元，其增加率以第一年為基礎，則為百分之十五，以第二年為基礎，則約為百分之四點五。為生產此一數額的最後財貨，需三千四百五十萬元的資本設備，但該社會上年的資本設備已增至三千三百萬元，本年其投資財部門除生產三百萬元的資本財以供替換之用外，仍須生產一百五十萬元的新設備，以應付新增的對最後財貨的需求。其全部生產額為四百五十萬元，以第一年為基礎，其增加率為百分之五十，以第二年為基礎，其增加率為負數，即不但不增加，反而減少了百分之二十五。以數字表示之，則如下：

第三年　　　　　　1150　　　　　　　　450

　　設第四年對最後財貨的需求已告穩定，不再增加，仍為一千一百五十萬元， 此一數值較第一年仍增加百分之十五， 但較之上一年， 其增加率為零。為生產此一數值的最後財貨，需三千四百五十萬元的資本設備， 但該社會上年已建有三千四百五十萬元的資本設備，不須增添，其投資財部門，本年僅須生產三百萬元的資本財以供更換之用即可，此一數值， 以第一年為基礎， 增加率為零， 以上一年為基礎， 其增加率為負， 即反而又減少百分之五十了。以數字可表示如下：

第四年　　　　　　1150　　　　　　　　300

　　若將以上四年之變化， 全部排列出， 並分別計算出以第一年及上一年為基數之變化率，可列表如下：

表 22-1　加速現象

年　份	最後財貨 生　產　值	增　　加　　率		投　資　財 生　產　值	增　　加　　率	
		以第一年 為基數	以上年 為基數		以第一年 為基數	以上年 為基數
第一年	1000	0	0	300	0	0
第二年	1100	10%	10%	600	100%	100%
第三年	1150	15%	4.5%	450	50%	−25%
第四年	1150	15%	0%	300	0%	−50%

由上表可看出，以均衡的第一年為基數，若最後財貨需求的增加率分別為10%, 15%, 15%，則投資財需求的增加率則分別為100%, 50%, 0%。其增加的幅度大， 變化激烈。若以上一年為基數，則最後財貨需求的增加率分別為10%, 4.5%, 0%，而投資財需求的增加率則分別為100%,

－25％，－50％，則不但變化的幅度大，而當最後財貨需求的增加率減緩時，投資財需求的增加率反而爲負數了。這種現象，吾人一般稱之爲加速現象。依據這種加速現象及乘數原理，吾人可以引申出經濟循環的理論模型，這一點，吾人留待以後再行討論。

不過由以上的分析，吾人須注意者，加速現象之發生，依賴於幾個因素，若這幾個因素不存在，則加速現象不會發生。第一，加速現象之發生，僅有在生產需要資本設備之情況下才能發生，若最後財貨的生產，根本不須資本設備，即不會有加速現象的出現。第二，加速現象之發生，不僅須依賴資本設備的存在，尤依賴資本設備耐久性之長短而定。資本設備之耐久性愈長，則加速現象愈顯着。由上例，若資本財的耐久性，僅爲一年，則無加速現象，反之，若資本財的耐久性增爲二十年，則加速現象較上述之例將增加一倍，這一點，吾人由以上數字，不難計算而得。

其次，吾人尚須特別指出者，爲說明上述加速現象時，吾人曾有幾項簡單的假定，若此幾種假定有所變更，則上述的加速現象，亦須加以修正。此幾項基本假定是：第一，吾人假定社會原來並無閒置的資本設備，若社會原來有閒置的資本設備，則對於增加的對最後財貨的需求，則可以運用此閒置的資本設備，加入生產，以滿足增加的需求，加速現象不致立即出現。其次吾人假定，對最後財貨需求的增加，決定於自發性的因素，而非決定於所得水準。第三，吾人假定對於增加的需求，能立即由增加生產而予以滿足，中間沒有時間上的落後，如果生產的增加，須要有一定時間才能完成，將會出現時間上的落後，加速現象亦將受到限制。最後吾人假定資本產出率不變，所謂資本產出率，即所需資本設備的價值，對產出值的比率，在上例中吾人假定爲三，即爲生產一千萬元的最後產品，須三千萬元的資本設備，如果資本產出率發生變化，尤其當其降低時，則加速現象將減緩，反之，若資本產出率增加，則加速現象將更顯着。因此吾人對加速現象的理解，必須了解其所受之限制。關於這一點，吾人以後在應用此一概念時，須特別慎重。

五、均衡所得水準決定模型之新因素

由本章之說明，吾人知投資支出是利率的函數，若將此一因素加以考慮，則吾人在二十一章中所分析之均衡所得水準之決定模型，將發生何種變化？吾人試將前述模型加以修正，則新模型如下，卽

$$Y = C + I$$
$$C = a + bY$$
$$I = I(i)$$

在此一模型中，有三個方程式，却有四個變數，卽 Y, I, C 及 i，除非 i 為已知，否則此模型不能決定，若 i 亦為一變數，則所得水準如何決定？關於此點吾人必須先分析利率的決定法則。在未考慮與利率因素有關係的貨幣市場之先，吾人將先研究政府因素及對外貿易因素。

六、摘　　要

就總體的意義，投資是表示社會生產設備的增加，因此是一種實質投資而不同於個體意義的財務投資。通常實質投資包含下列幾種經濟活動，卽固定資本設備的增加，各種建築活動及存貨的增加。

如果投資的邊際效率不變，投資數量決定於市場利率水準，利率水準愈低，則投資量愈大。所謂投資的邊際效率，卽是一種折扣率，能使投資完成後每年預期淨收益的現值之和等於資本財的供給價格。

對最後財貨需求的變化與對資本財需求的變化，兩者之間常有一定的關係存在，通常對投資財需求的變化，不是決定於對最後財貨需求的變化，而是決定於後者變化的速度，這一現象稱爲加速現象或加速原理。

利率因素的考慮，使本書以前所述的所得決定原理的簡單模型，需要加以修正。

重 要 概 念 與 名 詞

投資函數	預期淨收益
實質投資及財務投資	投資的邊際效率
總投資與淨投資	投資的利率彈性
自發性投資及誘導性投資	加速原理
資本形成	資本產出率

第二十三章　政府因素與所得水準

在第二十章吾人分析均衡所得水準的決定法則時，為簡單起見，曾假定政府因素與國外經濟因素不存在，而社會有效需求僅包含兩個因素，即消費支出與投資支出；在此一簡單模型下，均衡所得水準決定於消費投資曲線與 45° 線相交的一點，或投資函數與儲蓄函數相交的一點。但吾人知道，政府因素及國外經濟因素在現代經濟生活中，對決定均衡所得水準，與消費支出及投資支出有同樣的重要性。本章將進一步分析政府因素對決定均衡所得的影響，下一章則將討論國外經濟因素對均衡所得的影響。

一、政府財政支出與所得水準

政府對經濟活動的影響，表現於兩方面：一方面是政府為執行各項公務或推行某項政策，必須從事各種財政支出；另一方面，則政府為應付各種財政支出，必須取得各項財政收入。為便於分析起見，茲先假定政府不須預先取得收入，而有充裕的財源以應付其支出，則對所得水準將發生何種影響。

政府的各項財政支出，究其性質，非屬於消費，即屬於投資。政府爲執行公務必須使用各種財貨，僱用各類人員，爲取得這種財貨與人員，必須支付代價由市場購買，這種購買，即形成消費支出。另一方面，政府從事各種建設，如修築道路、橋樑，興建學校、醫院，或直接從事投資，如開發水利、發展動力、發展原子能等，則又顯然爲一種投資活動，而發生投資支出。因此政府一切支出，非屬消費支出，即爲投資支出，其性質與民間消費支出與投資支出同，因而亦成爲社會有效需求之一。但是因爲政府從事各項支出之動機與一般人民稍有不同，故吾人不將政府支出分別劃入民間消費支出與投資支出之中，而另立一政府支出項目，以便於分析政府因素對經濟之影響。

考慮政府財政支出因素以後，其對所得水準之影響如何？吾人可將第二十章中之簡單模型，加以擴充，設以 G 表政府支出，則吾人之模型可寫爲

$$Y = C + I + G \tag{23-1}$$

$$C = a + bY \tag{23-2}$$

$$I = I_0 \tag{23-3}$$

$$G = G_0 \tag{23-4}$$

因爲政府決定財政支出的動機，無論爲消費抑爲投資，均不同於一般社會的消費支出與投資支出，其決定的動機，多由政治的，社會的，以及其他的因素所決定，無法由經濟因素說明，亦即無法由吾人之理論模型予以解釋。因此吾人假定政府財政支出爲一自發性的支出，其數值是固定的，爲 G_0。在圖 23-1 中，$C + I$ 爲由投資支出與消費支出所構成的有效需求曲線，而 $C + I + G$ 則爲在 $C + I$ 之上再加上政府財政支出而獲得之曲線。因政府財政支出假定爲一固定常數，故 $C + I + G$ 線與 $C + I$ 線平行。兩者之間的距離等於 G。如果沒有政府財政支出，則均

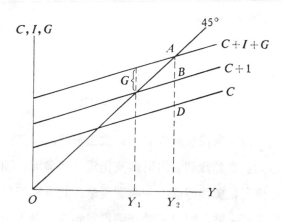

圖 23-1　包含政府財政支出所得水準的決定

衡所得水準爲 Y_1，由 $C+I$ 線與 45° 線的交點所決定，今加上政府財政支出，則均衡所得水準爲 Y_2，由 $C+I+G$ 線與 45° 線的交點所決定。當所得水準爲 Y_2 時，因 $OY_2 = AY_2$，卽表示社會總生產爲 AY_2，其中供消費使用者爲 DY_2，供投資之用者爲 BD，而供政府使用者則爲 AB，供需維持相等，經濟達到均衡，故此時之所得水準爲均衡所得水準。若所得水準高於 Y_2 或低於 Y_2，則市場將出現供過於求或供不應求之現象，均衡將無由建立，生產的變化必須達到使所得水準維持於 Y_2 不可。

　　由上述模型，吾人若將 (23-2), (23-3), (23-4) 式代入 (23-1) 式，則

$$Y = a + bY + I_0 + G_0$$
$$(1-b)Y = a + I_0 + G_0$$
$$\therefore \quad Y = \frac{1}{1-b}(a + I_0 + G_0)$$

以數字說明之，設 $G_0 = 10$，而

$$C = 40 + 0.8Y$$

$$I_0 = 20,$$

代入上式，得

$$Y = \frac{1}{1-0.8}(40+20+10) = 350$$

即均衡所得水準由原來沒有財政支出時的三千億，增加到有財政支出時的三千五百億元。在此我們看出財政支出為一百億元，而國民所得的增加，則為五百億元，顯然亦產生一乘數現象，此乘數等於吾人在第二十二章所分析的簡單乘數，即決定於邊際消費傾向。吾人由下列公式的計算，可獲得此一財政支出乘數的大小。因沒有財政支出時，

$$Y = \frac{1}{1-b}(a+I_0)$$

而增加了財政支出時，設所得之增加量為 ΔY，則

$$Y + \Delta Y = \frac{1}{1-b}(a+I_0+G_0)$$

上兩式相減　$\Delta Y = \frac{1}{1-b} \cdot G_0$

即　　　$K_G = \frac{1}{1-b}$　　　　　　　　　　(23-5)

K_G 表財政支出乘數，b 為邊際消費傾向。若 b 為 0.8，則財政支出乘數即為 5。每一貨幣單位的財政支出，將使均衡所得水準增加五單位。為瞭解此一乘數現象，設財政支出由原來之一百億元，增加為一百五十億元，亦即 $\Delta G = 5$，代入以上公式，則

$$Y = \frac{1}{1-b}(a+I_0+G_0+\Delta G)$$

$$= \frac{1}{1-0.8}(40+20+10+5) = 5 \times 75 = 375$$

所得水準由三千五百億元增加至三千七百五十億元，即增加了二百五十億元。在圖 23-2 中，財政支出未增加前所決定之所得水準爲 Y_2，而財政支出增加 ΔG 後，新的均衡所得水準則爲 Y_3，而 $Y_2 Y_3$ 大於 ΔG 若干倍。此即財政支出乘數現象也。

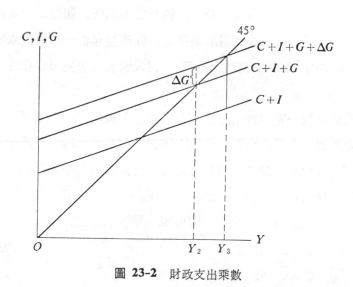

圖 23-2　財政支出乘數

二、租稅與所得水準

以上吾人僅分析政府財政支出對所得水準所發生的影響，而未考慮租稅的影響，事實上考慮政府因素時，財政支出與租稅是不可分的，不僅租稅是構成財政支出的主要來源，而尤其在租稅對個人可支用所得發生的影響，從而影響社會有效需求。爲充分瞭解租稅對所得水準所發生的影響起見，吾人暫不考慮財政支出因素，即假定財政支出不發生，僅研究租稅現象。然而現代租稅制度是一項極端複雜的制度，不僅租稅的種類有所謂直接稅與間接稅之分，而稅率又有比例稅與累進稅之差別，因此租稅的數量與所得水準之間有一密切的互變的關係存在，即所得水準高時，租稅的數量亦大，所得水準低時，租稅的數量亦少。對於這一複雜的租稅制度，吾人究應如何處理？爲簡單起見，吾人在本文中，將依次分析兩種情況：第一種情況，吾人假定有一總額稅，與所得水準無關，而爲政府不論個人所得爲若干，納稅能力如何，僅征課一定總額之稅；其次吾人將分析一隨所得水準變化，同時並包含一項固定數額之租稅。 此種假定， 雖與實際情況不符， 但大體尚能表現出租稅的一般影響。

　　玆先假定爲一特定數額之總額稅，設以 T 表租稅，而以 T_0 表一特定數額之租稅，在吾人現在所分析之情況下，即 $T = T_0$。因爲須要繳納租稅，因此社會大衆決定其消費支出的所得便爲納稅後的所得，此一所得即可支用所得，吾人以 Y_D 表之，而 $Y_D = Y - T$，即可支出所得等於所得減去租稅額。吾人之模型，則可表示爲下列形態，即

$$Y = C + I \tag{23-6}$$

$$C = a + bY_D \tag{23-7}$$

$$Y_D = Y - T \tag{23-8}$$

$$T = T_0 \tag{23-9}$$

$$I = I_0 \tag{23-10}$$

將 (23-7)(23-8)(23-9)(23-10) 式分別代入 (23-6) 式，得

$$Y = \frac{1}{1-b}(a - bT_0 + I_0)$$

試以數字說明之，設 $T_0 = 10$，而

$$C = 40 + 0.8\,Y_D$$

$$T_0 = 10$$

$$I_0 = 20$$

代入上式，得

$$Y = \frac{I}{I-0.8}(40-0.8 \times 10+20)=260$$

而未徵課租稅時 $Y=300$

顯然由於一百億元總額稅之徵課，使所得水準由原來之三千億元降至二千六百億元，即減少了四百億元。一百億元的租稅，竟使所得水準降低了四百億元，顯然這裏面也表現了乘數作用，而且其乘數作用與財政支出的乘數作用相反，為負數，此一乘數，可稱為租稅乘數。關於租稅乘數的大小，吾人可依以下方式計算。因為未課總額稅時，決定所得水準的公式為

$$Y = \frac{1}{1-b}(a+I_0)$$

而徵課租稅後，所得發生變化，令 ΔY 表所得的增加量，則

$$Y + \Delta Y = \frac{1}{1-b}(a-bT_0+I_0)$$

以上二式相減，得

$$\Delta Y = \frac{-b}{1-b} \times T_0$$

設以 K_T 表租稅乘數，則

$$K_T = \frac{-b}{1-b}$$

其符號為負數，其數值亦決定於邊際消費傾向 b，設 b 等於 0.8，則

$$K_T = -\frac{0.8}{1-0.8} = -4$$

以上數字之例中，租稅收入為一百億元，所得水準降低了四百億元，即租稅乘數為負 4 也。

三、保持預算平衡的乘數

由以上對政府財政支出的分析，則財政支出乘數爲

$$K_G = \frac{1}{1-b} \tag{23-11}$$

而總額稅的乘數則爲

$$K_T = -\frac{b}{1-b} \tag{23-12}$$

由這兩個乘數的關係，若干經濟學家認爲，如果政府維持預算的平衡，而同時增加財政支出與租稅收入，則所得水準亦將變化而發生乘數現象，不過此時的乘數將等於一，均衡所得將按政府所增加的財政支出或租稅收入作相同數量的變化。即財政支出與租稅增加時，所得作同一數量的增加，而財政支出與租稅減少時，所得亦作同一數量的減少。因此政府爲促成所得作一定數量的變動，可同時以增加財政支出與租稅收入的手段達成之，而此一乘數即稱爲保持預算平衡的乘數。其所以如此者，吾人不難由以下之說明瞭解。設平衡預算的乘數爲 K_B，則

$$K_B = K_G + K_T = \frac{1}{1-b} + \left(-\frac{b}{1-b}\right) = 1 \tag{23-13}$$

再以數字說明之。設沒有財政支出與租稅時，所得水準之決定模型爲

$$Y = C + I$$
$$C = 40 + 0.8Y$$
$$I = 20$$

則　　　$$Y = \frac{1}{1-0.8}(40+20) = 300$$

今設政府增加財政支出一百億元，同時並征課總額稅一百億元，其模型

變為下列形式

$$Y = C + I + G$$

$$C = 40 + 0.8(Y - T)$$

$$I = 20$$

$$G = 10$$

$$T = 10$$

則　　$$Y = \frac{1}{1 - 0.8}(40 - 0.8 \times 10 + 20 + 10)$$

$$= 5 \times 62 = 310$$

即所得水準為三千一百億元，比原來之三千億元增加一百億元，等於財政支出的數額，亦等於租稅收入的數額，故平衡預算的乘數為一。

當然平衡預算的乘數現象，僅有在征課總額稅時成立，若租稅為非總額稅，而隨所得水準變化，則此一理論將有所修正。

四、儲蓄與投資模型之修正

在均衡所得水準的決定模型中，吾人曾以儲蓄與投資的關係，說明所得水準的決定法則，即均衡所得水準決定於儲蓄等於投資的一點。現在吾人進一步考慮財政支出與租稅的作用，則此一模型應如何修正？顯然由所得的產生言，此時所得等於消費加投資，再加政府財政支出，即

$$Y = C + I + G \tag{23-14}$$

但由所得的處分言，所得不用於消費，即將之儲蓄，或以之付稅，故

$$Y = C + S + T \tag{23-15}$$

由以上二式，可看出 $I + G = S + T$，即均衡所得水準，決定於投資加政府支出，等於儲蓄加租稅的一點。圖 23-3 中，$I + G$ 為投資加政府支出

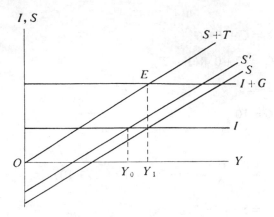

圖 **23-3** 修正的儲蓄與投資模型

函數，因吾人假定投資支出與政府支出均為自發性的支出，而為固定數值，故此一函數為平行於橫座標之直線，$S+T$ 則為儲蓄加租稅函數，因吾人假定租稅為一總額稅，故此一直線亦平行於 S 線，此二函數相交於 E 點，由 E 點知均衡所得水準為 Y_1。若政府財政支出與租稅額相等，則此一所得水準必較未有財政支出及未課租稅前之所得水準，增加一定數額，此一定數額即等於財政支出的數量。由圖 23-3 中，S' 為未有財政支出及未課租稅前之儲蓄函數，其與投資函數之交點所決定之所得水準為 Y_0，政府征課租稅後，因須繳納租稅，儲蓄函數由 S' 之位置下降至 S 之位置，加上租稅後，即移至 $S+T$ 之位置，此函數與 $I+G$ 函數之交點，即決定新的所得水準 Y_1，而 Y_1 與 Y_0 之差額 Y_0Y_1，即等於財政支出額或租稅額。

茲再應用第二十章所舉之數字為例，分別說明如下：

表 23-1　未有財政支出及租稅之情況

(單位: 十億元)

Y	C	S	I
50	80	−30	20
100	120	−20	20
150	160	−10	20
200	200	0	20
250	240	10	20
300	280	20	20
350	320	30	20
400	360	40	20

政府未有財政支出，亦未征課租稅，均衡所得水準爲三千億元。此時投資與儲蓄相等，均爲二百億元。

表 23-2　有財政支出及租稅之情況

(單位: 十億元)

Y	T	Y_D	C	S	I	G	S+T	I+G
60	10	50	80	−30	20	10	−20	30
110	10	100	120	−20	20	10	−10	30
160	10	150	160	−10	20	10	0	30
210	10	200	200	0	20	10	10	30
260	10	250	240	10	20	10	20	30
310	10	300	280	20	20	10	30	30
360	10	350	320	30	20	10	40	30
410	10	400	360	40	20	10	50	30

政府增加財政支出並征課租稅以後，雖然財政支出的數額與租稅相等，均為一百億元，但均衡所得水準已增加為三千一百億元，較原來水準增加一百億元，在此均衡所得水準下，儲蓄加租稅等於投資加政府支出。因為政府支出與租稅相等，故儲蓄仍等於投資，仍然各等於二百億元。

五、比例稅制的考慮

將租稅收入看成一固定的總額，而當作與所得水準無關，顯然與事實不符，因為現代租稅收入因為實施直接稅制的緣故，是隨所得水準的增加而增加的，同時直接稅中，又多採累進稅率，故租稅收入增加的比率常大於所得水準增加的比率。然而要在吾人的理論模型中，考慮此一複雜的現象，亦為本書之程度所不許。不得已，為折中起見，今假定租稅收入，除包含一固定收入外，尚包含一隨所得水準而比例變化的部分，亦即假定

$$T = T_0 + tY \tag{23-16}$$

T_0 表示一固定數額之租稅，t 則為邊際稅率。經如此修正後，均衡所得水準決定之模型將為何種形態？

為便於分析起見，仍假定政府財政支出為一固定數值，則吾人之模型可表示為下列形態

$$Y = C + I + G \tag{23-17}$$

$$C = a + bY_D \tag{23-18}$$

$$Y_D = Y - T \tag{23-19}$$

$$T = T_0 + tY \tag{23-20}$$

$$I = I_0 \tag{23-21}$$

$$G = G_0 \tag{23-22}$$

將 (23-18) 到 (23-22) 式代入 (23-17) 式，得

$$Y = a + b[Y - (T_0 + tY)] + I_0 + G_0$$

即　　　$$Y = \frac{1}{1 - b(1 - t)}(a + I_0 + G_0 - bT_0) \tag{23-23}$$

若以數字說明之，設

$$C = 40 + 0.8Y_D$$

$$T = 4 + 0.1Y$$

$$I_0 = 20$$

$$G_0 = 30$$

代入 (23-23) 式，得

$$Y = \frac{1}{1 - 0.8(1 - 0.1)}(40 + 20 + 30 - 0.8 \times 4)$$

$$= \frac{1}{1 - 0.72} \times 86.8 = 310$$

即所得水準為三千一百億元。此時

$$T = 4 + 0.1 \times 310 = 35$$

$$C = 40 + 0.8 \times (310 - 35) = 260$$

$$S = Y_D - C = 275 - 260 = 15$$

$$I_0 = 20$$

$$G_0 = 30$$

而　　　$$S + T = 15 + 35 = 50$$

$$I + G = 20 + 30 = 50$$

即　　　$$S + T = I + G$$

仍與吾人以上分析之結果一致，即均衡所得水準決定於儲蓄加租稅，等於投資加政府支出的一點。

但吾人須注意者，在此模型中，乘數發生變化，由公式（23-23），顯然可以看出，此時計算乘數之公式變爲

$$K_t = \frac{1}{1-b(1-t)} \qquad (23-24)$$

由前所假定之 b 及 t 之數值

$$K_T = \frac{1}{1-0.8(1-0.1)} = \frac{1}{1-0.72} = 3.57$$

比簡單乘數 $K = \dfrac{1}{1-0.8} = 5$ 爲小。因爲此時乘數不但決定於邊際消費傾向，而且受邊際納稅傾向，或稅率之影響也。

六、摘　要

在現代國家中，政府的財政活動對一國的經濟活動，會產生重大的影響，此影響表現於兩方面，一方面爲財政支出，另一方面則爲財政收入。政府的財政支出，非用於公共消費，卽用於公共投資，其對經濟的影響，與民間消費與民間投資相同，故亦爲社會有效需求因素之一，政府財政支出愈大，其他條件不變，所得水準將提高。另一方面，政府財政收入，現代大部分來之於租稅，社會大衆納稅愈多，則所剩餘的購買力愈少，其用於消費及投資的數量卽愈少，因此如政府財政收入增加，其他條件不變，社會有效需求將減少，所得水準將降低。其間的關係，吾人亦可用數學模型表示之。

政府如果保持預算之平衡，一方面增加財政支出，另一方面增加同額之財政收入，一般的也能出現乘數作用，但此一乘數作用較小，如果僅考慮邊際消費傾向，此乘數約等於一。此乘數稱爲預算平衡的乘數。

利用投資與儲蓄相等的分析法，說明均衡所得水準決定的法則時，

亦可考慮租稅與財政支出因素，在均衡時，投資加政府財政支出必須等
於儲蓄加政府租稅收入。

　　如果進一步考慮稅率變動的因素，則數學模型的結構將更爲複雜。

重 要 概 念 與 名 詞

財政支出與財政收入　　　　財政支出乘數

　租稅乘數　　　　　　　　　預算平衡的乘數

　邊際納稅傾向　　　　　　　比例稅與累進稅

第二十四章　國際貿易因素與所得水準

　　現代世界各國，不論其土地面積的大小，人口數量的多寡，以及經濟發展程度的先後，必然會與其他國家發生經濟關係，其最顯著者即貿易關係。任何一國由於天然資源的限制，以及生產技術的差異，必然會由其他國家輸入其所需要的商品及勞務，亦同時會向其他國家輸出其商品與勞務。在目前國際經濟關係極端複雜的情況下，除貿易關係外，尚有債權債務的關係。不過這種對外經濟關係對國民經濟的重要性，各國並不相同；有些國家，對國際貿易的依存性甚高，如英國、中華民國、荷蘭等國家是；而有些國家，對國際貿易的依存性不大，如美國是。以上各章，吾人分析均衡所得水準決定的法則時，係假定爲一閉鎖經濟，即不與其他國家發生經濟關係，顯然這一假定是不合事實的。如果吾人取消此一假定，則所得水準的決定法則，將如何修正？本章對此一問題，將予以討論。唯本章僅考慮貿易因素，對於複雜的債權債務關係，及國際資金的移動等問題，均不討論。只討論國際貿易因素與所得水準之間的關係。至於其他有關問題，則在有關國際貿易及滙兌等書中，有詳細的分析。

一、比較利益法則 (Law of Comparative Advantage) 與國際貿易

在討論到一國的對外貿易關係時，首先要解決的問題是，國與國之間何以會發生貿易關係？國與國之間的貿易關係，本質上與一國之內不同地區之間的貿易關係是一樣的。所不同的是，由於國與國之間有疆界存在，因此生產因素的移動性，尤其勞動的移動性受到嚴格的限制。同時不同國家之間，天賦的自然資源的條件可能不一樣，例如有些國家有廣大肥沃的土地，而且氣候亦適宜於農業生產，而其他的國家可能境內多屬沙漠不毛地區，氣候炎熱，但地底下則可能藏有豐富的石油。同時不同國家之間生產技術發展的程度亦不一樣，社會的愛好亦有差異；而且不同國家之間使用不同的貨幣，有不同的法律制度，並且對從事國外貿易有不同程度的限制。吾人如果考慮這種種因素，國與國之間何以會發生貿易關係？古典學派的學者，根據比較利益法則，認為不同國家在生產各種財貨時，由成本的觀點，其有利的程度並不一樣，有些國家適宜於生產農產品，有些國家則適宜於生產工業產品，在國與國之間發生貿易關係時，每一國家將輸出其在生產上享有比較利益的產品，亦即輸出相對成本比較低的產品，而進口比較利益比較低的產品，亦即進口在本國生產其相對成本比較高的產品。甚至某一國在生產任何產品時，其絕對利益均不如其他國家，但只要在生產結構上仍然有相對利益存在，仍然可以發生貿易關係。以一個簡單的譬喻說，如甲乙二人皆會打字與擦皮鞋，但甲每分鐘能打一百字，每天可以擦五十雙皮鞋，某乙每分鐘僅能打十個字，每天則能擦四十雙皮鞋，就絕對利益講，甲均比乙強，但就相對利益講，甲比較長於打字，乙則比較長於擦皮鞋，如兩人分工

合作，則甲必從事於打字工作，乙則必從事於擦皮鞋工作；乙的打字工作必定交於甲，而甲的擦皮鞋工作也一定交於乙。

　　爲說明比較利益法則，　吾人可設一簡單的數字的例子，　爲舉例說明，吾人假定僅有兩個國家 A 與 B，而每一個國家均只生產兩種產品 Q_1 及 Q_2；　每一個國家的自然資源及生產技術均假定不變；　在此兩個國家之間生產因素不能移動，但財貨則能自由移動；並且假定這兩個國家之間沒有關稅，運輸費用等對貿易所造成的限制，吾人亦暫不考慮滙率問題，而假定採用實物交換。因爲每個國家的自然資源及生產技術均爲固定，設 A 國比較有利於生產 Q_1，而比較不利於生產 Q_2，其兩種產品之間的邊際轉換率，固定的爲 1.5 比 1，卽要增加一單位 Q_2 的生產，必須放棄 1.5 單位的 Q_1，換言之此兩種財貨的價格之比必爲 1 比 1.5，卽如果 Q_1 每單位的價格爲 1 個貨幣單位，則 Q_2 的價格必爲 1.5 個貨幣單位。而 B 國則比較不利於生產 Q_1，而比較有利於生產 Q_2，其兩種產品之間的邊際轉換率爲 1 比 2，卽每增加 Q_2 一單位的生產，只要減少半個單位 Q_1 的生產卽可，換言之，此兩種財貨的價格之比必爲 2 比 1，卽如果 Q_1 的價格爲兩個貨幣單位，則 Q_2 的價格爲一個貨幣單位。假定在沒有貿易關係兩國均處於孤立狀態之下，每個國家均依據其社會對此兩種財貨的偏好而決定其產量，設 A 國生產 60 單位 Q_1，20 單位 Q_2，而 B 國則生產 20 單位 Q_1，40 單位 Q_2，兩國合計，共生產 80 單位 Q_1，60 單位 Q_2，如表 2ᵢ-1 所示。如果沒有國際貿易關係，則在 A 國國內，每 1.5 單位的 Q_1 可以交換 1 單位的 Q_2，而在 B 國則每 1 單位的 Q_1 可以交換 2 單位的 Q_2，如果兩國之間可以進行貿易，則站在 A 國的立場，如果能以低於 1.5 單位的 Q_1 交換到一單位的 Q_2，自爲其所歡迎，如此 A 國卽可減少 Q_2 的生產，而以其所省下的資源去生產 Q_1，然後再以 Q_1 與 B 國交換 Q_2，　最後其自然資源的數量不變，　但社會所能獲得的財貨

表 24-1

	A 國	*B* 國	總　計
Q_1	60	20	80
Q_2	20	40	60

數量會增加。*B* 國的情形亦然，如果以 2 單位的 Q_2 能交換到一單位以上的 Q_1，亦為其所歡迎，如此則 *B* 國可減少 Q_1 的生產，而以所省下的資源去增加 Q_2 的生產，然後再以 Q_2 與 *A* 國交換 Q_1，其自然資源的數量不變，但社會所能獲得的財貨數量會增加，因此如果此兩國之間有貿易關係發生，而 Q_1 與 Q_2 交換的比率能低於 1.5 比 1 而大於 1 比 2，則對兩國均將有利。今假定國際貿易發生後，此兩種財貨交換的比率為 1 比 1，即 1 單位的 Q_1，可以換 1 單位的 Q_2，於是 *A* 國放棄 Q_2 的生產，而將自然資源全部用於生產 Q_1，因為每減少 1 單位 Q_2 的生產，可以增加 1.5 單位 Q_1 的生產，減少 20 單位 Q_2 的生產，可以增加 30 單位的 Q_1 的生產。而 *B* 國則放棄 Q_1 的生產，而完全從事於 Q_2 的生產，因為每放棄 1 單位 Q_1 的生產，可增加 2 單位 Q_2 的生產，減少 20 單位 Q_1 的生產，便可增加 40 單位的生產。兩國合計，此時 Q_1 的生產量為 90 單位，Q_2 的生產量則為 80 單位，均比沒有貿易之前的數量為大。今假定 *A* 國以 25 單位的 Q_1 與 *B* 國交換 25 單位的 Q_2，交換以後兩國社會所享有的財貨數量如表 24-2 所示，此時不但兩種財貨的總產量增加，而且每一個國家每一種財貨的享用量都增加，顯然站在經濟福利的立場，兩國的經濟福利都告增加。至於兩國貿易發生以後，交換的比率，及交易的數量如何決定，尚須考慮其他因素，吾人可得可言者，就實物單位論，其交換的比率必低於 1.5 比 1，但必高於 1 比 2，至於交換的數

量，尚須看兩國市場的情況，社會的偏好，及運輸成本等。

表 24-2

	A國	B國	總　　計
Q_1	65	25	90
Q_2	25	55	80

　　當然上述數字的例子甚屬勉強，因為兩種財貨之間的邊際轉換率不可能是不變的，當兩種財貨生產量的組合改變時，其邊際轉換率亦將改變。同時貿易發生以後，任何一國不可能完全放棄某一種財貨的生產，而專門從事另一種財貨的生產，卽生產專業化在國際間不可能達到百分之百的完全的程度。任何一國可能增加其有比較利益的產品的生產，但對比較不利的財貨，並不是完全放棄而不生產，而是減少其產量。對於前一類產品，則以一部分供輸出，對於後一種產品，則輸入一部分。對於此一一般性的情況，吾人可用生產可能線的方法說明之。圖 24-1 代表 A 國的情況，ST 代表其生產可能線，由此線的形態，可看出 A 國較有利於 Q_1 的生產，較不利於 Q_2 的生產。圖中 I_1 及 I_2 表示社會對這兩種產品的無異曲線。在對外貿易關係沒有發生以前，爲使社會偏好能達到最高，依據生產可能線與某一社會無異曲線的切點，在圖形中卽 ST 曲線與 I_1 曲線的切點 E，決定兩種財貨的生產量，此時 Q_1 的生產量爲 ON_0，而 Q_2 的生產量則爲 OM_0，社會的消費量亦分別爲 ON_0 及 OM_0。通過 E 點的切線 P_A，爲生產者的總收益線，亦爲全體消費者的總支出線，其斜率代表此兩種財貨的價格之比，因斜率較小，顯然 Q_1 的價格較低。

　　其次圖 24-2 則代表 B 國的情況，UV 代表其生產可能線，而由此

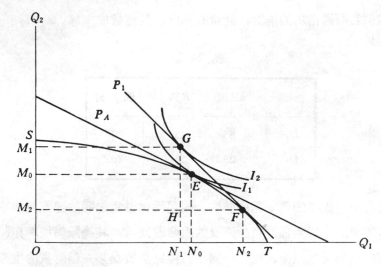

圖 **24-1**   *A*國的生產可能線與社會無異曲線

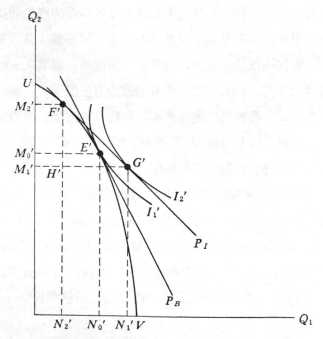

圖 **24-2**   *B*國的生產可能線與社會無異曲線

線的形態可看出 B 國對 Q_2 的生產比較有利。圖中 I_1' 及 I_2' 代表社會對此兩種產品的無異曲線。在對外貿易關係沒有發生以前，爲使社會能獲得最大的滿足，必根據生產可能線與最高的一根社會無異曲線的切點，以決定此兩種財貨的產量，此一切點卽生產可能線與 I_1' 的切點 E'，由 E' 點可看出此時 Q_1 的生產量爲 ON_0'，而 Q_2 的生產量則爲 OM_0'，社會對這兩種財貨的購買量亦分別爲 ON_0' 及 OM_0'。通過 E' 的切線 P_B，爲生產者的總收益線，亦爲社會全體消費者的總支出線，其斜率等於此兩種財貨價格之比，因此一切線斜率較高，故 Q_1 的價格較高。

　　由這兩個圖形的比較，可以看出由於這兩個國家，自然資源及生產技術的差異，在沒有貿易的情況下，因爲 A 國適宜於 Q_1 的生產，故 Q_1 的價格較低，社會所消費的 Q_1 的數量亦較多；而 B 國則適宜於 Q_2 的生產，故 Q_2 的價格較低，社會所消費的 Q_2 的數量亦較多。現假定兩國之間的貿易發生，因爲 Q_1 在 A 國較便宜，在 B 國較貴，故 A 國向 B 國輸出 Q_1；而 Q_2 在 B 國較便宜，而在 A 國則較貴，故 B 國向 A 國輸出 Q_2；換言之，A 國輸出 Q_1 而輸入 Q_2，B 國則輸出 Q_2 而輸入 Q_1。由於貿易發生，此兩種財貨的相對價格在兩國之間原來並不相等，現在則逐漸趨於相同，此一價格的比率，吾人在圖形中分別用切於 ST 及 UV 的切線 P_1 表示之，在此兩個圖形中，P_1 的斜率相等，不過在圖 24-1 中其斜率大於 P_A，因此時 Q_1 的價格相對提高，而在圖 24-2 中，其斜率則小於 P_B，因此時 Q_2 的相對價格提高。根據此新的相對價格，兩國間對此兩種財貨的生產量改變，同時兩國的消費者對此兩種財貨的需求量亦改變。吾人先看 A 國的情況。由圖 24-1，此時 P_1 與 ST 曲線切於 F 點，故 Q_1 的生產量由 ON_0 增加爲 ON_2，而 Q_2 的生產量則由 OM_0 降低到 OM_2，換言之，A 國增加了對他比較有利的財貨的生產，而減少了比較不利的財貨的生產。但 P_1 線却不與原來的社會無異曲線 I_1 相切，

而與一個更高的 I_2 曲線相切，可見在此一新的價格結構下，社會不但需求的結構改變，而且其滿足的程度也提高了。由新切點 G 可看出，社會對 Q_1 的需求量爲 ON_1，顯然比 ON_2 的生產量來得少，其差額 N_1N_2 必然用以輸出，而社會對 Q_2 的需求量則爲 OM_1，則比社會的生產量 OM_2 來得多，顯然其不足的數額必靠輸入。其次吾人再看 B 國的情形。由圖 24-2，此時 P_1 與 UV 曲線切於 F' 點，故 Q_1 的生產量由 ON_0' 減少爲 ON_2'，而 Q_2 的生產量則由 OM_0' 增加至 OM_2'，其結果與 A 國的情況相似，卽是貿易關係發生後，B 國也增加了比較有利的財貨的生產，而減少了比較不利的財貨的生產。其次 P_1 線也不與原來的社會無異曲線 I_1' 相切，而與一個更高的曲線 I_2' 相切，這也表示在新的價格結構下，社會需求的結構改變，同時其滿足的程度也提高。由新切點 G' 可看出，社會對 Q_1 的需求量由 ON_0' 增加爲 ON_1'，但比國內的生產量來得多，其差額 $N_1'N_2'$ 顯然必須靠由 A 國輸入，在只有兩個國家的簡單情況下，B 國所需進口的 Q_1 的數量 $N_1'N_2'$，必然等於 A 國所輸出的數量 N_1N_2，故圖 24-2 中的 $N_1'N_2'$ 必等於圖 24-1 中的 N_1N_2。另一方面 B 國消費者對 Q_2 的需求量則減少，由原來的 OM_0' 減少爲 OM_1'，而且也比較其新的生產量 OM_2' 來得少，其剩餘的數額 $M_1'M_2'$ 顯然是爲了供應輸出，在只有兩國的簡單的情況下，B 國 Q_2 的輸出量必等於 A 國對 Q_2 的輸入量，亦卽圖 24-2 中的 $M_1'M_2'$ 必等於圖 24-1 中的 M_1M_2。

由以上簡單的說明，我們可以瞭解所謂比較利益法則的意義。在只有兩個國家，每個國家僅生產兩種財貨，每個國家的自然資源及生產技術均不變，生產因素不能自由移動，但財貨可以自由移動，沒有任何對貿易關係的阻碍等的簡單模型中，貿易關係發生以後，每一個國家都將走上專業化的趨勢，卽多生產比較利益比較高的產品，而將其一部分輸出，少生產比較利益比較低的產品，而由其他國家輸入一部分。國際貿易發生以後，財貨的相對價格將發生變化，每一國社會消費結構亦將發生變化，並且社會福利可能增加。因此原則上國際貿易對參與貿易的國家均屬有利。

當然任何一國實際參與國際貿易的情況，遠較上述模型為複雜，其貿易的對手，決不止一個國家，財貨的種類亦決不止兩種，同時國與國間的貿易未必能完全自由，並且與貿易同時發生的，還有滙兌的問題，運費的問題等。對於這些問題，吾人目前暫不作進一步的分析。

二、輸出與所得水準

為便於說明起見，吾人先研究一國輸出與所得水準的關係。而研究輸出對所得的影響時，吾人更進一步假定該國並無任何輸入。

若一國的產品及勞務，為他國所需要，而產生輸出，此輸出對國內所得水準之影響如何？就經濟的觀點言，輸出表示其他國家對本國所生產的最後財貨的有效需求，因此其性質與作用與國內消費支出或投資支出同，尤其與投資支出相似，即等於是一種國外投資，而對國內的生產因素產生引申性的需求。因此輸出因素對國民所得水準的影響，同於國內投資支出所產生的影響。但一國輸出額之大小，往往決定於輸入國家，而不能由輸出國直接決定，因此輸出數額，往往視為自發性的因素，當作固定常數。

考慮輸出因素後，吾人的理論模型，將變為下列形態

$$Y = C + I + G + X \tag{24-1}$$

$$C = a + bY \tag{24-2}$$

$$I = I_0 \tag{24-3}$$

$$G = G_0 \tag{24-4}$$

$$X = X_0 \tag{24-5}$$

X 表示輸出，I_0, G_0 及 X_0 均爲固定常數，此一模型中，雖同時考慮政府財政支出因素，却未考慮租稅因素，吾人之目的，先在分析輸出對所得水準之影響，至於租稅因素，及輸入因素，在本章以後逐漸考慮。在以上模型中，若將 (24-2) 至 (24-5) 式代入 (24-1) 式而簡化之，則得

$$Y = \frac{1}{1-b}(a + I_0 + G_0 + X_0) \tag{24-6}$$

試以圖形說明之。圖 24-3 中，C, $C+I$, $C+I+G$ 等各線其意義與上一章同，分別表示消費支出，消費支出加投資支出，消費支出加投資支出加政府財政支出。而 $C+I+G+X$ 線，則表示在 $C+I+G$ 線上再加一輸出因素，因吾人假定輸出爲一固定常數，故 $C+I+G+X$ 線平行於 $C+I+G$ 線。如果沒有輸出因素，均衡所得水準顯然決定於 $C+I+G$ 線與 $45°$ 線的交點 E，由 E 知所得水準爲 Y_2。但增加輸出因素後，總合有效需求曲線上移至 $C+I+G+X$ 之位置，均衡所得水準乃決定於此一線與 $45°$ 線的交點 F，亦卽所得水準爲 Y_3，比 Y_2 爲高。

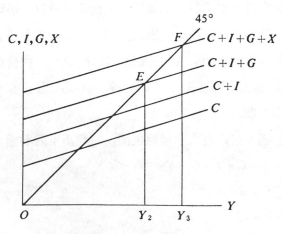

圖 24-3　包含輸出的均衡所得

試再以數字說明之，若如上章之例

$$C = 40 + 0.8Y$$

$$I_0 = 20$$

$$G_0 = 10$$

而　　　$$X_0 = 10$$

將其代入 (24-6) 式，則

$$Y = \frac{1}{1-0.8}(40+20+10+10) = 400$$

即增加輸出因素後，均衡所得水準增爲四千億元。

由圖 24-3 吾人並且可以看出，增加輸出因素以後，均衡所得水準的增加，即 Y_2Y_3，比輸出增加的數量爲大，此處顯然亦表現出乘數現象，其乘數之大小，吾人由 (24-6) 式亦可看出。因沒有輸出因素時，均衡所得水準爲

$$Y = \frac{1}{1-b}(a + I_0 + G_0) \qquad (24\text{-}7)$$

令 ΔY 表所得的增量，則增加輸出因素後，新的均衡所得水準爲

$$Y + \Delta Y = \frac{1}{1-b}(a + I_0 + G_0 + X_0) \qquad (24\text{-}8)$$

由 (24-8) 式減去 (24-7) 式，得

$$\Delta Y = \frac{1}{1-b} \cdot X_0$$

顯然，乘數爲

$$K_X = \frac{1}{1-b}$$

因　　　$$b = 0.8$$

故　　　$$K_X = \frac{1}{1-0.8} = 5$$

即未考慮租稅因素時，輸出乘數等於簡單乘數。就所舉數字之例，亦得驗證。

$$因 \quad Y = \frac{1}{1-0.8}(40+20+10) = 350$$

即未有輸出因素時， 均衡所得水準為三千五百億元， 今增加輸出因素後，

$$Y + \Delta Y = \frac{1}{1-0.8}(40+20+10+10) = 400$$

所得水準增至四千億元，即一百億元的輸出增加，會引起所得水準五百億元的增加，其乘數為五。

茲再進一步將租稅因素考慮後，對輸出乘數的影響，

設 $\quad Y = C + I + G + X$

而 $\quad C = a + bY_D$

$\quad\quad\quad Y_D = Y - T$

$\quad\quad\quad T = T_0 + tY$

$\quad\quad\quad I = I_0$

$\quad\quad\quad G = G_0$

$\quad\quad\quad X = X_0$

解之 $\quad Y = \dfrac{1}{1-b(1-t)}(a - bT_0 + I_0 + G_0 + X_0)$ \quad\quad (24-9)

由 (24-9) 式，則輸出乘數為 $K_X = \dfrac{1}{1-b(1-t)}$ 因受租稅因素的影響，較簡單乘數為低。試以數字說明之，設仍如上章之例

$$C = 40 + 0.8Y$$

$$Y_D = Y - T$$

$$T = 4 + 0.1Y$$

$$I = 20$$
$$G = 30$$
$$X = 10$$

未有輸出時

$$Y = \frac{1}{1 - 0.8(1 - 0.1)}(40 - 0.8 \times 4 + 20 + 30) = 310$$

增加輸出因素後

$$Y = \frac{1}{1 - 0.8(1 - 0.1)}(40 - 0.8 \times 4 + 20 + 30 + 10)$$

$$= 345.7$$

亦卽　　$$\Delta Y = \frac{1}{1 - 0.8(1 - 0.1)} \times 10 = \frac{1}{0.28} \times 10 = 35.7$$

輸出爲一百億元，而所得增加三百五十七億元，乘數爲三點五七，比簡單乘數之五爲小。而

$$K_X = \frac{1}{0.28} = 3.57$$

三、輸入因素的考慮

其次，吾人考慮輸入因素。若一國由他國輸入某種財貨與勞務，則對其所得水準，將發生何種影響？一國旣由他國輸入財貨，則其能用於購買本國產品以供消費之可支用所得，亦將減少，因而必影響其國內的消費支出。設以 M 表輸入，在一般情況下，輸入之大小，有賴於一國所得水準之高低，所得水準高時，購買的能力高，因而其輸入額大，反之，所得水準低，則購買能力小，因而其輸入額小，設

$$M = M_0 + mY$$

M_0 表一固定常數，不受所得水準的影響，可視為無論所得水準如何，而為必不可少的輸入額，m 表邊際輸入傾向，即所得每增加一單位，用於增加輸入的數額，亦即輸入的增加量對所得增加量的比值。考慮輸入因素後，吾人之模型如下：

$$Y = C + I + G + X \qquad (24\text{-}10)$$

$$C = a + bY_D \qquad (24\text{-}11)$$

$$Y_D = Y - T - M \qquad (24\text{-}12)$$

$$T = T_0 + tY \qquad (24\text{-}13)$$

$$M = M_0 + mY \qquad (24\text{-}14)$$

$$I = I_0 \qquad (24\text{-}15)$$

$$G = G_0 \qquad (24\text{-}16)$$

$$X = X_0 \qquad (24\text{-}17)$$

將 (24-11) 到 (24-17) 式代入 (24-10) 式，得

$$Y = \frac{1}{1 - b(1 - t - m)}(a - bT_0 - bM_0 + I_0 + G_0 + X_0)$$

$$(24\text{-}18)$$

以數字說明之，設

$$C = 40 + 0.8Y$$

$$T = 4 + 0.1Y$$

$$M = 5 + 0.05Y$$

$$I_0 = 20$$

$$G_0 = 30$$

$$X_0 = 20$$

代入 (24-18) 式，得

$$Y = \frac{1}{1-0.8(1-0.1-0.05)}(40-0.8\times4-0.8\times5$$

$$+20+30+20) = \frac{1}{1-0.68}\times102.8 = 321.25$$

卽所得水準當爲三千二百一十二億五千萬元。

由 (24-18) 式，亦可看出，考慮輸入因素後，乘數亦發生變化，其數值不但比簡單乘數爲小，亦比僅考慮租稅因素時的乘數爲小，因此時又須考慮邊際輸入傾向也。此一乘數公式爲

$$K_{TX} = \frac{1}{1-b(1-t-m)}$$

在以上所舉之數字之例中，$b=0.8$，$t=0.1$，$m=0.05$
代入上式，得

$$K_{TX} = \frac{1}{1-0.8(1-0.1-0.05)} = \frac{1}{1-0.68} = 3.125$$

而簡單乘數則爲

$$K = \frac{1}{1-b} = \frac{1}{1-0.8} = 5$$

僅考慮租稅因素的乘數則爲

$$K_T = \frac{1}{1-b(1-t)} = \frac{1}{1-0.72} = 3.57$$

由以上乘數之公式，同時可看出，乘數之大小與邊際消費傾向成正變，其他條件不變，凡邊際消費傾向愈高者，乘數愈大，邊際消費傾向愈小者，乘數愈小。而與邊際稅率與邊際輸入傾向則成反變，凡邊際稅率或邊際輸入傾向愈高者，乘數愈小，反之，凡邊際稅率或邊際輸入傾向愈小者，其乘數愈大。凡此諸種因素，在吾人研究經濟政策時，必須考慮及之。

四、儲蓄投資分析法的修正

在所得理論的模型中，吾人亦曾採用儲蓄投資分析法，說明均衡所得水準決定於投資與儲蓄相等的一點。若吾人進一步考慮政府財政支出，輸出，及租稅與輸入等因素後，此一模型，將發生何種變化? 此種變化，可以下列方式說明之。由所得發生的觀點言，所得等於消費支出加國內投資支出，加政府支出，再加輸出等因素，即

$$Y = C + I + G + X \qquad\qquad (24\text{-}19)$$

但由所得處分的觀點言，所得除用於消費外，必支出於輸入，納稅，而其剩餘即為儲蓄，故所得亦必等於消費支出，加儲蓄，加租稅及輸入，即

$$Y = C + S + T + M$$

由以上二式，在均衡狀態時，必然

$$I + G + X = S + T + M$$

以圖形表示之，則如圖 24-4 所示，I 及 S 分別表投資與儲蓄函數，其意義如前，如無其他任何因素存在，則均衡所得決定於 I 與 S 相交的一點，即 Y_1。若考慮政府財政支出與租稅因素，則均衡所得水準決定於 $I + G$ 線與 $S + T$ 線相交的一點，即 Y_2。若再進一步考慮輸出及輸入的因素，則均衡所得水準決定於 $I + G + X$ 線與 $S + T + M$ 線相交的一點，即 Y_3。以上節所舉之數字為例。考慮各項因素後，均衡所得水準為

$$Y = 321.25$$

在此一所得水準下，各因素之數值如下：

$$T = 4 + 0.1Y = 4 + 32.125 = 36.125$$
$$M = 5 + 0.05Y = 5 + 16.0625 = 21.0625$$

$C = 40 + 0.8(321.25 - 36.125 - 21.0625) = 251.25$

$S = 12.8125$

$I_0 = 20$

$G_0 = 30$

$X_0 = 20$

$I_0 + G_0 + X_0 = 20 + 30 + 20 = 70$

$S + T + M = 36.125 + 21.0625 + 12.8125 = 70$

$I + G + X = S + T + M$

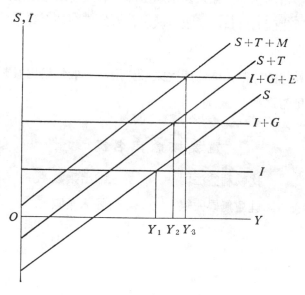

圖 **24-4** 修正的儲蓄投資分析法

五、摘　要

根據比較利益法則，國際貿易之所以會發生，乃由於各國自然資源的條件與生產技術有差異，在生產因素不能自由移動而產品可以自由移動的情況下，如無任何人爲的障碍，任何國家必從事於其比較利益較高的財貨的生產，而將其一部分輸出於國外，同時對於比較利益較低的財貨，則由國外進口一部分。由於比較利益法則，國際間可以進一步趨向於國際分工的途徑，而各種財貨的相對價格，在各國間亦可能逐漸趨於一致，同時每一國家的經濟福利亦可增加。

就均衡所得水準如何決定的立場，輸出代表國外對本國產品的有效需求，故輸出愈多，則本國的生產愈能增加，所得水準亦將因此而提高。輸入的影響則相反，輸入表示本國社會有效需求之漏出，故輸入愈多，對本國所生產的財貨，需求將減少，可能不利於本國之生產，因此將使所得水準降低。

輸出及輸入的變動，亦將產生乘數作用，一般的輸出乘數常爲正，而輸入乘數則常爲負。

重 要 概 念 與 名 詞

比較利益法則　　　　　輸出乘數

社會無異曲線　　　　　輸入乘數

第二十五章　貨幣因素的考慮
——貨幣的需求

一、何以要考慮貨幣因素

在以上各章所得理論模型的分析中，吾人並未考慮貨幣因素，而是假定物價水準固定不變，亦即以固定價值的貨幣，表示一切經濟變量的數值，因此貨幣因素僅是作為記帳單位而使用，在理論模型中便不須予以考慮。然而在現代複雜的貨幣經濟社會中，貨幣價值並非固定不變，貨幣因素的變化，隨時會影響其他經濟因素的變化，因而在所得理論的模型中，必須進一步考慮貨幣因素的作用，否則，此一理論模型尚不能稱為完整。

不僅此也，在所得模型的分析中，對構成社會總合有效需求的一個重要因素，即國內投資支出，吾人乃假定其為一自發性的因素，即為固定常數，並非由其他因素所決定，這一點顯然與事實不符。在第二十三章對投資函數的分析中，吾人已充分說明，投資支出決定於投資的邊際效率及利率。若投資的邊際效率不變，則投資支出決定於利率。影響投資的邊際效率的因素甚多，如技術的改進，人口因素的變化，消費傾向的變動，以及社會文化因素的變動等，這在第二十三章中已有扼要的說明。至於利率因素，則純屬貨幣現象，而決定並影響利率水準者，亦必當由貨幣因素的分析着手。由總體的觀點觀察，利率可視爲貨幣市場中現在的貨幣與將來的貨幣交換的價格。因而利率水準的決定，亦如一般價格現象，決定於貨幣的供給與需求。在所得模型中，爲說明所得水準的決定，吾人不能假定投資支出爲一固定數值，而必須說明投資支出如何決定，要說明投資支出如何決定，則不能不考慮利率因素，但是要考慮利率因素，則不能不分析貨幣市場貨幣的需求與供給。本章先討論對貨幣的需求。

二、貨幣的意義與功能

要說明社會大衆何以需要貨幣，首先要了解什麼是貨幣？貨幣有什麼功能？所謂貨幣，即是一種記帳的單位，交換的媒介，價值的標準，以及價值貯藏的工具，爲政府所制定而爲社會大衆所接受者。就貨幣作爲記帳的單位言，貨幣可能僅是一抽象的概念，而由法律規定一定的名稱，如元，鎊，馬克，法郎是。就其作爲交換的媒介，價值貯藏的工具言，它可能以一項具體的事物做爲代表，例如一張印刷精美的紙張，一塊鑄成一定形式而有一定重量的金屬，而吾人一般稱之爲鈔券或錢者。無論吾人以何種名稱稱之，以何種形式表示之，一般貨幣皆具有下列功能：

（一）**記帳的單位**　一切經濟活動，必須有一固定的計算單位，否則一切經濟活動，必感混亂，如生產過程中成本的計算即屬一例。而貨幣則是最方便的記帳單位。

（二）**交易的媒介**　若無一爲社會所共同接受的媒介，而行物物交換，必至感不便。不僅交換者難於找到一互有需求的對手，即能找到一適當之對手，其所願交換之數量亦未必一致。若有一共同接受的媒介，則交換者即可先以自己的財貨交換成貨幣，再以貨幣交換其所需的財貨，而物物交換制，即可變爲間接交換制，透過一媒介而交換，而貨幣即是一最良好之媒介。

（三）**價值的標準**　市場中各種財貨互相交換，必須有共同的標準，才能決定各財貨交換的比率，此一共同標準必須劃一而能爲社會大衆所普遍接受，而貨幣便是此一共同的價值標準，任何財貨皆可用一定的貨幣額表示其價值，然後財貨與財貨之間交換的比率即能決定。例如襯衣乙件，價一百元，而襪子乙雙，價二十元，則一件襯衣可以交換五雙襪子，其交換比率即 1 與 5 之比。如果沒有貨幣所代表的共同價值標準存在，則市場交換比率即將混亂，而一切經濟活動，即將萎縮。

（四）**價值儲藏的工具**　貨幣尚具有一最重要的功能或性質，即可以作爲價值儲藏的工具。因爲貨幣代表對一般財貨的支配能力，吾人保有貨幣，即保有對他種財貨的支配能力，隨時可以取得他種財貨，因此吾人對於目前不願動支的資產，常願換成貨幣形態而保有之，即貨幣可作爲價值儲藏的工具。其他種財貨，雖亦可充當價值儲藏的工具，但由於以下所述諸種理由，其條件均不如貨幣。

三、貨幣的種類

吾人日常使用的貨幣，可按不同的標準來分類，例如按構成貨幣的材料來分，可分爲紙幣及鑄幣，前者爲由紙張印刷而成，而後者則由金屬，如金銀銅鎳等鑄造而成。貨幣亦可按使用之數量是否受有法律的限制，而分爲無限法償與有限法償貨幣，前者使用的數量不受法律的限制，而後者使用的數量如超過一定數額時，法律規定對方可以拒絕接受。但此種分類，在現代經濟生活中，已無多大的重要性。以目前所普遍使用的貨幣而言，一般的可分爲兩大類，一類爲由政府或中央銀行所發行的鈔券，或稱通貨，另一類則爲建立於銀行存款之上的存款貨幣。

所謂鈔券，即是由一國財政部或中央銀行，依據貨幣法所發行的法定通貨，其名稱，單位，換算率，價値，及發行數量等，均由法律規定，例如我國的通貨，法定名稱爲圓，一圓分爲十角，一角分爲十分，採十進位，然而此種通貨目前實際並未發行，其代替者則爲由中央銀行授權臺灣銀行所發行的新臺幣，其名稱亦稱爲圓，一圓分爲十角，一角分爲十分。又如美國通貨稱爲元，每元合一百分。英國通貨稱爲鎊，每鎊原合二十先令，而每先令則合十二便士，但現已改爲一鎊合一百便士的十進率法。通貨按其幣材分，又可分爲紙幣及鑄幣兩種，紙幣爲由紙張所印刷，其面額常以基本貨幣單位的倍數表示之，例如五元紙幣，十元紙幣，五十元紙幣及百元紙幣是。有時爲便於在銀行間流通起見，常有更大面額之紙幣，例如美國市面流通之最高額紙幣爲百元鈔券，但另有五百元，一千元，五千元，……等更大額之鈔券，供銀行間流通之用，市面並不使用。而鑄幣則多爲輔幣，爲金屬所鑄造，其面額則往往不足一基本貨幣單位，或爲其二分之一，或爲其四分之一，五分之一，十分之一，以及百分之一是，以供零星交易所需。例如新臺幣現有五元，拾元鎳幣，伍拾元合金幣，一元銅幣。美元則有一元銀幣，半元銀幣，二十五分銀幣，十分銀幣，五分鎳幣及一分銅幣是。這種小額貨幣爲零星交易所必須，如果沒有，社會經濟生活必至感不便。但這種小額輔幣，因流通速率頗大，若以紙張印刷，不但成本太高，且極易損壞，極不合算，故各國皆以金屬鑄造之，以免磨損。同時由於現代社會生活之變爲自動化，機械化，輔幣除作爲交易之媒介外，尙成爲進行若干活動所必須之工具，例如撥公用電話，在自動販物機購買貨品，馬路邊停車之計時器之使用，均非鑄幣不辦。故鑄幣之使用已成爲現代經濟生活中不可少之要件，不僅是作爲貨幣使用而已。

所謂存款貨幣，卽以銀行支票存款爲基礎，所發生的貨幣化作用。通常吾人在銀行中存有活期存款，在需用貨幣時，卽可開發支票，通知銀行付款，但通常吾人常常不需要將支票持赴銀行交換現款後，再以現款支付，而僅以支票當作貨幣使用，如果社會信用制度良好，此一支票卽可成爲流通工具在社會中流通，與鈔券並無分別。如果交易的雙方，在銀行均有存款，則任何交易行爲，均不須使用鈔券支付，只須開發支票，由銀行在帳面上劃撥一下卽可。此種由活期存款貨幣化所表現的作用，卽存款貨幣，在現代經濟較進步國家，在全國貨幣中，存款貨幣在全部貨幣供給中所占的比例，遠比鈔券所占的比例大，而且經濟愈進步，其所占的比例愈大。至於存款貨幣與鈔券之間的關係究屬如何，吾人將於下一章討論貨幣的供給時再行研究。

四、貨幣的需求

吾人旣已明瞭貨幣的功能及性質，卽可以進一步分析吾人對貨幣何以有所需求。根據凱因斯的理論，認爲吾人之所以需要貨幣者，乃是由於貨幣具有高度的流動性 (liquidity)，因此可以滿足吾人的三種動機。爲了說明貨幣究竟可以滿足那三種動機，吾人首先須說明流動性一詞的意義。

所謂流動性，乃是指一項資產，在市場充分實現其價值時，所須時間的長短。若一項資產，在市場爲實現其全部價值，所需之時間甚短，則其流動性高，反之，若一資產在市場爲充分實現其價值，所需之時間甚長，則其流動性低。如以圖形的意義言之，圖 25-1 中，橫座標表示

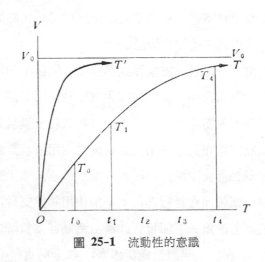

圖 25-1 流動性的意識

時間的延續，縱座標表示資產的價值。若一資產之充分價值為 V_0，其流動性之高低，即以此一充分價值實現時所須之時間以為斷。如圖 25-1 中，若像曲線 OT 所示，在市場中並不能立即實現其充分價值，例如當時間延續至 t_0 時，其價值僅能實現 t_0T_0，當時間延續至 t_1 時，其價值則能實現 t_1T_1，依此類推，而僅有當時間延續至 t_4 時，其所實現之價值逐漸近於其完全價值。反之，若另一資產，其充分價值亦為 V_0，然而在市場，能充分實現其價值所需之時間極短，當時間延續至 t_0 時，即能實現其充分價值，如 OT' 所示，則顯然後者之流動性高，而前一資產之流動性低。

在不同性質的資產中，其流動性的高低亦不一樣，吾人可按照其流動性的高低，列成一表，在其一端必為流動性極低的不動產，如土地房屋等是，在另一端則為流動性極高的貨幣，界於此兩者之間的，則為各種動產，有價證券等。對於不動產的房屋土地而論，其市場均屬地域性，並有其獨特性，市場亦不完全，任何人如欲將其不動產脫手變現，除非因意外而巧合，能遇到條件皆適合的買主，能立即成交，並獲得支付，否則必須經過若干時間，由經紀人之介紹，買主之考慮，買賣雙方之交涉，訂約，甚而登記，查詢，然後始能成交，其間所須經過之時間必定甚長。若當事人不耐久候，必須立即脫手，則唯有削價，亦即在短時間內僅能部分實現其價值，而不能完全實現其價值。至於各項動產，其情況則較不動產爲優，因爲動產，不論屬於耐久性貨物或非耐久性財貨，均可移動，其市場範圍亦較大，較完全，若當事人須脫手求現，經過相當時期，即能達到目的，因爲買者甚多，必容易找到承受之人而充分實現其價值。至於有價證券，若股票、債券等，其情況又較動產爲優，因證券不僅有完全的移動性，而且有極完全之市場，以供交易，當事人只須向證券經紀人表示出售意願，可在極短時間內脫手變現，其間只須經過一交易手續並支付若干手續費而已，其流動性又較動產爲高。不過有價證券尚須經過一交易手續，而貨幣則並此交易手續亦不須，他本身即隨時保持現金的形態，隨時可以支配，因此其流動性亦爲最完全，較任何其他資產爲高。

不過貨幣與其他的資產相比較，具有最完全的流動性，是其優點，但也有其缺點，因此使得吾人不願將所有資產完全以現金或貨幣的形態保存之，而是以各種流動性不同的資產，以一定的組合形式保存之。此一缺點，即貨幣不能生利，而其他資產則往往可以生利，即可以產生孳息，或產生資本利得，即其本身價值可能增加。例如，吾人保存不動產之土地或房屋，則可以由土地或房屋產生收入；保存動產之各項財貨，亦可以提供一項服務；保存有價證券，亦可以獲得利息收入。不僅此也，此數種資產，其市場價值，亦隨時能發生變化，當其價值上漲時，持有人即可獲得一項資本增值，當然，如其價值跌落，持有人亦會遭受損失。然而貨幣則無有此種能力。保有貨幣，不能生利，而且貨幣價值，固定不變，持有人不可能由其獲得資本增值。因爲這種原因，吾人僅願將一部分資產，以貨幣形式保存之，而吾人所以願意保存一部分貨幣者，主要是因爲貨幣有高度的流動性，能滿足吾人下列三種動機或目的。

五、保存貨幣的三種動機

貨幣因爲具有高度的流動性，所以能滿足吾人下列三種動機：

（一）交易的動機　在現代經濟社會中，吾人獲取所得時，前後兩次所得中間，往往間隔一定的時間，例如薪俸或工資的取得者，其所得往往一月支付一次，或半月支付一次。以利息、地租等爲所得來源者，則往往一個月，或三個月或半年取得一次。以利潤爲所得來源者，則往往半年，或一年才能取得一次。很少情況，所得是能連續取得的。但吾人的各項支出，却是經常會發生的，雖然在獲得所得的那幾天，支出的數字可能比較大些，但在兩次取得所得的期間，仍經常會有支出的需要。此經常的支出大部分爲日常的零星交易，因此爲應付此種零星交易的需要起見，不得不保留一部分貨幣，以備不時之需。如果吾人不保存貨幣而保存其他資產，如不動產、動產或有價證券，則當零星交易的事件發生時，必感極大的不便。例如可能爲了籌措每日所需的柴金，而不得不先將其所保存的不動產、動產、或有價證券，提出於有關的市場銷售，然後再以售賣所得，去支付各項支出，如果不幸而不能脫手，或找不到適當的買主，無法立刻變現，則買柴所需的零錢便也無法籌出，其麻煩與不便，顯然會使吾人無法忍受。但是若吾人能經常保留一部分貨幣在手中，便沒有這種麻煩。至於爲交易動機所需要保留現金的數量，就個人講，決定於其所得的數量，前後兩次所得中間相隔的時間，以及個人的消費傾向而定。大體如果個人所得水準甚高，消費傾向大，兩次所得中間所隔的時間長，則爲交易動機所需要保留的貨幣數量便多。反之，若個人所得水準低，消費傾向小，兩次所得中間所隔的時間短，則為交易動機所需要保留的貨幣數量便少。平均言之，個人所要保存貨幣的數量約為一所得期所擬支出貨幣額的一半。如以圖形表示之，在圖25-2 中，橫座標表示時間，吾人按所得支付期分成若干單位，設每一所得期所擬支出的貨幣額為 OE，如果個人沒有儲蓄，此一數額可能等於每期所得，假如個人儲蓄為正，亦可能小於每期所得，在每一期的開始，個人獲得所得後，必將此一支出額的貨幣保存於手中，隨時間之經過，保留於手中之貨幣逐漸減少，至期末則所保存之貨幣額降低到零。然而同時下一期的所得獲得，故於第二期的開始，為交易動機所要保存的貨幣額又增加到 OE，隨時間的經過，交易的發生，到期末時，又再度降低到零。如此每期所保存的貨幣數量的變化，便如圖 25-2 所示。由此圖可看出平均每日所保存的貨幣量為每一期支出額的一半。由此一圖形亦可看出，若所得額大，或所得期間長，則每天所要保留的平均貨幣數量便大；反之，若每期所得額低，或所得期間短，則平均每天所要保存的貨幣額便少。就全社會觀察，全社會為滿足交易動機所須保存的

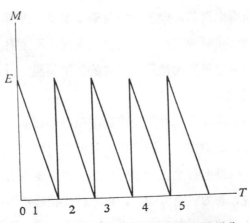

圖 25-2 為交易動機所保存貨幣額的變化

貨幣額，爲全體個人所保存的貨幣額的總和，亦視社會所得水準及平均所得期間而決定。如所得水準高，所得期間長，則爲交易動機所要保存的貨幣額多，反之，如所得水準低，所得期間短，則保存的貨幣額少。不過，就短期間觀察，由於社會的習慣與傳統，所得期間常固定，故大體言之，爲滿足交易動機，社會全體所要保存的貨幣額隨所得水準而決定，可視爲所得的函數。

（二）**預防的動機**　吾人生活於現代社會中，對於未來可能出現的事件，多是不能確定的。任何人都難免在將來可能會發生疾病、意外災害、失業、或年老退休，然而在什麼時候這些意外會發生，則任何人皆不能預測。當這些意外出現時，必然會發生意外的開支，這種意外的開支，　數額常可能很大，　而不可能以經常性的所得來支付，　因此爲了預防這種意外出現需要支付起見，平時常須保存有一部分貨幣以應意外之需，爲這一目的所保存的貨幣，即是爲了滿足預防的的動機。爲滿足預防動機所需保存的貨幣數量，　視個人所得水準的高低，　個人的特定情況，社會安全制度普及的程度等因素而決定之。就社會全體觀察亦屬如此。　如果所得水準高，　社會安全制度不普及，　則所需保存的貨幣額便大，反之，若所得水準低，或社會安全制度普及，則所需保存的貨幣額少。惟就短期觀察，社會安全制度的實施情況，不至有大的變化，故在短期中，社會爲滿足預防動機所需保存的貨幣額視所得水準而決定，亦可視爲所得的函數。

以上所述爲滿足交易動機與預防動機須保存貨幣，不僅個人如此，即一般廠商，亦有此需要。一般廠商，其所得的取得，亦是間歇性的，而非連續性的，但爲進行生產所須完成的支出則是有連續性與經常性的，如購買原料、動力、及勞動等，爲應付此種經常性的支出，不得不保留一部分貨幣。其次一般廠商在生產過程中，亦會發生不可預料的事件，如設備的意外損壞，市場情況的特變等而遭遇到意外的支出，爲應付此種需要，亦有保存一部分貨幣以資預防的必要。而廠商爲此兩種動機所保存的貨幣額，亦決定於其所得額的大小。因此就社會全體言，爲滿足此兩種動機所需要保存的貨幣額，吾人可稱之爲活動性的現金餘額 (active cash balance)。因爲無論個人或廠商保存此種現金餘額的目的，最後還是爲了支出，因此此一現金餘額將不斷在社會流轉，而其數量的大小，在短期內則決定於所得水準的高低，以函數形態表示之，可寫爲下列形態，即

$$L_1 = L_1(Y) \tag{25-1}$$

L_1 表示爲滿足交易動機及預防動機，對貨幣的需求額，Y 表所得水準，上式即表示對活動性現金餘額的需求決定於所得水準。

（三）**投機的動機**　除了爲滿足交易的動機與預防的動機需保存貨幣，因而對貨幣有所需求之外，另外尚有一種動機，亦須保存貨幣，此即投機的動機。所謂投機的動機，即吾人若能保存貨幣於隨時可以動支的狀態，則可以隨時利用市場可能出現的有利情況而從事交易，以獲取利益。如果當市場有利機會出現，而吾人缺少貨幣，則顯然對此瞬息即逝的機會，吾人不能利用，因而喪失獲利的機會。因爲在現代高度變動的經濟社會中，市場情況是隨時可以變化的，尤以證券市場具有極端的敏感性、人心的悲觀樂觀、政治局勢的演變、權力的推移、多頭空頭的操縱，在在均能影響證券的價格；而對未來市場情況的演變，各人的看法亦不盡相同，若部分人士預期證券價格下跌，而另部分人士則預期看漲，則前者賣出證券，而後者購進證券，如果未來市場所表現者確爲漲，則後者獲利；然而爲在市場能隨時利用這種機會起見，則不得不保存適當數量的貨幣，爲此目的所保存的貨幣即爲滿足投機的動機。爲滿足投機動機所保存的貨幣額，與所得水準，似無直接關係，而與利率水

準的關係較密切。一般的，若利率水準高，為此一目的所保存的貨幣額少，若利率水準低，則為此一目的所保存的貨幣額大。因為當利率水準高時，一般證券價格必低，利率水準目前旣已很高，則未來更高的可能性較小，而降低的可能性較大，亦卽就證券價格言，未來證券價格更低的可能性較小，而上漲之可能性較大，故此時寧願保存證券而不保存貨幣，故為投機目的所保存的貨幣額卽少。反之，若利率現已很低，則未來更低的可能性較小，而利率上漲的可能性較大；就證券價格言，證券價格已經很高，則未來更高的可能性較小，而價格下跌的可能性較大，因此此時皆不願保存證券，而願意保存貨幣。因為此時若保存證券，很可能由於利率的少量上漲，使證券價格下跌，不但使保存證券者，預期由證券所獲得的利息減少，亦且同時會產生資本價值的損失，因此此時當然多願意保存貨幣， 故對貨幣的需要大。 以函數的意義言之， 若以 L_2 表示為滿足投機動機所保存的貨幣量， i 表利率，則

$$L_2 = L_2(i) \tag{25-2}$$

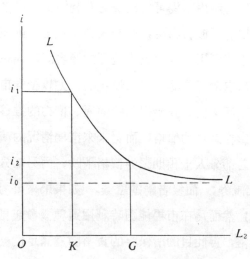

圖 25-3　為滿足投機動機對貨幣的需求曲線

即爲滿足投機動機對貨幣的需求，　爲利率的函數。　以圖形的意義表示之，如圖 25-3 中，橫座標表對貨幣的需求量，縱座標表利率，則 LL 曲線即爲爲滿足投機動機對貨幣的需求曲線，此曲線爲利率的減函數，即利率水準高時，對貨幣的需求量小，利率水準低時，對貨幣的需求量大。例如當利率水準爲 i_1 時，對貨幣的需求量爲 OK，而當利率水準降低爲 i_2 時，則對貨幣的需求量增加爲 OG。此曲線尚有一特性，即當利率水準降低到某一很低的水準時，　如 i_0，則對貨幣的需求，其彈性爲無限大，即此時社會不願保存證券，而願無限制的保存貨幣，不論社會此時的貨幣供給額爲若干，社會皆願意全部保存之。蓋爲避免因爲證券價格之下跌而遭受資本價值的損失也。

　　對於爲滿足投機動機所產生的對貨幣的需求，與爲滿足交易動機與預防動機對貨幣的需求，性質有所不同。爲滿足交易動機與預防動機所保存的貨幣額，　最終目的爲支用，　故吾人稱之爲活動性的現金餘額，而爲滿足投機動機所保存的貨幣，其着眼點是保持高度流動性的形態而不用，　以待有利機會的來臨，　故吾人可稱之爲閒置性的現金餘額 (idle cash balance)。合活動性的現金餘額與閒置性的現金餘額，構成社會對貨幣的全部需求，吾人可以函數形態表之如下：

$$L = L_1(Y) + L_2(i) \qquad\qquad (25\text{-}3)$$

即社會對貨幣的全部需求，等於活動性的現金餘額與閒置性的現金餘額之總和。而此一貨幣需求，則決定於社會所得水準與利率水準。

六、流動性偏好理論

　　由以上對貨幣需求的理論，吾人可進一步說明凱因斯流動性偏好理論，並由流動性偏好理論，分析貨幣因素與利率水準的關係。

　　凱因斯認為吾人對貨幣的需求，旣決定於所得水準與利率水準，則當所得水準一定時，吾人所欲保存貨幣的數量，便決定於利率水準，利率不啻是保存貨幣的機會成本，因保存貨幣便犧牲了保存其他可生利的流動性資產因而可以獲取收益的機會，此犧牲之大小，便可以用利率測定之，若利率高，則所引起之犧牲大，利率低，則所引起之損失少。旣然利率高時，保存貨幣所引起之損失大，則當利率水準高時，吾人所願保存之貨幣額便少，反之，當利率水準低時，保存貨幣所引起之損失少，故吾人所願保存之貨幣額多。因此若所得水準一定時，吾人可獲得一流動性偏好函數，以表示貨幣需求量與利率水準之關係，其函數形態為

$$L = L(i)$$

若以圖形表示之，則如圖 25-4 中所示。$Y_1 L$ 曲線則表示當所得水準為 Y_1 時，流動性偏好函數之形態，$Y_2 L$ 曲線，則表示當所得水準為 Y_2 時之流動性偏好函數，而 $Y_2 > Y_1$，同樣，$Y_3 L, Y_4 L$ 則表示當所得水準為 Y_3 及 Y_4 時，流動性偏好函數，而 $Y_4 > Y_3 > Y_2$。在某一所得水準之

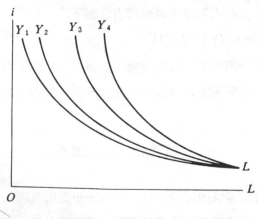

圖 25-4 流動性偏好函數

下，由流動性偏好函數，吾人可看出，隨利率水準之下降，則對貨幣之需求量增大，亦卽所欲保留之貨幣額多。

當然，對於某一定所得水準下的流動性偏好函數而言，由於利率以外的因素發生變化，亦可使流動性偏好函數的本身發生變化，此卽流動性偏好曲線本身發生移動。例如在圖 25-5 中，L_1L_1 曲線爲所得水準爲 Y_1 時，原來的流動性偏好曲線，而 $L_1'L_1'$ 曲線則爲所得水準不變，而利率以外的其他因素發生變動，新的流動性偏好曲線。由此一圖形，當流動性偏好曲線未變時，假如利率水準爲 i_1，貨幣的需求量則爲 OM，但是當流動性偏好曲線變動以後，則當利率水準爲 i_1 時，對貨幣的需求額則爲 OM'，大於 OM，在這種情況下，吾人稱流動性偏好提高，反之，則稱爲流動性偏好降低。

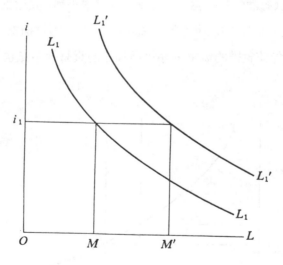

圖 **25-5**　流動性偏好函數的移動

旣然貨幣具有充分的流動性，能滿足吾人交易、預防及投機的三種動機，則爲了使吾人願意犧牲此一流動性所提供的便利而將貨幣貸放於

他人，則必須予吾人以適當之補償，此補償卽利息，因此所謂利息，卽
使得吾人願意放棄貨幣的流動性所支付的補償也。利息之高低，由利率
水準決定。而利率水準的高低，除了決定於貨幣的需求因素以外，尚須
決定於貨幣的供給因素。關於貨幣的供給因素，吾人留待下章討論，在
本章中，吾人假定貨幣的供給量爲固定。對於此一固定的貨幣供給量，
利率水準必決定於貨幣的需求曲線卽流動性偏好曲線與貨幣的供給曲線
的交點， 亦卽決定於貨幣的供給量與需求量相等的一點， 此可以用圖
25-6 說明之。圖 25-6 中 *LL* 線，乃假定所得水準爲一定時之貨幣需求
曲線，而*MM*則爲固定的貨幣供給曲線，此二曲線的交點 *E*，卽決定社
會的利率水準爲 i_0，因爲利率水準爲 i_0 時，貨幣的需求量等於貨幣供
給量，均爲 *OM*。因此換言之，利率水準決定於能使社會大衆願意保存
全部的貨幣供給額的那一點。今設貨幣的需求不變，貨幣的供給額增加，
由 *OM* 增至 *OM'*，則利率水準必將下降至 i_1，因爲僅有當利率水準下
降至 i_1 時，能使貨幣的需求量等於增加了的貨幣供給量也。反之，若貨

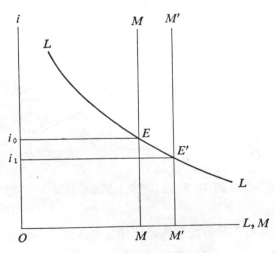

圖 **25-6** 均衡利率水準的決定

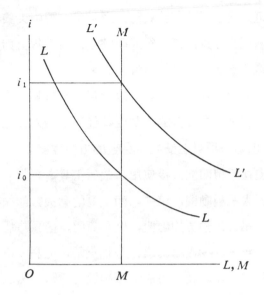

圖 25-7　流動性偏好的變動對利率的影響

幣的供給額減少，則利率水準卽將上漲。同樣，若貨幣的供給額不變，
而流動性偏好發生變化，亦能促使利率水準發生變化，如圖 25-7 中，
貨幣的供給曲線爲 MM，固定不變，LL 爲原來的流動性偏好曲線，此時
利率水準必爲 i_0，如果流動性偏好發生變化，流動性偏好曲線向上移動
至 $L'L'$ 的位置，表示流動性偏好增加，此時若貨幣的供給量不變，利率
水準必將上漲至 i_1，因唯有利率上漲，才能使社會大衆滿足於原來的貨
幣供給額也，亦才能使不變的貨幣供給額能與貨幣的需求額相等也。

七、摘　　要

　　所謂貨幣，是一種記帳的單位，交換的媒介，價值的標準，以及價
值貯藏的工具，爲政府所制定而爲社會大衆所接受者。吾人日常所使用
的貨幣，按其所使用的材料來分，可分爲紙幣及鑄幣；按發行或創造的

主體來分，則可分為通貨及存款貨幣；通貨是一國中央銀行或財政部，依據貨幣法所發行的通貨，如鈔券或硬幣是；存款貨幣則是以銀行活期存款為基礎，簽發支票，當作貨幣流通。

在現代經濟社會，社會大眾之所以願意持有貨幣，或對貨幣有所需要，主要是由於貨幣具有高度的流動性，能滿足吾人三種不同的動機。所謂流動性，即是一項資產變換為現金的方便程度，因為貨幣即是現金，不需經過變換手續即能直接使用，故貨幣具有絕對的流動性。這種流動性能滿足吾人三種動機，第一，即交易的動機，即保存貨幣，能充日常交易之需。第二，預防的動機，保存貨幣，能預防意外事件發生時所引起的支用。第三，投機的動機，保存貨幣，能利用市場隨時出現的有利機會，以獲得利益。為滿足前兩種動機對貨幣的需求量，一般是所得的函數，而滿足第三種動機對貨幣的需求量，則是利率的函數。因此若社會的所得水準不變，則全社會對貨幣的需求函數便是利率水準的函數。若吾人已知貨幣的供給量，依據流動性偏好理論，即可決定社會利率水準。一般的，利率水準決定於貨幣的需求量等於貨幣的供給量的一點。

重 要 概 念 與 名 詞

貨幣	流動性
通貨與存款貨幣	交易動機
記帳單位	預防動機
交易媒介	投機動機
價值標準	活動現金餘額
價值貯藏工具	閒置現金餘額
流動性偏好函數	貨幣的供給

第二十六章　貨幣的供給

在上一章中，吾人依據流動性偏好理論，說明由貨幣的供給與需求，以決定利率水準。而爲了便於說明起見，吾人假定貨幣的供給額爲固定，則依據流動性偏好函數，卽貨幣的需求函數，可以決定利率水準。但貨幣的供給額並非固定不變，因此爲了說明利率水準如何決定與變化，並從而影響所得水準，吾人須進一步說明，貨幣的供給額如何決定，並且如何會發生變化，本章卽研究決定貨幣供給的因素。

在上章說明貨幣的意義與種類時，吾人已指出貨幣的種類，主要包含兩大類，卽通貨與存款貨幣，通貨卽一般所謂的紙幣與鑄幣，因此貨幣的供給額，卽決定於通貨發行額與存款貨幣的數額。在現代世界各國，除極少的例外，通貨均由一國的中央銀行所發行，而存款貨幣則由一般商業銀行所決定，因此爲說明貨幣供給額的決定因素，首須對一般銀行制度及其功能予以簡單說明。

一、現代銀行制度

所謂銀行，卽以創造信用並供給信用爲其主要業務的機構，銀行亦如其他企業，以營利爲目的，但銀行所供給與出售的並非是有形的財貨，而是無形的勞務，卽是所謂信用。銀行按其職能與業務範圍，一般可分爲四大類，卽中央銀行、政府銀行、商業銀行與特種銀行。其各自的性質可簡單說明如下：

（一）**中央銀行**　中央銀行，通常亦稱爲銀行的銀行，因其營業對象，不是一般社會大衆，而是一般金融機構，亦卽是以其他銀行爲其業務對象。因此中央銀行的主要職能，乃是發行通貨，保管國際準備，制定並執行一國貨幣政策，有時並管制外滙，代理國庫，在國際間作爲本國政府之財務代理人等。中央銀行，在目前世界各國，多已成爲國家銀行，爲國家所有而成爲政府機構之一部分。卽原來並非爲國家銀行而爲私營銀行者，亦均逐漸收歸國營，如英國之英格蘭銀行是。或原來並無中央銀行，亦因事實所需，而先後成立者，如美國之聯邦準備銀行是。我國中央銀行成立於民國十三年，最初設於廣州，北伐成功後，總行設於上海，各省則設分支行。抗戰時期，總行隨政府遷重慶，抗戰勝利後，又遷回上海。三十八年因中共叛亂，總行遷來臺北。中央銀行自遷來臺灣以後，因情勢特殊，並未營業，直至民國五十年七月一日，始爲配合經濟建設的需要，重行復業。如今總行設於臺北，並無其他分支機構，而總行業務範圍，則如復業方案所列，爲發行通貨、代理國庫、管理外滙、調度金融。惟關於發行通貨部分，目前則授權臺灣銀行，發行新臺幣，而未發行正式國幣。

（二）**政府銀行**　由各級地方政府所設立之銀行，過去在大陸時期，各省多有省銀行之設置，作爲調度全省金融之機構，且可代理省庫，目前則有臺灣省之臺灣銀行，及臺北市、高雄市之臺北市銀行及高雄市銀行。臺灣銀行且由中央銀行授權發行貨幣。

（三）**商業銀行**　所謂商業銀行卽普通銀行，而以營利爲目的者。

商業銀行的一般業務範圍，通常以接受存款，經營放款等授受信用業務，及滙兌並其他種信用的服務爲主。商業銀行爲供應工商業以資金起見，其信用之融通均以短期信用爲主。在接受存款方面，則以活期存款及定期存款爲主。而對儲蓄存款，則按特別規定辦理。商業銀行爲服務社會起見，除總行外，常普遍設立分行。目前臺灣之商業銀行，則有彰化商業銀行、華南商業銀行、第一商業銀行、華僑銀行、上海商業銀行、世華銀行及新成立的民營銀行等二十餘家。

（四）**特種銀行**　所謂特種銀行，即其業務範圍經特別規定，或從事特定業務之銀行。如以接受儲蓄存款爲主之儲蓄銀行，以促進進出口貿易爲主之輸出入銀行，以經營外滙爲主之外滙銀行，以融通長期工業資金爲主之實業銀行，以融通農業資金或土地資金爲主之農業銀行或土地銀行是。我國之中國國際商業銀行，即爲進出口銀行，交通銀行即爲實業銀行，臺灣土地銀行及中國農民銀行即爲農業及土地銀行。不過現在以上所列各銀行之業務，除從事其特定業務外，亦多同時兼營普通商業銀行之業務。除以上所列舉之特種銀行外，若合作金庫、中小企業銀行，亦可視作特種銀行。而在本國設立分行之外國銀行，亦可列入特種銀行，因其呈准設立時，多規定其經營特定之業務也。目前在臺之外國銀行計有美國、泰國、日本、菲律賓、西德、法國、英國、荷蘭、加拿大、新加坡、香港等外商銀行等 32 家。

二、通貨的發行

吾人日常所使用的鈔券或通貨，在大多數的情況下，均由一國中央銀行所發行，在少數情況下，亦有由一國財政部所發行者。例如美國，其貨幣由美國聯邦準備銀行所發行，稱爲聯邦準備銀行券；在英國，則由英格蘭銀行所發行。但在美國，其一元面額的鈔券，則由財政部發行，稱爲銀庫券，因其以白銀爲發行準備。至於我國的貨幣，在民國三十年以前，由好幾家銀行發行，主要者爲中央銀行、中國銀行、交通銀行、及中國農民銀行，民國三十年後，始集中由中央銀行發行。大陸淪陷後，政府遷來臺灣，因情況特殊，中央銀行不再發行鈔券，而授權臺灣銀行發行新臺幣。嚴格言之，新臺幣爲地方貨幣，非國幣，其發行權乃是由中央銀行按照法律授權臺灣銀行發行者。將來大陸統一以後，通用於全國之貨幣，理論上仍將由中央銀行集中並統一發行，以建立健全的發行制度。

　　一國鈔券，無論是由中央銀行或是由財政部發行，其發行數量，均須有一定的限制，否則濫事發行，必將引起通貨膨脹、物價上漲的危機。各國對通貨的發行，一般採用兩種制度，卽準備發行制，與限額發行制。所謂準備發行制，卽中央銀行發行通貨，須有一定數額的資產作爲發行準備，充作發行準備的資產，主要者爲黃金，其次則爲政府的公債或其他有價證券。例如美鈔的發行，須有百分之二十五的黃金作爲發行準備，其餘百分之七十五則爲政府證券。在這種制度下，通貨發行的數量，隨中央銀行所保有的資產數量而變化。例如若中央銀行所保有之黃金數量增加，則通貨發行的數量，亦可增加，反之，若中央銀行所保有之黃金減少，則通貨發行之數量亦將減少。至於黃金以外的其他資產的變化，對貨幣發行數量的影響亦同。至於目前各國以黃金爲發行準備的制度，仍是過去實行金本位時的遺跡。在金本位制之下，或則使用金幣，或則雖不使用金幣，但鈔券的持有人，隨時可向發行銀行請求兌換金幣或黃金，因此中央銀行或發行機關保存黃金以之作爲準備，有其實質上的重要性。然而目前世界各國，已不再採行舊式之金本位制，因此鈔券持有人已不能向發行銀行請求兌換黃金，事實上若干國家，已將黃金收歸國有，故黃金準備之有無，已無實質上的重要性。但各國之所以仍採用黃金以爲發行準備者，乃是由長久習慣所產生之心理上之惰性，一時尚不易消除，而不得不仍以黃金爲象徵，維持社會大衆對通貨的信任。

所謂限額發行制，亦可稱管理發行制，即政府規定，銀行發行通貨，不須以一定數量的黃金或其他資產作爲準備，而是對通貨的發行規定一定的數量，不得超過一最高額，或對發行數量，並無最高額的限制，得隨時視經濟的需要而適時調整之。由純理論言之，通貨代表發行銀行的一種負債，其所以被社會大衆所接受，乃源於法律之規定，及社會大衆對發行銀行之信任，因此通貨發行原無須以一定資產爲準備。限額發行制，因不受資產準備的限制，對發行數量具有充分的彈性，能適應經濟的需要而隨時調整之，自較準備發行制爲優。不過這種發行制度，要能充分發揮其優點，當然仍須其他條件與之配合，並非任何國家，或任何發行銀行皆能實行者。

至於我國目前新臺幣的發行，民國三十八年幣制改革之初，是採取的準備發行制，並配合以限額發行制。即新臺幣的發行以庫存黃金，及其他資產作爲十足的發行準備，同時規定新臺幣的發行額，最高爲二億元。最初對此最高發行額，尚能維持，但逐漸由於經濟發展之需要，及物價上漲之因素，二億元之限額，已不足應付對貨幣之需求，於是在限額以外，又增加限外發行，而限外發行之數額已遠超過限內發行數額之若干倍，而所謂限額發行，亦等於具文。不過二十餘年來，由於本省經濟發展速度甚快，生產迅速增加，工業飛速成長及國際貿易不斷擴張，對通貨之需求增加，因此通貨發行數量雖有增加，物價却維持相當穩定，因而對通貨限制發行數額已無必要，故現在對新臺幣之發行，已不再有限內限外之分，而能隨時視經濟之需要而調整之。

三、存款貨幣的創造及變化

構成貨幣供給的第二個因素是存款貨幣，而在全部貨幣供給中，存款貨幣的數量常比通貨的數量爲大，並且隨一國經濟發展的進步，及使用支票習慣的普遍，存款貨幣在貨幣供給中的重要性亦日增。存款貨幣主要透過銀行而發生，爲了解存款貨幣的供給，首先須了解存款貨幣如何產生，以及影響存款貨幣的因素爲何？

顧名思義，存款貨幣因存款而發生，必先有顧客向銀行存款，然後憑以簽發支票，以充交易之媒介，當持票人尙未向銀行兌換鈔券以前，此支票卽能充當貨幣之用，而成爲存款貨幣。支票本爲簽票人通知銀行付款的命令，但當持票人不立卽向銀行兌換，而以之作爲貨幣的代表，而予以運用，同時亦爲他人所願意接受時，其性質卽與一般之鈔券無異，能充作交換之媒介，及支付之工具。因爲使用支票比使用鈔券更具有若干項優點，例如携帶方便，面額可爲任意數值，隨時可以兌換等，因此在大額交易中更爲一般人所願意接受。當然支票必須以先有存款爲必要條件，如果沒有存款，卽不能簽發支票，卽無從形成存款貨幣。不過若僅以存款爲基礎所形成的存款貨幣，因爲每張支票的背後必須有一定的原始存款爲基礎，而原始存款必爲鈔券，如此鈔券進入銀行的庫房，支票在社會上流動，則所能創造的存款貨幣的數量，最多能等於原始存款的數額，而隨此存款貨幣的出現，必有同等數額的鈔券退出流通，這樣的存款貨幣對社會經濟，便沒有多大的意義與重要性了。而事實上由銀行制度所創造的存款貨幣遠超過原始存款若干倍，換言之，整個銀行界可以創造存款貨幣，這種創造存款貨幣的能力又是如何產生的呢？

　　吾人知道，當顧客將存款存入銀行後，不但定期存款、儲蓄存款，不會馬上提出，即活期存款，亦不會馬上提出，每一銀行，亦知道這種現象。不僅如此，站在銀行的立場，當某一顧客開發支票提出一部分存款時，亦常會有其他顧客，存進存款。因此在任何一時間內，如無特殊重大事故，存進的存款與被提去的存款，大體能保持適當的平衡。銀行除了保留一部分現金以應付經常性的提存之外，如果對於存進的現金，聽任其窖藏於庫中，而不予運用，則顯然為一不智之舉。因為銀行亦為一營利事業，其主要的業務，除存款外，尚有放款、投資、貼現等。尤其放款、投資、貼現等業務，是其營業收入的主要來源，而投資、放款等所需要的資金，一部分固可來之於銀行本身的資本，而大部分則來之於顧客的存款。因為顧客的存款存放於銀行中，本身並不能生利，而且如上所述，銀行為應付經常的提現，只要保留少量的現金即可，其庫存的大部分現金，均可維持不動。如此，站在銀行的立場，當然以運用此多餘的現金，以從事投資、放款、或貼現以生利為有利。而在銀行這種應用由存款所產生的現金以從事投資放款，透過銀行制度的功能，即能創造出若干倍的存款貨幣，而存款貨幣之主要來源，即由此發生。

　　銀行究竟至少須要保持多少現金，以應付經常的提現，才能一方面使風險減為最少，另一方面安全性為最高？這根據銀行本身的經驗，常能決定一最小的比例，即將全部存款的一定百分比保持為現金形態以應付提現需要，此一百分比所構成的準備，可稱為部分準備制。而在現代各國，這一存款準備率則多由政府規定一最小的百分比，故可稱為法定準備制。銀行只要按照法律所規定的準備率，保持定量的現金，其餘的部分，均可用於投資及放款之用。而由於此一存款準備率的作用，及銀行制度的功能，銀行界便能創造出為原始存款若干倍的存款貨幣來。

四、存款貨幣的乘數作用

為說明銀行創造存款貨幣的作用，吾人可舉例以說明之。吾人假定法定存款準備率為百分之二十，而全社會包含若干家銀行。並假定在開始時，有原始存款一百萬元存入於甲銀行。甲銀行收到此一百萬元後，依據法定存款準備率，必須保留二十萬元為現金形態，其餘的八十萬元，則可加以運用。假定甲銀行將此八十萬元充放款之用，則獲得此貸款者即獲得運用此八十萬元的權利，當然獲得此貸款的人，不會將此八十萬元立刻全部提出，或則仍存於甲銀行中，隨時以支票提取，或則將其移轉到平時往來較多的乙銀行，再隨時以支票提取，無論是仍然存放於甲銀行也好，還是移轉到其他銀行，就整個銀行界來看，則產生了第一次的引申性存款八十萬元。銀行獲得此引申性存款八十萬元後，仍將保留百分之二十即十六萬元，以充存款準備，其餘的六十四萬元，仍可加以運用。設此六十四萬元銀行仍然充放款或投資之用，於是社會上另一些人獲得此六十四萬元運用的權利。這些人亦不至立刻將其由銀行提出，亦必仍將其存於甲銀行，或乙銀行，或移轉至其他銀行，如此就整個銀行界來看，便產生了第二次的引申性存款六十四萬元。對於此六十四萬元的存款，銀行除保留百分之二十，即十二萬八千元充存款準備外，其餘的數額，仍可運用，於是又將產生第三次的引申性存款五十一萬二千元，依此類推，而有第四次，第五次……等引申性存款發生。當然由於存款準備率的關係，引申性存款的數額愈來愈小，經過相當時間後，便逐漸消失，但吾人若將全部引申性存款相加，則可能不是一很小的數額，設以 D 表全部引申性存款的總和，則

$$D = 80 + 80 \times (1 - 0.2) + 80 \times (1 - 0.2) \times (1 - 0.2) + \cdots\cdots$$

$$= 80 + 64 + 51.2 + \cdots\cdots = 400$$

即由於原始存款中八十萬元的運用，可以產生五倍的即四百萬元的引申性存款，若以 γ 表存款準備率，E 表扣除存款準備後的原始存款額，則

$$D = E + E(1 - \gamma) + E(1 - \gamma)^2 + \cdots\cdots$$

$$= E \times \frac{1}{\gamma} \tag{26-1}$$

上式中 $\frac{1}{\gamma}$ 稱爲存款貨幣的擴張乘數，在上例中，因 γ 等於 0.2，代入上式中，則

$$K_E = \frac{1}{\gamma} = \frac{1}{0.2} = 5$$

即存款貨幣的擴張乘數爲 5，即一元的原始存款淨額，可產生五元的引申性存款總額。

當然存款貨幣的乘數作用，須就全體銀行界觀察，才能發生，若就某單一銀行觀察，不至於出現，不過如果一社會僅有一商業銀行，同時此一商業銀行的分支行遍佈全社會，此一銀行及其分支行全體，當然亦構成一銀行界，亦可產生此一存款貨幣的乘數作用。同時在以上的例子中，吾人假定在每一次放款後，現金均未因放款事件而部分流出銀行，因此乘數作用能完全發生，然而事實上，在每一次放款後，爲應付小額交易行爲，多少總有一部分現金流出銀行而不再回來的，因此每次引申性存款不至像上例中那樣大，因而全部引申性存款額，便沒有乘數完全發生作用時那樣大。爲更近於事實起見，假定每次放款額中有百分之十的現金，流出銀行，吾人稱此百分之十爲現金流失率，則上例中第一次的引申性存款不是八十萬元，而是七十二萬元了，而第二次，第三次……等的引申性存款，當然亦比例減少，此時所發生的引申性存款總額

便等於

$$D = 80(1-0.1) + 80 \times (1-0.1)^2(1-0.2)$$
$$+ 80 \times (1-0.1)^3(1-0.2)^2 + \cdots\cdots$$
$$= 72 + 51.84 + 37.3248 + \cdots\cdots = 257.1\cdots\cdots$$

卽二百五十七萬一千餘元，此時的存款貨幣乘數為

$$K_E' = \frac{1-0.1}{1-(1-0.1)(1-0.2)} = \frac{0.9}{0.28} = 3.214$$

在一般情形下，若以 t 表現金流失率，則存款貨幣的乘數卽為

$$K_E' = \frac{1-t}{1-(1-t)(1-\gamma)} = \frac{1-t}{\gamma + t(1-\gamma)} \qquad (26\text{-}2)$$

五、影響存款貨幣的其他因素

由以上的說明，可知存款準備率及現金流失率影響存款貨幣的創造，由存款貨幣的乘數，則存款準備率愈高，現金流失率愈大，存款貨幣的乘數作用愈小，反之，若存款準備率愈小，現金流失率愈小，則存款貨幣的乘數作用愈大。在一般情形下，存款準備率常由一國的中央銀行予以規定，並隨時視經濟情況的需要而調整之。而現金流失率則決定於社會使用支票的習慣，及社會經濟發展的程度而定，中央銀行常無法直接影響之。中央銀行為影響存款貨幣的供給，常可透過變更存款準備率的方法達成之。

但中央銀行除了應用變更存款準備率的方法影響存款貨幣的供給外，尚有其他方法，可用來影響存款貨幣的供給，從而影響全部貨幣的供給額。此其他方法包括中央銀行的再貼現政策、公開市場活動、及對信用的直接管制等，此數種方法，卽構成中央銀行實施貨幣政策的主要

工具。

　　所謂再貼現政策，卽一般商業銀行由貼現業務所獲得之票據，在未到期前，若因急須現金，則可將之持向中央銀行，請求再貼現，而再貼現之利率，則由中央銀行規定並視金融市場之情況而隨時變更之。要了解中央銀行的再貼現政策如何影響存款貨幣的供給，首先須了解一般商業銀行貼現的內容。貼現亦爲一般商業銀行的業務之一，所謂貼現，卽顧客持有未到期之合格票據，如滙票、承兌票據等，而在票據到期前急需現款應用，則可將此合格票據，持向商業銀行，請求收購，銀行則可用現金收買此債權而保存之，等到期時，則可將此票據持向支付人請求支付。銀行收購此種票據，等於是一種投資，銀行爲取得此投資的利益，往往在付出的現金中先扣除票據到期前應付之利息，此利息占票據到期值的百分比，卽貼現率。商業銀行取得此項票據後，當然儘可能保存到票據到期以後收回本金，但是在到期以前，很可能商業銀行本身由於某種原因，急須現金，此時票據旣未到期，當然無法請求支付，其唯一的融通來源，當然只有中央銀行，因爲中央銀行爲銀行之銀行，爲信用的最後支持者。商業銀行若需現金而無法由他種方式取得時，卽可將其貼現所得之票據，持向中央銀行，請求再貼現。中央銀行之對商業銀行，亦如商業銀行之對其顧客，以現金交換商業銀行未到期之票據，商業銀行放棄票據取得現金，而中央銀行則獲得票據，放出現金，並保留此票據以待到期時收回本金，當然中央銀行在再貼現時，亦須預先扣除利息，不過其貼現率較一般商業銀行之貼現率爲低，如此商業銀行尙可賺取兩種貼現率之間的差額。中央銀行對商業銀行旣可經營再貼現業務，而再貼現率亦由中央銀行所規定並得予以變更，則中央銀行便可利用變更再貼現率的手段，以影響商業銀行對中央銀行的再貼現，從而影響存款貨幣的數量。若中央銀行認爲貨幣的供給額太多，有加以減少的必要時，則可提高再貼現率；再貼現率提高後，商業銀行一方面因爲利率差額的減少，降低了向中央銀行請求再貼現的興趣，爲保持其適當的現金準備，將不得不減少其投資或放款的數額。由前節的分析，投資與放款是產生存款貨幣的主要來源，投資與放款既經減少，透過乘數作用，存款貨幣的數量亦必然作若干倍的減少。另一方面再貼現率既經提高，商業銀行爲了維持現金準備的安全，其本身的貼現率亦將爲之提高，如此則其貼現業務必將減少，亦直接會減少存款的數額。反之，若中央銀行認爲貨幣的供給額太少，有予以增加的必要時，則可降低再貼現率；再貼現率降低後，商業銀行一方面由於利率差額的增加，向中央銀行請求再貼現的興趣將提高，從而對於放款或投資的意願亦將增加，投資及放款增加，則透過乘數作用，存款貨幣的數額將會增加。另一方面，由於再貼現率的降低，商業銀行由於取得資金較前方便，其本身的貼現率亦會降低，因而其貼現業務亦將爲之增加，直接亦會增加社會的存款貨幣數額。

其次所謂公開市場活動，即中央銀行透過證券市場，公開買賣政府所發行的證券，以影響社會的貨幣供給量。如果中央銀行向市場收購證券，則必然會放出現金，如此則商業銀行的現金準備可能增加，商業銀行既有超額準備，自可增加其放款或投資，透過乘數作用，社會存款貨幣的數額將會增加。反之，如果中央銀行賣出證券，則同時必由社會吸進現金，社會的現金數額減少，商業銀行的現金準備即可能感到不足，因此不得不減少放款或投資，而透過乘數作用，社會的存款貨幣的數額亦將爲之減少。因此中央銀行爲調節社會的貨幣供給額，即可透過公開市場活動，買賣證券，以達到目的。

中央銀行除採用變更存款準備率，再貼現政策，及公開市場活動等手段，以影響貨幣的供給以外，還可以採取其他手段，如信用的直接管制、外滙政策等。不過其作用與上述三種方式，甚爲相似，或有連帶關係，本處不再詳細說明。

六、 貨幣的供給

以上已說明通貨與存款貨幣的意義及存款貨幣的乘數作用，以下吾人將說明包括通貨與存款貨幣在內的貨幣供給額是如何決定的。爲說明此一問題，吾人首須了解貨幣供給額及準備貨幣的意義。

所謂貨幣供給額一般有狹義的及廣義的兩種定義，狹義的貨幣供給額一般的用 M_1 表示，它包含通貨淨額及存款貨幣兩項。所謂通貨淨額指銀行體系以外的流通於社會的通貨數額，通常由家計單位與廠商所持有。存款貨幣指支票存款及他種活期存款總額。M_1 因各國計算的習慣不同，亦有種種的差異，例如我國中央銀行計算狹義的貨幣供給額則有 M_{1A} 及 M_{1B} 之分，M_{1A} 包括通貨淨額，支票存款淨額及以存摺支取的活期存款。M_{1B} 則指 M_{1A} 加活期儲蓄存款。廣義的貨幣供給額一般的用 M_2 表示，指 M_1 再加定期儲蓄存款及其他定期存款。我國中央銀行所稱的 M_2，則指由 M_{1B} 加準貨幣，所謂準貨幣則指定期存款、定期儲蓄存款、可轉讓定期存單、外幣及外滙存款、金融債券淨額及中央銀行發行之儲蓄券淨額。

所謂準備貨幣與準貨幣不同，亦稱貨幣基礎，或稱強力貨幣。因一單位的準備貨幣常可創造若干單位的一般貨幣，準備貨幣一般指金融機構向中央銀行所提繳之存款準備金及金融機構以外各部門所持有的通貨。準備貨幣的數額通常能由一國的中央銀行所控制。設以 R 表準備貨幣數額，M 表貨幣供給額，R 與 M 之間的關係常可以用下列公式表示，即

$$M = KR \qquad (26\text{-}3)$$

式中 K 表貨幣乘數，即一單位的準備貨幣所能創造的貨幣數額，此一貨幣乘數雖常隨季節而變動，但通常都相當穩定。原則上吾人若能了解影響貨幣乘數的因素，由準備貨幣即能了解影響貨幣供給額的因素。此可由分析準備貨幣的功能開始。

準備貨幣既為一般金融機構依據存款準備率的規定，向中央銀行提繳的存款準備金，其中必然包含三部分，一是為活期存款所提繳的存款準備金，二是為儲蓄及定期存款所提繳的存款準備金，三是金融機構自己所保留的超額準備，故準備貨幣必等於此三項之和，即

$$R = r_D D + r_T T + E \qquad (26\text{-}4)$$

式中 r_D 表活期存款的準備率，D 表活期存款；r_T 表儲蓄及定期存款的準備率，T 表儲蓄及定期存款；E 表金融機構全體的超額準備。一般的，D、T 與 E 之間可能存在有某種關係，同樣的社會大眾所持有的通貨淨額 C 與社會大眾所持有的活期存款 D 之間亦有某種固定的關係，吾人假定

$$\frac{C}{D} = c \quad \frac{T}{D} = t \quad \frac{E}{D} = e \qquad (26\text{-}5)$$

c、t 及 e 分別表示通貨淨額對活期存款的比率，儲蓄及定期存款對活期存款的比率，銀行超額準備對活期存款的比率，從而

$$C = cD \quad T = tD \quad E = eD \qquad (26\text{-}6)$$

吾人將 (26-6) 代入 (26-4) 式，並整理之得

$$D = \frac{1}{r_D + r_T t + e} \cdot R \qquad (26\text{-}7)$$

而

$$C = cD = \frac{c}{r_D + r_T t + e} \cdot R \qquad (26\text{-}8)$$

吾人已知由狹義的貨幣供給額的定義，則

$$M = C + D \qquad (26\text{-}9)$$

將 (26-7)，(26-8) 代入 (26-9) 式，得

$$M = \frac{1-c}{r_D + r_T t + e} \cdot R \qquad (26\text{-}10)$$

由 (26-3) 與 (26-10) 比較，可看出

$$K = \frac{1-c}{r_D + r_T t + e} \qquad (26\text{-}11)$$

由 (26-11) 式可看出影響貨幣乘數的因素有 r_D、r_T、t、e 及 c，即各種存款準備率，儲蓄及定期存款對活期存款的比率，超額準備對活期存款的比率，及通貨淨額對活期存款的比率。由 (26-9) 及 (26-10) 更進一步可看出，中央銀行，一般金融機構及社會大衆都能影響貨幣供給額。中央銀行是透過對準備貨幣的控制及存款準備率的規定，影響貨幣供給額。一般金融機構是透過超額準備的持有對活期存款的比率影響貨幣供給額。社會大衆則透過持有通貨對活期存款的比率，及持有儲蓄及定期存款對持有活期存款的比率影響貨幣供給額。

　　上述的 c、t 與 e 均爲社會大衆及金融機構的行爲傾向，其數值並非固定不變，如果發生變化而其他因素不變，自會引起貨幣供給額的變化。能影響 c、t 及 e 的經濟變數，主要爲所得水準及市場利率水準。所得水準及利率水準的變化如何透過 c、t 及 e 的變化而影響貨幣供給額，吾人可簡單分析如下。

　　先就 c 論，這是社會大衆所持有的通貨對活期存款的比率，在一般國家對活期存款常不支付利息，或雖支付利息但利率甚低，而社會大衆所以要持有活期存款，主要不是爲了獲取利息，而是爲了支付的方便，因此影響此一比率的主要不是利率，而是所得水準。一般的當所得水準增高時，社會大衆將增加對通貨及活期存款的持有，但活期存款的增加

額將比持有通貨的增加額爲多， 故 c 之值將降低。 反之， 所得水準降低， c 之值將增高。

其次，社會大衆持有儲蓄及定期存款對活期存款的比率 t ，則不僅受所得水準的影響，亦受利率水準的影響。因爲儲蓄及定期存款爲一項資產，此項存款亦有一定的利率，存款人可獲取相當的收益。一般的當市場利率不變，而所得水準增高時，社會大衆儲蓄及定期存款的增加，將較活期存款的增加爲多，故 t 值將增大。如果所得水準不變而市場利率提高，則由於儲蓄及定期存款的利率不變，社會大衆將逐漸減少儲蓄及定期存款的持有額，而轉向其他儲蓄途徑，故 t 值將降低。如果市場利率水準降低而儲蓄及定期存款利率不變，則 t 值對增高。

最後，一般金融機構持有超額準備對所創造的活期存款的比率 e ，一般的與所得水準無關，但與其保持超額準備的機會成本有關，此機會成本即市場利率，因金融機構持有超額準備，卽犧牲了將其用於放款或投資所能獲得的收益。因此市場利率愈高，機會成本亦愈大，金融機構將減少其超額準備的數額， e 值將降低。反之， 市場利率降低， 則持有超額準備的機會成本小，金融機構可能增加其超額準備的數額， 故 e 值將增加。

綜合以上說明，吾人可看出貨幣供給額主要決定於這五個變數，卽準備貨幣 R 、存款準備率 r_D 及 r_T、所得水準 Y 、及利率水準 i ，用函數形態表示卽：

$$M^s = f(R, r_D, r_T, Y, i) \qquad (26\text{-}12)$$

並由 (26-10) 看出，若其他因素不變，準備貨幣增加，則貨幣供給額增加。存款準備率增加， 由於貨幣乘數的分母增大， 乘數降低， 故貨幣供給額減少。如果所得水準增加，則由於 c 降低， t 增高，貨幣乘數降低， 故貨幣供給額減少。 如果市場利率水準增高， 則由於 t 及 e 均降低，貨幣乘數增大，故貨幣供給額增加。反之，若其他因素不變，準備貨幣減少，貨幣供給額減少。存款準備率降低，貨幣供給額增加。所得水準降低，貨幣供給額增加。市場利率水準降低，貨幣供給額減少。

七、摘　　要

一國貨幣供給額的數量，與一國的銀行制度有關。所謂銀行，卽是以營利爲目的，以信用的授受爲主要業務的機構。銀行按其職能及業務範圍，一般可分爲中央銀行、政府銀行、商業銀行及特種銀行等幾類。吾人日常所使用的通貨或鈔券，在大多數的情況下，均由一國的中央銀行所發行。我國目前則由中央銀行暫時委託臺灣銀行發行。至於存款貨幣，則爲所有銀行所創造。一般的當銀行接受一定數額的原始存款以後，除按法律規定，保留一定比率的現金作付現準備之外，其餘的部分均可用於放款及投資，因而透過全體銀行體系，便能創造引申性的存款，而引申性的存款數額，可能是原始性存款數額的若干倍，此一現象，稱爲存款貨幣的乘數作用，而乘數的大小則主要決定於存款準備率之高低，以及社會使用現金與支票的習慣。此外中央銀行的公開市場活動、再貼現政策等，亦能影響存款貨幣的數量。

影響一國貨幣供給量的因素非常多，除了通貨發行額中央銀行尚有相當程度的控制能力外，其他存款貨幣的數量，則決定於全體銀行體系及社會大眾，亦決定於準備貨幣的數量，各種存款準備率，所得水準及市場利率水準等，因此，大體上可以認爲，貨幣的供給量主要是所得水準、市場利率水準、準備貨幣及存款準備率的函數。

重 要 概 念 與 名 詞

中央銀行　　　　　　存款貨幣的乘數作用

商業銀行　　　　　　存款準備率

特種銀行　　　　　　公開市場活動

發行準備　　　　　　再貼現政策

準備貨幣

貨幣的供給函數

第二十七章　經濟循環

　　以上各章對均衡所得水準的分析，僅討論均衡所得水準如何決定。至於均衡所得水準決定以後，是否每年都維持於同一水準？還是每年皆會發生變化？如果會發生變化，會是怎麼樣的一種變化？事實上，吾人翻閱各國有關的統計資料，所得水準不會維持於同一水準，因而一切經濟活動，也不會是固定不變的。所得水準及一般經濟活動的變化，大體上可分為兩種類型，一種是長期成長的趨勢，而另一種則是一種循環變動。前者表示一國所得水準、生產量、就業量等就長時期觀察，常按一定的百分比繼續增加，而後者則表示經濟上的各種變量，在長期成長趨勢中表現時高時低的波動狀態。本章將討論經濟循環現象，而經濟成長問題，則留待第三十二章討論。

一、經濟波動的類型

　　所謂經濟波動的現象，細分之，亦有若干種不同的類型。其較顯著者，則有下列數種：

　　（一）**季節變動**　所謂季節變動，即是受季節的自然因素或習俗因素的影響所發生的經濟活動的波動狀態。例如一年四季中氣候有冷熱之分，雨量有多少之別，故農業生產必隨季節而變化，在收穫期，產量特多，因而價格亦低，而在非收穫期，價格則高。而若干工業產品，則亦因季節之需要，而發生季節變化。例如紡織業在一年中有旺季淡季之分，飲料業、冷凍業則更隨氣溫之變化，而決定生產活動。同時由於配合年曆而有風俗習慣的成立，故一年之中往往有幾個固定的日期，在其前後形成經濟活動的季節性繁榮現象，而在其他時期，則表現得比較沉滯。例如我國社會，在每年端午、中秋及春節等三節之前，商場中例為旺季，銷售量增，物價高，而在其他時期，尤其夏季及春節後則為淡季。在西方國家亦有類似情形，例如在美國商場，亦以復活節、感恩節及聖誕節之前，尤其聖誕節，為商業上的旺季，銷售量增，至其他時期則為淡季。因季節性變動，時間短，且有一定的規律，吾人亦可予以事先的預計與準備，對整個經濟活動不會產生很大的影響，故吾人不擬加以進一步的研究。

（二）**小循環**（minor cycle）　所謂小循環，是平均二三年左右發生一次的經濟上的繁榮與停滯的波動現象。一個小循環常包含二三個季節性變動。在每一個小循環的繁榮時期，生產量增加，就業水準高，失業率降低，而在小循環的停滯時期，則生產量之增加趨緩，就業水準降低，而失業率則增加。至於小循環之發生原因，則多由於廠商對存貨變動之調整而引起。因由存貨量的變化，訂貨、生產到交貨，常有一定時間上的差距，此一差距的存在，使經濟活動的調整過程，表現出一種波動的現象，此波動即是小循環。

（三）**經濟循環**（business cycle）　所謂經濟循環或商業循環（trade cycle），日語譯為景氣變動。是平均由七年到十一年左右所發生的經濟體系的波動現象。此一波動現象由一八一五年到第二次世界大戰前的一九三九年，差不多每十年左右就會發生一次，但自第二次世界大戰到現在，由於各國政府對經濟活動的了解更深入，各種經濟政策的實施，更能適時而有效，故有二十年沒有發生過這種經濟循環的現象。不過有二十年沒有發生，並不能保證以後再不會發生，故仍有加以研究的必要，本章主要卽以研究經濟循環的內容爲主。

（四）**建築循環**（building cycle）　美國密契爾（Mitchell）教授，分析美國的建築活動，發現在建築活動中，亦出現一種比經濟循環爲期更長的一種波動現象，他稱此種波動爲建築循環，其時間約十五年至二十年爲一週期，平均約十七年半。這種建築循環，不僅存在於美國，在其他各國亦有。

（五）**不規則變動**　除以上四種有相當週期及幅度的波動外，尙有一種不規則變動，其出現的時間不一致，其表現的幅度不規律，其發生的原因，亦難於確認，因此吾人稱其爲不規則變動，或隨機變動。因有此種變動的存在，遂使得前述的四種變動，每一次出現皆有每一次的特色，而不會是同一現象的重複出現，亦因此種不規則變動的存在，使對經濟循環的研究，增加了甚多困難。

二、經濟循環的意義與狀態

所謂經濟循環，顧名思義，乃是社會經濟的發展，表現出一種周而復始的波動現象。事實上，社會經濟活動並不是靜止不變的，隨着時間的經過，一切經濟變量，均會表現出一種長期增加的趨勢；例如國民所得不斷提高，工業生產不斷增加，人口亦不斷成長。但是這種長期發展的趨勢，可能不是平穩的，有時經濟的活動，會超出於此一長期趨勢，而在另一時期，則又會低於此一長期趨勢。以圖形的意義來說明，例如

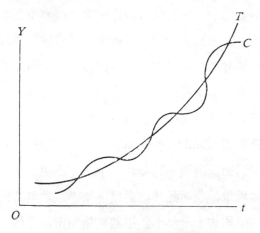

圖 27-1 長期趨勢與循環變動

圖 27-1 中，曲線 T 表示經濟活動的長期趨勢值的變化，而曲線 C 則表示實際的經濟活動環繞着此一長期趨勢值而作或上或下的波動，有時高於長期趨勢值，有時則又低於長期趨勢值。爲進一步說明經濟循環的意義起見，吾人可暫不顧長期趨勢值的變化，而截取一個循環週期，研究其狀態與性質。

圖 27-2 是消除長期趨勢值後，一個循環週期的形態，圖中水平直線 T，表示消除長期趨勢值後的發展過程，如果沒有經濟循環，經濟活動將依此一水平線前進，但實際上的經濟活動，則是依 $ABCDE$……等的過程前進的。其中 ABC 的一段在水平線以上，表示高出於趨勢值，而 CDE 的一段，則在水平線以下，表示低於趨勢值。由 A 經 B 到 C，再經 D 到 E，剛好完成一週期，由 E 點開始，便進入另一個週期。實際上因爲這是周而復始的波動現象，吾人無論就那一點，都可視作循環的開始。例如吾人若將 B 視作循環週期的開始，則到下一個最高點 F 時便完成一個循環週期， 由 F 點再開始另一個循環 。 同時吾人亦可由 C 開始，或由 D 點開始，均無不可。究竟選擇那一點爲起點，不過是爲了說

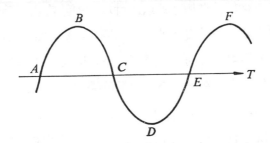

圖 **27-2**　消除趨勢值後的經濟循環

明的方便而已。

　　設吾人由 A 點開始，常可將一個經濟循環，分為若干個階段。而分階段的方法，由於學者之間所取的標準不同，而有不同的分法。有些學者，重視由增加向減少，及由減少向增加變動的轉捩點，亦即圖形上的最高點 B 與最低點 D 作為分階段的標準，美國經濟學者密契爾即是採取此一方式。而另一些學者則重視由低於均衡向高於均衡，或由高於均衡向低於均衡的變化，亦即以圖形中的 A, C, E 等點作為分階段的標準。此兩種分階段的標準，皆各有其特色，究竟採用那一種分法，則全視各人的方便而定。本文則將採取第二種分階段的方法。

　　在圖 27-2 中，由 A 到 B 的一段可稱為繁榮期 (prosperity)，由 B 到 C 的一段可稱為衰退期 (recession)，而 C 到 D 的一段可稱為蕭條期 (depression)，而由 D 到 E 的一段則可稱為復甦期 (recovery)，各時期中，經濟活動的主要特質，可簡單說明如下：

　　（一）**繁榮期**　繁榮期乃承續上一復甦期而來，在復甦期中由於社會有效需求的增加，社會生產活動不斷提高，同時社會中充滿一種樂觀氣氛，因此消費與投資活動亦因而擴張。待進入到繁榮期後，這種趨勢更為顯著。生產者因為所生產的財貨銷路增加，利潤提高，因此更促成其投資活動的增加，一般批發商及零售商，由於銷售量的增加，存貨逐漸減少，為補充存貨並增加存貨以應付增加的銷售量，乃向生產者增加訂貨，因而使生產者的投資活動更為活躍。由於投資活動及社會消費的增加，勞動的就業水準提高，失業率降低，國民所得增加，因而更促成社會有效需求的提高。在這一不斷增長的過程中，一般物價水準，由於有效需求的提高，亦開始上漲。同時由於對勞動等各種生產因素的需求增加，可能促成工資及利率水準的上漲。不過工資水準及利率雖上漲，企業家的利潤不但不會減少，可能還會增加，因為工資及利率等成本因素的增加，時間上常落在物價上漲之後，因此企業家在成本上的增加，不但能由產品價格的上漲而獲得補償，且能使利潤提高。在物價上漲的過程中，各種財貨價格上漲的幅度並不一致，通常一般消費必需品的價格，比較穩定，上漲的幅度較小，而中間性財貨，生產設備等，價格上漲的幅度會較大，至於一般原料品，或農礦生產的初級產品，其價格上漲的幅度可能最大。在繁榮期中，因為每一經濟個體的預期皆能達成，社會樂觀氣氛助長更高的樂觀氣氛，因而使各項經濟活動更趨活躍，在這一增長的過程中，很可能到達充分就業的狀態，甚而造成超充分就業的狀態，即是社會上凡希望獲得工作機會的人皆能獲得就業的機會，甚至各項職業上待補充的空缺比求職的人還多，因而形成事求人的現象。可是這種長期繁榮的景氣，不可能長久維持，因為社會生產能量的增加率，受社會現有生產設備的限制，有其一定的最大限度，當這一極限到達時，經濟擴張的速度必將被迫降低，而透過加速現象，經濟擴張的速度一經降低，必然會由擴張立刻變為緊縮。不但此也，一旦社會各項投資活動，逐漸完成，產品逐漸出現時，市場的供給增加，物價上漲的趨勢可能遏止，而產品滯銷的現象可能發生。無論是那一種因素出現，均足以使企業家的利潤降低。因此在這種背景下，很可能由於一項偶然因素，使社會心理，由樂觀立刻轉變為悲觀，產生經濟上的一種危機，亦因此而使社會經濟由繁榮期而轉入衰退期。

（二）**衰退期**　衰退期之出現，通常緊隨着經濟上的一項危機以後，由於此項危機的出現，使社會心理由樂觀立刻變為悲觀。這項危機很可能是由於證券市場的風潮，或某一知名企業的倒閉，或其他難以預測的因素，不過危機旣經產生，衰退期即將出現。此時由於企業家一般對企業前途抱悲觀心理，同時由於商品的銷路減少，利潤降低，故投資活動大為減少。同時生產事業為了清理債務，對資金的需求大增，促成利率水準的上漲。因為投資活動減少，生產降低，對勞動力的需求減少，就業水準將降低，社會失業人口將增加，而所得水準亦將減少。由於所得降低，失業增加，社會有效需求將萎縮，因而更促成投資活動的減少。在物價水準方面由於銷售量降低，生產者急於求現，一般物價將下跌，物價雖跌，但一般購買者因預期物價將更跌，往往延遲購買，因而促成物價的更跌，而使社會呈現出普遍生產過剩的現象。在生產者方面，因為物價降低，銷售量減少，利潤因此減少，生產者宣告減產，清理，或破產的事件增加。在批發商及零售商方面，因為銷售量減少，因而存貨增加，同時在繁榮期中所簽的訂單，此時亦紛紛完成，更使存貨為之增加，而不得不向生產者減少訂單，甚而停止訂貨，使生產者的生產活動更為之萎縮，而不得不緊縮生產，減少投資。在金融方面，由於政府的干預，利率水準可能已告下跌，可是由於企業家估計的投資的邊際效率已告降低，利率的降低並不能促成投資的增加，而社會經濟經過一段衰退期以後，即將進入蕭條期。

（三）**蕭條期**　隨衰退期的延長，社會悲觀心理，一時難於改變，社會投資活動繼續降低，甚而停頓，生產活動亦繼續萎縮，若干生產設備，甚至任其損耗而不予以更新或補充。物價繼續下跌，但各種商品價格下跌的幅度並不相同，一般的，消費必需品價格下跌的幅度較小，中間性財貨或生產設備等價格下跌的幅度較大，而一般原料品或初級產品，則因為投資的減少或停頓，價格下跌的幅度最大。在蕭條期中，失業的人口將繼續增加，而所得水準亦將逐漸降低。因為投資的減少，利率水準可能已降到最低點。批發商及零售商方面，因為向生產者的訂貨減少，其存貨亦可能逐漸減少。但不論是生產者，還是批發商及零售商，由於經濟活動的長期蕭條，利潤水準亦大量降低。同時，由於經濟的蕭條，更可能引起社會的不安，而引發起政治或其他社會事件。不過無論如何，此一蕭條時期，不可能無限延長，因為社會生產設備的損耗，終有到達需要補充更新的一天，生產者存貨的繼續減少，終有需要予以補充的一天，當這些需要出現時，經濟即將由蕭條期再行轉入復甦期。

（四）**復甦期**　在蕭條期中，因為投資活動的減少或停頓，以及生產者訂貨的減少，社會生產設備因為損耗及未能適當補充的關係，必將逐漸減少，一旦生產設備減少到不足以應付社會生產之需，則更新，或替換生產設備的需要即告發生。此一需要一旦出現，即增加了企業家投資的誘因。另一方面，在蕭條期中，由於訂貨的減少，存貨的數量必將逐漸減少，等存貨的數量減少到不足以應付經常的銷售時，則補充存貨的需要即產生，因而開始向生產者訂貨，此一因素的出現，亦促成企業家投資活動的增加。並且吾人已知，在蕭條期中，利率水準可能已降得很低，此時一方面由於投資需求的增加，一方面因為利率水準低，很容易促成投資活動的增加，投資活動一旦增加，對於各種生產因素的需求即告增加。因此，一方面就業水準不再下跌，很可能開始慢慢提高，另一方面物價水準，亦可能停止下跌，甚而止跌回升。因為就業水準的逐漸提高，所得水準亦將增加，連帶的由消費所形成的社會有效需求亦將增加。生產的增加及所得水準的提高，可能促使社會心理由悲觀逐漸變為樂觀。此一現象，既經出現，一定會帶有感染作用，同時透過加速現象，社會經濟必將逐漸上升，因而復甦期開始出現。不過在復甦期中，由於上一期蕭條的影響，爲使各方面能逐步調整起見，經濟擴張的速度不至於太快。社會的樂觀心理，亦須逐漸培養，而由於生產活動的增加，物價的止跌回漲，利潤的提高，以及就業水準的上升，此一社會樂觀心理，必將逐漸成熟，而經濟擴張的速度，亦必日漸提高。而此時，經濟亦將由復甦期再次進入到繁榮期，而所謂經濟循環的現象，也就完成了一個週期。

三、經濟循環的理論

由上段對經濟循環各階段的一般分析中，吾人知道在經濟繁榮時期，一切經濟活動皆表現得非常的活躍、進步，這種現象，雖爲吾人所歡迎，然而在蕭條時期，一切經濟活動，則又表現得非常萎縮、停滯，而失業人口之增加，所得水準之降低，更造成社會之痛苦，凡此皆爲吾人所亟欲避免者。由經濟發展的觀點著眼，最好能避免經濟循環的出現，但爲了避免經濟循環的發生，吾人首須了解經濟循環何以會發生？

關於經濟循環發生的原因，學者之間曾提出了多種解釋。其重要者如消費不足的理論，投資過多的理論，心理因素的理論，創新的理論等。每一種理論皆有若干位學者主張之，但各學者之間見解並不完全相同。對於這幾種理論，吾人只能就其最基本的概念，加以說明，其詳細的內容，必須參閱各學者自己的著作。

消費不足理論的主要觀念，是認爲現代的儲蓄傾向，及引導儲蓄走向投資的各種制度，不能產生足夠的消費支出，以吸收由投資所生產的大量新產品，因而使市場表現出生產過　　　　。消費不足理論，就另一個角度看，亦可稱爲儲蓄過多的理投資過多理論就其觀點分，又可以分爲貨幣性的投資過多理論及非貨幣性的投資過多理論。 貨幣性的投資過多理論， 認爲現代的信用制度，建立在部分準備制之上，因此往往容易使信用的擴張過度；在擴張的過程中，固然由於需求的刺激，容易引起經濟繁榮，但一旦因信用擴張過度，爲避免風險而緊縮信用時，市場便出現危機，而經濟衰退及蕭條現象，便難於避免。故這派學者將經濟循環的現象，歸咎於現代信用制度，因而認爲信用制度改革後，經濟循環即能消除。非貨幣性投資過多的理論，內容較爲抽象。這派學者認爲現代大量採用資本的生產，是一種迂廻性的 (roundabout) 並耗費時間的生產，但現代社會之所以願意採用這種生產方法，是由於這種生產方法的生產力高，而且愈是迂廻的耗費時間的生產方法，其生產力愈高。因此企業家只要可能，總是增加投資，以延長生產的時間，但是生產時間的延長，亦是以延遲消費品的出現時間爲代價的。如果企業家的投資過多，生產的時間被拉得過長，因而使消費品的供應不足，則社會經濟必將失調，此時不得不暫時減少投資，增加消費品的生產，以供應市場的需要。由於投資的減少，經濟便呈現萎縮與蕭條現象，因此這種蕭條與調整的原因，純然是因爲以前投資過多所引起的。

社會心理因素的理論，則認爲社會心理因素的變動，會造成經濟循環現象的出現。而社會心理是難於控制的，是表現於一種羣衆的心理因素； 如果多數人皆表現得樂觀， 則往往能使樂觀的預期獲得實現。 例如，若社會中多數人皆預期生產增加，所得提高，因而充滿樂觀氣氛，則由於多數人皆以此預期爲經濟活動的動力，社會生產便眞能增加，所得便眞會提高。 反之， 若社會中多數人皆預期生產會減少， 失業會增加，因而充滿悲觀氣氛，則由於多數人爲防止蕭條所造成的損失，因而減少生產，減少勞動的僱用，減少消費支出，如此便眞能引起經濟的蕭條。因而社會心理的變化，便能引起經濟循環的出現。不幸社會心理現象，也是樂觀與悲觀交互循環出現的，因此經濟循環現象便無法避免。

　　至於創新理論 (innovation theory)，則是熊彼德 (Schumpeter) 所提出的，這一理論，吾人在以前說明利潤的學說時，已提出過。熊氏以創新解釋利潤的成因。而在經濟循環現象方面，熊氏則以創新的叢集現象，解釋經濟循環的所以出現。熊氏以為創新現象，並不是連續出現，而是集中於一個短時間內出現的。因為創新不是任何人所能從事的，只有企業家能從事創新活動，但一旦創新出現時，模仿者必跟踪而至而大量出現，因此引起投資活動的大量增加，而這種投資活動，在現代社會則是透過銀行信用的擴張而進行；在銀行信用不斷擴張，投資活動不斷增加的過程中，由於投資的刺激，經濟必趨於繁榮。但等到投資逐漸完成，產品出現於市場以後，企業家必逐漸償還銀行的貸款，此時如果沒有另一項創新發生，則銀行信用必自動收縮，由於信用的收縮，經濟必由繁榮轉向蕭條。如前所述，創新活動不是連續的，而是集中於一起出現的，因此經濟循環現象必伴隨之而生。創新活動是動態社會特有的現象，除非在靜態社會，創新活動停止，則經濟循環現象，不再出現，否則仍是無法避免。

四、現代的經濟循環理論

　　以上所介紹的幾種學說，似乎均能就某一方面，對經濟循環產生的原因，有所解釋，然而均未能就全盤的觀點，予以綜合的說明。能提出綜合的說明者，則有待現代的經濟循環理論。

　　一個能為吾人接受的經濟循環理論，必須能說明或解釋兩點：第一，必須能說明現代經濟體系的本身，具有一種特殊的機能，能夠產生往復波動的循環現象。因為如果經濟體系的本身不具有這種機能，經濟循環現象是不會發生的。其次，必須能說明外力的衝擊是循環現象發生的充分條件。因為如果沒有外力的衝擊，循環現象一旦發生之後，必然會逐漸減少循環的幅度而趨於停止，重複出現的循環現象便不會發生。而現代經濟循環理論便能滿足這兩個條件。

在以上分析均衡所得水準的決定及投資理論的各章中，吾人已獲知乘數原理及加速原理的意義。所謂乘數原理是說明由於投資或其他自發性因素等的變化，可以引起所得水準的變化，而所得水準的變化數量，常是最初投資量或其他自發性因素變化的若干倍數。而所謂加速原理是說明當社會對最後財貨的需求發生變化時，如社會無閒置的生產設備存在，則常引起投資量的變化，而投資量變化的百分比，常比對最後財貨需求量變化的百分比為大。現代經濟循環理論，即是依據乘數原理及加速原理的交互作用，所建立的理論模型。為說明現代經濟循環的內容，吾人將採用以下的簡單數學模型，幫助吾人進行分析。

仍如過去一樣，吾人假定一閉鎖的經濟體系，即沒有對外關係，該社會的所得水準決定於消費、投資及政府支出，不過現在吾人對於每一經濟變量，皆認為隨時間而變化，即是時間的函數，因此

$$Y_t = C_t + I_t + G_t \qquad\qquad (27\text{--}1)$$

即當期所得，決定於當期消費、當期投資、及當期政府支出之和。每一符號下的附字 t ，即表示時間。吾人假定每期的消費支出決定於上期的所得水準，即當期所得，不能當期消費，而僅決定下期的消費額，即

$$C_t = a + bY_{t-1} \qquad\qquad (27\text{--}2)$$

附字中的 $t-1$ ， 即表示為前期的變量。 其次吾人假定投資支出決定於加速原理，即

$$I_t = I_0 + \beta(C_t - C_{t-1}) \qquad\qquad (27\text{--}3)$$

式中 $C_t - C_{t-1}$，表示當期消費超過上期消費之數額，β 表示加速因字，I_0 表示自發性投資。又吾人假定

$$G_t = G_0 \tag{27-4}$$

卽政府支出爲一固定常數，將 (27-2)，(27-3)，(2-4) 式代入 (27-1) 式，並將 (27-2) 式代入 (27-3) 式，吾人得下列方程式，卽

$$Y_t = b(1+\beta)Y_{t-1} - b\beta Y_{t-2} + (a + I_0 + G_0) \tag{27-5}$$

(27-5) 式吾人稱爲定差方程式，此式表示任何一期的所得水準，與前兩期的所得水準均有連帶關係。換言之，若吾人已知前兩期的所得水準，並且式中有關的係數及常數，吾人皆已知道，則由 (27-5) 式，可推計本期的所得水準。而本期所得水準決定之後，由本期及上期的所得水準，又可估計下期的所得水準，以後各期可依此類推。此一方程式所表示的結構，卽可能使吾人引申出所得水準循環變化的現象。

假定上式中，係數及有關常數等於下列數值

$$b = 0.5 \qquad\qquad \beta = 2$$
$$a = 40 \qquad I_0 = 20 \qquad G_0 = 20$$

代入 (27-5) 式化簡後，得

$$Y_t = 1.5Y_{t-1} - Y_{t-2} + 80 \tag{27-6}$$

如果各期所得均無變化，而維持均衡狀態，則吾人由 (27-6) 式可求出均衡所得水準，令均衡所得水準爲 Y_E，則

$$Y_{t-2} = Y_{t-1} = Y_t = Y_E$$

代入 (27-6) 式得

$$Y_E = 1.5Y_E - Y_E + 80$$

解之　　$Y_E = 160$

卽如果所得水準爲 160，而無任何外在因素的變化，所得水準將逐期維持於 160，而不會變化，因此亦無經濟循環的現象發生。現在吾人假定

第一期及第二期的所得水準均為 160，而第三期，由於新技術或新產品的出現，自發性投資由 20 增至 30，即 $\Delta I = 10$，並且繼續維持於此一水準，則以後各期的所得水準將如何？首先吾人計算新的均衡所得水準。

$$Y_E = 1.5Y_E - Y_E + 90 [= 80 + 10]$$

$$Y_E = 180$$

新的均衡所得水準為 180，但是此一新的所得水準，是否能立刻出現？還是要經過一番變化？吾人試依據第（2⁻-6）式，逐期計算各期的所得水準。

$$Y_1 = 160$$

$$Y_2 = 160$$

$$Y_3 = 1.5Y_2 - Y_1 + 90 = 1.5 \times 160 - 160 + 90 = 170$$

$$Y_4 = 1.5 \times 170 - 160 + 90 = 185$$

$$Y_5 = 1.5 \times 185 - 170 + 90 = 197.5$$

$$Y_6 = 1.5 \times 197.5 - 185 + 90 = 201.25$$

$$Y_7 = 1.5 \times 201.25 - 197.5 + 90 = 194.375$$

$$Y_8 = 1.5 \times 194.375 - 201.25 + 90 = 180.3125$$

$$Y_9 = 1.5 \times 180.3125 - 194.375 + 90 = 166.09375$$

$$Y_{10} = 1.5 \times 166.09375 - 180.3125 + 90 = 168.828125$$

$$Y_{11} = 1.5 \times 168.828125 - 166.09375 + 90 = 177.1484375$$

....

由以上的計算，知實際所得水準並未立刻達到新的均衡水準 180，而是環繞新的均衡所得上下波動，某幾期高於均衡所得，而另幾期則又低於均衡所得，而此種或高或低的波動，則又是交互發生的。如果吾人繼續計算下去，則可看出，這種所得波動的循環現象，大體上是依據相同的幅度與週期而變動，如果沒有其他外力的干擾，很可能這種波動，將一直繼續下去。

　　吾人若進一步分析，上例中的所得水準何以會大體上按固定週期、固定幅度而循環波動，則完全由於吾人對邊際消費傾向 b 及加速因子 β 賦以特定數值的緣故。在上例中，吾人假定 $b=0.5$，$\beta=2$，如果吾人假定其等於其他數值，很可能這種循環波動，會表現出另外的形態。對於不同數值的 b 及 β，所得變化的情形可能有下列數種：

　　（一）當 $b=0.5$，而 $\beta=0$ 時，則所得水準的變化，不會發生波動現象，而逐漸向新的均衡所得接近，如圖 27-3 所示，圖中橫座標表示時間，縱座標表示所得水準，Y_E 表示新的均衡所得水準，爲方便計，原來的均衡所得水準與橫座標相合。當自發性投資增加時，所得水準將如曲線所示者，逐漸接近於新的均衡所得水準，此曲線的形式本來是呈折線形態，茲爲方便計，表示成連續的曲線形態，但在基本的性質上，並無任何差異。

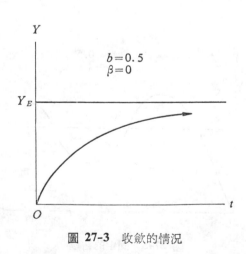

圖 27-3　收歛的情況

　　（二）當 $b=0.5$，而 $\beta=1$ 時，則所得水準即會產生波動現象，所得水準將在新的均衡所得水準上下波動，不過波動的幅度，愈來愈小，而逐漸併合於表示新均衡所得水準的直線，如圖 27-4 所示。在此一情況中，如無其他外力的干擾，循環波動的現象，將逐漸消失。

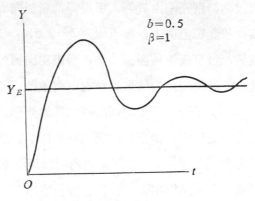

圖 27-4　遞減的循環

（三）當 $b=0.5$，而 $\beta=2$ 時，則所得水準的變化，將按固定的幅度波動，如吾人在以上數字之例中所示， 以圖形表示之， 則如圖 27-5 所示。

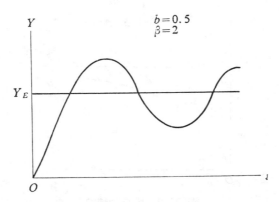

圖 27-5　固定的循環

（四）當 $b=0.6$，而 $\beta=2$ 時，則所得水準不僅會出現波動現象，而且波動的幅度將愈來愈大，如圖 27-6 所示。對於此種情況的出現，如無外來因素的干擾，必將引起不可想像的後果。

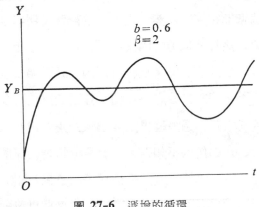

圖 27-6　遞增的循環

（五）當 $b=0.8$，而 $\beta=4$ 時，則所得水準不再出現波動現象，亦不會向新的均衡所得水準收歛，而是表現出一種急速增加的現象，而且其增加的速度愈來愈快，終而造成惡性的通貨膨脹現象，此可以圖 27-7 表示之。

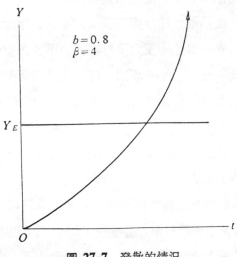

圖 27-7　發散的情況

由以上的分析，旣然對不同的邊際消費傾向及加速因子的數值，所得水準可能會表現出不同的變化形態，沒有理由可以肯定所得水準必定會按大體固定的週期在變動；然而由歷史的記載證明，過去所曾發生的經濟循環的現象，除長期趨勢的因素不計外，大體上確是按照固定的週期及固定的幅度而變動的，這又是什麼原因？是否過去世界主要國家，邊際消費傾向差不多等於二分之一，而加速因子亦差不多等於 2 ？由各項可能的統計資料顯示，過去世界主要國家的邊際消費傾向及加速因子遠較此二數爲大，然則何以不如吾人所曾經分析者，而產生惡性的通貨膨脹現象？反而次數出現較多者是經濟循環現象呢？關於這一點，英國經濟學者席克斯(J. R. Hicks)曾提出解釋。席克斯以波動上限(ceiling)及波動下限(floor)，說明實際所得的變化不會循惡性通貨膨脹的道路，而是按照循環波動的方式而變動。因爲依照席氏的解釋，實質所得水準的擴張，決不可能無限制的擴張，必須受到社會生產能量，勞動數量，生產設備所能增加的速度等因素的限制，這種種因素便構成所得擴張的上限。反之，所得水準亦不可能無限制的緊縮，必須受生產能量自然損耗的速度所限制，縱然社會總投資可爲零，而社會淨投資爲負數，但此淨投資的負數亦必有一自然的極大限存在，表示社會生產能量的自動減少，不可能大於此一極限，此一極限，卽構成實質所得緊縮的下限。由於此上限及下限的存在，實質所得水準不可能無限制的擴張，亦不可能無限制的緊縮，而必將在上限及下限之間作連續的循環變化。席克斯的理論，可用圖 27-8 表示之。圖中橫座標表示時間，縱座標表示所得，不過是以對數尺度表示之；EE 表示眞實所得水準增長的長期趨勢值，CC 則表示上限增長的長期趨勢值，而 FF 則表示下限增長的長期趨勢值。而所得水準的循環波動現象，將會按 $a，b，c，d$ 的變化過程而繼續出現。所得水準之所以會出現循環現象者，理由如下：設由 a 點開始，

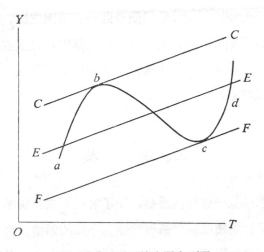

圖 **27-8**　循環的上限與下限

由於自發因素的變動，例如由於自發性投資的增加，所得水準將提高，
由於所得水準提高，透過乘數作用及加速現象，所得水準將繼續不斷提
高， 其增加的速度將比長期趨勢增加的速度爲快。 但當所得水準逐漸
接近於 b 時，此時社會生產能量已充分使用，投資財的增加亦到達一極
限， 當此極限一旦到達時， 則加速現象將消失， 而乘數現象將仍然存
在，唯乘數所表現的力量，已不足以維持所得水準仍按原速度而增加。
所得增加的速度一降低，則加速因子及乘數現象立刻會表現出相反的作
用，卽促使所得水準下降，於是所得水準由 b 向 c 移動，此時社會總投
資非常低，甚至可能爲零，淨投資則爲負數。但當所得水準降至 c 時，
因爲社會生產設備損耗殆盡， 此時爲維持最低的生產， 部分的生產設
備，必須更新或重置，不能再予延擱，於是由於這一情況的出現，投資
活動增加，淨投資變爲正數。投資活動一旦增加，則透過乘數現象及加
速原理，所得水準便將變降低爲上升，於是所得水準又由 c 而上升，如
此經過 d 而可能再重覆一次由 a 所開始的循環。席克斯由於此一上限及

下限的應用，不但能將循環波動局限於此一上下限之間，並且進一步能說明循環的上轉折點及下轉折點所以出現的原因，以及說明循環波動現象可能永遠存在的理由。此種理論構成現在經濟循環理論的基礎。因而吾人不可不予以注意。

五、摘　　要

　　一國所得水準及一般經濟活動，除了有長期成長趨勢外，尚有一種循環波動的現象。這種波動現象包括幾種不同的類型，例如受季節的自然因素或習俗因素的影響所表現的季節變動，受存貨變動影響所發生的平均二三年一次的小循環，平均七年到十一年一次的大循環，十五年到二十年爲一週期的建築循環，以及原因難於確認的不規則變動等。

　　就大循環或一般所謂的經濟循環而論，每一週期通常可以分爲四個階段，卽繁榮期，衰退期，蕭條期與復甦期。繁榮期及衰退期的經濟活動均在長期趨勢值以上，但一爲上升，一爲下降。蕭條期及復甦期則均在經濟活動的長期趨勢值以下，但一爲下降，一爲上升。

　　經濟循環現象何以會出現，過去學者曾提出了多種解釋，如消費不足理論，投資過多理論，心理因素理論及創新理論等。尤其熊彼德氏的創新理論，以創新現象的叢集，解釋經濟循環的成因，對早期資本主義經濟活動的特質，有相當深刻的了解。

　　現代的經濟循環理論，則建立在乘數原理與加速原理的交互作用之上，對於不同的邊際消費傾向，及不同的加速因子，根據此一模型，經濟體系可能表現出不同的循環形態，而席克斯則更以波動上限及波動下限，說明實際循環所能受到的限制，而不至於變爲惡性膨脹。

重 要 概 念 與 名 詞

季節變動	繁榮期
小循環	衰退期
經濟循環	蕭條期
建築循環	復甦期
不規則變動	定差方程式
長期趨勢	波動上限及波動下限
創新的叢集現象	

第二十八章　物價膨脹理論

　　從長期看，經濟現象除會出現循環變動外，物價水準也會出現持續上漲的現象，卽所謂物價膨脹。在我國歷史上每逢社會動亂或遭到長期的天災，物價水準便會長期持續上漲。在西方國家，自一四九二年發現美洲以後，歐美開始有商業交往，美洲的金銀流入歐洲，曾引起歐洲各國物價水準的長期上漲，爲解釋這種現象，英國學者休謨（David Hume, 1711-1776）於一七五〇年提出了貨幣數量學說，成爲最早的物價膨脹理論。在二十世紀七十年代以前，物價膨脹往往與經濟循環有密切的關係，亦卽經濟繁榮時，物價水準會上漲，失業率會下降。而在經濟蕭條時，失業率會上升，物價水準則較穩定。但自一九七三年爆發第一次世界性的石油危機以後，導致全球性的停滯性膨脹現象，一方面經濟停滯，失業增加，另一方面物價水準則大幅上漲。這種高失業率與高物價水準上漲率同時並存的現象，過去從未發生過，因而引起學者之間的困惑，紛紛對物價膨脹現象要尋求新的解釋。

　　物價水準長期間若緩慢的上漲，對經濟不致造成不利的影響，相反的，由於物價上漲的刺激，還可能使得生產者增加生產，以便賺取更多的利潤，這對於整個經濟毋寧是有利。但物價水準長期間如大幅度上漲，甚而形成惡性膨脹的現象，顯然除對少數投機者以外，對社會絕大多數人均屬不利，尤其對於固定收入者及債權人更屬不利，因隨物價的上漲，前者的實質收入愈來愈少，必將嚴重影響其正常生活。對後者則其債權名目未變，實質上卻日見減少，亦至為不公。因此現代各國都盡力避免物價膨脹現象之出現，一旦出現，則要採取適當的政策措施，將其消除。但無論是事前防止或事後補救，均需先要瞭解導致物價膨脹的原因何在。

根據上一章總供給與總需求的分析法，可看出物價水準是決定於總供給與總需求，顯然物價水準的變動也必定與總供給或總需求的變動有關。本章依據此一分析方法，簡單介紹幾種物價膨脹的理論。

一、貨幣數量說

傳統的經濟理論以及現代的貨幣學派（Monetarism）都認為物價膨脹純粹是一貨幣現象，物價水準之所以會上漲，是由於貨幣供給量增加，亦即以貨幣所表示的總需求太大，因而促成物價水準的上漲，此一理論即貨幣數量學說，亦可稱為貨幣需求的拉動理論。

貨幣數量說主要的有兩種形態，一是現金餘額方程式的貨幣數量說，另一種是交易方程式的貨幣數量說。前者以社會大眾持有現金的觀點從事分析，後者則以從事交易的觀點從事分析，其結論與前者相同，以下吾人將加以介紹。

根據現金餘額方程式的觀點，社會大眾為了交易的需要必須持有現金，貨幣市場的均衡條件為

$$M = KPO \tag{28-1}$$

式中 M 表貨幣供給量，由政府決定。K 表社會大眾以貨幣形態持有實質

所得的比例，*P* 表物價水準，*O* 表總出產量。上式中 *K* 為社會大眾長期間所培養成的習慣，短期間不會變動。*O* 為充分就業的出產量，短期間也不會變動。如此 *M* 與 *P* 之間必然有一定的關係存在，假如政府所供給的貨幣數量固定，則透過貨幣市場的運作，即可決定一定的物價水準。原則上如果貨幣的供給量不變，則物價水準也不會變。

　　但是政府如果由於某種原因，在原來的貨幣供給量外，又增加了貨幣的數量，這種原因也許是由於黃金的流入，也許是由於發行通貨增加財政支出，則將產生何種影響？因為社會大眾所持有的貨幣就是政府所供給的貨幣，當貨幣的數量增加後，社會大眾必發現，在原來的物價水準下，他實際所持有的貨幣額超過他所希望持有的貨幣額，對於多餘的貨幣，他必定要加以處理，最簡單的處理方式則是放出貨幣，交換財貨。但是因為社會上放出貨幣的人多，於是形成財貨的供不應求，從而促成物價水準上漲。當物價水準漲至一新的高價位後，社會大眾所持有的貨幣額雖未變，但由於物價水準已漲，其實際的持有額逐漸等於其希望的持有額，於是物價水準不再變動。此一演變結果可用下式表示，即

$$M + \Delta M = K(P + \Delta P)O \tag{28-2}$$

ΔM 表貨幣的增加量，ΔP 則表物價水準上漲的幅度。當然根據以上說明，如果貨幣供給額僅有一次的增加，則物價水準上漲到一新價位後即不再上漲。但是如果政府的貨幣供給額如果不斷增加，則顯然物價便會不斷的上漲了。不幸二次大戰後像美國，其政府不斷以赤字財政支出的方法來刺激經濟繁榮，其貨幣供給額不斷增加，因此其物價水準也不斷上漲。現代貨幣學派基於此一理論，乃提出「以法則代替權衡」的主張，認為政府不宜主動的採取權宜的貨幣政策，應該考慮經濟的平均成長率，人口的增加率，每年維持固定的貨幣供給額的增加率，如此才能維持物價水準的長期穩定。

其次，交易方程式的貨幣數量說乃是從交易的觀點，說明貨幣數量與物價水準的關係。認為貨幣主要是為了充交易的媒介，在任何交易行為中，一方面支出貨幣，另一方面則換回財貨，雙方的價值必然相等。就全社會來講，在一定期間，其交易總量亦有兩方面，一方面是貨幣總值，另一方面則是交易總值，此兩者亦必相等，以公式表示，即

$$MV = PT \qquad (28\text{-}3)$$

式中 M 表貨幣數量，V 表一定期間一單位貨幣轉手的次數，亦稱流通速度，P 表物價水準，T 則表交易總量。V 來自社會的交易習慣，短期間不大會有變動。T 代表在充分就業下的交易量，因假定充分就業能自動出現，故短期間此一交易量亦不會有太大變動，因此貨幣數量與物價水準之間便有一定的關係存在，一定的貨幣數量，透過社會的交易行為，便決定了物價水準。假如貨幣數量增加，由於 T 在短期間不增，一定會引起物價水準的上漲，以公式表示，即

$$(M + \Delta M) \cdot V = (P + \Delta P)T \qquad (28\text{-}4)$$

ΔM 及 ΔP 分別表示貨幣的增加量及物價水準上漲的幅度。

M 代表一般的通貨，V 代表其流通速度，假如亦考慮存款貨幣，而以 M' 及 V' 分別代表存款貨幣的數量及流通速度，則（28-3）式可擴充而改寫為

$$MV + M'V' = PT \qquad (28\text{-}5)$$

將（28-3）加以變化，可寫為

$$M = \frac{1}{V} \cdot PT \qquad (28\text{-}6)$$

則與現金餘額方程式非常相似，如果 T 等於 O，則 $\frac{1}{V}$ 相當於 K，故 K 亦稱為貨幣的所得速度。當然 O 與 T 實際上並不相等，O 表示總出產量，

T 表示總交易量，故 T 尚包含中間財貨的交易在內。

二、需求過多說

此一理論亦稱需求拉動說 (Demand pull theory)，但並不是從貨幣需求著眼，而是從實質需求著眼。此一理論亦是由凱因斯所提出。凱氏認為如果社會有效需求超過社會在充分就業時的供給能量，則過多的需求僅能促成物價水準的上漲，短期間總出產量無法增加。

要瞭解此一理論，必須先瞭解凱因斯的總供給函數或總供給曲線。凱氏認為，由於現代經濟不是一完全競爭的經濟，而是有相當程度的寡占與獨占因素，寡占與獨占的價格通常均缺少向下的伸縮性，加上若干財貨或勞務的價格由政府所控制，如公用事業，因此在短期間物價水準相當穩定，出產量則具有伸縮性，而物價水準的變動則缺少對稱性，上漲容易，下跌則非常困難。如果短期間經濟未達充分就業，則有效需求的增加，會促成出產量的增加，物價水準不致有若何變化。如有效需求減少，則將導致總出產量的減少，物價水準則不致下跌。但如有效需求超過社會充分就業的供給能量，則僅能促成物價水準的上漲，短期間總出產量却無法增加。此一理論，可用圖 28-1 表示。圖中 P_0 為短期物價水準，O_F 為充分就業的出產量，$P_0 B AS$ 則為總供給曲線。在未達充分就業時，供給彈性為無限大，在已達充分就業時，則短期間總出產量無法增加，故供給彈性為零，如總需求為 AD_1，因其低於充分就業的供給能量，故與總供給曲線所決定的總產量為 O_1，低於充分就業的總出產量 O_F，物價水準仍維持於 P_0。如總需求增為 AD_2，此時正好與充分就業的供給能量相當，與總供給曲線所決定的總出產量，即為充分就業的產量，而物價仍能維持於 P_0，此為最理想的情況。假如總需求增加

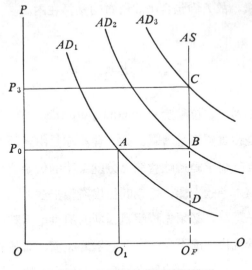

圖 28-1 凱因斯的物價膨脹模型

而為 AD_3，此時已超過充分就業的供給能量，故總出產量不可能再增加，僅能促使物價水準的上漲，由 P_0 上漲至 P_3，此即需求拉動的物價膨脹。

在圖 28-1 中，AD_2 與 AD_3 在總供給曲線上的垂直距離 BC，即表示實際有效需求超過充分就業供給能量的差距，可稱為膨脹缺口 (inflation gap)。同理 AD_1 與 AD_2 之間的垂直距離 BD，表示實際有效需求低於充分就業供給能量的差距，可稱為緊縮缺口 (deflation gap)。

在圖中 AD_3 與 AS 線相交於 C 點，顯示物價水準上漲至 P_3 後，將停留在此一水準，物價水準不再上漲。此表示物價水準上漲後，名目的有效需求雖變，但實質的有效需求將等於充分就業的供給能量，亦表示社會大衆有貨幣幻覺 (money illusion)，即物價水準上漲以後，能滿足於名目的需求量，但實質的需求量已減少，能與充分就業的出產量保持相等。但如社會大衆沒有貨幣幻覺，當物價水準上漲以後，仍要保持其實質的需求量不變，因此其名目的總需求隨物價的上漲而同比例增加，則總需求曲線會繼續向上移動，與總供給曲線所決定的物價水準將繼續上漲，此時便形成持續的物價膨脹，除非政府能採取有效的經濟政策予以抑制，否則物價水準將繼續上漲不已。

三、成本推動說

與從需求面解釋物價膨脹相反的，是從供給面的因素解釋物價膨脹。影響供給最重要的因素是成本，故認為成本的增加是造成物價膨脹的主要原因，因此此一理論亦稱為成本推動的物價膨脹理論（cost push theory）。

影響財貨價格的主要因素，一為工資，一為生產者所欲賺取的利潤，故成本推動的物價膨脹理論亦有兩種，一種認為工資的不斷上漲，是導致物價膨脹的主要原因，另一種則認為生產者不斷提高利潤加成，則為物價膨脹的主要原因。依據前一學說，認為現代工資水準並非透過勞動市場的完全競爭而決定，而是透過工會與僱主的集體議價而決定。集體議價所決定的工資率不僅較競爭所決定的工資率為高，且工會為謀勞動者的福利，不斷提高工資的要求，故每經過一次集體議價，工資水準即上漲一次。如果僱主不願降低利潤，則會提高售價將工資成本的提高，轉嫁而由消費者負擔，於是物價水準便不斷上漲。

澳洲學者菲律浦為研究工資與物價的關係，提出其有名的菲律浦曲線（Phillips' curve）。菲氏利用十九世紀中葉到二十世紀五十年代英國的有關統計資料加以分析，發現失業率與工資率的上漲有負的相關，即失業率愈高，工資上漲率愈低，失業率愈低，則工資上漲率愈高。而工資上漲率與物價上漲率之間則有正的相關，即工資上漲率高，物價上漲

率亦高， 工資上漲率低， 物價上漲率亦低。透過工資上漲率的關係，
失業率與物價上漲率之間亦有負的相關，即失業率愈低，物價上漲率愈
高，失業率愈高，則物價上漲率愈低，失業率如超過某一水準，物價水
準甚至還可能下跌。 失業率與物價水準上漲率之間的關係， 如圖 28-2
所示，圖中橫座標表失業率，縱座標表物價上漲率，PP 線即是菲律浦
曲線，此曲線並與橫座標相交於 A 點，此曲線為一根由左上方向右下方
延伸的曲線。當失業率低於 OA 時，失業率愈低，物價上漲率愈高。當
失業率等於 OA 時，則物價穩定而不變，當失業率大於 OA 時，物價水
準隨失業率之增加將下跌。

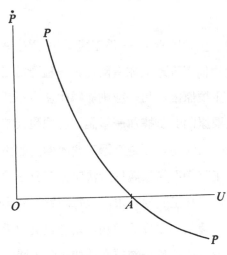

圖 **28-2**　菲律浦曲線

至於何以失業率與貨幣工資率間有負相關的關係？其原因是當失業
水準甚高時，表示一般經濟情況亦不景氣，此時在勞動者方面，由於失
業人多，勞動力供過於求，對提高工資率的壓力較小。在企業家方面，
因經濟不景氣，產品沒有銷路，寧可減產多不願接受增加工資的要求，

因其不易轉嫁而讓消費者承受，故貨幣工資率能保持穩定或甚少上漲。但是當失業水準甚低時，表示一般的經濟情況繁榮，此時在勞動者方面，由於失業人數少，勞力供不應求，易於提出增加工資的要求。而在企業家方面，因經濟繁榮，產品的銷路增加，不但有能力答應勞動者提高工資的要求，而且也願意提高工資率，以維持勞動者的士氣，故對提高工資的要求多不予拒絕，因此貨幣工資率上漲的速度快。至於貨幣工資率上漲與物價水準上漲有正的相關，其原因較簡單，因工資是構成生產成本的主要部分，工資上漲則成本增加，生產者每將其轉嫁而由消費者負擔，即提高售價，因而物價水準便可能上漲。

由圖 28-2 的菲律浦曲線可看出，在物價水準上漲率與失業率之間，有一項替換（trade off）關係，即失業率低時，物價上漲率高，失業率高時，則物價上漲率低。此一替換關係具有經濟政策上的意義，即政府若採取經濟政策以減少失業，往往必須以物價上漲率的提高作為代價。如果政府希望維持物價水準的穩定，而採取某種經濟政策，則往往又要以失業率的提高為代價。換言之，低失業率及低物價上漲率，兩者猶如魚與熊掌，不能兼得。如何維持適當的物價上漲率及失業率，便要依據主觀上的價值判斷了。

關於貨幣工資率的上漲會導致物價水準的長期上漲，這種理論工會方面並不接受，他們認為由於勞動生產力的不斷提高，貨幣工資雖然增加，貨物的單位成本並不會增加，因此物價不會上漲。他們認為物價水準所以會長期上漲，是由於企業家所要求的利潤率太高，因此產品的成本雖未變，但由於利潤加成（markup）增大，故價格上漲。此一理論尚欠實證的研究予以支持，但鑒於現代經濟活動的若干現象，似乎有此可能。第一，是現代各產業中，獨占化集中化的趨勢日益顯著，企業家很容易利用其獨占勢力，提高其利潤率，因此促成物價水準之上漲。第二，由於現代生產技術進步甚快，現有的生產方法，可能在很短期內，即爲新的生產方法所取代，因此資本設備的物理生命雖甚長，但其經濟生命却甚短，企業家爲能收回其投資成本，祇有縮短回收年數，因此必須加速折舊，爲加速折舊起見，必須提高利潤率。利潤率提高後，物價水準自然上漲。第三，企業家爲開發新產品，改進生產方法，必須從事研究發展工作。而研究發展常須龐大費用，且研究發展的項目未必每項皆能成功，若有少數幾項成功，則爲了收回研究發展的費用，新產品的利潤率往往訂得很高，此亦是物價水準長期上漲的原因之一。

四、輸入型物價膨脹

對於開放性較高的國家，若其所需的重要能源，自然資源及工業原料，均賴輸入供應，而此等國家對進口資源的世界價格並無影響力，若這些資源的進口價格因某種原因而上漲，又不能採取沖消的政策，將其漲價的影響消除，則透過產業的聯鎖作用，國內使用這些資源的國內產品，其成本將因此提高，其價格不得不上漲，這種物價膨脹即是輸入型的物價膨脹。

例如一九七三年世界石油輸出國家組織，聯合控制世界石油市場與價格，以十月的以埃戰爭爲藉口，抵制西方國家，將石油價格大幅上漲，使原來每桶二美元左右，在短短的三個月內提高到十一美元以上。以後又連續提高，到一九七九年因兩伊戰爭，再度大幅提高，最貴時一度曾達每桶美金三十八元之多。石油不但爲主要能源，亦爲石化工業的基本原料，對於不產石油的消費國家，不得不以高價購買石油，結果國內的生產成本大幅提高，物價水準也不斷持續上漲，形成世界性的停滯性膨脹現象，有好幾年西方某些國家的物價上漲率每年達兩位數字，我國亦未能例外，我國石油百分之九十八以上仰賴進口，世界油價上漲以後，國內電價，油料品價格，石化原料的價格均大幅上升，造成嚴重的物價膨脹現象。所幸自一九八五年起，世界石油已經供過於求，油價大幅滑落，對於進口石油的國家，這種輸入型物價膨脹現象已告停止，甚至物價水準還趨於下跌。

五、理性預期學派的自然率理論

以上提到，當一九七三年第一次石油危機爆發以後，導致了世界性的停滯膨脹問題。世界各國一方面物價水準大幅上漲，另一方面失業水準亦居高不下，兩者均達到兩位數字。這種現象與菲律浦曲線所顯示者完全不一樣。根據菲律浦曲線，物價上漲率高，則失業率低，失業率高，則物價上漲率低，兩者間有替換關係。可是目前則兩者均高，這又如何解釋？

學者間為解釋此一矛盾現象，乃產生了理性預期學說 (rational expectation hypothesis)，依據此一學說又產生了自然率 (natural rate) 理論，用來解釋這一矛盾現象。

根據理性預期學說，認為社會中的經濟個體，都是具有理性的，都會利用他所能獲得的各種情報，對未來的經濟現象加以預期。而實際出現的經濟現象，往往能與預期相一致。政府如果為了達成經濟穩定的目的，而採取主動的經濟政策，若這種政策為社會大眾所預期，則為了自己的利益，社會大眾會採取因應的對策，結果使政府的政策完全無效。例如政府若認為社會失業率太高，而採取放鬆的貨幣政策，增加貨幣供給量。這種政策若為社會大眾所預見，必預期物價水準會比例上漲，於是勞動者將比例的提高工資要求，生產者將比例的提高產品價格，於是最後物價水準將按貨幣供給額的增加率上漲，失業水準並未能因此而降低，亦即政府政策完全無效。

依據理性預期，他們提出了自然律理論，認爲短期菲律浦曲線雖然是由左上方向右下方延伸的曲線，失業率與物價上漲率之間有替換的關係，但長期菲律浦曲線則是一根垂直於橫座標的直線，失業率與物價上漲率之間並無替換關係，不論物價上漲率多高，長期失業率大體不變。此一理論可用圖 28-3 加以說明。圖中 P_1, P_2, P_3 等均爲短期菲律浦曲線。其中 P_1 是預期物價上漲率爲零時的短期菲律浦曲線，其與橫座標交點 U_n 所代表的失業率稱爲自然失業率(natural rate of unemployment)，此自然失業率則決定於實質因素，至於此自然失業率究竟是如何決定的，則缺乏明確的說明。假定在預期物價上漲率爲零，而實際失業率爲 U_n 時，政府認爲失業率太高，於是採取增加貨幣供給量的方法，刺激社會有效需求，希望降低失業率。如果貨幣供給量的增加率爲 5 %，此

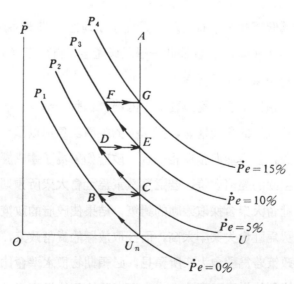

圖 **28-3** 長期菲律浦曲線

時社會大衆並不知道貨幣供給量已增加，於是此一貨幣政策產生效果，失業率降低，由 U_n 向 B 點移動。但就在失業率降低的同時，物價水準開始上漲，其上漲的幅度亦將爲 5 ％。由於物價實際的上漲率爲 5 ％，社會大衆乃預期其將繼續上漲，預期的物價上漲率乃由 0 ％增加爲 5 ％，因而短期菲律浦曲線乃向上移動到 P_2 的位置，此一曲線即預期物價上漲率爲 5 ％的短期菲律浦曲線，吾人用 $\dot{P}e$ 表預期物價上漲率。由於菲律浦曲線上移，失業率又開始增加，由 B 向 C 移動。當實際的失業率又增加到 U_n 時，政府爲降低失業率，可能更擴大貨幣供給額的成長率，設爲10％。當社會大衆尚未發現此一事實時，此一政策又發生了效果，失業率開始降低，由曲線上的 C 點向 D 點移動。但在失業率降低的同時，物價水準的上漲率也開始提高，將爲 10％。當社會大衆瞭解了實際的物價上漲率爲10％以後，於是又會調整其預期的物價上漲率，亦提高爲 10％，此時短期菲律浦曲線又向上移動到 P_3 的位置。原來的貨幣政策又失效，失業率由 D 點向 E 點移動。到 E 點以後，政府爲降低失業，將貨幣供給量的成長率提高爲15％，短期間雖有效果，但實際的物價上漲率又提高爲 15％，乃導致社會大衆預期的物價水準也增高爲15％，其短期菲律浦曲線又上移，失業率又由 F 移向 G。因此從長期看，不管物價上漲率有多高，失業水準總是維持於 U_n 的水準，亦即長期菲律浦曲線爲垂直於橫座標的 AU_n 直線。U_n 即爲預期物價上漲率爲零，實際物價上漲率亦爲零的失業率，故稱爲自然失業率。

　　根據理性預期理論，爲消除物價膨脹，唯有政府採取緊縮政策，減少貨幣供給量，使實際物價上漲率低於預期上漲率，物價水準才能逐漸穩定。因此理性預期理論可視爲貨幣學派發展的另一形態。

六、需求移轉的物價膨脹理論

由需求面分析物價水準上漲的原因，除了由總需求的增加超過總供給能量解釋物價膨脹的現象外，尚有由需求結構的移轉（demand shifting）解釋物價膨脹現象的。這一理論認爲在現代的動態社會中，由於生產技術的不斷進步，新產品的不斷出現，會引起社會大衆需求結構的轉變，可能引起物價膨脹的現象。而由於需求結構的轉變，亦會引起產業結構的變化，此種產業結構的變化，又將引起某些生產因素的價格，特別是勞動的價格，卽貨幣工資率的上漲。就社會總需求來看，可能並未超過社會總供給能量，而就勞動市場來看，也可能並未達到充分就業，但由於部分物價及部分工資率的上漲，而且互相影響，於是一般物價水準便表現長期持續上漲的現象。

在一個純粹靜態社會，生產技術保持不變，並無新的生產方法出現，當然也無新的產品出現，消費者的消費結構也不會有任何改變，同樣產業結構也不會有任何改變，經濟活動年年周而復始，形成一個單純的循環周流，如無特殊意外干擾事件，如天災戰爭等，一切將保持平靜狀態。但在一動態社會則不然，科學技術不斷進步，新發明不斷出現，因而不斷有新產品出現於市場。此種新產品有的是能滿足新的慾望，而有的則使得原來的慾望能更有效的滿足。由於新產品的不斷刺激，消費者對新產品的需求增加，但對於舊產品的需求便可能減少。由於此項需求的改變，同時新產品的性能可能比舊產品來得佳，因此新產品的價格必然高；但是需求減少的舊產品，其價格却未必能降低，因在現代不完全競爭的社會，價格上漲雖有充分的伸縮性，價格下跌却有僵固性。因而隨新產品的不斷出現，舊產品的逐漸被淘汰，物價水準便表現出長期上漲的現象。

　　另一方面，　隨需求結構的轉變，　亦必會引致產業結構的轉變。　新產品出現後，由於其需求會大幅增加，生產此新產品的產業必將快速成長，因此對各項生產因素的需求亦必大量增加，而舊產品的需求萎縮，故生產舊產品的產業亦將萎縮，其對各項生產因素的需求必將逐漸減少。新產業對各項生產因業的需求增加，而生產因素的供給未必能同時增加，因舊產業所使用的生產因素由於原來所附着的技術，不易迅速改變以適應新產業的需求，不可能立即移轉於新產業以供應用。因此在新產業中，由於生產因素的供不應求，生產因素的價格將上漲。但舊產業雖已萎縮，其過剩的生產因素並不能立即移出，例如固定資本設備，除特定用途外，常不能移作他用。勞動者因爲已學得某種技能，由於惰性或對居住地區的依戀心理，每不願學習他種技術，移向其他地區，轉入其他產業。因此在舊產業中，生產因素很可能供過於求，但生產因素的價格，尤其勞動者的工資，却無法下跌。故由於產業結構的調整，可能促成生產因素價格的上漲，尤其是工資率的上升，但社會可能並未達到充分就業。

　　因此由於需求結構的改變，促成物價水準的上漲，由於產業結構的改變，則促成工資等成本結構的增加，此兩者又交互影響，於是從長期看，在動態社會，物價水準與工資水準便長期持續上漲了。

七、綜合分析

　　以上介紹了六種不同的物價膨脹理論，此外還有其他理論，因其較不重要，故予從略。不過吾人以實際的資料分析，不同時期不同國家的物價膨脹現象，往往非常複雜，不能用單一的理論來解釋，因其造成的原因可能很多。就以我國對日抗戰八年及戰後四年多的戡亂戰爭時期，所經驗的惡性物價膨脹來說，其主要的原因當然是政府爲應付戰爭，對物資的需求太大，而社會不能充分供應，再加上民間的需求，因此顯然是需求拉動的物價膨脹。但從政府支出的方法來說，戰時由於財政收入減少，而財政支出大幅增加，政府不得不用向代理國庫的中央銀行大量透支的方式以因應，而中央銀行則以增發通貨的方式來應付，結果貨幣供給量快速的增加，促成物價水準迅速上漲。因此就貨幣的層面看，則貨幣數量說又可加以解釋。再以民國六十二年十月世界第一次石油危機爆發以後的情況來說，六十三年我國物價大幅上漲，此一物價膨脹的現象曾持續了好幾年。分析物價膨脹的原因，是由於我國所需石油百分之九十八以上靠進口。石油不但是重要能源，亦是重要的工業原料。由於石油價格大幅上漲，國內的電價，油料品價格，工業原料價格，以及進口的機器設備及工業原料價格均大幅上漲，使國內各產業的生產成本大幅提高，因而物價水準大幅上漲，顯然這是屬於輸入型的物價膨脹。但有些學者看到在物價膨脹的同時，國內貨幣供給額亦大幅成長，於是認爲這是由貨幣因素所引起，用貨幣數量說來解釋，要求政府控制貨幣供給量的增加率。由這些經驗吾人可以看出，物價膨脹是一複雜現象，其原因不止一種，吾人在運用物價膨脹理論的時候，要特別愼重。

八、摘　要

物價膨脹是世界各國普遍的現象，也爲各國所關心的問題。解釋物價膨脹的理論很多，有從貨幣因素解釋，認爲貨幣供給量的不斷增加，是導致物價膨脹的主要原因。有從需求面解釋者，認爲總需求過多，超過社會的總供給能量，將導致物價膨脹。有從供給面來解釋者，認爲搆成成本因素的工資若不斷上漲，或企業家對利潤加成不斷提高，將導致成本推動的物價膨脹。也有認爲對開放性高的國家，進口產品價格上漲會導致國內的物價膨脹。理性預期學說則依據社會大衆有理性的預期，提出自然率理論，解釋停滯性膨脹。更有以動態社會需求結構之變動及產業結構之變動，解釋物價膨脹及工資上漲現象者。但究之實際，導致物價膨脹的原因不止一端，故在應用此有關理論時必須愼重。

重 要 概 念 與 名 詞

交易方程式	膨脹缺口
貨幣的流通速度	緊縮缺口
貨幣的所得速度	貨幣幻覺
需求拉動	預期物價上漲率
成本推動	自然率學說
理性預期	長期菲律浦曲線
需求移轉	

第二十九章　經濟成長理論

在討論均衡所得水準如何決定的各章中，吾人曾分析投資對所得水準的影響。因爲投資是有效需求之一，透過乘數作用，投資支出將影響並決定均衡所得水準。但在以前各章的分析中，吾人僅站在短期分析的立場，由需求面分析投資的作用，而沒有站在長期的立場，由供給面分析投資的作用。如果站在供給的一面加以考慮，則除非淨投資等於零，否則均衡所得水準不可能長期維持於一固定的水準，而必須按一定的速度增加，因此，由長期的觀點，不但要分析所得水準如何決定，更要分析所得水準如何成長。而經濟成長理論，乃成爲現代經濟理論中的主要部門。

一、投資的雙重性質

在未分析經濟成長理論以前，吾人將先說明投資活動所具有的雙重性質。投資活動就其對社會所生產的各項財貨與勞務，形成一種需求言，必能創造所得；但就投資活動能增加生產設備言，必同時亦提高了社會的生產能量，亦卽增加了社會對各種財貨及勞務的供給能力。如果淨投資不爲零，則社會生產能量增加以後，如何能維持其充分被使用而不被閒置，則必須有效需求能作同樣的增加。但究竟在何種條件下，這種供給能力的增加，能創造其本身充分的需求，這乃是現代經濟成長理論所要研究的問題的中心。

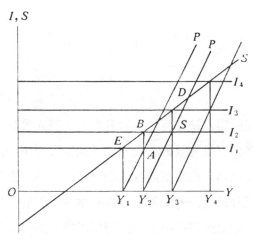

圖 29-1 投資與儲蓄的動態均衡

爲說明投資的雙重性質起見，吾人可採用一圖形說明之。圖 29-1 爲吾人所曾經使用過的投資儲蓄決定均衡所得水準的曲線。若儲蓄函數爲 S，並假定其不變，而投資函數爲 I_1，則依據吾人以前所使用的方法，所得水準必爲 Y_1，並且認爲如果投資支出不變，所得水準將經常維持於 Y_1，即所謂均衡所得水準。但事實上這是不可能的，因爲投資活動必然使社會生產能量爲之增加。圖中 PY_1 線，乃資本係數曲線，其斜率等於資本係數，或資本產出率 (capital-output ratio)。所謂資本係數，即爲生產一單位最後產品所需資本的數量，在本圖中吾人乃假定資本係數爲固定，故 PY_1 爲一直線。由圖形中可知 I_1 的投資量，必然會使社會生產能量增加 Y_1Y_2，而 AY_2/Y_1Y_2 即等於資本係數。社會生

產能量旣增加了 Y_1Y_2，爲使得此增加的生產能量能被充分使用，所得水準必須提高到 Y_2，因爲若所得水準仍舊維持於 Y_1，原來的生產設備已能充分供應，而新增加的生產設備必無被應用的機會。新增加的生產設備旣然沒有被運用的機會而被閒置，則投資的需求，亦必因之減少，因爲社會旣有過剩的生產能量存在，當然不需要再有投資，故原來的投資支出 I_1 亦不能維持而將減少。投資支出旣然減少，因爲有效需求的降低，所得水準亦不能維持於 Y_1，而必將降低。由此可見，爲了使新增的生產設備能予充分運用，所得水準必須提高，否則所得水準不但不能維持於 Y_1 的均衡狀態，而且反而會降低。長期維持於一固定均衡所得水準是一件不可能的事。

但是如果要使得所得水準提高到 Y_2，則在此一高所得水準之下，社會儲蓄亦必因之增加。由儲蓄函數 S 可看出，在所得水準爲 Y_2 時，社會儲蓄必爲 Y_2B，而不是 Y_1E，爲了要使得此一增加了的儲蓄能被投資所吸收，則投資亦必須增加到 I_2 的地位，比原來 I_1 的水準爲高。如果第二期的投資量能增加到 I_2，則由投資與儲蓄的相等，所得水準能提高到 Y_2。然而當投資增加到 I_2 時，社會生產能量必然會再度提高。圖中 Y_2P 線仍爲資本係數曲線，由此一曲線與 I_2 的交點，知社會生產能量又增加了 Y_2Y_3。同樣要使得此新增加的生產能量，能被充分使用，所得水準必須由 Y_2 增高到 Y_3，否則又將有過剩的生產設備出現，而所得水準將再度降低。然而當所得水準增加到 Y_3 時，社會儲蓄又將增加到 Y_3D，爲使得此一增加的儲蓄能被投資所吸收，投資支出又必須增加到 I_3。若第三期的投資支出能增加到 I_3，則由於投資與儲蓄的相等，所得水準能維持於 Y_3。同樣，當投資支出增加到 I_3 時，社會生產能量又增加了 Y_3Y_4，由同樣理由，爲使得增加的生產設備能被充分運用，所得水準必須增加到 Y_4，而要使所得水準能提高到 Y_4，投資支出又必

須增加到 I_4。如此這般，要維持經濟的經常均衡狀態，所得水準及投資量卽須不斷的提高。

由圖 29-1 中，吾人並可看出

$$Y_3Y_4 > Y_2Y_3 > Y_1Y_2$$

卽所得增量的絕對值，一期比一期要增大，同時吾人亦看出

$$I_4 - I_3 > I_3 - I_2 > I_2 - I_1$$

卽投資的增量，也一期比一期要來得大，但相對的增量，亦卽此兩項數量的增加率，可能是固定不變的。因爲

$$\frac{Y_1Y_2}{OY_1} = \frac{Y_2Y_3}{OY_2} = \frac{Y_3Y_4}{OY_3},$$

而　　　$$\frac{I_2 - I_1}{I_1} = \frac{I_3 - I_2}{I_2} = \frac{I_4 - I_3}{I_3}$$

此一固定不變的增加率的問題，卽經濟成長理論所要研究的重要問題之一。

當然在圖 29-1 中，如果資本係數不是固定不變，而是隨所得水準的提高，投資量的增加，而逐漸增大，亦卽其斜率愈來愈高；或者社會儲蓄傾向隨所得水準之增加而降低，亦卽 S 線愈向右而愈平坦，則所得的增加率及投資的增加率不是固定不變，而是愈來愈小。反之，如果資本係數隨所得的增加而減少，或儲蓄傾向隨所得水準的提高而提高，亦卽資本係數曲線愈向右愈平坦，或儲蓄函數愈向右愈陡峭，則爲了維持長期的均衡，所得的增加率及投資的增加率必須愈來愈大。此種情況，吾人不難由變動圖 29-1 的曲線而了解之。

二、哈羅德 (Harrod) 的經濟成長理論

英國經濟學者哈羅德爲分析經濟均衡成長的條件，根據下述幾項基本假定，建立其經濟成長模型。（一）所得水準決定對儲蓄的供給。（二）所得的增加率決定對儲蓄的需求。（三）需求等於供給。（四）邊際儲蓄傾向等於平均儲蓄傾向。（五）邊際資本係數等於平均資本係數。如果以 $\dfrac{\Delta Y}{Y}$ 表示所得的增加率，以 $\dfrac{I}{\Delta Y}$ 表示資本係數，以 $\dfrac{S}{Y}$ 表示儲蓄傾向，根據投資等於儲蓄的均衡條件，則

$$I = S$$

亦即

$$\frac{I}{Y} = \frac{S}{Y}$$

但

$$\frac{I}{Y} = \frac{\Delta Y}{Y} \cdot \frac{I}{\Delta Y}$$

所以

$$\frac{\Delta Y}{Y} \cdot \frac{I}{\Delta Y} = \frac{S}{Y} \tag{29-1}$$

若以 G_w 表所得的適度成長率 (warranted rate of growth) $\dfrac{\Delta Y}{Y}$，卽能夠使增加的資本設備充分使用，而企業家滿足於其實際投資額的所得增加率，以 C_r 表必要的資本係數 $\dfrac{I}{\Delta Y}$，卽維持必要的產量，使能夠滿足消費者由於所得的增加而引起消費需求的資本係數，以 s 表儲蓄傾向 $\dfrac{S}{Y}$，則哈羅德爲維持均衡成長的條件，卽可寫爲哈氏的下一基本方程式

$$G_w \cdot C_r = s \tag{29-2}$$

哈氏假定儲蓄意向都能實現，因此計劃投資與計劃儲蓄間的差額，必將

以非意願的投資形態表現。

但上式僅表示一個理想的計劃投資等於計劃儲蓄的適度成長率，而實際的成長率未必等於此適度成長率。設以 G 表實際的成長率，C 表實際的資本係數，因爲儲蓄意願皆能實現，故

$$G \cdot C = s \qquad\qquad (29\text{-}3)$$

(29-2) 式與 (29-3) 式的右端相等。今假如實際成長率 $G > G_w$，則 (29-3) 式左端實際資本係數 C 必然小於 C_r，亦卽如果實際成長率高於適度成長率，必將表現出資本的不足，卽必要的資本財的數量大於實際資本財的數量。今設以數字表示之。若 $s = \dfrac{12}{100}$，$C_r = 3$，G_w 必等於 $\dfrac{4}{100}$，卽

$$\frac{4}{100} \cdot 3 = \frac{12}{100}$$

如果所得能按百分之四的增加率增加，則企業家的預期皆能實現，卽其投資所建立的資本財，皆能獲得充分的使用，旣不會感覺過多，供過於求，亦不會感覺太少，供不應求。下一期必將仍按照同一增加率以增加其投資。但如果所得的實際成長率爲百分之五高於適度成長率，則企業家實際投資的資本係數降低爲二點四，卽企業家爲增加生產，必將感覺到資本的不足，下一期必將提高其投資的增加率，但投資的增加率提高，由於乘數作用，實際的成長率更高，愈益顯得資本的不足。因而實際成長率一旦大於適度成長率時，必將引起膨脹缺口。

反過來，如果實際成長率小於適度成長率，卽 $G < G_w$，則 (29-3) 式左端實際資本係數 C 必然大於 C_r，亦卽如果實際成長率低於適度成長率，必將表現出資本的過剩，卽必要的資本財的數量小於實際資本財的數量。如上述數字之例，若所得的實際成長率爲百分之三，則企業家

實際投資的資本係數增加爲四，企業家由於所得增加率的降低，必將感覺到資本設備的過剩，下一期必將減少投資，使投資的增加率降低，但投資的增加率降低後，由於乘數作用，實際的成長率將更低，愈益顯得資本設備的過多，企業家愈要降低其投資額。因而實際成長率一旦低於適度成長率時，必將引起緊縮缺口。

由上述哈羅德的經濟成長模型，可看出是一種不穩定的均衡成長，如果實際成長率等於適度成長率，則經濟自能維持其均衡成長，但如果實際成長率偏離了適度成長率，必將表現出不穩定的乖離現象，而且實際成長率與適度成長率的相差必愈來愈大。如 G 大於 G_w，則計劃投資大於計劃儲蓄，這將刺激所得更進一步的增加，更使 G 大於 G_w。反之，如果 G 小於 G_w，則計劃儲蓄大於計劃投資，非意願的投資將出現，將更促使企業家的投資率降低，而使 G 更小於 G_w。

以上所分析的實際成長率與適度成長率之間的不穩定的乖離現象，是否有一極限？爲說明此一問題，哈氏又提出了所謂自然成長率的一概念。所謂自然成長率，卽是由勞動力的數量及其增加率，以及生產技術等因素所決定的成長率，亦卽爲維持充分就業所需要的成長率，哈氏以 G_n 表示之。若吾人假定生產技術及資源數量不變，則自然成長率顯然決定於人口的增加率，如果在這種假定下，G_n 大於 G_w，卽由人口增加所決定的自然成長率，大於由社會儲蓄傾向及資本係數所決定的適度成長率，則實際成長率可能高於適度成長率，社會可能經常表現資本不足的現象。卽爲維持勞動的充分就業，而缺少必要的資本設備，增加的勞動力，因爲無資本設備供其應用，可能出現結構性的失業現象。此時的解決之道，唯有提高社會儲蓄傾向，或降低資本係數，卽多採用勞力集約化的生產技術，以提高適度成長率，使與自然成長率相等。若干經濟發展中的國家，可能出現這種現象。反之，如果 G_n 小於 G_w，卽由人口增加所決定的自然成長率，小於由社會儲蓄傾向及資本係數所決定的適度成長率，則實際成長率亦將低於適度成長率，社會即可能經常出現資本設備過多的現象。因為資本過多，投資減少，所得水準的增加率降低，因而出現循環性的非自願失業現象，此時勞動者與資本設備均不能充分就業。若干經濟已高度開發國家，常出現這種現象。解決之道，唯有降低社會儲蓄傾向，或提高資本係數，即多採用資本集約的生產技術，以降低適度成長率。一九三〇年代左右，經濟長期停滯 (secular stagnation) 理論，即大致由這一前提而產生的。由以上的分析，可見自然成長率是能夠維持勞動者充分就業的成長率，而適度成長率則是維持資本設備充分運用的成長率。兩者若能相等，即 $G_n = G_w$，則維持勞動能充分就業的成長率，亦能維持資本設備的充分運用。若 $G_n < G_w$，則能維持勞動者充分就業的成長率，並不能維持資本設備的充分運用，由於資本設備不能充分運用，引起投資的減少，經濟成長率實際將會下降，因此連勞動的充分就業也無法維持，若干西方國家，即有此現象。反之，如果 $G_n > G_w$，則維持資本設備使能充分運用的成長率，却不能維持勞動的充分就業，因此出現結構性的失業。若干經濟落後國家，則常有此現象。

由以上的分析，知哈氏的經濟成長理論，其均衡建立在剃刀邊緣之上，至不穩定，若稍一乖離，必將飛騰或殞落，此為哈氏經濟成長理論的特色。

三、道瑪 (Domar) 的經濟成長理論

與哈羅德的經濟成長理論相似者，尚有美國學者道瑪的經濟成長模型。道瑪所關心者，亦為國民所得能穩定成長的必要條件；即一面為維

持充分就業，另一方面爲維持生產能量的充分使用，則國民所得成長率的條件爲何？道瑪的經濟成長模型，亦含有幾項基本假定：即（一）最初充分就業的水準已經獲得，（二）沒有政府及國際貿易的因素，（三）沒有時間上的落後，（四）邊際儲蓄傾向等於平均儲蓄傾向，（五）儲蓄傾向與資本係數爲固定。設以 I 表投資，σ 表平均的投資生產力，即每年一元的新投資所能生產的真實所得的增加額。則此一社會每年生產能量的淨增加額爲

$$\Delta \overline{Y} = I\sigma \qquad\qquad (29\text{-}4)$$

此代表總供給的一面。 在總需求方面， 設每年投資的淨增加額爲 ΔI，而每年所得的淨增加額爲 ΔY，儲蓄傾向爲 α，則所得的淨增加，等於投資的淨增加額乘以乘數。即

$$\Delta Y = \frac{\Delta I}{\alpha} \qquad\qquad (29\text{-}5)$$

如最初充分就業的水準已經獲得，則國民所得等於生產能量，而爲維持充分就業，國民所得的增加額必等於生產能量的增加額，即

$$\Delta Y = \Delta \overline{Y}$$

亦即　　　　$$\frac{\Delta I}{\alpha} = I\sigma \qquad\qquad (29\text{-}6)$$

上式的左邊，代表每年所得的增加額，爲需求的一面，右邊代表每年生產能量的增加額，代表供給的一面，對上式兩邊乘以 α 並除以 I，則

$$\frac{\Delta I}{I} = \alpha\sigma \qquad\qquad (29\text{-}7)$$

上式的左邊，表示每年投資的增加率，是一個百分比，由此式可以看出爲維持充分就業，投資每年需要依 $\alpha\sigma$ 的百分率增加，即等於儲蓄傾向與平均投資生產力的相乘積。

　　至於所得增加的百分率，必等於投資的增加率，因爲

$$\Delta Y = \frac{\Delta i}{\alpha}$$

而　　　　　$Y = \frac{I}{\alpha}$

兩式相除，卽

$$\frac{\Delta Y}{Y} = \frac{\Delta I}{I} = \alpha\sigma \qquad\qquad (29\text{-}8)$$

設以數字說明之，若儲蓄傾向為 $\frac{12}{100}$ ，而投資生產力為 $\frac{1}{3}$ ，則所得的
增加率卽為

$$\frac{\Delta Y}{Y} = \frac{12}{100} \cdot \frac{1}{3} = \frac{4}{100}$$

換言之，為維持充分就業及生產能量的充分運用，所得必須每年按百分
之四的成長率增加，否則經濟成長卽不能維持均衡。

　　道瑪的經濟成長模型，與哈羅德略有不同，卽道瑪僅說明為維持充
分就業及生產能量的充分使用，所得成長率的均衡條件，並未說明若不
能達到此種條件時，經濟將發生何種現象。不過雖然兩氏之理論模型有
此種差異，但在形式上，兩人的模型是相似的，故一般也稱為哈羅德道
瑪模型。因為哈氏模型中的 c ，卽道氏模型中 σ 的倒數，如將哈氏的模
型變為

$$G = \frac{s}{c} = rs$$

而　　　　　$r = \frac{1}{c}$

則　　　　　$r = \sigma, \qquad s = \alpha$

此兩模型便完全一樣。

四、新古典學派的經濟成長理論

哈羅德與道瑪的經濟成長理論，是建立於凱因斯理論基礎之上，故亦稱凱因斯學派的經濟成長理論。而哈羅德的經濟成長理論有兩個不同的成長率，一個是能夠維持新增加的資本設備能充分運用的成長率，即適度成長率；而一個是能維持新增加的勞動力能充分就業的成長率，即自然成長率；而實際成長率却是一個不穩定均衡的成長率。何以有這種現象？顯然這是由於在這一成長理論模型中，有一隱藏的基本假定，即假定資本與勞動之間沒有替換性，亦即資本係數與勞動係數固定不變，或生產一單位產品需要使用一定量的資本量及一定量的勞動量。因此在經濟成長過程中，能維持勞動的充分就業不一定能維持資本設備的充分運用，能維持資本設備的充分運用，不一定能維持勞動的充分就業，即兩者不一定得兼，故經濟成長過程是一不穩定的均衡。但吾人由西方已開發國家過去經濟成長的過程觀察，並無此項不穩定均衡存在，故凱因斯學派的經濟成長理論逐漸受到經濟學者的批評，並建立新的理論模型。在新理論模型中最重要的則是新古典學派的經濟成長理論。

新古典學派的經濟成長理論，是建立於新古典學派的基本假設之上，即生產因素之間具有充分的替換性，資本可以代替勞動，勞動可以代替資本。如果社會上的資本量多，而勞動相對的稀少，則每一個勞動者所能使用的資本量便多。反之，如果社會上的勞動量多，而資本量相對的稀少，則每一勞動者所能使用的資本量便少。換言之，資本係數與勞動係數不是固定的，而是變化的，兩者共同體現於每一勞動者所能使用的資本量。至於每一勞動者所能使用的資本量，則決定於社會儲蓄傾向與人口增加率。因為儲蓄傾向決定社會能用於投資的數量，即新資本設備能增加的數量。而人口增加率則決定社會新勞動力增加的數量。透過完全競爭的市場機能，即決定了每一勞動者所能使用的資本量，也決定了勞動及資本的報酬，均等於其邊際生產力。而此一每人資本量，能使新增的資本獲得充分的運用，也使新增的勞動力能獲得充分就業。

當技術水準固定時，每一勞動者的生產量一定是其所使用資本量的函數，所能使用的資本量多，則其產量大，所能使用的資本量少，則其產量少。如果社會儲蓄傾向固定不變，人口增加率亦固定不變，透過這兩個因素，則每人所能使用的資本量亦固定不變；從而每人的出產量亦固定不變。而總出產量則為每人出產量乘勞動者的人數，每人出產量既不變，總出產量的增加率當然決定於勞動增加率，或人口的增加率；亦即經濟成長率等於人口增加率。

假如社會儲蓄傾向提高，而人口增加率不變，則會產生何種影響？由於儲蓄傾向提高，而人口增加率不變，故每人所能使用的資本量增加，而每人出產量亦增加，總產量亦增加，但是由於人口增加率不變，故經濟成長率不變。換言之，社會總產量將有一次增高，而在增高的水準上按原來的成長率成長。

假如社會儲蓄傾向不變，而人口成長率降低，則影響如何？由於人口增加率降低而儲蓄傾向不變，故每人所能使用的資本量增加，每人的出產量增加，總出產量亦增加，但是由於人口增加率降低，經濟成長率亦降低。換言之，社會總產量將有一次增高，但在增高的水準上以比原來為低的成長率成長。

由以上的分析可看出，在新古典學派的經濟成長模型中，社會儲蓄傾向及人口增加率決定每人所能使用的資本量，每人資本量決定每人出產量，每人出產量與勞動數量決定總產量，而總產量的增加率或經濟成長率則決定於人口增加率。儲蓄傾向的高低與成長率無關，它僅能影響每人資本量的大小，經濟成長率僅決定於非經濟因素的人口增加率，而經濟成長率亦只有一個，同時此一經濟成長率也是穩定均衡的成長率。

　　以上的分析並未考慮技術進步的因素，而人口增加率則有一定的極限，爲使經濟成長率能提高，則唯有透過技術的進步以達成。因技術若進步，縱然每人資本量不變，每人出產量可以提高，亦即總產量可以提高。如果技術不斷進步，總產量每年增加，再加上由人口增加率所決定的經濟成長率，全部成長率即可提高。亦即在有技術進步的情況下，經濟成長率等於人口增加率加技術進步率。故在新古典學派的經濟成長模型中，非常重視技術的進步。而技術進步亦有各種不同的類型，受到本書所要求於讀者的程度的限制，關於技術進步的討論從略。

五、摘　　要

　　投資活動常具有雙重性質，一方面投資活動對社會所生產的各種財貨與勞務，形成一種有效需求，必能創造所得；另一方面，投資活動能增加社會生產設備，提高社會生產能量，亦即增加了社會對各種財貨及勞務的供給能力。如果淨投資不爲零，則如何使新增加的生產能量能充分運用，或有效需求應如何增加，以吸收增加的各種財貨與勞動，乃引起現代經濟成長理論的發展。

　　建立於凱因斯理論結構之上的，現在最重要的經濟成長理論模型爲哈羅德及道瑪模型。在哈羅德模型中，其適度成長率決定於社會儲蓄傾向與邊際資本產出率。而其自然成長率則決定於勞動的增加率及技術進步率。自然成長率不一定等於適度成長率，但卻決定了實際成長率所能到達的最高限度。在西方已開發國家，由於社會儲蓄傾向高，其適度成長率常高於自然成長率，故常出現經濟停滯的現象。而未開發國家，則由於人口增加率快而社會生產設備少，適度成長率則低於自然成長率，故常易發生膨脹的現象。

道瑪的經濟成長模型，與哈羅德的模型非常相似，其均衡成長率則決定於儲蓄傾向與投資生產力。

由於凱因斯學派經濟成長理論的成長過程是一不穩定均衡，乃促成新古典學派經濟成長理論的出現。新古典學派的經濟成長理論，假定資本與勞動可以互相替換，因此社會儲蓄傾向與勞動增加率，決定每一勞動者所能使用的資本量，此一資本量決定每一勞動者的出產量，每一勞動者的出產量與勞動者人數決定總產量。因此若社會儲蓄傾向及勞動增加率不變，則每人資本量，每人出產量均不變，而總產量的增加率決定於勞動的增加率，亦即經濟成長率等於勞動或人口的增加率，而此成長率僅有一個，沒有兩個。而此成長率亦是一穩定均衡的成長率。而另一影響經濟成長的因素則為技術進步率。若考慮技術進步的因素，則經濟成長率等於人口增加率加技術進步率。

重 要 概 念 與 名 詞

投資的雙重性質　　　　　　適度成長率

資本產出率　　　　　　　　自然成長率

實際成長率　　　　　　　　長期停滯理論

均衡成長率　　　　　　　　投資生產力

新古典學派經濟成長理論

第三十章 低度開發國家與
經濟發展

　　上一章所討論的經濟成長問題，着眼點在經濟已開發國家，爲使增加的生產能量，能夠充分運用，在需求方面，應有如何的增加率，才能使總供給與總需求相等，達到均衡成長的目標。因此其重點是放在需求方面的，對於總供給量的增加，則認爲不成問題。但與此經濟成長問題重要性相同，而性質不同，却有另一問題存在，此卽低度開發國家的經濟發展問題 (economic development)。本章將對此一問題，作一簡單分析。

一、經濟發展的意義及其重要性

　　何謂經濟發展？此一問題很難予以簡單說明。因爲低度開發國家的所謂經濟發展問題，並不是單純的經濟問題，而是常常涉及經濟事象以外，而與經濟有密切關係的他種問題，例如政治問題、社會問題、教育文化問題、人口問題等。卽是在單純的經濟問題中，其內容亦遠較經濟已開發國家爲複雜。它不僅是個人平均所得能不斷增加的問題，也是整個經濟結構澈底改變的問題；不僅是經濟上量的問題，也是一個質的問題。因此所謂低度開發國家的經濟發展問題，乃是同時要求達成個人平均實質所得的增加，整個社會經濟結構的改變，以及有關政治、社會、文化、教育等制度為配合經濟發展，同時變動的一種過程。

低度開發國家的經濟發展問題，在第二次世界大戰以後，特別受到重視。其所以受到重視的原因，則有下列幾端：

（一）**民族的自覺** 第二次世界大戰以後，亞非地區若干原為西方列強之殖民地或屬地的國家，紛紛獲得獨立。此等地區，經濟上原甚落後，在未獲得獨立以前，受宗主國的統治，無論政治、經濟，皆無自由可言。一旦獲得獨立以後，民族精神，大為覺醒，政治上雖已獲得自主，但却深深了解，若經濟不能發展，依舊不能擺脫落後的桎梏，因此而自覺的產生了一種經濟開發的要求，無論政府與人民，皆視經濟開發為立國的唯一要圖，不惜支付任何代價以促成之。

（二）**經濟生活懸殊的對比** 若干低度開發國家，過去由於常處於一種閉鎖狀態，與他國接觸較少，對於他國高度的生活水準，並無接觸，因此常不了解經濟發展問題的重要。二次大戰以後，由於交通工具的發達，與其他國家的接觸，日趨頻繁，同時由於通訊工具的進步，及電影、無線電、報紙、雜誌等大眾傳播工具的媒介，對於其他國家高度的經濟生活水準，日漸了解，因而觸發了經濟生活極端懸殊的對比，對於自身的經濟落後狀態，日益不滿，因而引起了經濟發展的要求。

（三）**國際經濟合作的強化** 若干經濟已發展的國家，逐漸了解，在一個充滿貧窮的世界中，無法單獨保持其富裕。尤其自國際共產主義興起以來，落後地區，最易成為共產主義發展滋長的溫床。為防止共產禍害的漫延，經濟進步國家，充分體認到有協助落後國家從事經濟發展的義務與責任，於是在第二次世界大戰以後，由於若干國家的促成，若干國際經濟合作機構，紛紛成立。其中全球性的，如國際建設開發銀行、國際貨幣基金會、國際開發協會，地區性的如歐洲經濟合作組織、拉丁美洲的進步同盟等，其目的均在透過國際經濟合作，以促進落後地區的經濟開發。其中若干國家，如美國，更獨立提供龐大的經濟援助、贈與，以協助若干國家的經濟發展。此亦使經濟發展問題，受到世界各國普遍的重視。

二、低度開發國家經濟的特質

爲研究低度開發國家的經濟發展問題，首須了解低度開發國家所具有的特質。低度開發國家經濟上落後的現象，非止一端，而諸種落後現象中，又有其關聯性存在，難於作界線分明式的列舉。這些落後現象，有些固然可以用統計數字表示，但有些却無法以數字表示，如關於社會文化因素的特質是。不過由比較分析，及對現今各低度開發國家所作的實地觀察中，不難看出，一般經濟落後國家，除具有其個別的特質外，實具有若干共同的特質。此種共同的特質，歸納言之，不外三種，卽個人所得水準的低下，人口因素的落後，及社會文化因素的停滯是。玆分別說明如下：

（一）**個人所得水準的低下**　個人實質所得水準的高低，爲測度經濟發展程度的主要指標。毫無例外的，現今經濟進步的國家，均爲個人實質所得水準較高的國家，而經濟落後國家，則全屬個人實質所得水準較低的國家。個人實質所得的低下，一方面是由於其他原因所造成的一種結果，一方面亦爲造成經濟落後現象的一種原因。就其屬於一種結果言，所得水準之所以低，是由於生產力低，資源缺乏、人口太多，資本設備不足，因此個人的生產少，故所得低。就其成爲其他落後的原因言，因爲個人所得水準低，個人的消費亦低，因而營養不足，死亡率高，健康情形欠佳，影響其工作效能；同時因所得水準低，儲蓄亦少，資本的累積困難，生產設備難於增加，並且一般教育水準，難於普及，交通不易發達，生產力因之不易提高，轉而又影響所得水準無法提高。在一般所謂貧窮的惡性循環（vicious circle of poverty）現象中，所得水準低成為這種循環現象中主要的一環，因而學者之間往往有一種幽默的解釋， 即落後國家貧窮的原因， 即是由於貧窮。 因此所得水準的低下，不僅是一種經濟落後的特質，同時亦是經濟落後的主要原因之一。

個人所得水準的低下，亦可由另一種現象予以說明，即一般經濟落後國家，多為從事初級產品生產的國家，即多以農業、漁業、林業、礦業等產業的生產為主；這種產業，受自然因素的影響甚大，如土地的面積、 氣候、 雨量等， 故其生產價值難於迅速的提高， 以增加個人的所得。初級產業以外的產業，如工商、製造、服務等業，或則不存在，或則所占的比重甚低，因此所能提供的就業機會甚少，使大部分的勞動人口，擁塞於有限的產業部門以內，因而農業人口往往占總人口百分之七十以上。就初級產業生產的本身言，其資本設備多不足，生產技術甚為落後，對於現代的生產技術多不了解，或無法運用。故同一農業生產，在經濟進步國家， 其單位面積的生產量， 多比經濟落後國家為高。 同時經濟落後國家，其初級產品的供給彈性及需求彈性均甚低，因此其價格的波動，遠比非初級產品為大。如果這種產品為國際貿易上的主要項目，則國內個人所得水準，往往受國際貿易條件的變動所擺佈，而缺少穩定的性質。

（二）人口因素的落後　人口因素，從經濟的觀點言，一方面構成勞動力的來源，一方面則為消費的主體。落後國家的人口因素，一般均表現出很多落後的現象，此可分別由量與質的兩方面來觀察。由量的方面言，落後國家的人口，與其可利用的生產資源相比，都顯得人口數量過多，表現出嚴重的人口壓力。人口數量大，固然有充分的勞動力可予應用，但是由於生產資源相對的稀少，每一勞動者所得以利用的生產資源的數量便少，加上一般勞動者的素質甚低，因此勞動的生產力很低。可是每一人口皆必然是一個消費者，勞動的生產力旣低，個人實質所得水準必然甚低。落後國家，不但一般人口相對的數量甚大，而其出生率及死亡率亦往往很高，個人生命期望值甚低，因此人口的平均年齡低，同時活動人口占總人口的百分比亦低。平均年齡低，表示一個人在其一生中所能從事實際生產活動的年數降低。例如，設平均年齡爲三十歲，十五歲開始從事勞動，則平均每人實際從事生產活動的年數，僅有十五年。設平均年齡爲六十歲，並假定六十歲後退出勞動，則其實際從事生產活動的年數，可望有四十五年。因此後者對生產的貢獻遠較前者爲大。至於活動人口占總人口的百分比甚低，即在這種社會中，成年而可以參加生產活動的人占全人口的百分比較低；而兒童未成年人或老年不能從事生產活動的人口，占全人口的百分比較高；此即表示生產的人少而消費的人多，同時每一生產者所須撫養的人口亦多，因此個人所得水準無從提高，儲蓄難於產生，而使所謂貧窮的惡性循環現象不易打破。

從人口因素質的一方面看，落後國家的人口，亦表現許多落後的特徵，如營養不足，文盲的百分比甚高，生產力低下，對於新觀念與新生產技術的接受與學習皆不易。營養不足，是由於所得水準低，食物的消費不足，不夠維持適度的健康，同時公共衞生的設備不足，感染疾病的機會亦多。至於文盲的百分比高，則是由於落後國家教育的不普及，使學齡兒童缺少受教育的機會，同時農村社會亦不感覺到受教育的必要，亦無餘力供給兒童入學，有時則因需提早使用兒童的勞力，而不願兒童受教育。文盲的百分比旣高，對於現代生產技術的學習與接受，即感困難。不但如此，因爲一般人民的智識水準低，對於科學觀念的欠缺，人民易於受傳統風俗習慣的束縛，甚而受宗教上迷信的控制，對於一切經濟上的變化及社會的變革，可能持一種憎惡及厭棄的態度，使經濟開發的工作，增加甚多困難。

（三）社會文化因素的落後　屬於這一方面者，如政府組織不健全，行政效率低下，社會上階級觀念的普遍，對於勞動的輕視，缺乏現代的貨幣及信用制度，宗教及風俗習慣力量的根深蒂固等。在政府組織方面，落後國家多尚未進入民主政治的階段，政府官吏大部屬於既得利益階層，多願維持現狀，因為任何變化，也許會產生對自己不利的影響。同時由於人民的智識程度低，難於從中選拔優秀的行政人員，因此行政上的效率甚低。在社會方面，可能仍存在着濃厚的階級意識，這種階級的分野，非由於經濟上的成就，而是由於家世、血統、門第身分的差異而形成的。愈是地位高的階層，愈脫離實際的生產活動，因為愈脫離實際的生產活動，便愈輕視與實際生產活動有密切關係的勞動，而以不勞動仍能享受優裕的生活為可羨；一般才智之士，多不願從事企業活動，而以能厕身政治成為統治階級以統治他人為榮耀，因此企業人才便特別感到缺乏。同時一般落後國家的貨幣金融制度亦不健全，因為主要的經濟活動既以初級產業為主，一般農業生產常具有自給自足的性質，交換經濟的型態，尚未能普遍，人民對使用及保存貨幣的信心不高，而貨幣價值亦常不穩定，多有不斷貶值的現象，更易使人民對貨幣喪失信心。至於金融制度方面，現代銀行制度，可能尚在萌芽階段，對經濟發展難負起融通資金的任務。人民僅有的儲蓄，因為對於銀行缺乏認識與信心，亦不願存放於銀行，往往被呆藏，或投資於不動產，或以珠寶、黃金或外幣的形態保存。至於作為銀行之銀行的中央銀行，或則成立未久，基礎未固，無法負擔其中央銀行的任務，或則根本尚未成立。就已成立中央銀行之情形言，亦往往容易成為政府財政需求之附庸，無法實施獨立的貨幣政策，以促進國家的經濟開發。

至於宗教及風俗習慣所表現的根深蒂固的影響，亦常爲落後國家的特質之一。此固然由於人民的智識程度較低，易於被宗教及風俗習慣的力量所操縱，同時亦由於人民的生活水準太低，希圖從宗教或迷信中求解脫或寄託。無論何種宗教，對於現世的生活，尤其對於現世的物質生活，多是抱消極或否定態度的，因此對於物質慾望的追求，或對改善物質環境的企圖，均不發生鼓勵的作用，甚至表現一種消極的抵制態度，對於經濟開發的努力，常發生一種阻礙。至於傳統的風俗習慣，本質上都是重視社會現狀的維持，因而對社會因經濟開發所可能引起的變化，常抱一種敵視態度。

三、經濟發展的理論——平衡成長與不平衡成長

（一）平衡成長理論

低度開發國家的經濟特質旣如上述，則此種國家經濟上的當急之務，便是從速促進經濟開發。然而如何始能促進經濟開發？在理論上有各種不同的理論，最著名的有所謂平衡成長（balanced growth）與不平衡成長理論（unbalanced growth），其主要內容，簡述如下：

所謂平衡成長理論，認爲落後經濟所表現的貧窮的惡性循環現象，充分表示出，一方面由於所得水準低，因此購買力低，表示需求的不足，即市場太小；另一方面由於資本設備少，生產能量低，表示供給的不足。對於這種社會，由全體觀察，因爲資本設備少，投資必然有利，但由個別的投資者觀察，因爲市場太小，投資所生產的產品，未必能有足夠的市場容納，因此投資未必有利。例如在這種社會中，一般人民未必有充分的鞋子可穿，因此投資於鞋子工廠，可能有利。但是如果眞有

一年產量一百萬雙皮鞋的工廠成立，則此一百萬雙皮鞋的產量，不可能完全賣出。因為由於此一工廠成立而獲得工作機會的勞動者，雖能有能力購買皮鞋，但此一百萬雙皮鞋不可能由此一工廠的勞動者全部購買，而其他產業中的勞動者，因為所得並未增加，不可能產生對鞋子的需求，因此此一工廠便無法成立，由於這一緣故，為能維持經濟穩定的成長，在投資的過程中，必須一方面注意生產能量的增加，另一方面，注意所得的增加，使兩者之間，能保持平衡。根據以上所舉皮鞋工廠之例，僅投資於一皮鞋工廠，固然無利可圖，但如果同時進行一百項不同的投資事業，每一投資事業一方面皆能有產品應市，另一方面每一投資事業中就業的勞動者，所得水準提高，由於所得增加，便能購買其他投資者所生產的產品，此一百項投資事項，便形成一項交互的需求，每一投資事業的產品皆有銷路，因此經濟可以成長。由一項投資所不能完成的事業，由同時舉辦多種投資便能完成。為達到此一目的，對於投資的活動，必須各方面都能顧及，在供給方面，社會資本的建立，如動力、道路、教育、公共衛生等事業，應與一般工業的發展平衡，同樣工業與農業的發展，亦應保持平衡，否則即將發生阻塞現象。在需求方面，各種企業必須同時舉辦，使其互為顧主，則各方面的需求均增加，經濟發展，才能完成。這種理論，即所謂平衡成長理論。

（二）不平衡成長理論

對於上述的平衡成長理論，若干學者並不同意，而提出了所謂不平衡成長的理論。他們認為所謂平衡成長，不但不必要，而且也不可能。因為雖然許多企業同時舉辦比較有利，但在任何一個時間內，一個國家所能動用的資源及企業人才是有限的，尤其經濟落後國家，資源本已缺少，企業人才本已不足，如何能有充分的資源與企業人才使經濟各部門獲得平衡發展？而且如果落後國家能有充裕的資源與人才，供各方面的平衡發展，經濟發展早已不成問題，而該一國家也不會仍然停留在落後階段了。落後國家的資源及企業人才，既屬有限，則同時將有限的資源與人才，平均使用於各方面，必將使每一部門皆感到不足，而使每一部門的發展均受到限制，因此這種平衡成長的方式也不必要。

　　吾人由經濟各部門的性質，分別加以考察，知道各部門的成長率並不一致。在一段時間內，各部門可能按其平均成長率發展，但各部門並不能按同一成長率向前推進，事實上也不可能使其按同一成長率成長。此不同成長率各部門之間，由於投入產出 (input-output) 的結構關係，某一部門的成長，常常對其他有關部門出現一種壓力，足以誘導其他部門的成長。因此經濟成長過程，常常是由一個或數個成長中心，逐漸向其他部門延展的。亦即由前進部門傳佈到後進部門，由一個工業傳佈到另一個工業，經濟發展的過程即是這種領先與追趕的過程。例如英國的經濟發展，即是由紡織業傳佈到機械業、冶金業，再傳佈到交通運輸業中去。在紡織業中亦是由紡與織交互領先與追趕的。因此投資活動，只要能首先集中於幾個成長中心，則以後的發展過程，可希望由這幾個成長中心，向四週其他的產業部門傳佈出去。至於平衡成長，在這一情況下，實無多大意義。

　　經濟各部門之間，不但表現出這種由於成長率不同而產生的領先與追趕的過程，同時經濟各部門之間，亦常常有某種相輔的性質。一種產業的發展，常為他種產業提供了廣大的市場，或為他種產業提供了廉價而豐富的原料，或為他種產業訓練了技術人員，因此一種產業的發展，亦往往便利了他種產業的發展。這種相輔性的產生，主要是由於各產業之間投入產出的關聯性，一部分也是由於外部經濟的影響。例如煉鋼業的發展，為機械業提供了廉價而豐富的原料，同時亦為某種礦業提供了市場。此種外部經濟的影響，往往使並無直接關聯的產業部門之間，產生了投資的相輔性。因某一產業部門的發展，使市場擴大，生產因素的分配發生變化，連帶的可能使相對的價格結構發生變化，因而對其他產業的需求增加，促成其他產業的順利發展。外部經濟的影響，亦常能促進生產因素邊際生產力的提高，使生產因素的需求增加，而加速經濟的發展。

以上是平衡成長與不平衡成長理論簡單的內容。落後國家，爲求經濟的發展，究應採取平衡成長的方式，抑採取不平衡成長的方式？這一問題，很難由理論上作一決定，主要須視各國個別的情況，資源的數量，外資的有無等因素以爲定。要之，平衡成長可視爲一種理想，而不平衡成長則可視爲一種手段與過程。

（三）經濟成長階段論

美國經濟學者羅斯陶（W. W. Rostow），分析比較西方經濟已開發國家的成長過程，歸納出其共同點，認爲任何國家由未開發狀態過渡到高度開發，一般都經過五個階段，卽（1）傳統社會；（2）起飛前的準備階段；（3）經濟起飛；（4）邁向成熟經濟；（5）大量消費時期。每一階段的經濟特質可簡述如下。

（1）傳統社會。這也是工業革命發生以前的社會，科學水準仍停留於牛頓以前。經濟活動主要以農牧等基本產業爲主，工業不發達，僅有小型的手工業，沒有現代化的服務業，金融業。社會通常是閉鎖的，國際貿易微不足道，生產技術很落後，每人平均所得甚低，社會儲蓄甚少，政治、文化、社會等其他社會層面亦同樣落後。

（2）起飛前的準備階段。此一階段通常開始於受到外來衝擊以後。外人挾優越的生產技術及商品叩關，使傳統社會受到了震撼，而產生了自覺性的革新運動，如十九世紀中葉的日本。由國外輸進的科學智識，亦改變了人民的視野，認識到進步之可能與必要，激發了民族的積極性，致力於物質生活之改善。

（3）經濟起飛。此是一關鍵階段，起飛成功，經濟體系即能產生一種內在的能使經濟持續成長的動力。在起飛階段經濟上通常出現三種特質，第一，生產性的投資活動，由原來低於國民所得百分之五，增加到百分之十以上。第二，在產業中出現某些部門，其成長較其他部門為快，成為一成長中心，帶動其他部門的成長。第三，政治、文化及社會等其他部門，亦因應經濟的變化而同時變化，特別在政治上往往能建立起強有力的中央政府，有利於經濟的成長。

（4）向成熟經濟邁進。經濟起飛能順利成功，如無特殊因素，隨投資活動之擴大，工商業之發展，及所得水準之提高，經過適當時間，經濟發展即告成熟，經濟結構也有了徹底的改變，由原來以基本產業為主轉變為以工商業為主，一般生活水準也有了顯著的改善。

（5）大量消費時期。當經濟已達成熟狀態，由於生產力之提高，個人所得之增加，乃有能力從事大量消費，而整個社會亦到達完全開發狀態。

對開發中國家而言，最值得重視的是起飛階段，猶如飛機之升空，滑行速度達到某一水準後，飛機即能起飛升空，自由飛翔。若未能超過此一速度，飛機仍將停留於地面。亦即經濟若不能起飛，即無法產生一自發的持續成長的動力。

（四）經濟成長型態論

當代美國經濟學家，利用現代電腦高度計算及處理統計資料的能力，收集所有已開發國家與經濟有關的時間數列的資料，及開發中國家有關空間數列的資料，從事大規模的實證分析，發現所有國家的經濟開發與成長，可歸納為三種類型，即（1）大國類型；（2）小國以輸出工業產品為導向的類型；（3）小國以輸出基本產業產品為導向的類型。所謂大國與小國則以人口數量爲準，一般人口數量超過一千萬者可稱爲大國，低於一千萬者則稱爲小國。另外尚配合土地面積的大小，特別是自然資源的數量。關於三種類型的一般特質如下。

(1) 大國類型。此類國家由於人口衆多，通常土地面積亦廣，自然資源亦豐富。由於人口衆多，國內市場廣大，不須倚靠國外市場。國內儲蓄數量亦足供國內投資之需，不須引進外資。同時國內資源豐富，亦不須倚靠國外。因此對這些國家，國外市場，國外資金，以及國際貿易，對其經濟發展並不重要。倚靠本國資金，本國市場，即能推動經濟開發與成長。像十九世紀的英國、法國、德國、美國、日本，二十世紀的蘇俄，均可歸入於此一類型。

(2) 小國以輸出工業產品爲導向的類型。此類國家由於人口稀少，土地面積狹小，加以自然資源貧乏，因此國內市場狹小，資金不足，爲發展經濟自然資源亦不足，如倚靠本國的市場與資金發展經濟，事實上不可能。因國內市場尚不足以支持一規模經濟的企業得以建立也。因此這類國家爲促進經濟開發，必須以國際貿易的拓展作爲經濟開發的發動機，以國外市場彌補國內市場的不足，吸引國外資金及技術，以彌補國內資金及技術的不足。這些國家可依據國外市場的需求，發展出口產業，而以輸出爲目標。換言之，進口機器設備及主要原料，經加工製成成品後再予輸出。當然爲發展出口產業，必須充分運用本國的人力資源。二次世界大戰以後，像以色列、香港、新加坡、中華民國全是採取這種以輸出工業產品爲導向的發展策略，甚至連南韓，以人口數量計算，雖不能稱爲是小國，但是亦是採取這種發展策略。

(3) 小國以輸出基本產業產品爲導向的類型。此一類型的國家與第二類型同，人口稀少，土地面積狹小，或土地面積雖廣，却是沙漠不毛之地。但這些國家與第二類型國家不同的，即蘊藏有豐富的天然資源，這種資源爲不產這種資源的國家所迫切需要。因此這些國家爲發展經濟，初期不需建立出口工業，只要出口本國的自然資源，即可獲取充裕的外滙，以進口自己所需的工業產品，甚而可累積資金，再建立自己所需要的各種工業。二次大戰後，沙烏地阿拉伯、科威特、阿拉伯聯合大公國，甚而伊朗、伊拉克、利比亞等國家即屬於這一類型。這些國家很多均爲沙漠國家，原來除畜牧業外，並無其他產業。但這些國家地下却蘊藏有豐富的石油。石油不僅爲最重要的能源，且爲重要的工業原料，不產石油的國家均大量需要石油。因此這些國家僅要輸出石油，即能賺取大量收入。尤其自一九七三年十月第一次石油危機爆發以後，由於世界石油輸出國家的聯合操縱，使油價大幅上漲，更使其中某些國家收入大增，其每人平均所得，名列全世界的前幾位。

四、經濟發展與資本形成

由以上對平衡成長及不平衡成長理論的分析，可知無論是主張平衡成長，或是主張不平衡成長，皆認爲增加投資是促進經濟發展的必要條件。所謂投資，就是資本形成 (capital formation)，亦即在某一定時間內，國民生產毛額中未消費的部分，用以供將來生產之用，以提高未來的生產量。不過社會在從事生產時，必須消費掉一部分過去的資本設備，因此當年的生產減去消費後的剩餘，不但要能補充過去資本設備的損耗，而且要使資本設備的累積逐年增加，否則生產總額與消費的差額，僅足以維持社會原來的資本設備，仍不得謂之資本形成，故資本形成與資本累積實爲同義語。

資本形成對落後經濟之所以重要，不但是由於資本的使用可以提高生產力，尤其是在於各生產因素之間缺乏充分的替換性。資本爲生產因素之一，在勞動與自然資源的數量固定時，資本使用量的增加，可以提高勞動的生產力。在一定的範圍內，資本與勞動及自然資源之間，原有相當的替換性存在，卽少用資本，多用勞力或自然資源，與多用資本，少用勞力或自然資源，可以產生相同的效果；可是這種替換的可能性，並非無限大，卽並不能無限制的替換。如果資本與勞動之間能無限制的替換，則落後經濟，有過剩的人口，卽能以其充裕的勞力，代替資本的使用，而經濟發展，卽不成其爲困難的問題；正因爲資本與勞力之間，不能作無限制的替換，而今日落後經濟所缺少的，正是資本，因此資本形成才成爲今日落後經濟促進經濟發展的一個重要的決定因素。

　　資本形成雖爲落後國家從事經濟發展的必要條件，但落後國家爲加速資本形成，却有若干障礙存在。第一重障礙卽是前述由於所得水準低下所出現的貧窮的惡性循環現象。在供給方面，由於所得水準低，故儲蓄能力小，所以資本缺乏，資本形成困難。在需求方面，則所得水準低，人民的購買力小，投資的誘因低，不足以誘導資本形成。因此要加速資本形成，必須同時克服供給與需求兩方面的障礙。換言之，資本形成在經濟發展到某一階段後，可能成爲一個自發的現象，但是在經濟開發的初期，却不是一個自發的現象，必須有一個接觸劑，以誘導其發生。

　　阻礙加速資本形成的第二個因素爲人口壓力。落後經濟，由於人口衆多，勞力過剩，勞力的代價甚低。由社會的觀點言，資本的邊際生產力雖高，但由個別投資活動的觀點言，則採用勞力密集，資本粗放的生產方式，其成本結構可能遠較採用資本密集，勞力粗放的生產方式爲低。因此企業家從事實際投資時，往往願意採用多用勞力而節省資本的生產方式，而不願採用多用資本而少用勞力的生產方式；因而產生一種矛盾現象，愈是資本缺少，企業家愈不願增加資本的密集度，資本形成愈困難。

　　阻礙加速資本形成的第三個因素，為物價膨脹的潛在壓力。落後經濟在經濟開發的初期，生產能量的增加，在時間上往往較所得之增加為延後。因為經濟開發工作一旦開始，就業水準可能提高，所得的增加，立刻可以出現，但是各種投資活動，不是立刻就能有最後產品提供市場的；一部分的投資活動，雖然在短期間內能有產品應市，但是大部分的投資活動，或根本無最後產品應市，如公共衞生建設、及教育的推廣是，或須於若干年後始有最後產品應市，如交通水利之設施、動力之供應等。因為所得水準立卽提高，而生產能量的增加，在時間上延後，若消費傾向不變，有效需求將增加而促使物價上漲，引致物價膨脹的威脅。同時落後經濟為求經濟開發，原則上必須將一部分原來用於生產最後消費品的生產資源，轉移到生產資本財的生產方面去使用，或者在不減少消費財生產的情況下，增加資本財的生產。由前一種情形，就業水準未變，但消費財的供給減少；由後一種情形，就業水準提高，而消費財的供給未變，結果，消費財的供需失衡，亦將導致物價膨脹。如果政府的財政支出，因促進經濟開發而增加，則物價膨脹的可能性更大。

五、利用過剩勞動力增加資本形成的可能性

　　落後經濟為加速資本形成，旣有上述許多困難，而落後國家，一般均有過剩的勞動力存在，或隱藏性失業現象(disguised unemployment 或稱僞裝性失業) 非常普遍，則吾人是否可以利用此過剩的勞力，或隱藏性的失業者，以創造社會資本，增加資本形成？所謂隱藏性失業，卽勞動者表面上雖在就業，而實際上其邊際生產力差不多等於零；換言之，縱然將其由生產活動中撤出，亦不會影響生產量使其降低。這種隱藏性

失業現象，在落後經濟的農村中可能非常普遍。若干經濟學者認為，此類隱藏性失業的勞動者，在農村中的邊際生產力旣等於零，同時亦為一消費者，而分享其他勞動者勞動的成果，如果能將此類失業人口，由農村中移出，以從事社會資本之生產，如修築道路、興建水利，而其消費所需，仍責成其原來的農村供應，並使遺留在農村中的人口，不增加其消費，如此，社會消費不增加，而社會的資本形成可以增加。此種以過剩勞力增加資本形成的方法，理論上似屬可能，而實際上却困難甚多；而其主要之困難，在於這種隱藏性失業的人口，經過這樣移轉運用之後，社會消費支出必將提高，其原因有下列幾點：（一）這些過剩的勞動者，在原來的農村中，由於生產力低，其消費水準本來已極低，現經移出農村，從事資本財的生產工作，若不提高其消費水準，難於提高其勞動的誘因。（二）遺留在農村中的人口，由於部分人口的移出，負擔減輕，必將增加其消費支出，如果政府用租稅的方法，將其原來供移出人口所需的生活資料，全部徵收，必將降低其勞動的誘因，而引致普遍的不滿，如果不全部徵收，則無法限制其不增加消費。（三）政府為動員、組織、訓練、裝備並管理這批農村移出的人口，必將增加財政支出，則社會若干部門，其所得必將增加，其消費支出，難免不會提高，可是在短期間內，並無增加的消費品可予供應。因此，由於此種原因，運用隱藏性失業人口以增加資本形成，雖非不可能，但欲行之有效，恐須放棄民主方式。若干共產國家之強迫勞動、奴隸勞工等，實際上卽是運用此種方式，以達成其經濟開發的目的。然而這種手段，不僅違背人道主義的精神，亦且有背經濟發展是在改善生活水準的根本目的。

六、經濟資源與生產技術

經濟發展一方面須增加資本形成，另一方面須提高生產技術。爲增加資本形成，原則上必須有充裕的經濟資源以資利用。所謂經濟資源，卽由自然所提供，而非由人力所能增加的財富，如肥沃的土地、豐富的礦藏、廣大的森林等皆是。如果落後國家，保有豐富的經濟資源，則對經濟開發，自屬有利。唯就歷史的觀點，及生產技術的觀點，經濟資源豐富，爲經濟開發的有利條件，而非必要條件。

就歷史的觀點看，若干國家由於經濟資源豐富而促成其經濟開發的，如美國、澳洲等國是；但亦有經濟資源貧乏，而能促成經濟開發的，如瑞士、比利時是。經濟資源豐富之所以有利於經濟開發，不但因爲經濟資源可直接用於資本形成，並且透過貿易關係，若該項資源有廣大的國際市場，往往可以透過輸出，累積成巨大的投資基金。例如今日南美洲之委內瑞拉、中東之沙烏地阿拉伯、科威特、及非洲之利比亞，皆由於有廣大的石油儲藏，故能透過輸出而累積外滙資金，供投資之用。但保有豐富的經濟資源，對落後國家，往往亦有不利之處。常常因爲有經濟資源可資輸出，很易養成經濟上的依賴性，使經濟發展的誘力減少。同時若干天然資源，因需求彈性甚低，因此國際價格的波動，往往很激烈，因而使依賴此種資源輸出的國家，遭遇不易克服的困難。當國際價格上漲時，外滙收入增加，經濟趨於繁榮，此時國內有充分的資金可資運用，但往往由於經濟繁榮，經濟發展的需要，往往反而降低。反之，當國際價格下跌時，外滙的收入減少，經濟萎縮，此時迫切有促進經濟開發的需要，但由於外滙收入減少，使經濟發展投資的能力減少。如拉丁美洲以少數農牧產品爲主要輸出品的國家，卽遭遇此種困難。

就生產技術的觀點言，經濟資源的豐富與否，其意義是相對的，而非絕對的。經濟資源的存在，必須以當時生產技術能予使用者爲限，如果某種經濟資源雖豐富，而當時的生產技術不能予以合理的應用，或交通運輸情形困難，無法予以取用，則仍不能稱爲是有利的經濟資源。反之，就當時的經濟情況言，一國的經濟資源，並不豐富，但由於科學的進步，生產技術的改進，使原來不能使用的若干物質，竟能予以有效的使用，則經濟資源的數量，將因此種生產技術的改進而增加。同時某種經濟資源，亦往往由於生產技術的改進，而降低或竟剝奪了其經濟價值，例如各種人造品及代用品之出現，使棉花、橡膠等自然資源之價值降低，即是一例，而使以此數種產品的生產輸出爲主的國家，遭遇到經濟發展上的困難。

落後國家爲提高生產力，必須輸入新的生產技術，對輸入新的生產技術言，在落後國家中，有不利的因素，也有有利的因素。就不利的因素言，落後國家由於勞力豐富，工資低廉，同時勞動者智識水準低，常常不容易接受新的生產技術，使新的生產技術不易引入。同時就成本結構言，新的生產技術，如前所述，常是高度使用資本，而少用勞力的生產技術，因而生產成本高，企業家往往不願採用此新的生產技術。此亦使新技術的引入困難。但落後國家對新生產技術的引用，亦有有利的一面，即落後國家不須經過研究試驗的階段，即能直接應用新的生產技術。同時落後國家在輸入新的生產技術時，亦可不經過逐漸演進的程序，而直接採用最新的生產技術，所謂迎頭趕上是也。並且落後國家因爲沒有尚未充分損耗的舊資本設備存在，在運用新資本設備時，不須考慮舊資本設備的出路，因而對新生產技術的引用，減少了若干阻力。

七、經濟發展與經濟政策

為配合並促進經濟發展，政府常須採取適當的經濟政策，以加速經濟發展的進程。一般所謂經濟政策，仍以財政政策及貨幣政策為主，而輔以其他的特定政策，茲將與加速經濟發展有關的各項政策，簡單分析如下：

（一）**財政政策** 政府透過財政政策的運用，可促進國內的經濟發展，財政政策的主要工具，為財政支出及租稅。財政政策的目的，乃在透過財政支出及租稅，間接的消除經濟發展的障礙，積極的則在提供投資的誘因，以加速資本形成。基於此一目標，在財政支出方面，政府應增加在研究實驗工作方面的支出，並對人力資源的發展及運用，提供較多的經費，因為這一類的支出，多無直接的產品與勞務可提供市場，却為經濟發展所必須，而私人企業家多無力負擔此方面的費用，因此必須由政府負擔。

在租稅政策方面，消極的應提高國內國外的競爭能力，積極的方面，則須提供投資誘因，以促進資本形成。前者如對國內所能自行生產的產品，對於外來同樣的輸入品，則可利用保護政策，提高其關稅，使國內生產能立於較有利之地位。對於可在國際市場競爭的輸出品，為增加其在國外市場的競爭能力起見，則可採用津貼、貼補、減稅、免稅及外銷退稅等方法，降低其成本，使便於其在國外的競爭。至於後者為鼓勵投資，則可制定特別法律，如獎勵投資條例之類，在相當時間以內，對於特定項目的投資，得以減免其特定租稅，如所得稅、營業稅等，以提高其投資的誘因。唯此項特惠待遇，必須有一定的期限，待投資的基礎已形穩固，即應取消，否則造成某種投資活動的依賴性，則反不利於一國的經濟發展。

（二）**貨幣政策** 爲促進經濟發展，貨幣政策的目標亦分消極的與積極的兩方面。消極的則是要透過貨幣政策，提供一安定的投資環境，使投資活動得以順利進行。爲達成此一目標所應採取的政策，包含下列幾項：（1）建立一健全的貨幣制度與金融制度。因落後國家一般均缺少一健全的貨幣制度，因此人民對貨幣缺少信心。同時國內亦缺少一健全的銀行制度，擔當融通資金的任務，此在本章討論落後經濟的特質時已予指出。故落後國家的政府，在貨幣政策方面，首須建立一健全的貨幣制度與金融制度，並加強中央銀行管理金融的能力。（2）維持貨幣對內價值及對外價值的穩定。落後國家對內由於財政的壓力，對外由於國際收支的不利情況，因此國內常有物價膨脹的現象，而對外滙價亦時常失衡。無論爲國內的物價膨脹，或對外滙價的長期失衡，均不利於國內的經濟發展。因此爲促進經濟發展，首須穩定貨幣對內及對外價值。

在貨幣政策積極的目標方面，應採取下列政策：（1）制定合理的利率政策。落後國家，一般由於國內資金太少，金融制度不健全，利率水準通常多偏高。顯然利率水準偏高，不利於投資活動，故利率水準應求其降低。但利率水準降低後，又不利於社會儲蓄，有時並易於引起稀少資金用於浪費途徑。究竟利率水準應維持於何種高度，很難有一絕對標準；原則上應求其逐步降低，以配合經濟發展的需求，一方面使其能刺激投資活動，另一方面，應使其能鼓勵國內儲蓄，增加資金的供給。（2）合理獎勵外資的輸入。爲加速經濟發展起見，國內資金常不足以供應需要，故必須引用外資。但外資的吸引，須具有適當的吸引力。外資之願意進入落後國家，一方面是由於能獲得優厚的利息收入，一方面尚有賴於資金的安全程度。若外資缺少安全感，則縱然有優厚的利息收入，仍不足以誘導外資之輸入。故爲對外資提供安全保證起見，政府在貨幣政策方面，應制定適當的法律，對外資的借入、運用、利息利潤及本金的滙出，應有合理的規定與保障，與外資的合作，應有適當的鼓勵。（3）建立並有效運用公開市場活動。公開市場在落後國家，多不存在。然爲促進資金的運用起見，公開市場活動爲一有效的工具，因此落後經濟在加速經濟發展時，應逐步建立公開市場，並作合理而有效的運用。

（三）其他特定政策　落後國家爲加速經濟發展，除實施一般性的財政政策及貨幣政策外，尙須輔以爲達成特定目標的特定政策。例如：（1）爲促進資源的合理應用起見，可採行資源分配的優先政策。政府依據可應用資源的數量，各種投資活動的重要性，經濟發展的目標，制定一經濟發展的程序與計劃，然後按照計劃，以核定資源使用的優先程序。（2）爲平衡國際收支加強國際貿易起見，可採行特定的貿易及外滙政策。落後國家爲增加外滙收入，並有效運用有限的外滙資源起見，無法實施自由貿易及外滙政策，必然須採行適當程度的管制貿易與外滙。對於若干輸出，應予鼓勵，對於若干輸入，則應予限制。鼓勵與限制的方法，或採津貼及特許制，或透過對外滙運用的核准制，或透過租稅的徵課等。不論採取何種方法，其目標則在加速經濟發展。（3）爲避免物價膨脹起見，除一般的貨幣政策外，有時尙須直接採行物價管制、工資管制等政策，使生產成本不致迅速上升，以避免物價的波動。

八、摘　　要

低度開發國家的經濟發展問題，與一般經濟成長問題不同，它不單純是一經濟問題，而常涉及經濟因素以外的政治、社會、文化教育與人口問題在內。換言之，經濟發展問題乃是涉及多方面的社會經濟結構改變的問題。

　　一般低度開發國家常具有若干特質，其主要者爲：個人所得水準低下，社會上常出現有貧窮的惡性循環現象；人口因素落後，而社會文化因素亦復落後。上述幾種因素亦互相關聯，互爲因果，對經濟發展產生了若干阻力。爲促進低度開發國家的經濟發展，理論上有平衡成長與不平衡成長的論爭。平衡成長理論主張爲突破國內市場太小的阻礙，在投資過程中，應保持需求與供給的平衡，應保持各產業間發展的平衡；而不平衡成長理論，則主張選擇幾個領導部門的成長中心，集中投資，俾成長過程由領導部門傳布到後進部門，以帶動經濟的全面發展。另外尚有經濟成長階段論及經濟成長型態論，或從歷史的觀點，或從經濟結構的觀點，提出不同的發展策略理論。

　　無論採取何種政策，增加資本形成則爲一般低度開發國家促進經濟發展的必要條件。同時由於資源的貧乏及生產技術的落後，如何增加資源的供應及引進新的生產技術，亦爲經濟發展過程中所必須重視的因素。

　　爲配合並促進經濟發展，政府亦常須採取適當的經濟政策，以加速經濟發展的過程。一般所採取的經濟政策仍以財政政策及貨幣政策爲主，而輔以其他的特定政策。財政政策方面，如改進稅制，爲獎勵投資減免特定租稅，爲保護本國產業，採取關稅政策，以及爲特定用途提供財政支出等。貨幣政策方面，如建立健全的貨幣金融制度，維持幣值的穩定，制定合理的利率政策，獎勵外資的輸入等。特定政策方面，如制定資源分配的優先制度，管制外滙及貿易，以及管制物價等。

重 要 概 念 與 名 詞

貧窮的惡性循環　　　　活動人口

平衡成長　　　　　　　利率政策

不平衡成長　　　　　　資本密集

投入產出　　　　　　　勞動密集

資本形成

隱藏性失業

傳統社會

經濟起飛

成長階段

成長型態

第三十一章　經濟政策

在第二十七章對經濟循環的分析中，吾人知道，對於現代的經濟制度，若放任其自行發展，極易產生經濟循環的波動現象，事實上在一九二九年以前，西方國家均有經歷過經濟循環的長期經驗。當然，在經濟繁榮時，由於生產活動提高，就業水準增加，國民所得水準亦不斷上升，這種現象，固然為吾人所歡迎。但在經濟衰退或蕭條時期，則生產活動停滯，就業水準降低，國民所得水準亦將減少，這種現象則為吾人所不歡迎，而應儘量予以避免。但是如何能經常保持經濟繁榮，而避免經濟萎縮？ 換言之，使經濟循環現象不再發生而能保持經濟的平均發展，則經濟政策尚矣。所謂經濟政策，卽政府採取一定的措施，以達成一定的經濟目標之謂也。吾人在以前各章分析均衡所得水準的決定法則時，已經知道消費支出，國內投資支出，政府支出，及國外淨投資，構成有效需求的四大因素。而所謂經濟政策，卽政府採取各種措施，以影響此四種因素，而達到穩定有效需求達到經濟安定或其他的目標之謂。本章將對此一問題作一簡單分析。

一、經濟政策的目標

經濟政策的目標，可按不同的標準加以分類。按其受決策者重視程度而分，可分爲主要目標和次要目標。按所考慮時間的長短而分，可分爲長期目標及短期目標。茲將短期主要目標及長期主要目標擇要列述如下。

短期的主要目標重要者有四，即

（一）促進充分就業　勞動者的失業現象，不僅代表一種資源的浪費，而且長期或普遍的失業，必引起社會的不安。因爲失業者既無工作機會，則喪失了爲維持其生活的所得，不但對其個人與家庭形成生活的威脅，對社會亦形成一種負擔。因此經濟政策的短期主要目標之一，即在促進充分就業的實現，使任何在現行工資率之下均願意勞動的人，皆能獲得工作的機會。當然爲促成充分就業的實現，仍會有摩擦性失業及自願性失業現象的存在。

（二）增加社會生產，提高所得水準　經濟政策不僅要使得勞動者獲得充分就業的機會，並且還要能使得其工作對社會有所貢獻。也就是由於就業水準的提高，社會生產能夠增加，國民所得水準亦能提高。故增加生產，提高所得水準亦爲經濟政策短期主要目標之一。

（三）維持物價水準的穩定　物價水準若不斷上漲，或時常下跌，均不利於生產，同時亦不利於所得的分配。尤其物價水準若經常持續上漲而形成惡性膨脹現象時，易引起社會投機心理，而使生產陷於停頓，故維持物價水準的穩定，亦爲經濟政策短期主要目標之一。

（四）改進一國國際收支地位　一國的國際收支，若由於長期或短期失衡，而處於不利地位時，不僅會嚴重影響一國的對外經濟關係，甚而會影響一國國內的經濟發展；例如一國若長期處於國際收支逆差的地位，則其所需而不能由本國供應的資源與物資將不能順利獲得，必將嚴重影響其國內生產及一般生活水準。故改進一國的國際收支地位，亦爲經濟政策短期主要目標之一。

經濟政策的長期主要目標，重要者有下列數項。

（一）**促進經濟的適度成長**　由於一國的人口會不斷增加，爲了使新增的勞動者都能獲得就業的機會，且使國民生活水準能不斷提高，一國的國民生產毛額及國民所得必須能不斷提高，亦卽經濟能不斷成長，國民生產毛額每年能按一定比率增加。但如成長的速度過快，對經濟資源將引起沉重的壓力，會導致物價膨脹及國際收支的惡化，故如何促進經濟的適度成長，爲經濟政策長期主要目標之一。

（二）**促進財富及所得分配的平均**　由於經濟及非經濟的原因，以及屬於個人的或社會的諸種因素，社會財富及所得的分配並不平均，個人保有的財富多及所得高者，固然能充分享受現代經濟所提供的各種福利。但保有的財富少或所得低者，不僅不能享受各種經濟福利，甚至連最低的生活保障亦難於獲得。站在社會正義的立場，有使財富及所得分配達到平均的必要。

（三）**促進資源的合理配置**　資源的配置，在價格機能的操縱之下，不一定能達到社會合理的要求，往往爲社會所必要的各項經濟活動，所獲得的資源太少；而不太重要的經濟活動，所獲得的資源反多。若完全聽任價格機能的運作，前者往往無法增加，後者往往又無法減少，故必須依賴適當的經濟政策，作各項合理的安排。

（四）**滿足集體需求**　有若干勞務及財貨，爲社會全體所需，但卻不能透過市場，由私人生產者來提供，或雖能由私人生產者所提供，卻不能按成本或受益的數量向使用者取得代價，則此種財貨便構成集體需求，須由政府提供。如國防，治安，道路，港口，機場，公園等設施均屬之。故如何合理的滿足此種集體需求，亦爲經濟政策長期主要目標之一。

二、經濟政策的工具

爲達成前述經濟政策的主要目標及次要目標，政府必須採取一定的步驟，運用一定的工具，以影響社會經濟活動，俾收到預期的效果。具體言之，政府必須採取一定的措施，以影響社會消費支出，國內投資支出，及國外淨投資。目前各國一般所採用的工具，約有下列數種：

（一）**政府財政活動或預算政策的運用**　由以前各章對所得水準如何決定的分析，吾人已知政府的各項財政活動，直接間接均影響所得水準的變化，而政府財政活動則包括政府財政支出，政府財政收入，預算的執行，公債的管理，以及其他有關移轉支付的措施等。政府若運用此數項因素以調節國民經濟，吾人可總稱之爲財政政策（fiscal policy）。而財政政策則爲經濟政策的主要工具之一。

（二）**政府對貨幣因素的控制**　貨幣因素的變化，透過對市場利率的影響，亦直接間接影響社會經濟活動。現代各國貨幣的供給，均控制於政府之手，因此政府利用各項金融措施，如變更重貼現率，變更存款準備率，從事公開市場活動，規定利率水準等，均能影響貨幣的供給，達成預期的目標。對於這種種措施，吾人可稱之爲貨幣政策（monetary policy）。亦爲經濟政策的主要工具之一。

（三）**政府對經濟活動的直接管制**　政府除可採取財政政策及貨幣政策以影響社會經濟活動外，必要時，尚可採取直接的管制方法，以達到預期的目的。如管制物價與工資，管制貿易與外滙，控制資源的分配，控制投資活動等。這種直接管制的方法，尤其在戰時，常被採用，在平時則採用較少。

　　茲分別就此三種方式，略予分析。

三、補償財政與健全財政

　　在分析財政政策以前，吾人首先須說明現代財政思想的演變，即由補償財政 (compensatory finance) 的思想逐漸取代所謂健全財政的思想 (sound finance)。所謂健全財政的思想，乃是指一九四〇年以前各國財政學者及政府對財政的一種觀點。根據這種觀點，認爲政府財政活動，僅是政府爲執行公務，對所需經費的取得，管理與支配。因此政府財政，除此以外，沒有其他目的。政府財政不同於私人財務，不以盈餘爲目的，亦不應出現赤字。故政府財政的原則，應量出以爲入，應保持每年預算的平衡，這種思想，即是健全財政的思想。但是自一九三〇年爆發世界性的經濟大恐慌以後，經濟學者目擊各國在經濟恐慌之中，失業現象之嚴重，所得水準之低落，以及社會有效需求之不足，逐漸懷疑健全財政的觀念，在現代社會是否正確。同時受到凱因斯學說的影響，他們認爲健全財政在現代社會，不僅不可能，而且也無此必要。所謂不可能者，即當社會經濟繁榮時，由於就業水準提高，所得水準增加，縱然稅率不增，財政收入亦必然會自動增加，但另一方面，由於失業人數減少，政府各項移轉性支出減少，因此財政支出亦將減少。這樣，一方面，財政收入增加，另一方面，財政支出減少，預算上必然會出現盈餘，不可能保持平衡。反之，在經濟蕭條時期，由於失業人數增加，所得水準降低，縱然稅率不變，財政收入亦必將減少，而在財政支出方面，則由於失業人數增加，政府的各項社會安全支付必增加，因此財政支出必將增加。這樣，一方面財政收入減少，另一方面財政支出增加，預算上必然會出現赤字。因此亦不可能保持預算的平衡。而所謂不必要者，如前所述，在經濟繁榮時期，預算上旣有盈餘，則此時爲保持預算的平衡，則或者降低稅率，減少稅收，或者增加財政支出。若降低稅率，則社會可支用所得增加，必將增加社會有效需求，增加消費支出。如果政府增加財政支出，則更是直接的增加社會有效需求。因此無論是降低稅率，或增加財政支出，必然會引起社會有效需求的增加。在經濟繁榮時期，社會有效需求已很高，此時再予以增加，必然更刺激經濟的繁榮，如果此時社會已到達充分就業狀態，則由於此一刺激因素，很可能引起物價膨脹的現象。反之，在經濟蕭條時期，預算上旣產生赤字，此時爲保持預算的平衡，或則提高稅率，增加稅收，或則減少財政支出。若提高稅率，則社會可支用所得必將減少，社會有效需求必將因之降低，若減少財政支出，則更是直接的減少社會有效需求。因此無論是提高稅率或是減少財政支出，必然會引起社會有效需求的降低。在經濟蕭條時期，社會有效需求，本已很低，此時再予以減少，必然會促成社會經濟更趨蕭條，而進入經濟緊縮的狀態。因此，平衡預算的健全財政，實無此必要。

當然，在經濟情況比較正常的年代，維持預算的平衡是可能的，但是鑒於經濟循環現象的存在，經濟繁榮與經濟蕭條時期，可能交互出現，因此，維持每年預算的平衡旣不可能，亦不必要。依據若干學者的看法，由於經濟循環現象的存在，必須主動的使預算不平衡，以促成經濟的平衡。換言之，在經濟繁榮時期，因爲社會有效需求已經很高，爲減少社會有效需求以避免物價膨脹的出現，必須增加稅收，減少財政支出，以增加預算上的盈餘，卽將社會過多的有效需求，以預算上盈餘的形態予以凍結。反之，在經濟蕭條時期，因爲社會有效需求已經減少，爲避免經濟緊縮現象的出現，必須減少稅收，增加財政支出，以增加預算上的赤字，亦卽以赤字支出的形態，增加社會有效需求，促進經濟的恢復。因此，預算實無每年均須平衡的必要，而是在經濟繁榮時期，保持盈餘，而在經濟蕭條時期，則增加赤字。就整個一經濟循環周期觀察，可用繁榮期的盈餘，來抵銷蕭條期的赤字。亦卽就整個一個循環周期來觀察，預算仍是平衡的，然而就任何一年來看，則預算不一定須要保持平衡。這種思想卽是所謂補償財政的思想。

四、財政政策及其效果

根據補償財政的思想，一國的財政活動，應視一國經濟之榮枯，作伸縮性之調節，以促成經濟活動之平衡。而財政活動之調節，則隨經濟活動之狀況而定。一般的當經濟高度繁榮時期，爲防止物價膨脹，財政上所能採取的措施有下列四種：(1)增加稅收，(2)減少財政支出，(3)增加稅收，同時減少財政支出，(4)減少稅收，同時減少財政支出。而在經濟蕭條時期，爲避免經濟過度萎縮，所採取的措施，亦有下列數種：卽(1)減少稅收，(2)增加財政支出，(3)減少稅收，同時增加財政支出，(4)增加稅收，同時增加財政支出。茲將這幾種方法所能發生的效果及其限制，簡單分析如下：

(一)**增加或減少稅收**　現代各國的租稅制度，大都建立於間接稅與直接稅兩大系統之上，間接稅卽是納稅義務人可將租稅轉嫁他人負擔之稅，如貨物稅、關稅、銷售稅是；而直接稅卽是由納稅義務人自行負擔而無法轉嫁之租稅，如所得稅、遺產稅是。無論直接稅與間接稅，由於稅率不是比例的，就是累進的，稅收額常隨經濟活動之變化而自動變化，如在經濟繁榮時期，由於生產增加，所得水準提高，稅基與稅源均皆增加，所得稅的納稅義務人其所適用的稅率可能亦自動提高，因此縱然未提高稅率，租稅收入額必會自動增加。反之，在經濟萎縮時期，由於社會生產減少，所得水準降低，縱然不降低稅率，租稅收入額亦必將自動減少。因此如上所述在經濟繁榮時期，要增加稅收，在經濟萎縮時期，要減少稅收，並非指此一自動的租稅增減而言，乃是指在此種自動的增減以外，在經濟繁榮時，則提高稅率，降低起徵點，而在經濟萎縮期，則降低稅率，及提高起徵點。繁榮時期，提高稅率的作用，則是使納稅者在納稅後，其可支用所得因此降低，因而不得不減少其消費需求。而在經濟萎縮時期，降低稅率的作用則相反，在使納稅者因稅率降低，其可支用所得得以增加，因而可以提高其消費支出。惟此乃指直接稅的稅率而言。至於間接稅提高稅率後，則往往引起物價的上漲，稅率降低後，則有助於物價之下跌。物價上漲，雖能使消費支出減少，但在經濟繁榮時期，物價上漲，往往能引起物價的螺旋上升，這正是在經濟繁榮期所應予避免者。在經濟萎縮時期，物價下跌，固可以刺激一般人的購買，以增加消費支出，但物價的下跌，在經濟萎縮時期，往往很容易引起物價更跌的預期，因此反而延遲了當期的購買，而坐待物價更跌，遂使經濟更趨萎縮。因而就間接稅論，經濟繁榮時，是否可以提高稅率，經濟蕭條時，是否可以降低稅率，仍應予以愼重考慮。在經濟繁榮時期，由於爲滿足市場過多的需求，往往需要增加輸入，以平抑市場物價，滿足過剩需求，此時對關稅往往不但不能增加，反而需要減少；在經濟蕭條時，由於國內生產過剩，爲避免輸入品的競爭，此時往往不但不能降低關稅，有時還需提高關稅，以保障國內的生產。故就間接稅而論，在經濟高度繁榮時期，何者應提高，何者宜降低，均須個別考慮，在經濟蕭條期亦然。至於直接稅稅率，則毫無疑問，繁榮時利於增加，而經濟蕭條時，則利於減少。

至於變更稅率後，對所得水準所能發生的影響，則如第二十四章所述，須視租稅乘數的大小而定。在該章中吾人分析租稅乘數時，乃是以比例稅的情況予以說明的，在累進稅的情況下，當然其乘數作用可能更大。不過直接稅的徵課，尤其是所得稅，往往在所得發生平均半年後始徵課，政府縱然能適時變更稅率，但課稅時的經濟情況，可能亦已改變，是否仍能產生預期的效果，不易斷言。故利用變更稅率的方法，達到財政政策的目的，時間因素，是一最大的困難。

（二）**增加或減少政府財政支出** 政府財政支出，就其對社會經濟資源所發生之影響而言，大體可分爲兩類：一類可稱之爲消耗性支出，卽由於這種支出，政府對社會所生產的各種最後財貨或社會資源，形成一種實質需求，例如政府爲執行公務，須僱用各項人力，須購買各種物品，這種人力與物品，亦同時爲私人的各項經濟活動所必需。另一類支出可稱爲移轉性支出，卽政府進行此種支出時，並不直接構成對人力及各種財貨之需求，僅是將政府所控制之購買力，移轉給社會某一階層的人士，例如政府公債的利息支出，社會安全制度下的補償支出，如失業救濟金，退休金等是。政府在這種支出下，雖並不發生對人力及財貨的直接需求，但取得這種收入的人，則可能增加其消費支出，因而增加對各項財貨的需求。當社會已達充分就業狀態時，若政府增加財政支出，則在市場上政府支出與個人支出，對各項財貨便形成一種競爭狀態，政府多取得一份，留給社會使用者便少一份。但當經濟萎縮時期，因社會有效需求不足，社會生產能量不能全部使用，此時若政府增加財政支出，則政府所增加的需求，很容易由未能充分使用的，或根本未能使用的生產設備來供應，不會影響社會大衆對財貨的需求；因此此時社會的各項經濟活動，便能受刺激而提高。政府以增加或減少財政支出的方法，來平衡經濟活動，卽依據此一作用。在經濟高度繁榮時，社會有效需求已甚高，爲避免社會有效需求太高，而產生市場供不應求引起物價膨脹起見，此時政府可以減少各項財政支出，以降低社會需求。反之，如社會有效需求不足，生產設備有過剩現象，並出現大量失業現象時，則政府爲提高社會有效需求，可增加各項財政支出，以刺激生產設備之運用，提高所得水準。

增加或減少政府財政支出對經濟活動所能發生的影響，吾人已在第二十四章，以財政支出乘數說明。一般的變動財政支出對所得水準所發生的影響，比反方向變動同數額租稅收入的影響來得大。同時政府增加或減少財政支出與變更稅率以增加或減少稅收不同，一般的皆不須經過立法程序；而稅率的變更，則往往須經過立法程序；由於此一緣故，待立法程序完成，可以付諸實施時，可能社會經濟情況，亦已全部改變，而不須要實施該項租稅政策矣。而變動財政支出則無此項困難。

惟政府變動財政支出以適應經濟發展的情勢，亦有根本困難所在。此即政府中若干支出，由於執行公務所需，或由於歷史因素，或因爲其他國家有類似支出，而不能予以減少或變更，例如國防支出，便不能隨意減少，公債利息支出由於契約關係，亦不能隨意減少，而一般行政經費，則由於國家政務不能減少，遂亦不能減少。另一方面，政府財政支出亦不容任意增加，撇開每年由議會審定的國家預算案不談，──因爲若干國家，除議會所核定的支出外，不得從事任何其他支出，即政府不能任意增加支出。對於支出的目的、方式，亦必須有詳盡的計劃。例如若爲進行公共工程，或經濟建設，則此項工程必須先行設計，製成藍圖，然後始能逐步實施，因此亦常須經過相當時間。不特此也，若財政支出的增加業經開始，各項工程已順利進行，此時若經濟情況好轉，理論上政府財政支出應予減少時，則業已進行的財政支出，往往不能減少。因爲進行中的工程，不能於完成一半之後而停頓，因爲未行完工即行停頓，等於全部作廢。同時，以進行公共工程或經濟建設的方法，配合財政支出的增加，尚有一困難之點，卽若干公共工程，並非一年或數年卽能完成者，如興築道路、興修水利，常須若干年始能完成，故必須有若干年的預算，但目前各國的財政預算制度，乃是一年編制一次，無法與之相配合。

為解決前述各項困難，現代各國常逐漸採取複式預算的方法，卽除去每年編制的財政預算外，尚編制一包含若干年的資本預算；政府將各項可以進行的工程建設事項，分別其緩急先後，所須資金的數量，及能夠完成的時限，先予分門別類，制定可以個別實施的多項計劃，然後視經濟情況的許可，逐次進行一項或多項計劃，以保持其彈性。在這一方式下，前述各項困難，則可予減少。

（三）增加稅收減少財政支出，或減少稅收增加財政支出　此一方法，乃合併前述兩種方法同時實施，其效果當然為前述兩種方法效果之和。卽在經濟過度繁榮時，政府一方面增加稅收，另一方面則減少財政支出。而在經濟萎縮時，則一方面減少稅收，另一方面增加財政支出。採取此一方法時，在經濟過度繁榮時期，在預算上所出現的盈餘，較單獨採取一種方法時，其數額為大。在經濟萎縮時期，其所造成的赤字，亦比單獨採取一種方法時為大。在其他方面，則與上述兩種方法同。茲不贅述。

（四）同時增加或減少稅收與財政支出　此一方法與第三種方法不同者，乃是同時維持預算的平衡。不過由於同時增加或減少稅收與財政支出，其所發生的效果完全相反，必互相抵銷一部份，因此其淨效果遠不如單獨採取前述三種方法來得大。此在吾人於第二十四章分析平衡預算的乘數作用時，已有所論列，茲不再贅述。

五、貨幣政策及其效果

所謂貨幣政策，卽政府透過對貨幣數量的控制，以影響社會經濟活動，達成一定的經濟目標。貨幣政策，通常由一國的中央銀行代表政府執行。關於影響貨幣供給量的因素，吾人已在第二十七章予以說明，玆再分別說明如下：

（一）**變更重貼現率** 因為中央銀行為銀行的銀行，為信用的最後支持者。若經濟高度繁榮，信用過度擴張，有形成物價膨脹的危機時，中央銀行為緊縮信用，減少有效需求起見，則可以提高重貼現率。重貼現率提高後，一般金融機構向中央銀行融通資金的成本提高，必將減少向中央銀行的重貼現；同時一般金融機構為維持其適度的流動能力起見，亦必將提高其貼現率。貼現率旣提高，則一般企業界向金融機構融通資金的成本提高，其請求貼現的意願降低，其投資支出將會減少，則社會有效需求將降低，物價膨脹的壓力可以緩和。反之，若經濟出現萎縮，社會有效需求不足，則為刺激經濟使恢復活躍起見，中央銀行可以降低重貼現率，重貼現率降低後，一般金融機構向中央銀行融通資金的成本減少，可能增加其向中央銀行的重貼現。同時一般金融機構為擴張其業務，亦必將降低其貼現率，貼現率降低後，則一般企業界融通資金的成本降低，其請求貼現的意願提高，投資支出將會增加，則社會有效需求亦將增加，經濟活動將因此上升。因此由於重貼現率的變動，利率水準及貨幣供給量均將發生相應的變動，直接間接將會影響經濟活動。不過變更重貼現率的效果，仍須視一般金融機構的態度及反應而定，因此如果重貼現率提高後，金融機構並未受到阻礙而緊縮其信用，或重貼現率降低後，並未受到鼓勵而擴張其信用，則重貼現率不易收到效果。

一般說來，提高重貼現率之效果較爲顯著，而降低重貼現率之效果不顯。因爲若社會經濟普遍萎縮，對未來缺少信心，重貼現率的少量降低，並不能具備刺激的效果也。

（二）**變更存款準備率**　中央銀行爲促成貨幣供給量的增加或減少，亦可運用變更商業銀行存款準備率的方法完成之。若經濟由於貨幣供給量過多而出現高度繁榮時，中央銀行爲避免物價膨脹，可提高商業銀行的法定存款準備率，存款準備率提高後，若商業銀行原來有超額準備，則必將因準備率之提高而消失；若商業銀行原來並無超額準備，則爲了達成其法定準備的要求，必將減少投資與放款，貨幣的供給量將因此而緊縮，社會投資活動亦將因此而減少。反之，若經濟由於貨幣供給量太少而出現萎縮，中央銀行則可降低法定存款準備率，存款準備率降低後，一般商業銀行均可能產生超額準備，因而可利用此超額準備，增加其放款或投資，貨幣的供給量將增加，而社會投資活動亦將因此而蓬勃，經濟可望恢復繁榮。存款準備率的變動，雖可影響貨幣的供給量，但其效果亦有其限制。若一國的存款準備率有其法定的最高限，當準備率已提高到此最高限，猶不足以限制信用的膨脹時，則此一方法卽失效。反之，若存款準備率雖經降低，而商業銀行任由超額準備出現，並不以之投資或用於放款，或商業銀行雖欲增加放款或投資，而一般企業界的反應冷淡，則存款準備率的降低，亦無法刺激經濟的活躍。

（三）**從事公開市場活動**　中央銀行透過公開市場從事政府證券的買賣，亦能變更貨幣的供給量。若中央銀行認爲市場的貨幣供給量過多，引起太多的有效需求時，則可以透過公開市場，售出政府證券。由於證券之售出，中央銀行收回貨幣，貨幣供給量可以減少；同時由於證券的供給量增加，價格下跌，亦卽等於利率的上漲，對經濟活動將具有緊縮作用。若市場的貨幣供給量過少，引起有效需求的不足時，則中央銀行可以透過公開市場，收購政府證券，而放出貨幣。如此則貨幣的供給量可望增加，同時由於對證券的需求增加，其價格必上漲，亦即等於利率的下跌，對於經濟活動將具有刺激作用。中央銀行透過公開市場活動以影響貨幣供給量，市場的反應至為迅速。但此一方法的運用，亦以政府能控有充裕的證券為前提，若政府不能控有充裕的證券，則此一方法實施的效果至微。

六、直接管制政策

政府為達成一定的經濟目標，除運用財政政策與貨幣政策以外，必要時尚可運用直接管制政策，規定社會得從事某種經濟活動，或不得從事某種經濟活動。直接管制政策，一般可包含下列數種：

（一）**物價管制或物價維持政策**　政府直接規定某種財貨的價格，市場價格不得任意變更；或規定某種財貨價格的最高限，市價不得超過此一極限；　或對某種財貨的價格規定一最低限，　市價不得低於此一極限。一般國家在戰時或物價膨脹時期，為確保社會的安定，減少膨脹的壓力，往往採取物價管制政策。例如第二次世界大戰期中，各主要交戰國，差不多都成立了物價管制機構，負責物價管制政策的執行。惟物價管制政策，若要能收效，必須配合以其他的政策，如物資配給政策是。至於物價維持政策，則是政府對某種特定產業所施的保護，因為若政府不予保護，則該產業可能處於十分不利的地位，在國民所得分配中，將喪失其應有的重要性。例如美國對若干種農產品，　如小麥、玉米、棉花、大豆、菸草等的價格維持政策，即屬一例，規定產品零售的最低價格，以確保農民的所得。惟物價維持政策，若要收效，亦須配合以其他的政策，如減少耕作面積等是。

（二）**配給政策**　在戰時，爲確保一般人民最低生活水準的維持，對各種生活必需品常常採取配給政策，使每一個人皆能獲得應有的一份。配給的方法，或則採取固定數量的配給，按照各人的需要，配給固定的數量，沒有選擇的餘地。或則採取積點制，每人得購滿一定的點數，但對所購買的貨物，則有選擇的自由，而每種財貨，均規定一固定的點數，在購買時，除支付規定的價款外，尚須付以一定積點的憑證。固定數量的配給制，執行較爲容易，而積點式的配給制，執行較爲困難，因政府對消費者的偏好，不易有精確的估計也。配給政策除適用於生活必需品外，對生產者所需的原料，有時由於供給的不足，及需求的過多，亦常常採取配給制，視生產的重要性，配以一定的數量，或給予優先的權利。如戰時對於鋼鐵、橡膠、汽油等戰略必須物資，政府常採取資源的分配計劃。

（三）**外滙貿易的管制**　若干國家由於國際收支的不能平衡，或由於促進國內的經濟開發，或由於鼓勵輸出限制輸入，對外滙及貿易常採取管制政策。在外滙管制方面，多由政府規定滙價，凡輸出所獲得之外滙，必須售與政府，而輸入所需之外滙，須向政府申購，並須獲得政府之核准。與外滙管制同時實行者，常有貿易的管制。貿易的管制，常偏重於輸入方面，在輸出方面，除極少情況，由政府管制外，大部份情況，政府將予鼓勵。在輸入之管制方面，或則由政府獨占國際貿易，或則實行限額制，對各種輸入物品，均有一定的限額，凡已達限額時，卽停止輸入。有時亦採取連鎖制，將輸入與輸出相連鎖，凡有一定額之輸出者，始可獲得一定額之輸入。或則採取保護關稅制，提高若干種商品之關稅，限制輸入，以保障國內的生產事業。

七、摘　要

　　爲達到一定的經濟目標，政府常採取各種經濟政策。而經濟政策的目標，一般可分爲：促成充分就業；增加社會生產，提高所得水準；維持物價水準的穩定；促進經濟適度成長；促進所得分配的平均；其次要者尚有促進資源的合理分配；改進一國國際收支的地位；滿足集體需求；減少工作時數，增加休閑生活等。經濟政策所能運用的工具，主要的有三種，卽政府對財政活動或預算政策的運用；對貨幣因素的控制；以及對經濟活動的直接管制。

　　爲穩定一國經濟，財政政策所能採取的措施有四，卽增加或減少稅收；增加或減少政府財政支出；增加稅收減少財政支出，或減少稅收增加財政支出；同時增加或減少稅收與財政支出。貨幣政策所能採取的措施有三，卽變更重貼現率；變更商業銀行存款準備率；從事公開市場活動。實際上各國爲促進經濟活動，通常均同時採用財政政策及貨幣政策，因其效果比單獨採行一種政策時爲大。

　　至於直接管制政策，其種類很多，其主要者如：物價管制或物價維持政策，直接配給政策，外滙及貿易的管制，以及規定利率或工資等。

重要概念與名詞

財政政策	補償財政
貨幣政策	物價管制
健全財政	配給政策

第三十二章　匯率與國際收支

在第二十四章曾討論到國際貿易因素與一國所得水準的影響時，不僅分析了國際貿易發生的原因，也分析了輸出有利於所得的提高，輸入則有漏出效果，會使一國所得水準降低。但有一點在該章中尚未討論到，卽與貿易有關的貨幣層面的問題。因國際貿易與國內貿易有若干不同之處，不但貿易國雙方有不同的法律制度，關稅制度，並使用不同的語言，更重要的是使用不同的貨幣，如中華民國臺灣地區目前使用新臺幣，日本使用日元，美國則使用美元。新臺幣在日本及美國均不能使用作爲支付的工具，同樣美元在中華民國國內也不能使用作爲支付的工具。因此國與國之間的貿易，必涉及貨幣間相互兌換的問題，亦卽外匯與匯率的問題。

不僅如此，國與國之間除有貿易的問題外，尚有資金流動的問題，由於某種原因，一國的資金可能長期的或短期的流向他國。同樣的他國的資金，由於某種原因，亦可能長期的或短期的流向本國。這種資金的流動，連同貿易關係，一國與他國間必產生國際收支的問題。在各國開放的程度日漸擴大，國際間資金的交流，貿易的拓展，日漸受到重視的今天，國際收支問題亦日漸受到各國的重視。本章對此有關問題，將提出一簡單的說明。

一、外匯與匯率

首先要說明何謂外匯 (Foreign exchange)？廣義的說，外匯是可以充當國際支付或清算的資產，因此本國所持有的外國的貨幣，固然是外匯，因其可直接充當國外支付或清算的工具。即所持有的外國有價證券，如政府公債、國庫券、股票等亦是外匯，因這些有價證券在國外市場銷售之後，即可換成外國的貨幣，充支付及清算之用。另外如黃金亦屬於外匯，在各國普遍實施金本位時期，黃金是貨幣的準備，國與國間為了債務的清算，可直接輸送黃金。目前各國的金本位雖已停止，黃金已成為一種貨物，但基於黃金的特性，仍然為各國所普遍接受，因此黃金仍構成一國外匯的重要部分。最後，對國際貨幣基金的會員國，特別提款權 (Special drawn right, *SDR*) 亦是外匯之一，因一國所獲得分配的特別提款權亦同樣具有外匯的功能。至於狹義的外匯，則指國外的貨幣而言。如我國居住民或政府所持有的美元、日元、德國馬克、英鎊、法國法郎，均是重要的外匯。

為了國外支付或清償國外的債務，必須使用外匯，因此本國貨幣與外國貨幣之間便須有一定的兌換率，此兌換率即匯率 (rate of exchange)，匯率的表示法，或以本國貨幣一單位，可兌換他國貨幣若干單位，或以他國貨幣一單位可兌換本國貨幣若干單位表示之，各國所採用的習慣多有不同，例如我國習慣上即以他國貨幣一單位可兌新臺幣若干單位表示之，而在買進與賣出之間則有些微的差異。以民國 81 年11月中旬的海關報關適用外匯匯率為例，一美元買入為新臺幣 25.34 元，賣出則為 25.44 元。一英鎊買入為新臺幣 38.94 元，賣出則為 38.74 元。一馬克買入為新臺幣 16.09 元，賣出則為新臺幣 16.34 元。一日元買入為新臺幣 0.2048 元，賣出則爲新臺幣 0.2088 元。

匯率是否爲固定？抑可以隨市場外匯供需的情況而變動？可分爲固定匯率與浮動匯率。固定匯率卽匯率固定不變，此在第一次世界大戰前各國採行金本位時多採行此一制度。因當時各國貨幣法均規定一貨幣單位有法定的含金量，不同貨幣透過含金量的換算，卽能決定一固定的匯率，除非法定含金量改變，否則匯率不會改變。固定匯率的優點是貿易商的風險較少，外匯市場能維持適度的穩定，缺點則是不能適應國家間經濟情勢的變化，有時反而會妨礙國際貿易的進行。

浮動匯率則是匯率隨外匯市場外匯供需的情況隨時調整，若外匯供過於求則匯率下跌，若供不應求，則匯率上漲。此一制度在 1970 年以後爲多數國家所採用，目前我國亦採用此項制度。浮動匯率的優點則是可依據國內外經濟情勢的變化而隨時調整，缺點則是貿易的風險增大，外匯市場不易保持穩定。

在固定匯率制之下，亦有單一匯率與複式匯率之分。所謂單一匯率，卽不論以何種目的買賣外匯，均採用同一匯率。所謂複式匯率，卽以使用或取得外匯方式之不同，採用不同的固定匯率。例如我國在民國四十年代，由於外匯存底不足，採行外匯管制政策，凡輸入准許進口商品者，貿易商向政府申購外匯，適用較低匯率；凡輸入限制進口商品者，貿易商向政府申購外匯，則適用較高匯率。凡輸出工業產品所取得之外匯，結售予政府，則可按較高匯率計算，但臺糖公司出口砂糖及糧食局出口食米所得之外匯，則按較低匯率結售於政府，因後者爲政府公營事業，或爲政府行政機構。

匯率按外匯交易爲現貨交易抑期貨交易，可分爲現貨匯率及期貨匯率。現貨交易是訂約時卽完成外匯交易的手續。期貨交易是訂約後須經過一定時期，如一個月，三個月後始予交付外匯，期貨匯率與現貨匯率有少許差異，視當時市場利率，及對未來外匯供需情況的預期而決定，或高於期貨匯率，或低於期貨匯率。

二、 匯率的決定

在不同的外匯制度下， 匯率是如何決定的？ 傳統的有下列幾種理論:

（一）**金平價說** 此種理論，認為匯率應決定於兩種貨幣的法定黃金含量。如前所述，在金本位制度下，各國貨幣在法律上均規定一定的黃金含量，透過此黃金含量，卽可換算出匯率。現在各國已先後放棄金本位，此理論已不再適用。

（二）**購買力平價說** 根據此一學說，在本國以一定量的本國貨幣能購買到一定種類與數量的財貨，以匯率兌換成外國貨幣後，在外國仍能購到同樣種類與數量的財貨。例如在甲國以 100 貨幣單位所能購買到的財貨，在乙國需要以乙國貨幣 500 單位始能購買到，則甲國的貨幣對乙國貨幣的匯率便為 1 比 5，亦卽甲國 1 貨幣單位應兌換乙國 5 貨幣單位，甲國 1 貨幣單位的購買力與乙國 5 貨幣的購買力相等。此一匯率決定的法則， 在理論上雖說合理， 但由於不同國家，在天然秉賦上的差異，國際分工的現象，生產技術水準的不同，所造成的財貨相對價格的差異，在採行上仍多困難。

（三）**國際收支均衡說** 根據此一學說，匯率的決定應保證使一國國際收支能維持長期均衡，不致發生長期順差或長期逆差的現象。因為一國貨幣的對外價值若過分低估， 有利於該國拓展出口， 而不利於進口，常能造成該國對外貿易的長期順差。反之為一國貨幣的對外價值過分高估，則不利於該國的出口，而有利於進口，又容易造成該國對外貿易的長期逆差。這兩種現象均能導致該國國際收支的長期不平衡。故匯率的決定應適當以避免此兩種現象的出現。此一匯率學說在理論上雖非常合理，但如本章以下將要說明的，影響一國國際收支的因素非常多，除匯率因素外，兩國利率水準的差異，物價水準的相對變動，均能影響一國的國際收支。而且一國的國際收支，是針對所有其他國家而計算的，並非對個別國家分別計算，因此不一定能據以決定對個別國家的匯率。而且一國的國際收支雖然能維持長期的平衡，對某些國家則可能有順差，其他國家可能有逆差，除非採取嚴格的外匯管制制度，否則無法保持對每一國家的收支平衡，因此此一匯率的決定法則亦不易採行。

在目前各國普遍採取浮動匯率的制度，匯率的決定，也像一般財貨價格決定的法則一樣，是透過外匯市場的供需關係決定的，均衡匯率決定於供給量與需求量相等的一點。爲說明匯率如何決定，以下分別說明外匯的需求與供給。

三、對外匯的需求

對外匯的需求主要來自於下列幾方面。

（一）**財貨的進口** 一國爲了種種原因,常須向國外進口各種財貨,例如能源中的石油，生產用的資本設備及工農業原料，或各種消費品。爲了支付進口財貨的價款，常須使用外匯，此構成外匯需求中的極大部分。通常如匯率高，則該項財貨進口的成本高，在國內的售價亦高，其銷售量即少，因此對外匯的需求量即少。反之如匯率低，則財貨進口的成本低，在國內的售價亦低，其銷售量即多，對外匯的需求亦多。因此爲進口對外匯的需求是匯率的減函數。

（二）**勞務的進口** 國外廠商或居住民常爲本國廠商或居住民，提供某種勞務，為了支付這些勞務的代價，必須使用外匯。例如國外的金融機構及保險公司，為我國廠商提供金融服務或保險業務，外國航空公司或航運公司，為我國居住民或廠商提供客運或貨運的服務。接受此種服務者，需要以外匯支付。

（三）**無償的移轉**　有若干外匯的支付，並非基於交易行為，而是單向的流出，例如本國居住民對於僑居國外的親友，匯款提供生活費。對在國外留學的子女，提供學費及生活費。在本國工作的外國居住民，將所得的一部分匯回本國。另外本國政府或國內社團，對國外所提供的慈善捐款，或對外國政府或民間機構提供的某種援助。此項無償移轉，構成外匯需求的一部分。

（四）**資本移出**　國內資金由於某種原因會向國外移出，此種移出主要表現於直接投資或間接投資。所謂直接投資，或者是匯出資金，在國外設立生產事業，或與外國廠商合作，參與外國廠商的生產事業。所謂間接投資，是購買外國所發行的金融資產，如政府公債、國庫券，或民間廠商所發行的股票，其目的是為了賺取利息或股利。或單純的將資金存入外國銀行生息，此在外國銀行的利率高於本國的利率時，很容易引起資本的輸出。無論是資本的長期流出或短期流出，無論是直接投資或間接投資，均構成對外匯的需求。

（五）**政府對外匯的需求**　一國政府或中央銀行，為了執行公務或推動金融政策，對外匯亦有所需求。例如我國政府為了國防安全的需要，要向國外購買飛機艦艇等武器，國營事業如中國石油公司要向國外購買原油，均需要大量外匯。中央銀行為了增加發行準備，由國外進口黃金；或為了穩定外匯匯率，向外匯市場購進外匯，亦構成對外匯的需求。

以上幾項因素總加起來，即構成外匯市場對外匯的總需求。一般的當匯率偏高時，不利財貨的進口，亦不利資本的輸出，對外匯的需求量便少。匯率偏低時，有利於進口，亦有利於資本輸出，對外匯的需求量便大。圖 32-1 是一般形態的外匯需求曲線，橫座標代表外匯的需求量，例如美金。縱座標則代表以新臺幣所表示的美元匯率，DD 爲代表外匯的需求曲線，這是一根由左上方向右下方傾斜的曲線，表示匯率高時，對外匯的需求量小，匯率低時，對外匯的需求量大。

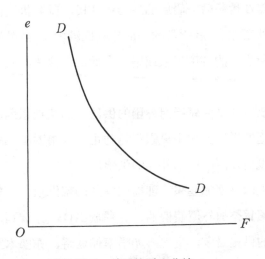

圖 32-1　外匯的需求曲線

四、外匯的供給

外匯市場外匯的供給，主要亦來自於下列幾方面。

（一）**財貨的出口**　本國財貨出口到國外，即能直接獲得外匯，此構成外匯供給的主要部分。例如我國所生產的工業產品、農產品及農產加工品，每年均大量輸出國外，目前每年達七百億美元以上，此爲外匯供給的最大部分。

（二）**勞務的出口**　我國的金融機構、保險公司、航運公司、航空公司，亦爲外國的居住民或廠商，提供金融、保險、客運及貨運的服務，因而能直接獲得外匯。

（三）**資本的流入**　外國居住民或廠商，爲進入我國投資，無論是長期資金，還是短期資金，無論是爲了直接投資，或間接投資，其流入的資金，均構成我外匯的供給。

（四）**無償性移轉**　僑居國外的居住民，匯款供應國內親友，我國居住民在國外工作，將所得的一部分匯回國內。或外國政府或民間團體，對我國所提供的各項捐款或贈予，因此而流入的資金亦構成外匯供給的一部分。

（五）**政府或中央銀行對外匯的供給**　爲某種原因，政府或中央銀行可增加外匯的供給。如中央銀行爲防止新臺幣對美元過分升值，卽可在外匯市場拋售外匯，增加外匯的供給。

以上幾項因素總加起來，卽構成外匯的總供給。一般的當匯率偏高時，亦卽本國貨幣對外價值低估，有利於出口，亦有利於國外資金的流入，故外匯的供給量多。反之，如匯率偏低時，亦卽本國貨幣對外價值高估，則不利於出口，亦不利於資金的流入，故外匯的供給量少。圖32-2 卽一般的外匯供給曲線。橫座標表示外匯的供給量，如美元。縱座標則表示以新臺幣表示的美元匯率，*SS* 卽外匯的供給曲線，這是一根由左下方向右上方延伸的曲線，表示匯率高時，外匯的供給量大，匯率低時，外匯的供給量少。

五、均衡匯率的決定與變動

若政府對外匯市場並未管制，亦未干預，則匯率便決定於外匯的供

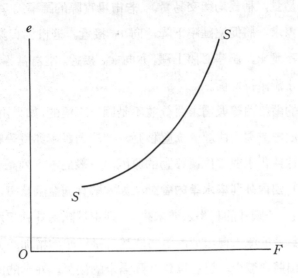

圖 **32-2**　外匯的供給曲線

給與需求。圖 32-3 中，DD 為外匯的需求曲線，SS 則為外匯的供給曲線，此兩曲線相交於 E 點，由 E 點所決定的匯率 e_0，稱為均衡匯率，所

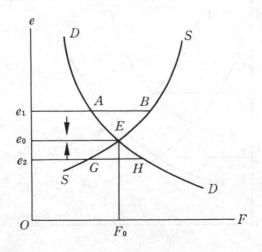

圖 **32-3**　均衡匯率的決定

決定的交易量，稱爲均衡交易量。 若市場實際的匯率爲 e_1， 則外匯的供給大於需求，將促使匯率下降，向 e_0 接近。若市場實際匯率爲 e_2，則外匯供不應求，匯率必將上漲，亦向 e_0 接近。唯有當匯率爲 e_0 時，外匯市場才能保持均衡。

外匯的供給曲線與需求曲線並不是固定不變的，如果由於某種原因，導致供給曲線或需求曲線的位置移動，則均衡匯率亦將變動。能引起外匯供給曲線或需求曲線位置移動的原因，一般的有下列諸原因。

（一）**國內外利率水準的變動** 如本國實施金融政策，使本國利率水準上漲。 若國外的利率水準未變， 則由於國內外利率水準差距的擴大，國外資金的流入會增加，這將導致外匯供給的增加。另一方面國內資金的流出將會減少，這將導致外匯需求的減少。外匯的供給增加而需求減少，必將引起匯率的下降，亦卽本國貨幣對外國貨幣升值。圖32-4卽顯示這種情況。DD 及 SS 爲原來的需求及供給曲線，e_0 爲原來的

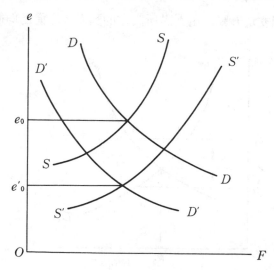

圖 32-4 均衡利率的變化

均衡匯率，$D'D'$ 及 $S'S'$ 則爲變化後的需求曲線及供給曲線，e'_0 則爲新的均衡匯率，由圖可看出，新均衡匯率較舊均衡匯率爲低。反之，如國外利率水準上升，而國內利率水準不變，則國內資金的流出將增加，而國外資金的流入將減少，前者使外匯的需求增加，後者則使外匯的供給減少，故均衡匯率將上漲。

（二）**國內外物價水準的變動** 如國內外物價水準發生變動，且變動的幅度不相等，亦可能影響外匯的供需，從而影響匯率。例如本國物價上漲的幅度超過國外，如匯率未變，對本國的出口不利，出口將減少，因此外匯的供給將減少。反之，由國外進口有利，進口將增加，因此外匯的需求將增加。透過此一供需關係的變化，匯率將上漲，亦卽本國貨幣的對外價值將下跌。

（三）**中央銀行對外匯市場的干預** 中央銀行爲維持匯率於某一水準，或爲了防止匯率的過分變動，亦可進入外匯市場買進或賣出外匯，以影響外匯的需求或供給，促使匯率上漲或下跌。例如我國由於近年來長期出超，且出超數額頗巨，使外匯供過於求，匯率有下跌的趨勢，亦卽新臺幣的對外價值將上升，或新臺幣升值。中央銀行爲不願使新臺幣升值太多，乃進入外匯市場大量買進外匯，此卽增加外匯的需求，亦卽需求曲線會向右移動。若外匯的供給不變，由於需求的增加，匯率不至於大幅下跌。圖 32-5 中若中央銀行不予干預，匯率可能爲 e_1，中央銀行進入外匯市場買進外匯後，市場的需求曲線右移至 $D'D'$ 的位置，均衡匯率則爲 e_0，較 e_1 爲高，亦卽本國貨幣不致大幅升值。反之，若中央銀行認爲外匯市場外匯供應不足，匯率會過分上漲時，則可進入外匯市場大量賣出外匯。此時外匯的供給增加，供給曲線向右移動，若外匯的需求不變，由於供給增加，匯率不至於大幅上漲。圖 32-6 中，若中央銀行不予干預，匯率可能爲 e_1。中央銀行進入外匯市場賣出外匯

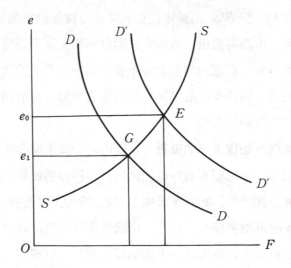

圖 32-5　中央銀行的干預(一)

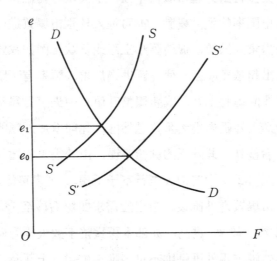

圖 32-6　中央銀行的干預(二)

後，市場供給曲線右移至 $S'S'$ 的位置，均衡匯率為 e_0，較 e_1 為低，亦卽本國貨幣不至大幅貶值。

六、國際收支的意義與結構

一國由於與其他國家有商品及勞務的貿易關係，資金亦能在國與國間自由移動，政府由於特定功能，亦參與國際金融活動，因此本國與外國之間，便有貨幣的收入與支出行為，而此項收支往往以外匯表示。例如一國為了進口，或為了資金輸出，或政府為了充實國際準備，向國外購買黃金，均須支付外匯，此構成一國的國際支出。相反的，一國因財貨及勞務的出口，或國外資金流入，或國外資產及債權增加，均有外匯的收入，此構成一國的國際收入。若合併各項國際收支，分別總計，以觀察一國的國際收支概況，便形成一國的國際收支。因此所謂國際收支，乃一國政府及其居住民，由於從事交易，資金移動，或其他非交易行為，所產生的外匯收入與支出的總帳。通常每一年均由政府金融主管機構如中央銀行或財政部，將一年內的國際收支概況，編製成一平衡表，供政府及有關部門參考，以顯示一國的國際金融活動。

國際收支平衡表通常包括三個帳戶，第一為經常帳，記錄國際貿易及勞務貿易概況，以及無償的資金移轉。第二為資本帳，記錄長短期資金的流動概況。第三為官方金融帳，記錄政府參與金融活動的概況。最後因統計難於絕對正確，乃加列誤差及遺漏項。為舉例起見，表 35-1 即民國八十年我國國際收支平衡表。表中A項為經常帳，主要包含下列各項：

（一）**商品輸出**　此乃我國向各國輸出農產品，農產加工品，及工業產品之總值，計為七百五十五億三千五百萬元，以㈩號表示。

（二）**商品輸入**　此乃我國向國外購買資本設備，工農業原料，及工業消費品之總值，計五百九十七億八千一百萬元，以㈠號表示。由於

民國八十年國際收支　　　　單位: 百萬美元

項　　　　目	收　　　入	支　　　出
A　經常帳		
1.商品輸出	(+) 75,535	
2.商品輸入		(−) 59,781
3.勞務輸出	(+) 16,250	
4.勞務輸入		(−) 19,738
5.無償移轉	(+) 1,833	
		(−) 2,084
差　　額	(+) 12,015	
B　資本帳		
6.長期資本流入	(+) 1,271	
7.長期資本流出		(−) 3,918
8.短期資本流出		(−) 2,084
差　　額		(−) 4,731
A＋B	(+) 9,386	
C　官方金融帳		
9.購買黃金		(−) 9,659
10.國外銀行資產增加	(+) 2,330	
差　　額		(−) 7,329
D　誤差及遺漏	(+) 45	

輸出大於輸入，故有貿易順差一百五十七億五千四百萬美元。

（三）**勞務輸出**　此爲我國金融、保險、航運、航空等服務業，對外國提供服務所獲得之收入總額，計一百六十二億五千萬美元。

（四）**勞務輸入**　此爲國外金融、保險、航運、航空等服務業，對我國居住民所提供服務，我國之支出總額，計一百九十七億三千八百萬美元。

以上兩項合計，我國在無形貿易上產生二十四億八千八百萬元的逆差。

（五）**無償移轉** 此為無交易行為的收支項目，收入項下為一十八億三千三百萬美元，其中包含華僑向國內匯款，我國居住民在國外工作或經營工商業，將部分所得或利潤滙入國內，以及國外財團法人、宗教團體，因公益或慈善目的向國內之匯款。支出項目則為二十億八千四百萬美元。其中包含國人對國外留學生生活費用之匯款，對國外親友支助生活費用之匯款，以及政府或財團法人對國外經濟援助，技術援助，或人道救濟之匯款。以上兩項合計，則有二億五千一百萬美元的逆差。

將經常帳各項合計，則有一百二十億一千五百萬元之順差。

B項則為資本帳，主要包含下列各項：

（六）**長期資本流入** 此為國外為投資目的資金的流入，主要為來我國投資設廠，或對我國廠商的長期貸款，短期間不致再流出者，總額為一十二億七千一百萬美元。

（七）**長期資本流出** 此為國內資金為投資目的向國外流出，如我國廠商向國外投資設廠，或收購國外企業，總額為三十九億一千八百萬美元。

（八）**短期資本流出** 此為國內資金因短期運用對國外之流出，其原因可能因國外利率水準較國內為高，為賺取利率差額，故流向國外，一旦利率差額消失，仍將流入國內，總額為二十億八千四百萬美元。

資本帳各項合計，則有四十七億三千一百萬美元的逆差，表示民國八十年我國資本有四十七億三千一百萬美元的淨流出。

C項為官方金融帳，主要包含下列兩項：

（九）**購買黃金，亦卽黃金輸入** 此為中央銀行或民間業者，向國外輸入黃金。中央銀行向國外購買黃金，主要為了充當貨幣發行準備，或國際準備。民間業者向國外購買黃金，則視為商品，以便向民間銷售。黃金現已成為商品，其進出口可以列入經常帳。但因其在國際清算及支付上，仍有相當的重要性，故習慣上仍將其列入官方金融帳。八十年我國黃金進口量高達九十六億五千九百萬美元之多，數量相當龐大，主要原因一方面是中央銀行用以抵銷貿易收支上的龐大順差。民間業者進口黃金，則因我國民間一般有喜愛收藏黃金，作為投資保值之習慣，故民間業者大量進口，以供應民間購買之需要。

（十）銀行國外資產增加　此為銀行所持有之外匯增加，總額二十三億三千萬美元，此一部分亦反映當年我國貿易順差甚鉅，故一部分外匯為銀行所持有。

以上兩項合計，則官方金融帳有逆差七十三億二千九百萬美元。

D項則為誤差及遺漏，因與國際收支有關之統計資料，至為複雜，收集時不易完全精確，難免有誤差及遺漏存在，為保持收支平衡表之平衡，故加列誤差及遺漏一項，如此收方與支方才能呈現均衡。

七、國際收支失衡之意義

由國際收支平衡表可以看出，收入與支出總額在帳面上都是平衡的，但就每一帳戶分析，卻不一定平衡，有些帳戶是順差，另一些帳戶則是逆差。如就表 32-1 觀察，經常帳有順差一百二十億一千五百萬美元，這又包含兩部分，一部分是商品貿易有順差一百五十七億五千四百萬美元，而勞務貿易則有逆差二十四億八千八百萬美元，兩者相抵後，仍有順差一百二十餘億美元。在資本帳方面則有逆差四十七億三千一百萬美元，主要是由長短期資本流出所形成。在官方金融帳方面，則有逆差七十三億二千九百萬美元，主要是由黃金輸入價值超過銀行國外資產增加部分所造成。經常帳順差加上誤差與遺漏部分之和，剛好等於資本帳逆差加上官方金融帳逆差之和，兩者均為一百二十億六千萬美元。亦卽由國際收支平衡表，可看出某些帳戶的順差，一定爲其他帳戶的逆差所抵消，因此國際收支總帳總是平衡的。

　　但我們又常從國內外新聞媒體上，看到有所謂國際收支失衡的問題，其意義又如何？　此處所謂失衡乃多從個別帳戶的結構，　是逆差抑是順差，及其對國家經濟是有利還是不利而立論的。假如一國的國際收支，其經常帳是逆差，資本帳亦是逆差，必然在其官方金融帳上以順差來平衡。此順差不是表現爲黃金的輸出，卽是以中央銀行國外資產的減少來完成。兩者均表示一國國際準備的減少，對經濟可能產生不利的影響。相反的，如一國的經常帳爲順差，資本帳亦爲順差，則在官方金融帳上卽可出現黃金輸入，或中央銀行國外資產增加的現象，此則有利於一國國際準備情況的改善。

　　以我國爲例，近十年來對外貿易經常維持大幅順差，雖一部分爲勞務貿易的逆差及資本帳的逆差所抵消，順差數字仍大，於是導致中央銀行的外匯存底增加。此從某一角度言，對經濟雖屬有利，但卻也導致新臺幣對美元升值壓力的增大，　使新臺幣對美元不斷升值。　新臺幣升值後，雖有利於進口，卻不利於出口。不過由於新臺幣升值，可能導致貿易順差減少，從而使經常帳的順差減少，使國際收支的結構更趨合理，對經濟亦屬有利。

八、摘　　要

　　廣義的外匯，是指能充當國際支付或清算的資產，狹義的外匯，則指所持有的外國的貨幣。

　　本國貨幣對外幣的兌換率，稱爲匯率。我國的匯率是以一單位外國貨幣能兌換多少新臺幣表示。

匯率按是否固定不變，抑可以隨時變化，可分爲固定匯率及浮動匯率兩種。匯率按其是否只有一種抑多種，可分爲單一匯率與複式匯率兩種。

在浮動匯率制下，匯率決定於外匯市場上外匯的供需關係。當外匯的供給等於外匯的需求時所決定的匯率，稱爲均衡匯率。

爲顯示一國國際收支的概況，常以國際收支平衡表表示之。此平衡表通常包含三個帳戶，即經常帳、資本帳與官方金融帳。

國際收支平衡表的個別帳戶，不一定能平衡，但總帳必然是平衡的，亦即有順差的帳戶，其順差額必等於有逆差帳戶的逆差額。

索　引